전쟁의 그늘

전쟁의 그늘 _거짓 기록에서 찾은 6·25전쟁 잔혹사

  초판1쇄 인쇄 2020년 11월 20일
  초판1쇄 발행 2020년 11월 27일

지은이   신기철
펴낸이   심재환
펴낸곳   (재)금정굴인권평화재단 인권평화연구소
          출판등록 2015년 9월 14일 제2015-000178호
          경기도 고양시 일산서구 주화로 40 동주오피스텔 617호
          070-8223-2700 | gjpeace@hanmail.net
          홈페이지 www.gjpeace.or.kr
인쇄   (주)상지사P&B
ISBN   979-11-956330-7-4 (93910)

책값은 뒤표지에 있으며 잘못 만들어진 책은 서점이나 본사에서 바꾸어 드립니다. 이 책은 저작권법에 의해 보호됩니다.

이 도서의 국립중앙도서관 출판예정도서목록(CIP)은 서지정보유통지원시스템 홈페이지(http://seoji.nl.go.kr)와 국가자료종합목록 구축시스템(http://kolis-net.nl.go.kr)에서 이용하실 수 있습니다.(CIP제어번호 : CIP2020048694)

전쟁의 그늘

거짓 기록에서 찾은 6·25전쟁 잔혹사

신기철 지음

인권평화연구소

영원한 역사학자 이이화 선생님과 김영희 사모님께

머리말, 이것이 전쟁이었을까

국방부의 자료를 검토하면서 시작된 이 책은 두 가지 동기를 가지고 있다. 하나는 전투 자료를 통해 알려지지 않은 민간인 희생 사건들을 더 확인할 수 있을 것이라는 의무였고, 다른 하나는 거짓 기록에 대한 참을 수 없는 분노였다.

이남 지역의 민간인만 100만 명이 희생되었다는 주장은 가끔 조롱의 대상이 된다. 주장하는 사람들이 분명한 근거를 제시하는 경우가 많지 않다. 학자들 역시 사정은 마찬가지이다. 지난 1기 진실화해위원회에서도 이에 대해 판단하지 못했다. 땅 속 어딘가에, 정부 기관 기록 어딘가에 있을 증거가 더 많이 나타나야 했다. 당장 할 수 있는 가장 손 쉬운 방법은 널리 알려진 국가 기록물, 이미 진실의 일부가 확인되었던 그 전쟁의 기록물을 검토하는 것이었다. 이 일은 우리 연구소의 의무 중 하나였다.

이런 일상 업무를 진행하다 보면 정말 나쁜 의도를 만나게 된다. 가해자 개인들의 회고록에서 만나는 역사 왜곡, 범죄의 합리화는 익숙한 변명이었다. 우리는 사법 기관을 통해 그를 처벌하거나 교육 활동을 통해 역사적 기록으로 죄행을 함께 열거함으로써 바로잡으려는 시도를 할 수 있다. 그래서 그나마 화가 비교적 덜 난다. 그런데 권력 집단의 국가 기록 왜곡은 차원이 다르다. 악의적인 국가기록물은 공고하게 왜곡된 국가이데올로기와 결합되어 있어 이의를 제기하는 것조차 쉽지 않다. 이를 알고 있는 권력자들은, 국민이 권력의 출발이라는 공화국의 근간까지도 농락했다. 자신들을 지지하지 않으면 국민이 아니라는, 반공화국, 반헌법 주장이 공공연하게 공식 역사가 되었으니 이를 어찌 그냥 두고 볼 수 있겠는가? 그러나 이는 지금도 대한민국의 공식 역사이다.

우리가 겪은 6·25전쟁은 자기 측 군대에 의해 국민들이 조준 학살당한 사례가 훨씬 더 많은 전쟁이었다. 이남은 물론 이북에서도 전쟁과 전혀 무관한 여성과 노인, 아이들이 크게 피해를 당했음이 드러났다. 게다가 어쩌면 휴전이 논의되기 시작한 뒤 2년 동안만큼은 전쟁을 치른 우리 민족뿐 아니라 세계 곳곳에서 온 청년들조차 겪지 않았어도 될 죽음을 맞았다. 과연 이를 전쟁이라고 부를 수 있을까?

　전쟁은 적대적인 두 국가 사이의 군사적 충돌로 정의한다. 전쟁을 치를 당시 한반도의 시민은 남과 북을 분단국가로 인정하지 않았으며 국제연합 역시 각각의 정부가 수립되었지만 어느 쪽도 완성된 국가로 인정하지 않았다. 분단 정부를 수립한 남과 북은 서로를 반란 집단으로 규정하고 있었으니 시작 당시 6·25전쟁은 국제법상 전쟁이 아니었다. 오래 전부터 들었던 "6·25동란"이란 말은 "국가 간의 전쟁이 아니었다"라는 진실의 일부를 담고 있는 말이었던 것이다.

　전쟁법에 따르면 전쟁은 무장한 군인들끼리의 전투 행위이다. 민병대

militia, 의용대volunteer corps, 군민병levee en masee 등 특별한 조직을 갖춘 민간인을 제외한다면 모든 민간인들은 공격 대상에서 제외된다. 그런데 6·25전쟁에서는 이 규칙이 전혀 지켜지지 않았다. 대한민국 비상경비총사령부 정보처는 1950년 6월 25일부터 10월 31일까지 4개월 동안 이남에서 벌어진 민간인학살 피해가 106만 명을 넘어선다고 발표했다. 1950년 한 해 국군들의 피해(전사 또는 실종)는 9만 명에 미치지 못했다. 기초 통계의 신뢰도나 가해자가 누구였는지를 떠나 단순 계산만으로도 민간인의 피해가 군인 피해보다 훨씬 컸음을 알 수 있다.

 1950년 한 해 동안 전사한 군인들 수보다 살해당한 민간인의 수가 훨씬 많았다는 사실은 국가 사이의 전쟁이 아니라 분단에서 초래된 내전이 가지는 정치적 성격을 정확히 보여준다. 게다가 남북의 분단은 외부 세력들의 주도 아래 인위적으로 조성된 것이었음을 염두에 둔다면 이 피해의 심각함은 더 커진다.

6·25전쟁이 군인들 사이의 무력 충돌이었는지 의심하게 만든 최근 사례는 2018년 2월 발굴되었던 아산 배방면 수철리 학살이다. 208명의 시신이 발굴되었는데 어린아이가 58명으로 28%나 되었으며 나머지 성인 150명 중 남성이 23명으로 전체 희생자 중 11%인 반면 성인 여성이 127명으로 61%를 차지했다. 여성과 어린아이들만으로 89%에 이르는데다 희생된 남성들 역시 대부분이 10대와 50대였다.(출처, 『충남 아산시 배방읍 폐금광 유해발굴 조사보고서』, 2018. 76쪽) 이는 거의 모든 희생자들이 전쟁이나 전투와 무관한 사람들이었음을 알려준다.

 이런 엽기적 집단학살 사례로 잘 알려진 경우는 "사백 어머니와 백둘 어린이"가 이북 황해도 신천군 신천면 원암리 밤나무골에서 학살당한 민간인 집단학살 사건일 것이다. 지난 진실화해위원회의 조사에서도 남양주 진건면이나 용인 원삼면, 강화 교동도에서 벌어진 200명 규모의 대규모 집단 학살 사건이 이와 비슷한 성격이었음이 확인된 바 있었다. 이제는 이런 피해 사실에 대해 몰랐다는 변명으로 회피하려는 시도는 더 이상 통하지 않는다.

군인들의 죽음 역시 속절없었다. 죽음을 넘나들었던 군인들의 처지에 있어서도 개인적 실존과 경험의 문제를 넘어 살펴보면 이 전사의 의미 역시 상식과 크게 다름을 알 수 있다. 미군 등 유엔군의 통계는 확인되지 않지만 『한국전쟁사의 새로운 연구』 157쪽에는 한국전쟁 동안 "손실"(군은 군인의 전사와 실종을 이렇게 표현한다)된 국군의 수를 연도별로 확인한 자료가 있다. 이에 따르면, 군인의 경우 전쟁이 발발하던 1950년 8만 7천 명이 전사 또는 실종되었으나 1951년부터 1953년 사이에는 20만 명이 전사 또는 실종되었다. 1950년 6월 38선, 8~9월 낙동강 전선, 12월 이북에서 후퇴 등의 격렬한 전투의 희생자 수보다 전선이 고착된 후의 죽음이 훨씬 컸다는 것을 의미한다. 적대적 관계의 두 연합 세력이 승리할 전망도 없는 대치 상태에서 2년 반을 끌면서 그 전 피해의 3배에 달하는 병사들이 죽어갔다. 이를 두고 이상한 전쟁, 다시 말해 정상이 아닌 전쟁이었다고 진단하는 것은 정당하다.

1950년 6월 25일 북이 먼저 남침을 준비했고 실제 시작했다고 쉽게 단언한다. 하지만 남과 북, 미국의 전략을 판단하는데 있어서 누가 먼저 공격하려 했는지 또는 누가 먼저 유인 전술을 쓰려 했는지에 대한 의도를 판단하려는 시도는 어리석다. 북은 평화를 주장했지만 군사적 행동을 준비했고 남과 미국은 북침을 공언했지만 실제로는 자신의 군사력을 약화시키는 행동을 했다.

전쟁이 일어났을 때 남이나 북이나 최고 권력집단이 겉으로 드러낸 공언과 실제 행동은 정반대였다. 초기 진행 과정만으로 본다면 마치 서로의 도했던 바를 이룬 것처럼 보였다. 어쩌면 두 세력의 의도대로 남과 북 사이에 팽팽하게 유지되던 긴장이 붕괴되었고 곧 북의 준비가 이승만 정부와 미국이 생각했던 것보다 더 강력했다는 것이 객관적으로 확인되었다. 그리고 이는 북의 인민군이 강해서가 아니라 미국이 그렇게 "아시아 최강"이라고 자랑했던 이승만 정부의 군대가 상상 이상으로 부패하고 무능했으며 독재자 이승만 만큼이나 국민의 지지를 받지 못했기 때문이었다. 그리고 결과만 놓고 본다면 이를 전략적으로 이용하려던 미국의 "지연 전투", 다른 말로 "유도된 전쟁"의 측면도 의심할 수 있다.

초기 인민군 역시 그리 강하고 효율적인 공격을 한 것만은 아니었다. 『한국전쟁사』는 이를 이용하여 절반은 강력한 인민군을 묘사하면서도 절반은 어리석은 인민군의 이미지를 만들어냈다. 패전을 합리화할 때는 강한 인민군의 이미지를, 승전을 과장할 때는 어리석은 인민군의 이미지를 만들어낸 것이다. 이 책은 "어리석은 인민군"의 이미지에 주목한 결과이기도 하다.

2013년 졸저 『국민은 적이 아니다』를 준비하는 과정은 진실화해위원회에서 확인한 민간인학살사건을 국방부가 어떻게 인식했는지 확인하는 것이었다. 이번 과정은 반대로 진행했다. 진실화해위원회의 조사와 무관하게 국방부 자료를 중심으로 개별 전투의 전개 과정을 살펴보면서 민간인들의 피해로 의심되는 사례들을 추출하고 조사해 정리한 뒤 지난 진실화해위원회에 의해 규명된 사건과 비교했다. 현장 조사도 병행했다.

이 작업은 사건이 발생한 시기와 성격에 따라 "국군 후퇴 시기의 전투와 민간인 피해", "국군 수복 시기 민간인에 대한 공격", "수복 후 처형식 또는 토벌작전식 민간인학살" 등 세 시기로 구분되어 진행되었다.

먼저, 국군 후퇴 시기에 발생한 민간인 피해를 살펴보았다. 제1장부터 제6장까지 내용으로 후퇴하는 과정에서 벌어진 전투라고 하지만 피란민이나 국민보도연맹원들의 학살과 관련되었을 것으로 보이는 경우였다. 이 작업에는 명백하게 피란민을 공격했거나 공격 대상에 민간인이 포함되어 있는 전투, 게릴라 또는 인민군을 공격했다고 하지만 그 실체가 분명하지 않은 전투가 포함되었다.

피란민처럼 보이는 사람들을 공격한 사례는 1개 연대 전원이 1계급 특진했다는 동락리 전투나 화령장 전투가 대표적이다. 공격을 당한 무리들은 민간인이 끌고 가던 우마차가 대부분이었다. 이들이 인민군의 보급품을 수송하던 중이었을지라도 민간인이었음은 변함이 없다. 공격의 이유도 배낭을 멨다든가 모자를 썼다든가 이북 사투리를 썼다는 것이어서 피란민과 구별되지 않는다. 이런 이유를 근거로 인민군이라고 여기고 공격했다면 심각한 전쟁 범죄가 아닐 수 없다. 이미 세계적으로 널리 알려진 영동 노근리 사건의 경우도 미군은 아직 도착하지 않은 인민군을 이용하여 피란민 학살 사실을 합리화하고 은폐했다.

이기고 지고를 떠나 전투가 있었는지도 정리되지 않은, 적이 누군지도 불분명하면서도 전투가 있었다는 일방적 주장만 있는 전투들도 있었다. 해군의 대한해협 전투는 공격한 인민군 수송선의 침몰을 아무도 목격하지 못했으며 또 침몰의 흔적도 찾지 못했으면서도 승리한 전투라고 주장했다. 인민군이 타고 있었다고 주장하지만 어떤 사람들이 타고 있었는지도 분명하지 않다. 강경경찰서의 전투도 미심적다. 적군에게 포위당해 전멸당했다지만 포위당하게 된 경위가 의문이었다. 곡성의 사례 역시 어떻게 전투가 진행되었는지 분명하지 않으면서 일단 승리한 기록으로 남아 있다.

인민군이 진입하지 않은 시기에 발생했으므로 국민보도연맹사건과 관련되었을 것으로 보이는 전투도 모아서 정리했다. 공주 유구읍 "인민군 환영대회"를 공격한 전투가 대표적이다. 이 전투는 인민군이 들어오기 전날에 발생했는데 유구에서 이 전투가 발생할 당시 그 북쪽인 예산과 남쪽인 공주 살구쟁이에서 국군과 경찰에 의해 국민보도연맹사건이 발생했다. 이는 당시 후방에 해당하는 유구에 이미 인민군이 들어왔지만 전방에 해당하는 예산에는 들어오지 않아 국민보도연맹원들을 학살할 수 있는 여유가 있었다는 모순된 결과를 낳는다. 유구는 예산에서 공주를 향하는 도로 중간에 있었고 전투가 발생하기 전날 이미 선발 국군은 유구를 지나 예산에 있었다.

다음 살펴 볼 전투는 해안 지역의 주민들을 "적"으로 여겼던 상륙작전으로 인민군이 없는 곳에서 인민군을 공격했다고 했다. 제7장과 제8장에서 다루었다. 인천상륙작전을 앞두고 벌어진 덕적군도와 영흥도에서 벌어진 군사작전은 그 지역에 주둔한 인민군이 없었음을 확인했으면서도 주민들을 학살한 후 "적"이라고 기록했다. 인간 사냥과 다를 바 없었던 상륙과 수색 작전은 서해안 뿐 아니라 통영과 완도 등 남해안에서도 반복되었으며 월미도에서도 인천상륙작전 직전 미 함재기가 민간인 거주 지역만 폭격한 사실에서도 이런 수법을 확인할 수 있었다.

수복 시기에는 민간인들을 공격한 사실이 명백한데도 인민군과 전투했다고 우기는 사례들도 있었다. 수복 시기 국군 1사단은 후퇴하는 인민군을 추격하는 것을 중단하고 속리산 주변인 경북 상주, 충북 보은과 괴산, 청주에서 토벌작전을 벌였다. 인민군 패잔병을 소탕했다고 하지만 그 결과는 대부분 민간인학살로 드러났다.

수복하면서 벌어진 전투 중 많은 경우 역시 민간인 피해로 의심된다. 이러한 사례는 주로 수도권 지역에서 벌어진 사건만 정리할 수 있는데, 충청과 영호남 지역에서는 대부분 토벌작전으로 나타나기 때문이었다.

끝으로 수복 후 민간인에 대한 공격으로 보이는 전투와 유엔군 점령 시기 이북지역에서 발행한 민간인학살사건들을 제9장에서 정리했다. 토벌작전 피해는 치안을 확보한 국군 11사단 등이 죽음을 피해 도망하던 피란민을 빨치산이라며 공격하는 과정에서 발생했다고 한다. 하지만 작전의 결과로 보아 이들의 진짜 목표는 빨치산이 아니라 주민들이었음이 분명했다.

수복이 되었음에도 미수복지구라면서 민간인들을 공격한 사례도 종합하여 정리할 수 있었다. 육군은 주로 태백산과 지리산에서 토벌작전을 벌였으며, 해군과 해병대는 목포에서 해군의 임무를 인수하여 주로 영암과 나주에서 토벌작전을 벌였다. 경찰은 각 지역의 경찰서 산하에 경찰토벌대를 별도로 운영하면서 토벌작전을 벌였으므로 깊은 산이 있는 전국 대부분의 지역에서 나타난다. 이는 수복의 과정과 이후에 발생한 민간인학살사건을 마치 적을 공격한 것으로 합리화했던 것은 아닌지 의심할 수 있다. 이는 모두 전쟁 범죄 아니면 반인륜 범죄에 해당한다.

이 책에서 추출된 사건들은 비록 전투라고 주장하고 있지만 민간인학살사건이거나 피란민이 희생된 것으로 확인되거나 추정되는 사건들이다.

전쟁 범죄로 의심하는 가장 큰 기준은 공격을 당한 자들이 "인민군"이었는지 여부였다. 죽은 자들이 무장한 군인들이 아니었다면 민간인으로 보는 것이 당연할 것이다. 죽인 자들의 인식도 소홀히 할 수 없지만 결국

전투였는지 전쟁 범죄였는지는 죽은 자들의 무장 여부로 판단될 것이다.

서로 다른 국가라고 할 수 없었던 남과 북의 분단체제는 38선을 경계로 국지전을 벌이다가 2년을 넘기지 못하고 전국화한 내전에 휩싸였다. 3년을 넘는 전쟁이었지만 그 전선은 남쪽에서 3개월, 북쪽에서 3개월을 오르내린 뒤 원점 부근에서 2년 7개월을 더 머물렀다. 이남에서는 전선이 이동하던 1950년 7월 물러나는 국군과 경찰에 의해 형무소의 정치범과 국민보도연맹원들이 학살당했으며 이어 같은 해 9월 물러나는 인민군 세력에 의해, 같은 해 10월 수복하는 국군과 경찰에 의해, 같은 해 12월과 1951년 1월 다시 후퇴하는 국군과 경찰에 의해 민간인들이 학살당했다.

전선이 고착된 후에도 국군 11사단 등에 의해 영호남 산간 지역의 주민들이 학살당하는 사건이 반복되었다. 희생자들 모두를 "적"이라며 마치 전쟁 중 전투 행위로 합리화했다. 그렇다면 민간인학살이 벌어지던 같은 기간 동안 비슷한 장소에서 인민군을 상대로 벌어졌다는 전투에는 과연 아무런 문제가 없었을까? 혹시 이동하던 피란민들은 아니었을까? 국민보도연맹원들을 학살해놓고 인민군이라고 한 것은 아닐까? 누군가는 반드시 짚고 넘어가야 할 여정에 아직까지 아무도 시작한 흔적이 남아있지 않다. 이제 그 길을 떠나고자 한다.

2020년 11월 20일

신기철

차례

머리말, 이것이 전쟁이었을까 … 5

제1장 전쟁이 시작되다 거짓이 시작되다 … 19

해군이 이루어 냈다는 최초의 승전이 사실일까? _1950년 6월 25일 대한해협 · 25
이북 사투리를 쓰면 적이다 _1950년 6월 27일 파주읍 봉암리 · 47
아침 8시 45분에도 잠 깨지 않은 적 _1950년 6월 28일 홍천 복골 · 56

제2장 피란길에서 벌어진 전투 Ⅰ _경기, 충북 … 67

경비도 없는 인민군 보급부대 _1950년 7월 2일 이천 곤지암리 · 71
아군 1명 부상에 적 1천 명을 사살한 신의 전투 _1950년 7월 4일 충주 동락마을 · 79
배낭 메고 모자 쓰면 적 _1950년 7월 5일 음성 감우재 · 94
전투로 달성했다는 "소기의 목적"의 진실 _1950년 7월 8일 단양 매포 · 104
민간 피란지로 이동한 수도사단과 피란민들의 죽음 _1950년 7월 14일 쌍수리 · 114

제3장 적군 없는 전투 _충남 … 121

인민군 환영대회에 인민군이 없었다? _1950년 7월 11일 공주 유구 · 125
경찰과 육본 특공대에게 무슨 일이 _1950년 7월 17일 강경 · 140
경찰 후퇴 전 사살당했다는 인민군 선발부대 _1950년 7월 17일 서천 장항읍 · 157

제4장 피란길에서 벌어진 전투 II _경북, 충북 … 165

우마차를 공격한 1차 화령장 전투 _1950년 7월 17일 상주 화서면 상곡리 · 169
2차 화령장 전투도 우마차를 공격했다 _1950년 7월 19일 상주 화남면 동관리 · 179
식별할 수 없는 무리를 공격한 3차 화령장 전투 _1950년 7월 21일 동관리 · 188
전멸시켰다는 적의 소속을 알 수 없다? _1950년 7월 21일 문경 농암리 · 196
피란민 공격의 누명을 인민군에게 씌운 미군 _1950년 7월 26일 영동 노근리 · 202

제5장 누굴 공격한 걸까? … 217

빨치산인가 피란민인가 국민보도연맹원인가 _1950년 7월 13일 영천 도유리 · 221
칼과 도끼로 무장했다는 인민군 유격대 _1950년 7월 17일 포항 죽장면 · 227
전투의 성과가 된 민간인 납치 _1950년 7월 20일 영덕 옥산리 · 235
피란민을 향해 산탄을 날린 국군 장갑차 _1950년 7월 27일 영덕 황장재 · 242
경계도 안하고 약탈만 집중한 공비 _1950년 7월 28일 청송 이전리 · 250
주민들까지 공격하다 _1950년 7월 28일 상주 경돌마을 · 255
모호함 속에 들어있는 전쟁 미화 의도 _1950년 7월 29일 곡성 압록리 · 263

제6장 군인과 민간인이 뒤섞인 낙동강 전선 … 275

경계도 하지 않고 몰려다니는 무리를 공격하다 _1950년 7월 31일 안동 상리리 · 280
주민 가운데에서 첩자를 발견하다니 _1950년 8월 2일 마산 고사리 · 286
마을까지 폭격하다 _1950년 8월 3일 상주 낙동리 · 290

열두 살 어린이가 인민군이라니 _1950년 8월 3일 창녕 월곡재실 · 294

700명의 적을 섬멸했다는데 _1950년 8월 7일 안동 명진리 · 310

적을 격파했다는 날 피란민들이 몰살당하다 _1950년 8월 11일 마산 곡안리 · 315

전차 옆 민간인 복장 무리를 공격하다 _1950년 9월 2일 창녕 영산면 · 320

국군 지휘소에 침투한 인민군 특공대의 정체 _1950년 9월 12일 대구 매골 · 327

인민군 패잔병을 격퇴하다 _1950년 9월 16일 영천 고경면 창상리 등 · 332

제7장 "적" 없는 상륙작전 … 335

701함, 인민군 없는 섬들을 공격하다 _1950년 8월 10일 덕적도 · 340

이(秋) 작전의 시작 _1950년 8월 18일 덕적도 · 346

해군 313정의 대이작도 공격 _1950년 8월 20일 이작도 · 362

해군 육전대의 영흥 공격과 이(秋) 작전의 끝 _1950년 8월 20일 영흥도 · 368

민간인 거주지만 폭격한 전투 _1950년 9월 10일 월미도 · 385

적군 없는 전투가 남해안에서도 벌어지다 _1950년 8월~9월 완도 · 391

1일 점령지 주민들이 색출할 적이었다 _1950년 8월 17일 통영 · 400

저항하는 인민군이 있었을까? _1950년 9월, 10월 남해, 여수, 목포, 고흥 · 413

제8장 적으로 취급된 국민들 … 419

인민공화국 만세를 불렀다고 사살하다 _1950년 9월 16일 인천 · 425

공격한 인민군보다 더 많이 체포당한 "적" _1950년 9월 21일 김포 · 431

선언에 그친 수복 _1950년 9월 21일 강화 · 439

국군 1사단 속리산 토벌작전 학살 1 _1950년 9월 25일 상주 · 443

국군 1사단 속리산 토벌작전 학살 2 _1950년 9월 29일 청주 괴산 보은 · 456
이미 수복된 곳에서 누구와 다시 전투를 벌였을까? _1950년 10월 2일 양평 · 465

제9장 제거당하는 잔적은 누구 … 471

계룡산에 숨어 지내는 무리를 공격하다 _1950년 10월 8일 공주경찰서 · 475
비무장 1,500여 명의 인민군 유격대 _1950년 10월 13일 영암 금정면 용흥리 · 478
피신하던 무리들이 해병대 매복조에 걸리다 _1950년 10월 영암 국사봉 등 · 484
피란민인가 빨치산인가 _1950년 10월 18일 장흥 유치 신원리 · 490
한때 전차로 무장했던 빨치산이 곡괭이로? _1950년 11월 17일 고창 흥덕리 · 494
없는 공비도 만들어내는 사찰공작대 _1950년 12월 11일 김천 · 499
경찰 토벌작전의 대상은 주민들이었다 _1951년 1월 20일 영광 구수산 · 503
아군 피해 없는 해병대의 전투가 계속되다 _1951년 1월 29일 안동 추목리 · 507
저항하지 않고 도망만 다녔다는 인민군 유격대 _1951년 2월 2일 의성 정자리 · 513
마을 주민들을 사살하고 "적"이라 하다 _1951년 2월 3일 안동 백자리 · 516
인민군 퇴각 후 벌어진 전투 _1951년 2월 10일 인천 · 519
민간 치안대 출신 피란민을 전투에 동원하다 _1951년 4월 교동 백령 · 523
기획된 민간인학살이 토벌작전이라니 _1951년 3월 14일 임실 청웅면 폐금광 · 530
백 야전사령부의 지리산 토벌작전 _1951년 12월 3일 구례 · 535
이북지역에서 보는 수복과 점령의 차이 _1950년 10~12월 신천 등 · 541

맺음말, 전쟁 범죄를 넘어 평화와 분단 극복으로 … 567

참고문헌 · 583

일러두기

· 지도는 국토지리정보원에서 제공하는 이미지를 바탕으로 사용했으며 파주 봉암리 등 일부의 경우 다음 등 포탈 사이트에서 제공하는 이미지를 바탕으로 사용했음을 밝혀둡니다.
· 출처를 밝힌 이미지 외에는 필자가 촬영했습니다. 촬영 일자를 설명문 끝에 적었습니다.
· Korean War의 번역 용어인 한국전쟁 또는 조선전쟁은 남과 북 민중의 처지보다는 다른 나라의 시각을 강조하는 경향이 있다고 보았습니다. 필자는 전쟁 중 대규모 민간인학살이 본격화되었던 이남 민중의 처지를 가장 잘 보여준다고 보고 "6·25전쟁"을 사용했습니다.

제1장

전쟁이 시작되다 거짓이 시작되다

전쟁 초기 전선이 이동하는 상황에서 피해를 입은 민간인들은 크게 두 집단으로 구분될 수 있다. 하나는 국군이나 미군에 의해 소개당한 피란민이고 다른 하나는 이들에게 소집당해 학살당한 국민보도연맹원(또는 이미 감금되어있던 형무소 재소자)이다.

국가가 정리하고 있는 한국전쟁의 역사에는 피란민들이 이동하는 시기에 피란민과 뒤섞여 전투가 벌어졌다는 사실은 드러내지 않고 있다. 국군은 피란민의 죽음을 방기하거나 민간 거주민들이 남아있는 마을을 공격하기도 했고 사살하고 난 뒤 빨치산이나 지방 공비였다고 조작하기도 했다. 민간인을 전투의 방해물로 여겼던 것일까?

『한국전쟁사』에는 전쟁 초기인 1950년 7월부터 9월 사이에 인민군을 공격했다고 주장하지만 실제 인민군을 공격한 것인지 불분명해 보이는 전투나 피란 민간인이 피해를 입었을 것으로 보이는 전투가 있었다.

비록 같은 시간은 아니었지만 같은 날 같은 장소에서 민간인학살이 벌어진 경우가 있었으며, 피란민으로 보이고자 민간인 복장을 한 상태의 대규모 적군을 상대로 전투를 벌였다는 주장도 확인된다. 대개 아군의 피해에 비해 적군의 피해가 지나치게 커서 사망자 중에 민간인이 포함되었을 것으로 보이기도 했다. 인민군이 도착하기 전에 벌어진 것으로 보이는 또 다른 전투에서는 공격 대상이 인민군 선발대나 특공대였다고 합리화하지만 사망자들이 보인 행태는 군인보다는 피란민에 더 가까웠다.

주로 인민군 주력 부대가 통과했거나 통과 직전에 발생한 전투 중 피란민들이 피해를 입었을 것으로 보이는 사례가 있었다면, 이에 비해 인민군과 전투를 벌였다는데 정작 인민군은 아직 방어 지역에 도착하지 않는 상황에서 벌어진 전투도 있었다. 국민보도연맹원들을 학살한 뒤 이를 "적과 전투했다"고 보고 한 것이 아닌지 의심되는 사건들이다.

당시 이승만 정부가 부르던 "적" 속에는 한 때 우익 인사들이었던 제5열을 비롯해 이와 반대로 한 때 좌익 인사로 분류되었던 국민보도연맹원들, 이승만 정부의 분단 정책에 반대한 반정부 인사도 포함되어 있었다. 국민보도연맹사건은 인민군의 점령이 곧 이루어질 것 같은 시기에 후퇴하던 국군과 경찰이 반 이승만 정부 인사를 소집하여 감금했다가 집단 총살한 사건을 말한다.

전국에 걸쳐 인민군과 국군 또는 유엔군이 대치하던 전선의 이동과 함께 북에서 남으로 7월 한 달 동안 순차적으로 확대되었으며 낙동강 전선이 형성된 후방 지역에서는 7월을 넘어 8월까지 지속되는 경향이 있었다. 이 사건들의 가장 큰 특징은 국군 후퇴 시기 전투가 중단된 사이에, 인민군이 도착하기 직전에 발생했다는 것에 있었으므로 같은 시기에 벌어진 "이상한 전투"가 여기에 해당할 수 있었다.

전쟁의 발발일이 6월 25일이라는 사실에는 이견이 없는 것 같다. 필자는 인민군의 동해안 상륙일을 두고 이남의 6월 25일 주장과 이북의 6월 26일 주장을 제외한다면 전쟁이라는 것이 상대방이 있는 것이라 대체로 허위 사실을 주장하기 쉽지 않다고 판단했다. 거짓 주장을 한다면 바로 상대방에 의해 반박을 당할 것이기 때문이라고 생각했다.

전쟁을 총체적으로 평가한다면 전술적 패배는 전략적 승리에 의해 정반대의 평가가 가능하다. 하지만 개별 전투에 대한 평가는 그렇지 않다. 우리 측에서 패배한 전투는 상대방에겐 승리한 전투여야 당연하다. 전투가 아니었음이 확인된 충북 영동 노근리의 사례를 제외한다면 한국전쟁 중에 벌어진 인민군과 미군의 전투에 대한 남과 북 역사가들의 서술은 대체로 이 규칙에서 크게 벗어나지 않아야 한다.

그런데 이런 상식적인 규칙이 『한국전쟁사』 전반에는 적용되지 않는다. 국군의 승전 기록은 인민군의 패전 기록으로 남아 있지 않다. 인민군 측이 수치스럽게 생각하고 밝히지 않았을 가능성도 배제할 수는 없지만 인민군이 아직 도착하지 않았음이 명백한 경우도 있었던 것으로 보아 조작된 승전 기록으로 볼 수도 있었다. 물론 전투 과정을 과장한 것으로 보이는 경우도 많았다. 반면, 인민군의 승전 기록이 국군의 패전 기록에 남아 있지 않는 경우에 대해선 현재 통일부 북한자료센터를 통해 만날 수 있는 이북의 전쟁사 자료가 상대적으로 구체적이지 않아 비교하기 어려웠다.

초기 전쟁에서 벌어진 객관적 사실은 인민군과 싸워 이겼다고 하는데 실제 전쟁은 지고 있었다는 것이었다. 『한국전쟁사』는 패전이 승전이 될 수 없지만 패전을 승전인 것처럼 서술하는 것은 가능하다는 것을 보여준다. 후방에 있는 고지로 후퇴했으면서 이 고지를 "점령했다"라고 표현하는 것이 대표적이다.

인민군에게 승리했다지만 인민군은 약해지지 않았다. 그렇다면 국군은 누구를 공격했던 것일까? 나는 그 해답이 국민보도연맹사건에 있다고 생각한다. 내부 집단이 아니면 모두 "적"으로 보았다는 사실에서 그 비밀을 찾을 수 있다. 내전이 시작되자 진실과 거짓의 혼란은 첫날부터 시작되었다.

해군이 이루어 냈다는 최초의 승전이 사실일까?

_1950년 6월 25일 대한해협

　전투인지 전쟁 범죄인지 구별되지 않는 사건은 전쟁 발발 첫날부터 발생했다.

　한국전쟁사에 있어 최초의 승전이 바다에서 있었다고 한다. 전쟁이 일어나던 1950년 6월 25일 시작된 전투는 다음 날 새벽 1시 대한민국 해군의 승리로 끝이 났다고. 장소는 대한해협 "공해"상이었고 아군은 해군 최초의 공격용 "전투함"인 백두산호 701함, 적군은 600명의 인민군이 탄 "증기 수송선"이었다.*

　그런데 공해상에서 벌어진 전투의 선제 공격자는 적군이 아니라 대한민국 해군이었다. 그리고 격침시킨 뒤 수색한 결과 적 함정으로부터 생존하거나 또는 사망한 승무원을 비롯해 "아무런 물표도 발견하지 못"했다. 불법성이 의심되는 공격인데다 승전의 근거도 증명할 수 없음에도 일방적인 승전 주장은 무엇 때문에 하고 있는 것일까? 공해상 공격이 정당했

---

* 국방부 전사편찬위원회, 『한국전쟁사』 제1권, 774~782쪽.

> 곧이어 조타실에는 군의관과 위생하사가 달려와서 부상자들을 食堂으로 옮겨갔다. 치열한 포격전이 끝나자 敵艦은 밤하늘에 뿌연 증기를 내뿜으며 침몰되어가고 있었다.
> 이윽고 26일 01.25 敵艦은 完全히 그 자취를 水中에 감추어 버렸다.

> 701艦은 戰鬪海域을 4時間에 걸쳐 搜索하였으나 아무런 物標도 發見하지 못하고 05.45경 浦項을 向해서 航進하였다.

위 자료는 『한국전쟁사』 제1권 779쪽이고 아래 자료는 『한국전쟁사』 제1권 780쪽이다. 26일 새벽 1시 25분 괴선박이 자취를 감췄다고 했지만 이를 목격한 사람은 아무도 없었다. 1시 20분 전투 현장을 떠난 701함은 1시 45분 돌아와 수색에 참여했기 때문이었다. 아무런 물표를 발견하지 못했으니 이는 적함이 침몰하지 않았을 가능성을 말해준다.

는지도 의문이지만 600명이 탄 배가 침몰했는데 아무런 물표도 발견하지 못했다니 어찌된 일일까? 도대체 적 선박이 침몰하긴 한 걸까? 아니 더 나아가 전투가 있긴 했던 것일까?

6월 25일 아침을 맞은 701함

해군 701함(백두산호, 450톤, 함장 중령 최용남, 부함장 소령 송석호)은 당시 해군이 보유하던 유일한 전투함으로 3인치 포를 장착한 유일한 함정이기도 했다.

해군 군인들과 국민 성금으로 구입한 이 군함은 1950년 4월 10일 진해에 처음 입항했으며 이후 군함 전시를 위해 6월 24일까지 전국의 주요 항구를 순방한 뒤 다시 진해로 돌아왔다. 도착 즉시 대원들은 식량과 유류, 부식과 군수품을 보급 받았어야 했으나 그렇지 않은 채 모두 주말 외출을 나갔으니 결국 아무런 준비 없이 6월 25일 전쟁의 아침을 맞게 되었다.

『한국전쟁사』는 인민군 비정규부대인 766부대가 6월 25일 새벽 3시 30분 순양함(PT) 4척의 호위아래 1천 톤급 무장수송선 1척(당시 인민군 해군은 1천 톤급 수송선을 1대 보유하고 있었다고 알려졌다)과 30척의 발동선이 옥계 방

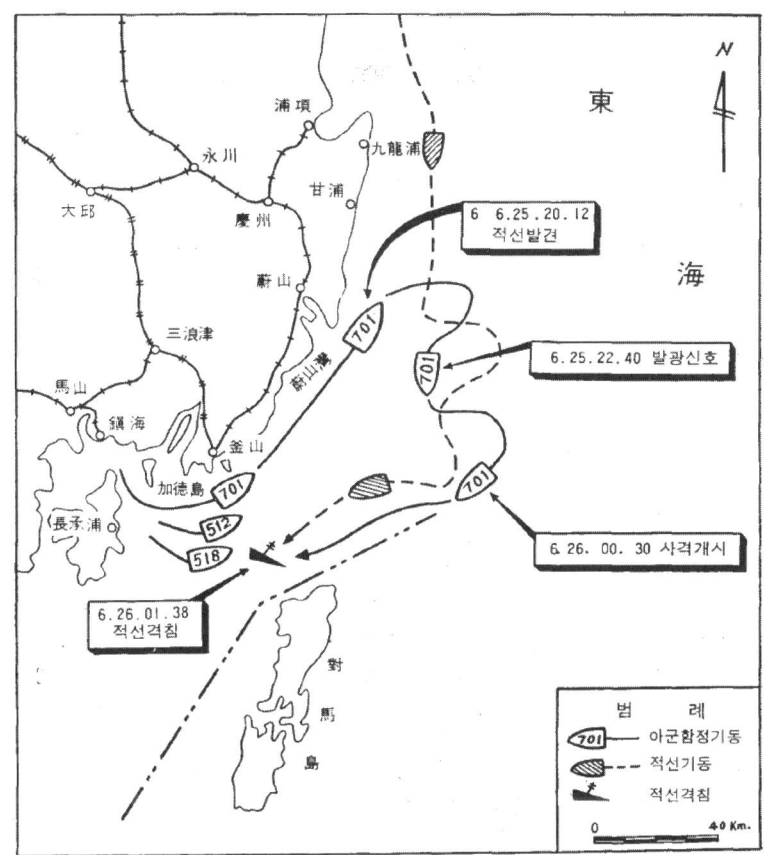

『한국전쟁사』 제1권 777쪽 내 전투상황도. 1950년 6월 26일 0시 30분 사격을 개시하여 1시 38분 격침한 것으로 설명하고 있다. 하지만 701함은 침몰 전인 1시 20분 전투 현장을 떠났고 다시 돌아왔을 때 괴선박의 흔적을 더 이상 찾을 수 없었다고 했다. 괴선박이 침몰했다고 판단했다지만 결국 아무도 완전히 침몰하는 모습을 보지 않았다는 결론이 나온다.

면에 상륙했다고 서술했으며,* 또 다른 곳에서는 인민군 766부대가 강릉 강동면 안인진리에, 인민군 549부대가 옥계면 도리에, 인민군 200지대가 삼척 임원진에 각각 상륙했다고 하며 이 사실을 가장 먼저 알게 된 강

---

* 국방부 전사편찬위원회, 앞의 책 제1권, 772쪽.

릉경찰서 정동진 해안초소가 국군 8사단 상황실에 인민군의 상륙 상황을 통보하고 지원을 요청했다고 한다.* 전쟁 발발 당시 함정 구입을 위해 미국에 있던 손원일 해군총참모장을 대신하던 김영철 대령은 공관에 있던 중 6월 25일 새벽 4시 30분에 걸려온 비상전화를 통해 동해안 옥계에 인민군이 상륙하고 있다는 보고를 받았다고 했다.**

반면, 이북의 역사학자 허종호는 이 상륙이 26일 벌어졌다며 "해상륙전대는 동해안연선을 따라 공격하는 연합부대와 배합하여 괴뢰군 8보병사단을 익측으로부터 타격할 데 대한 작전방침을 관철하기 위하여 동해안에서 상륙전투를 벌였다. 한 해상륙전대는 **6월 26일**(저자 강조) 날이 밝기 전에 감쪽같이 정동진리에 상륙하여 저항하는 적을 소탕하고 해안연선의 산악을 따라 적의 사단지휘부가 둥지를 틀고 있는 강릉방향으로 진출하면서 적을 배후로부터 타격하였다. 다른 한 해상륙전대는 26일 아침에 림원진 해안에 상륙하여 괴뢰경찰들과 적주구들을 청산하면서 깊은 후방으로 진입하였다."라고 했다.***

양쪽의 주장에서 선단의 옥계 등 상륙일이 하루가 차이나는데 국방부의 경우 이북 선단이 25일 새벽에 상륙한 것으로 보아 출발은 24일이었음이 분명하고 이는 북이 먼저 침략했다는 결정적 증거라고 주장했다.**** 이에 따르면 북 측의 주장이 이를 염두에 두고 거짓을 말한다고 볼 수 있지만 남 측의 주장에도 적지 않은 모순이 있었다. 필자로서는 일단 양 측 모두 공식적인 주장에 차이가 있다는 것 정도를 확인하고 우선 국방부의 주장을 따라 가도록 한다.

* 국방부 전사편찬위원회, 앞의 책 제1권, 841쪽.
** 국방부 전사편찬위원회, 앞의 책 제1권, 799쪽.
*** 허종호, 『조선인민의 정의의 조국해방전쟁사』 제1권, 141쪽.
**** 국방부 전사편찬위원회, 앞의 책 제1권, 772쪽.

6월 24일 일직 장교로 근무했던 최영섭 소위의 증언에 따르면, 25일 아침 8시 진해통제부 김성삼 대령으로부터 "동해안에서 북한군이 침공해 상륙 중이니 곧바로 출동하여 적을 격퇴하라"는 지시를 받았다고 한다.*저 멀리 동해안 정동진과 임원진에 상륙하는 인민군을 물리치라는 명령이었다는 것인데 이들의 상륙이 새벽 4시경부터 진행되었다면 이 전함이 도착할 때 이미 인민군의 상륙은 끝이 났을 것 같다.

옥계와 가장 가까이 있던 묵호경비부의 509정(정장 김상도 소령)에게 긴급 전문 명령이 내려온 시간은 새벽 5시 10분이었고 6시에 안개 속에서 묵호항을 떠나 2시간 뒤인 8시 적함 1척과 50분 간 교전 후 배 수리를 위해 묵호로 돌아왔다가 다시 갔을 때 인민군의 상륙이 모두 끝이 나 있었다.** 옥계 전투 현장이 묵호에서 2시간 거리였으므로 수리 시간을 최소로 잡아도 빨라야 4시간 지난 뒤인 오후 1시 경이었을 것이다.

하지만 701함에게 출동 명령이 내려온 때에 대한 공식적인 기록은 최영섭의 기억과 상당히 다르다. 공식 기록은 6월 25일 아침 10시 명령이 내려왔으며 그 내용은 동해안으로 출동하여 해상경비를 강화하고 포착되는 적함을 격침하라는 것이었다. 전쟁이 시작된 초기인 새벽 4시 반에는 전면전이 아니라 국지전으로 인식했다는 증언들이 대부분이었으니 아침 8시나 10시에는 아직 전면적인 전쟁이 일어났다는 소식을 모르는 상태였을 것이다.

701함 부함장이었던 송석호 소령은 통제부 사령관의 출동 명령을 받은 뒤 오전에 부식을 싣고 오후에 연료를 공급받았다고 했다. 출동은 오후 3

---

* 국방부 군사편찬연구소,『6·25전쟁 참전자 증언록』제1권, 2003, 691쪽.
** 국방부 전사편찬위원회, 앞의 책 제1권, 772~773쪽.

시경 했는데 512정과 518정을 함께 지휘했다고 증언했다.* 앞에서 보았듯이 이 시간이면 인민군의 옥계 상륙은 이미 끝난 뒤였다.

괴선박 발견

오후 3시에 진해를 출항한 701함은 6시 30분 부산 앞바다를 지나 북쪽을 향하던 중 저녁 8시 12분 위도로 보아 울산 앞바다 부근을 지나면서 함정과 7리(약 2.7km) 떨어진 해상 수평선에서 검은 연기를 내며 10노트(knots, 18.52km/h) 속도로 접근하는 한 선박을 발견했다. 당시 701함은 15노트의 속도로 진행하고 있었다고 했다. 검은 연기로 보아 괴선박은 증기선임을 분명했다. 하지만 『한국전쟁사』는 이 사실에 대해 더 이상 거론하지 않았다. 나름 성능이 괜찮은 선박처럼 보이려는 의도 때문이었을 것이다.

선박에는 국적의 표시도 없었고 배의 이름도 적혀있지 않았다고 했지만 저녁 8시 어두운 바다 환경에서 선박에 적힌 국적의 표시가 확인될 수 있는 거리는 아니었을 것이다. 국적이나 배의 이름이 없었다면 이 선박은 국제법을 위반한 것이지만 그렇다고 해서 이 때문에 해군 군함이 자의적으로 공격할 수 있는 것은 아니었다.

참고로 6월 25일 해군 509정이 옥계 부근에서 공격한 인민군 해군 함정에는 인공기가 걸려있었다고 했다.** 이는 인공기를 달지 않은 괴선박이 우리 측 해군을 공격했다고 해서 모두 인민군 해군이라고 할 수 없다는 것을 의미한다.

당시 국군의 해군 함정 역시 태극기를 걸지 않았을 것이라는 의문도 제기된다. 해군본부가 "함정의 피아식별을 위하여 갑판상에 태극기를 게양

---

* 국방부 전사편찬위원회, 앞의 책 제1권, 782쪽.
** 국방부 전사편찬위원회, 앞의 책 제1권, 773쪽.

하도록 시달"한 날은 7월 1일이었기 때문이다.* 이는 그전까지 태극기를 게양하지 않은 경우가 있었음을 알려준다.

저녁 9시 30분이 되어서야 선박의 모습을 완전히 볼 수 있는 거리에 다가갔다. 701함은 밤 10시경 해군본부에 "괴선박은 1,000톤급의 수송선박으로 600명 규모의 인민군을 싣고 남하하여 상륙을 기도하는 것으로 판단된다."라고 보고하자 해군본부는 나포할 것을 명령했다. 하지만 공해상이었으므로 나포가 어려웠고 이러한 사정을 다시 보고하자 이번에는 "적선을 격침하라"는 명령이 내려왔다고 한다.** 어두운 밤바다에서 눈 확인만의 보고에 의해 "적"선이라고 판단, 격침 명령까지 내려왔다는 주장이지만 실제 701함의 다음 행동은 공격이 아니라 발광 신호를 보내는 것이었다. 이것은 격침 명령을 이행하는 절차라고 할 수 없었다. 뒤에서 확인되지만 이 주장은 과장된 것이었다.

10시 40분 701함은 30분간 괴선박에게 발광신호를 보냈지만 괴선박으로부터 어떠한 응답도 없었다. 100미터까지 접근해서 신호등의 불빛을 이용해 선박을 비췄고, 이제야 증기수송선인 배에 국기와 배의 이름이 없었음을 확인했다고 한다. 당시 해군 참전자들은 갑판 뒤쪽으로 중기관총 2정과 수병복을 착용한 인민군 정규 해군과 육전대원으로 보이는 군인들을 여러 명 볼 수 있었다고 증언했다. 701함 부함장이었던 송석호 소령은 심지어 저녁을 먹은 인민군들이 갑판에 나와 701함을 구경하기도 했다고 증언했다.

격침 명령이 이미 내려온 상태에서 정체가 확인된 데다가 600명의 무장병력이 승선한 마당에 1백 미터 가까이 다가온 이번 순간보다 더 공

---
* 국방부 전사편찬위원회, 앞의 책 제1권, 799쪽.
** 국방부 전사편찬위원회, 앞의 책 제1권, 776쪽.

격하기 좋은 기회는 없었을 것이다. 하지만 701함은 공격을 하지 않았다. 조금 더 유리한 상황에서 전투해야 한다는 판단을 내렸을 수 있겠지만 짐작컨대 아군이 공격을 주저한 가장 큰 이유는 그 위치가 공해상이었기 때문이었을 것으로 보인다. 공해상에서는 항해의 자유가 인정되므로 비록 군 수송선일지라도 적대 행위가 없는 한 공격할 수 없다고 판단했을 것 같다. 괴선박의 선원들 역시 대한민국 해군의 701함을 목격했을 테지만 공격은 없었다.

또 다른 측면에서는 공격이 없었던 이유가 이들이 인민군이라는 확신이 없었기 때문으로 보이기도 한다. 701함장이 이후 했다는 발언 내용을 보면 공격 직전까지도 괴선박의 승무원들이 인민군인지 아닌지 확신하지 못하고 있었음이 확인된다. 그렇게 보면 600명의 인민군을 봤다든가 기관총과 함포를 봤다는 앞의 증언들은 추정 또는 사후 합리화된 주장일 가능성이 높다.

비록 6·25전쟁 후에 발효되었긴 하지만 『해양법에 관한 국제연합 협약』 제30조에 따르면, 이웃 나라의 군함이 영해 내로 들어와 연안국의 법령을 준수하지 않았을 때 즉시 퇴거를 요구할 수 있다. 비록 영해 내일지라도 적대 행위를 하지 않는 한 몰아내는 것에 그쳐야 합당하다는 것이다. 『해양법에 관한 1958년 제네바협약』 중 『공해에 관한 협약』 제2조 "공해의 자유"에 대해 "공해는 모든 국민에게 개방되는 것이기 때문에 여하한 국가도 공해의 어떤 부분을 자국의 주권에 종속시킬 것을 유효하게 주장할 수 없다."라고 규정하면서 구체적 사례로 "항해의 자유"를 적시했다.*
이에 비추어 보면 이 전투의 경우 영해가 아닌 공해상에서 벌어진 것이므로 괴선박으로서는 해군의 나포에 응할 이유가 없으며 자신들이 먼저 공

---

* 아시아국제법연구회 편, 『현대국제조약집』, 2005, 199쪽.

격하지 않는 한 공격을 당하지 않는다고 판단할 수 있을 것이다. 따라서 해군의 "공해상 나포" 명령이나 적대 행위를 당하지 않는 상황에서 내려진 "격침" 명령은 정당한 것이 아니었다고 볼 수 있다. 당시 해군이 공해상에서 할 수 있는 일은 지속적으로 괴선박을 감시하는 일이었다. 위 『공해에 관한 협약』 제23조는 이를 "계속추적권"이라고 규정했다.*

반면, 국제법상 전쟁 중 적국 소유의 선박에게 공해상에서 멈추라는 명령을 할 수 있고 이에 응하지 않을 경우 격침시킬 수 있다는 주장도 있다.** 공해상에서 벌어지는 전쟁 당사국들 사이의 전투 자체는 국제법상 불법이 아니라는 것인데 이 괴선박의 경우 인민군의 군함으로 판단되었는데 정지 명령에 응하지 않았으므로 반격이 없었더라도 이를 공격하는 것은 적법했다고 주장할 수 있다. 하지만 우선 당시를 전면적인 전쟁 상태로 인식했는지부터 의문이다. 그리고 보다 구체적인 의문은 선박에 국기가 걸려있지 않았다거나 실제 전쟁과 무관한 국기가 걸려 있었더라도 적 소유의 배라고 주장하면서 일단 공격을 했을 것이라는 데에 있었다.

참전자 증언록에서 당시 상황에 대한 증언이 확인되는데 이러한 문제점이 그대로 드러난다.

701함 장교였던 최영섭은 밤 10시 40분 함장이 전 장교를 사관식당에 모아놓고 "괴선박은 북한 군함으로 판단된다. 그 이유는 국기와 선명이 없고 한 시간 반에 걸친 우리의 문의에 전혀 응답하지 않고 있다. 갑판에 가득 타고 있는 군인은 동양인인데 일본 군인은 없을 것이고 중국 군인도 아니다. 북한군이 틀림없다. 전투배치를 하고 위험 사격 1발을 쏴라. 적이면 응사해 올 것이다.(저자 강조) 이제부터 전투에 돌입한다. 최선을 다해 적함

---

* 아시아국제법연구회 편, 앞의 책, 203쪽.
** 이민효, 『무력분쟁과 국제법』, 연경문화사, 2009, 214쪽.

백두산함에 설치된 3인치 포와 같은 포가 용산전쟁기념관에 설치되어 있다. 2019년 6월 25일 조사.

을 격침하라!"라고 말한 뒤 "이제 살아서 마지막일수도 있으니 냉수로 건배하자."고 하여 전 장교는 숙연한 마음으로 결의를 다지며 냉수로 건배를 했다고 한다.* 10시 40분이면 해군 사령부의 나포 또는 격침 명령이 내려진 뒤로 발광 신호를 보내기 시작한 때라고 하였다.

이 증언에 따르면 함장조차 괴선박의 소속 국가가 여전히 확인되지 않았음에도 정황으로 보아 인민군이라고 판단했다는 것이다. 이는 앞의 『한국전쟁사』가 10시 괴선박에서 인민군 정규 해군과 육전대원들이 승선한 모습을 목격했다는 증언이 사실이 아님을 짐작케 한다. 즉, 위 증언은 괴선박이 어느 나라 배인지도 확인되지 않고 또 누가 타고 있는지 모르면서 무작정 한 방 쏘고 보자고 했던 것이다. 응사하면 적이라고 했으므로 공격이 이상하지 않겠지만 응사하지 않으면 어떻게 하려고 했을까? '응사할 때까지 쏜다'였을까? 어리석은 염려로 보일지 모르지만 701함은

---

* 국방부 군사편찬연구소, 『6·25전쟁 참전자 증언록』 제1권, 2003, 692쪽.

실제 이렇게 대응했다.

위 최영섭은 적의 배에 기관포 2문과 85mm포가 장착되어 있었다고 증언했지만 이 역시 직접 목격한 사실이 아닌 추정이었다. 그가 실제 목격한 것은 중기관총으로 보이는 2개의 물체와 천막에 덮인 대포 같은 물체였을 뿐이었다.

이와 관련된 또 다른 문헌에 따르면, 701함에는 3인치 즉 76mm 포가 장착되어 있었지만 인민군의 전투함에는 57mm와 40mm포가 장착되어 있었다고 했다.* 이건 또 뭘 보고 내린 판단인지 알 수 없지만 이에 따르면 당시 인민군에게는 우리 측 해군의 포를 능가하는 85mm 대포가 당시 없었다는 것이다. 이는 아군이 공격하는 동안 인민군 측이 아무리 포를 쏴 봐야 아군의 배에 닿지 않았을 것을 의미한다. 사정거리만 피했다면 인민군 측의 대응 사격은 아무런 위협이 되지 않았을 것이다.

최 씨는 무장력이랄 것도 없이 빈약한 수송선을 상대하면서 마치 목숨을 건 결사대처럼 이제 살아서 마지막이라면서 냉수로나마 건배를 마셨다고 했다. 이 역시 믿기 힘든 과장된 증언이 아닐 수 없다.

공격 시작

이후 26일 0시 30분 3리(약 1.2km) 떨어진 상태에서 3인치 주포 사격이 시작되었다. 당시 701함은 3인치 주포의 포탄 350발을 싣고 있었다. 한편, 7리(약 2.7km) 떨어진 상태에서 괴선박을 발견한 사실과 조금 전인 10시 40분경 적선에게 100미터까지 접근했다는 사실에 비교할 때 공격을 시작한 거리가 3리였다면 꽤나 멀찍감치 떨어져 공격을 시작했다고 볼 수 있다. 701함은 공해상에서 먼저 공격을 시작했는데 치솟는 물기둥을

* 임성채 등, 『6 · 25전쟁과 한국해군작전』, 해군역사기록관리단, 2012, 82쪽.

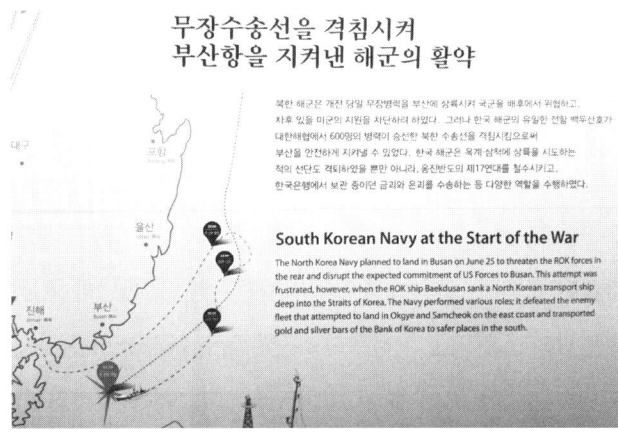

용산 전쟁기념관의 대한해협 전투 설명문. 6월 26일 새벽 1시 30분에 "적 선박 격침"이라고 적었다. 1시 25분이라는 주장, 1시 38분이라는 주장에 이어 새로운 주장이 나타난 것이다. 2019년 6월 25일 조사.

보아 포탄이 괴선박의 위를 통과하여 바다에 떨어졌음을 알 수 있었다고 했다. 3인치 주포의 최대 사정거리는 12km였다고 한다.

갑자기 공격을 받은 괴선박은 대응할 무기가 없었는지 저항 없이 방향을 바꿔 도망갔다. 하지만 해군의 공격은 계속되었다. '응사할 때까지 공격한다'는 방침이 확인되는 순간이었다. 이제 거리는 400미터로 줄면서 701함을 뒤따르던 518정이 사격을 시작하자 이제야 괴선박은 57mm포와 기관총으로 반격을 시작했다고 한다. 하지만 실제로 괴선박이 사용한 무기의 종류가 확인된 바는 없다. 장소는 대마도와 부산항의 사이 공해상이었고 괴선박의 반격이 시작된 이유는 이들이 무장한 총기의 사정권인 400미터 안으로 518정이 들어왔기 때문일 수 있었다.

701함 부함장이었던 송석호 소령은 당시 상황을 이렇게 증언했다.

우리의 보고를 받은 해군본부에서는 처음에 나포하라는 지시를 했으나,

다음에 격침시키라는 명령을 내렸다. 이때의 시간은 26일 00:10 우리는 적선으로부터 2리 정도의 거리를 두고 3″ 주포로 사격을 하기 시작하였다. 야간 전투인지라 처음에 불을 보고 쏘았는데 포격을 받자말자 적선에서는 불이 꺼져버렸다. 우리가 전투 중일 때는 야간인데다가 구름까지 끼어서 앞을 분간하기가 어려울 정도였다. 때문에 우리는 1,000YDS까지 접근하여 주포와 중기 사격을 계속하였다.*

공격을 시작한 시간에 대해 『한국전쟁사』는 공식적으로 0시 30분으로 확인했지만 송 소령은 0시 10분으로 기억하고 있었다. 그리고 이 증언으로 보아 격침 명령은 이때 내려왔던 것으로 보이는데 이 주장은 앞의 10시 주장보다 합리적으로 보인다. 1,000야드는 914.4미터이다.

명중에 이은 주포의 고장, 그리고 괴선박의 반격
한동안 계속된 사격 후 한 발이 명중되어 괴선박에서 폭발음 소리가 들렸고 이어 화염이 일어났다고 한다. 『한국전쟁사』는 당시 전투 상황에 대하여, "701함은 1리(약 400미터를 말한다)까지 접근하여 계속 함포 사격을 가하였다. 포술장을 대신하여 함장 자신도 직접 주포를 지휘하였는데, 잠시 후 '명중이다!'하는 함성과 함께 적함 브릿지에 1발이 명중되었다."라고 했고 이후 다시 한 번 1발을 명중시킨 후 "적선은 좌현 난간이 해면에 기울어지기 시작하고 기관실의 보일러 폭발하는 금속성 소리가 포성 속에서도 뚜렷이 들려왔다."고 했다. 하지만 괴선박은 명중탄을 맞고도 계속 남하했고 다시 한 발이 선박의 중앙 하부를 폭발시켰다.

세 발의 명중탄을 맞은 괴선박은 "기울어져가고 침수 때문에 흘수(吃水)는 낮아져가고 있었"고, 왼쪽으로 기울기 시작하면서 "구원을 요청하

* 국방부 전사편찬위원회, 앞의 책 제1권, 782쪽.

는 듯한 발광 신호"를 보냈지만 해군은 오히려 이것을 표적으로 더욱 집중된 포격을 가했다. 그런데 이제 두 선박의 거리가 다시 400미터로 좁혀졌을 때 701함의 주포가 고장 났다. 그러자 괴선박의 반격이 시작되면서 701함 조타실 자이로컴퍼스가 파괴되었고 그 파편에 김창학 3등병조와 장전수 3등병조 등 두 명이 치명상을 당했으며 김춘배 3등병조와 김종석 소위 두 명이 중경상을 당했다. 최영섭 증언에 따르면 이때가 새벽 1시 10분이었다.

701함 부함장 송석호 소령은 이 상황에 대해 "드디어 적선은 명중탄을 맞고 기울어지기 시작하였다. 동시에 아함 조타실에도 적탄이 명중되었는데 이때는 아함의 3″ 주포가 고장 난 바로 그때였다. 조타실에서는 김종식 소위와 전화수 그리고 조타수가 부상을 입고 피투성이가 되어 있었다. 우리는 결사적인 각오로 최단거리 100m까지 접근하여 중기 사격을 가하였다. 약 10분이 지난 다음에 적막이 흐르고 적선은 침몰하였다."라고 했다. 이는 3인치 주포가 고장난데다 적함의 사격에 큰 피해를 입었으면서도 100미터까지 접근하여 10분 동안 기관총 공격을 가한 결과 적선이 침몰했고 마치 자신이 이를 목격한 것처럼 주장했다. 하지만 이는 다른 증언과 결정적인 차이가 있었다.

701함이 전투현장을 이탈하다

『6·25전쟁과 한국해군작전』에는 "701함이 사격한 20발 가운데 5발이 적선이 명중돼 적 수송선은 1시 25분에 침몰되었다."라고 서술되어있다.[*] 침몰 시간 1시 25분에 주목해야겠지만 3인치포가 20발을 사격했다는 사실도 주목할 만하다. 이는 0시 30분부터 1시 25분까지 55분 동안

---
* 임성채 등, 『6·25전쟁과 한국해군작전』, 해군역사기록관리단, 2012, 462쪽.

진행된 전투에 20발을 쏘았다는 것을 의미한다. 발사 훈련도 제대로 하지 못했던 701함 승무원의 입장에서 발사했던 20발 가운데 5발이나 명중시켰으니 대단한 사격 실력이었음을 과시하려던 서술이었겠지만 이는 함정에 실렸던 3인치 주포의 실탄 350발 중 1시간 가까운 전투 중 불과 20발을 쏘았고 그 조차도 도중에 고장이 났다는 것을 의미했다.

이제 괴선박의 침몰시간이라는 1시 25분에 주목해 보자.

『한국전쟁사』는 701함의 주포가 고장이 났고, 적함의 공격까지 받아 조타실 중앙 하부에 명중당해 4명이 중경상을 입게 된 상황에서 급하게 전투 설명을 마무리 짓고 있었다. 이 자료는 26일 새벽 침몰하던 괴선박이 완전히 수면에서 사라졌다면서 "치열한 포격전이 끝나자 적선은 밤하늘에 뿌연 증기를 내뿜으며 침몰되어가고 있었다. 이윽고 26일 01시 25분 적선은 완전히 그 자취를 수중에 감추어 버렸다."라고 하면서 끝으로 "최후의 발악을 하던 끝에 600여 명의 병력과 함께 물속에 잠겨버린 적선은 처절하기만 하였다."라고 했다. 위 송석호 부함장의 증언처럼 마치 1시 25분까지 괴선박이 침몰되는 전 과정을 누군가 지켜본 듯이 적고 있다. 하지만 이후 증언을 보면 침몰의 전체 과정을 목격한 사람은 아무도 없었음이 드러난다. 701함이 현장을 이탈했는데 최영섭은 그 시간이 1시 10분에서 20분 사이라고 했고 최용남 함장은 1시 20분이라고 했기 때문이다.

『한국전쟁사』에 따르면, 전투 현장을 떠났던 701함은 무엇이 불편했는지 알 수 없지만 곧 되돌아와서 수색을 시작했다고 한다. 아마 격침시킨 선박이 인민군의 것이었다는 증거가 필요했던 것일까? 하지만 증거는 나타나지 않았다. "전투 해역을 4시간에 걸쳐 수색했으나 아무런 물표도 발견하지 못하고" 5시 45분 포항에 입항했다고 했다.

이에 대해 위 최영섭 역시 주포 수리를 마치고 다시 교전 해역으로 돌아와 4시간 동안 수색했다면서 "바다 위에는 기름이 넓게 퍼져 일렁거리고 적함에서 나온 목재와 피복만이 파도에 밀려 떠다니고 있었다."라고 했다. 1시 20분 떠난 후 언제 돌아왔는지 명확히 밝히지 않았는데 4시간 동안 조사했다는 것을 기준으로 단순 계산하면 돌아온 시간을 1시 45분으로 짐작할 수 있다. 주포 수리에 25분 걸린 701함이 다시 교전 해역으로 돌아왔을 때에는 이미 괴선박이 사라진 뒤였던 것이다.

이상을 종합하여 701함과 괴선박의 행적을 정리하면 다음과 같다.

1950년 6월 26일 새벽 1시 20분경 괴선박의 공격을 받은 뒤 중상자가 발생하자 대한해협 전투 현장을 이탈했으며 1시 45분경 복귀한 뒤 4시간 동안 수색한 후 5시 45분 포항에 입항했다. 괴선박은 3발 또는 5발의 3인치 함포 사격을 당한 뒤 침몰하면서도 400미터 사정거리에 다가온 701함을 공격한 뒤 1시 20분에서 45분 사이에 전투 현장에서 사라졌다. 부유물이 없었으므로 괴선박이 침몰했다고 단정할 수 없었다.

전투는 있었던 걸까?

『한국전쟁사』는 6월 25일 밤 10시 600명을 태운 채 포항 앞 바다로 내려오는 정체불명의 선박을 추격하던 해군 701함과 518정이 이 선박이 상륙을 시도한다고 판단하고 부산 거제와 대마도 사이 대한해협에서 공격을 시작하여 26일 1시 25분 또는 1시 30분 또는 1시 38분에 괴선박을 침몰시켰다고 주장하고 있다. 부산 영주동 중앙공원에는 이 전투를 기념하기 위해 1988년 "대한해협전승비"가 세워지기도 했으며 용산 전쟁기념관에는 이 전투로 부산항을 지킬 수 있었다며 3인치 함포와 함께 한국전쟁을 승리로 이끈 결정적인 전투로 소개하고 있다.

공해상 공격 행위의 불법성 여부를 떠나 호위정이나 경비정 한 척 딸리지 않은 증기 수송선에 대한 압도적 공격, 게다가 우리 측 해군 2명의 전사 사실에도 불구하고 과연 이 전투가 실재했는지 의문이다. 괴선박의 침몰을 목격한 사람이 없었다는 사실을 포함하여 몇 가지 심각한 의문은 남는다.

먼저 손쉽게 확인할 수 있는 의문은 인민군에게 600명을 수송할 수 있는 수송선이 있었는가 하는 점이다. 『한국전쟁사』에 따르면, 당시 인민군은 30여 척의 어뢰정을 보유하고 있었다. 모두 250톤 급이었다고 한다.* 어떤 이는 여기에 80여 척의 보조선을 포함하여 110척을 보유했다는 주장을 하지만 이들 보조 선박은 45톤급 이하의 소형 어선이 대부분이었다. 인민군이 보유한 수송선에 대해 『한국전쟁사』나 『6·25전쟁과 한국해군 작전』 81쪽에 따르면, 전쟁 당시 인민군이 보유한 대형수송선은 1,780톤급의 남포호가 유일했고 인민군은 이 대규모 수송선을 같은 시간에 이미 동해안 정동진 상륙에 동원하고 있었다. 알려진 바로는 인민군에게 또 다른 대형 수송선이 없었다고 하니 격침되었다는 이 대형 수송선이 인민군의 것이었다는 주장은 다시 검토해야 한다.

다음 의문은 방어 능력 없는 인민군 수송선을 홀로 보냈을 가능성은 없다는 점에 있다. 1천 톤급의 대형 수송선이 인민군 측에게 있었다고 가정해서 본다 하더라도 여전히 의문은 남는다. 병력 수송선을 보내면서 호위정이 전혀 없었다는 점은 전혀 납득하기 어렵다. 6월 25일 인민군이 동해안 강릉 정동진과 삼척 임원항에 상륙할 때 동원된 함선은 1천 톤급 수송선 1척 외에 4척의 어뢰정이 엄호하고 있었다. 이 외에도 30척의 발동선, 40척의 범선이나 4척의 견인용 화물선 즉 무동력 전마선이 있었지만

---

* 국방부 군사편찬위원회, 앞의 책 제1권, 109쪽.

이들은 전투함으로 보기 어렵다. 이와 비교하면 대한해협의 괴선박은 엄호 선박도 없이 단독으로 남하한 것이었으니 이를 두고 부산에 상륙할 목적이었다고 보기에 지나치다.

게릴라 승무원들이 인민군복을 입고 있었다는 주장도 의문점 중 하나이다. 어두운 밤바다에서 상대방의 복장을 식별할 수 있을 정도 거리에 있었는지 여부도 의문이어서 이 주장은 전공을 과장하기 위해 합리화되었을 가능성이 높다. 상대방의 복장을 식별하지 못했을 테지만 그렇다 하더라도 적진의 후방에 침투하는 어느 유격대가 자기가 속한 조직의 복장을 하는 경우가 있었는지 생각해보면 이 주장은 사실과 거리가 있음을 알 수 있다.

종합하여 볼 때 가장 심각한 의문 중 하나는 부유물이 없었다는 점이다. 침몰 후 아무런 물표도 발견되지 않았다는 점에 대해 『한국전쟁사』를 비롯해 모든 증언이 일관되므로 사실이라고 판단할 수 있다. 이 전투 과정에 대해 701함 부함장 송석호 소령도 괴선박 침몰 후 새벽까지 전투 해역을 수색했으나 아무런 흔적을 찾을 수 없었다고 했다. 최영섭이 목격한 것 역시 기름띠와 부서진 배의 파편 약간에 그쳤다. 생존자는 물론 시체도, 그리고 그들이 사용한 어떠한 물품도 발견할 수 없었다. 누구와 싸운 것인지, 싸움이 있긴 한 것인지 증명할 수 없었던 것이다.

600명이 승선한 것으로 보이는 배가 침몰하였는데 부유물을 찾을 수 없었던 사실을 합리화하는 주장이 있었다. 바다 위에 생존자가 보이지 않았던 이유에 대해 당시 승무원 최영섭 소위는 "고도로 훈련된 군인들이기 때문에 살 수 있는 상황에서도 죽음을 택했을 것"이라고 말했다.* 그렇다면 죽은 시신이나 물건들, 부서진 배의 조각들도 죽음의 흔적을 남기

* 『월간조선』, 2003. 8.

지 않도록 특수 훈련이라도 받았던 것일까?

앞의 주장들과 달리 수색이 없었다는 증언도 있는데 하필이면 함장의 증언이다. 701함장이었던 최용남 중령은 수색 사실에 대해 전혀 다른 주장을 했다. 그는 1977년 2월 15일 증언에서 부상당한 조타수를 대신하여 직접 키를 잡아 침몰하는 괴선박과 충돌을 피했고 직후 잠수함이 있다는 정보가 있어 부유물을 노획하지 않고 급히 포항으로 향했다고 했다. 그의 구체적인 증언은 다음과 같다.

> 이윽고 공격명령이 떨어지고 우리는 600YDS의 거리에서 첫발을 쏘았으나 빗나갔으므로 최단거리까지 접근하여 포격을 가하자 20발 째에 명중하여 침몰하기 시작했는데 선미부터 기울어졌다. 전투가 계속되는 도중 아함의 조타실에도 피격이 있었으나 항해에는 별다른 지장이 없었다. 그때 조타수가 부상을 입고 쓰러졌기 때문에 내가 직접 키를 잡고 오른편으로 급선회하여 침몰해가는 적선과의 충돌을 순간적으로 피하였다. 그리고 당시에 잠수함이 가담했다는 정보가 있어 부유물 노획은 하지 않고 부상병을 치료하기 위해서 급히 포항으로 향했다.*

이 증언에 따르면 부상병 치료도 급히 포항으로 가게 된 이유 중 하나였는데 결국 『한국전쟁사』나 부함장이 말하는 "새벽까지" 수색은 없었다는 주장이다. 함장의 증언대로라면 4시간 동안 701함이 전투 해역을 수색했다는 『한국전쟁사』의 정리글이나 부함장의 증언은 사실이 아니게 된다.

이북의 역사가 허종호는 인민군 해군 육전대의 동해안 상륙에 대하여 설명했는데 여기에 대한해협 전투와 관련된 내용은 없다.

---

* 국방부 군사편찬위원회, 앞의 책 제1권, 781쪽. 대한해협에서 포항까지 직전 거리는 약 140km에 이른다.

여전히 괴선박

정황과 자료를 종합해 보면, 괴선박의 침몰을 목격한 사람이 아무도 없었다는 사실을 알 수 있다.

『6·25전쟁과 한국해군작전』에는 3인치 주포가 고장 나고 4명의 승조원까지 부상당하자 "오전 1시 20분, 상황을 파악한 최용남 함장은 자함을 일단 최고 속력으로 적선의 사격권 밖으로 이탈시키고"라고 했다.* 이는 괴선박이 기우는 모습만을 보고 공격을 피하기 위해 전투 현장을 이탈했다는 설명인데 그 시간이 1시 20분이었다. 괴선박의 침몰 시간은 1시 25분 또는 1시 38분이었으니 이로 보아 괴선박이 침몰하는 모습을 직접 본 사람은 아무도 없었음을 알 수 있다.

이와 일치하는 증언이 있다. 『6·25전쟁 참전자증언록』 제1권 694쪽에서 최영섭은 "침몰되는 적함을 보면서 현장을 이탈"했다고 증언했다.** 침몰되기 시작하는 모습만 봤을 뿐 완전히 침몰하는 모습은 아무도 보지 못했던 것이다. 위 최영섭은 701함이 피격 당해 부상자가 발생하고 주포인 3인치 대포가 고장나면서 "침몰하는 적함을 보면서 현장을 이탈"했다고 증언했다. 그는 이때가 1시 10분에서 1시 20분 사이였다고 했다. 적함이 침몰하는 중으로 판단했으니 더 이상 보지 않아도 침몰했다는 확신을 가질 수 있었던 것일까? 하지만 부상자 치료와 더 이상의 공격을 피하기 위해 늦어도 1시 20분 현장을 이탈했으니 괴선박이 완전히 침몰되었다고 주장하는 1시 25분 또는 전투상황도에 적혀 있는 1시 38분, 아니면 용산전쟁기념관 안내문에 있는 1시 30분에는 아무도 완전히 침몰하는 괴선박을 본 목격자는 없었다는 결론이 나온다.

---

* 임성채 등, 『6·25전쟁과 한국해군작전』, 해군역사기록관리단, 2012, 110쪽.
** 국방부 군사편찬연구소, 『6·25전쟁 참전자 증언록』 제1권, 2003, 694쪽.

결국 인민군 게릴라 수송선이라고 주장하지만 이 선박은 여전히 괴선박이다. 이 전투에 대한 국방부의 평가는 거의 이순신 장군의 명량해전 수준이다. 후방인 부산에 상륙하여 미국의 지원 병력 도착을 차단하려는 인민군의 기도를 차단했으니 한국전쟁의 패전을 막은 결정적 전투였다고 평가했다. 이는 600명의 병력을 실은 증기 수송선이 호위함 등 방어력이나 공격력 하나 없이 상륙작전을 시도했다는 주장을 당연하게 받아들이면서 나온 결론이다. 지나치다.

1988년 부산 중앙공원에 대한해협 전승비가 세워졌다. 전승비 비문에는 "북괴가 후방 교란을 목적으로 남파한 무장선을 우리 해군 백두산함이 부산 외해에서 26일 새벽 격침시킨 해군 초유의 단독 해상전투였다."고 소개했다. 하지만 이 전투에 대한 보고는 전쟁 전 육군 준장이었던 김석원조차 믿지 않았다. 그는 전쟁 발발 다음 날인 6월 26일 소집된 원로회의에 참석했는데, 이때 신성모 국방장관으로부터 "500여 명을 실은 적함선을 침몰시켰습니다. 동해안에서는 적 1개 연대가 투항해 왔습니다. 해주지구도 아군이 점령했습니다."라는 보고를 받고 "그것이 허위 보고일 것이니 다시 한 번 확인해 보시오."라고 했다.* 김석원도 믿을 수 없었던 정보에 이 대한해협 전투도 포함되어 있었던 것이다.

결국 괴선박이 인민군의 것이라는 물적 증거는 아무것도 없었다. 괴선박을 공격한 것까지 거짓이라고 생각하진 않는다. 하지만 괴선박이 인민군의 것이라는 증거가 없이 일방적인 주장만 남아있을 뿐이고 그 증언조차도 엇갈린다. 정체를 확인하지 못했으면서도 후방에 상륙할 인민군이라고 단정했다. 이는 결국 전투가 있었는지에 대해서도 의문을 갖게 만든

---

* 국방부 군사편찬연구소, 『6·25전쟁 참전자 증언록』 제1권, 50쪽; 국방부 군사편찬위원회, 『한국전쟁사』 제1권, 602쪽.

다. 이 때문에 재미사학자 고 방선주 교수는 이 사건과 관련된 주한미해군 사령부의 1일 전투 보고 문서를 입수한 2004년 "전쟁 통에 오랜 시간 대치한 것으로 봐서 북한 군함이 아닌 보도연맹 관련자 처벌용이 아니었는지" 의문을 제기했다. "침몰 지점이 정확히 기록되어 있는 만큼 지금이라도 조사해 볼 필요"가 있다고 주장한 것이다.* 이제 다시 이런 의문을 제기할 수 있다. 어디까지가 객관적 사실이고 어디까지가 허위 기억일까? 괴선박이 있었던 것은 사실일까? 전투는 과연 있었던 것일까?

전투가 있었다는 주장을 사실로 놓고 본다면, 필자의 눈에 가장 심각해 보이는 문제는 701함이 1시 20분 괴선박의 공격을 받아 현장을 이탈했다는 것이다. 두 명의 중상자 생명을 구하기 위해 적함과 일전을 치르는 전투 현장을 이탈했다는 주장이나 적 잠수함이 활동 중이라는 정보가 있었기 때문이라는 주장은 상식적이지 못하다. 모두 또 다른 어떤 원인을 숨기기 위한 주장처럼 들린다.

합리적인 원인으로 이를테면 3인치 함포의 고장을 들 수 있다. 4km는커녕 400미터나 다가가야 명중시킬 수 있었다면, 게다가 그 조차도 한 시간 가까이 20발 밖에 쏠 수 없는 성능이었다면 이걸 믿고 전투를 치를 수 없었을 것이다. 하지만 그렇게 이해할 수 있는 상황이었다 할지라도 전투함이 전투 현장을 벗어났다는 것은 눈앞의 적을 두고 탈영하는 것처럼 군법에 있어서 최고의 엄중한 처벌 대상이었을 것이다. 701함으로서 이 책임에서 벗어나는 유일한 길은 괴선박의 "격침"이라는 거짓 주장 외에 달리 방법이 없었던 것이 아니었을까?

---

* 『문화일보』, 2004. 7. 6.

이북 사투리를 쓰면 적이다

_1950년 6월 27일 파주읍 봉암리

파주 봉암리에서 피란민들이 공격당한 것으로 의심되는 전투가 가장 먼저 벌어졌다. 『한국전쟁사』는 50여 명이 새벽녘 "경계의 빛도 없이 이북의 방언을 마구 쓰면서 도로변에 나오자" 이들을 적으로 직감한 28명의 국군 1사단 특공대가 집중 사격을 가해 전멸시켰다고 적었다.*

사람을 알아 볼 수 없는 어두운 새벽녘이었으므로 이들을 적으로 판단할 수 있는 유일한 단서는 "이북의 방언"이었다고 했다. 당시 국군이 매복하고 있던 도로는 지금의 통일로이다. 당시 수많은 피란민들이 이 도로를 통해 내려오던 시기였고 피란민 중 상당수가 개성 방면에서 오는, 이북의 방언을 쓰던 사람들이었을 것이다. 그렇다면 과연 특공대는 누구에게 총을 쐈던 것일까?

탱크부터 막아라

---

* 국방부 군사편찬위원회, 『한국전쟁사』 제1권, 441~442쪽.

> 가 되었을때 突然 △82 頂上에서 彼我를 識別할 수 없는 1개소대규모의 병력이 山麓을 向
> 하여 내려오는 것이었다.
> 이에 金永錫소령은 즉각 각개인호에 傳達하여 命令一下에 一擊必殺의 태세를 취한 다음
> 숨을 죽이고 있었는데 山麓에 到達한 그들은 警戒의 빛도 없이 以北의 方言을 마구쓰면서

『한국전쟁사』 1권 441쪽. 국군은 피란민이 많을 때였음에도 이북의 사투리 만으로 적군이라고 판단했다.

전쟁 발발 당시 국군 1사단(사단장 백선엽) 사령부는 11연대, 6야전포병대대와 함께 수색에 주둔했으며, 12연대는 청단, 개성, 대원리, 13연대는 문산, 고랑포의 방어를 담당하고 있었다. 인민군의 남침이 임박했다는 정보에도 불구하고 1사단은 월급날인 6월 24일 병력의 3분의 1에게 휴가를 주었고 나머지 병력 중 3분의 1에게 외출과 외박을 허용했으니 전쟁 발발 순간 절반 가까운 병사들이 전선에서 벗어나 있었던 것이다. 당시 시흥 보병학교 교육 과정에 들어가 있던 사단장도 서울 신당동에 살고 있었으므로 전쟁이 일어났다는 보고를 서울 자택에서 아침 7시에 받게 되었다.

6월 25일 전선에서 후퇴하던 사단장 백선엽 대령은 6월 26일 오전 임진강 방어선을 포기하고 저녁 7시를 기해 파주 월롱면 위전리 일대에 제2방어 전선을 구축했다. 이어 밤 9시 30분에는 파주 봉일천국민학교에 사단전방지휘소를 설치하라는 후퇴 명령을 내렸는데, 이때 "공병대대는 대전차 공격을 위한 특수임무부대를 편성하여 1번 도로(통일로)에서 적 전차의 침공을 격퇴하라"는 명령도 함께 내렸다고 한다. 적정에 대한 판단이나 연관된 방어 계획도 없이, 말 그대로 밑도 끝도 없이 일단 "탱크부터 막아라"라는 명령이었다.

탱크를 만나지 못한 탱크 특공대

사단장의 명령을 받은 사단공병대대장 장치은 소령은 대대본부에 돌아

온 후 부대대장 김영석 소령에게 인민군 전차를 파괴하기 위해 특공대를 편성하라고 지시했다. 김 소령이 이 지시를 받았던 곳이 봉일천초등학교 부근에 있던 대대본부였다고 하니 때는 밤 9시 30분을 넘었을 것이다.

김영석 소령은 자신을 대장으로 23명의 특공대를 결성하고 대전차 공격에 유리하다고 판단한 파주읍 봉암리 도로변에서 전차를 기다렸다. 이에 대해 『한국전쟁사』는 "대전차공격에 유리하다고 판단된 봉암리(문산 남쪽 5km)에서 차를 돌려보낸 뒤 북으로 700미터 거리에 있는 △82 서록에 연한 도로변에 개인호를 파고 적 전차가 나타나기를 기다리게 되었다." 라고 썼다.

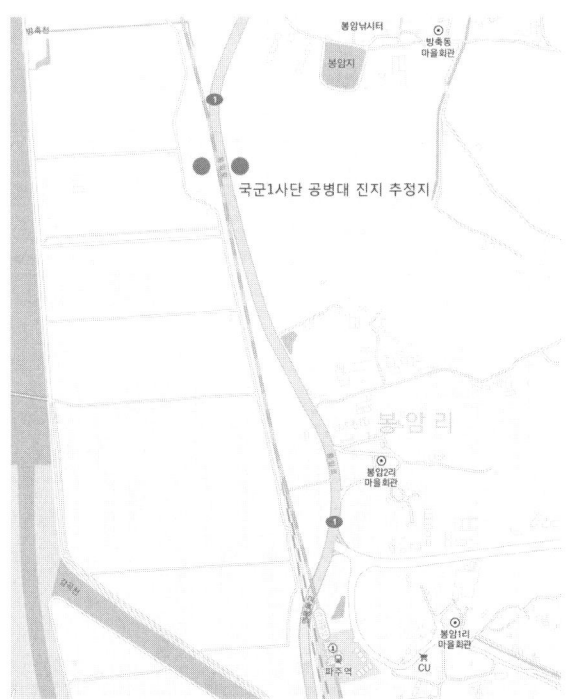

파주 봉암리 사건 발생 지도. 다음에서 이미지를 갈무리하여 사건 발생 위치를 표시했다.

파주읍 봉암리는 현재 경의선 전철역인 파주역 부근에 있는 마을이니 이곳에서 북쪽으로 700미터 떨어져 있는 도로변에 23명의 특공대가 참호를 파고 전차를 기다렸다는 것이다. 이들의 진지는 사단 전방지휘소가 있던 봉일천초등학교에서 약 9km떨어진 곳이었다.

하지만 자정이 넘고 27일 동이 틀 무렵에도 전차는 오지 않았다. 인민군은 이미 방어선을 넘어간 뒤였으니 전차가 올 리 없었지만 이들이 이 사실을 알 수 없었다.

탱크는 오지 않고

적의 움직임도 느껴지지 않는 밤이었다고 했다. 전차가 오지 않을 수 있다는 점에 대해 아무런 의심도 하지 않고 밤을 새워 전차를 기다리던 중 새벽이 왔다. 이때, 아군인지 적군인지도 구별할 수 없는 1개 소대 규모, 즉 50여 명의 사람들이 산에서 내려오는 것을 발견했다. 이북의 사투리를 쓰고 있었으므로 인민군이라고 판단한 특공대가 일제히 사격을 가해

국군 1사단 공병대 23명의 대전차특공대가 개인호를 파고 전차를 기다렸다는 장소로 보인다. 지금도 참호를 볼 수 있으며 굽은 길 오른쪽으로 산에서 도로로 내려오는 길이 있다. 2019년 2월 18일 조사.

10여 분만에 모두 사살했다. 『한국전쟁사』는 당시 상황을 다음과 같이 묘사했다.

> 이날 자정을 넘기고 어느덧 불효(拂曉, 동이 틀 무렵)가 되었을 때 돌연 △82 정상에서 피아를 식별할 수 없는 1개 소대 규모의 병력이 산록을 향하여 내려오는 것이었다. 이에 김영석 소령은 즉각 각 개인호에 전달하여 명령 일하에 일격필살의 태세를 취한 다음 숨을 죽이고 있었는데 산록에 도달한 그들은 경계의 빛도 없이 이북의 방언을 마구 쓰면서 도로변에 나오자 이에 김 소령 등은 즉각 적이라고 직감하고 20~30m 거리에 모여든 그들을 향하여 김 소령의 총성 일발의 사격 신호에 따라 일제 사격을 가하였는데 이에 그들은 미처 도망할 틈도 없이 마치 표적을 넘어뜨리듯 주위에 쓰러지고 말았다. 불과 10분 안팎의 총성이었다.

특공대는 날이 밝은 후 일대를 수색하여 수냉식 기관총 1정, 다발총 8정, 소련제 소총 5정, 권총 2정 등 모두 16정의 무기를 모았다고 했다. 하지만 무슨 이유 때문인지 사살당한 인민군이 몇 명이었으며 어디 소속이었는지는 확인하지 않았다.

철수

더 이상 후속부대가 없어서인지 김 소령은 인민군이 내려왔던 △82고지 정상에 오를 수 있었다. 그런데 그 이유는 뒤따라오는 인민군을 수색하기 위한 것이 아니라 이번 전투의 결과를 무선으로 봉일천에 있던 대대본부에게 보고하기 위한 것이었다. 하지만 우연이었는지 정상에서 시도한 무선 교신은 실패했다.

아침 9시 고지 정상에서는 멀리 보이는 1번 도로 통일로로 문산까지 바라다 볼 수 있었는데 전차는 물론 어떠한 적의 이동 모습도 관측할 수 없었다. 더 이상 "전차 공격"의 임무는 끝났다고 판단했는지 마을에서 수레를 얻어 노획품을 싣고 대대본부로 철수했다.

국방부가 밝힌 승전의 증거는 16정의 무기가 전부였다. 50여 명이 무장한 장비로는 빈약하지만 이조차도 제대로 보고되었을지 의문이다. 아무런 근거 없는 일방적인 주장일 수도 있었다.

전투에 대한 다른 기억

2019년 2월 18일 봉암리를 방문하여 장소를 확인할 수 있었다. 봉암리 마을에서 북쪽으로 700미터 올라갔다면 아래 사진의 장소일 것이다. 다가오는 전차로서는 산모퉁이에 가려 국군이 매복했는지 여부를 알 수 없는 위치였으니 그럴 듯 했다. 마을과 떨어져 있어선지 필자가 면담한 봉암리 주민들은 이 전투를 기억하지 못했다.

기록에 따르면 이날 있었던 공병대 특공대의 전차 파괴 작전은 무모하

△82 고지에서 내려오는 길이 지금도 남아 있다. 2019년 2월 18일 조사.

여 이해하기 어렵다. 27일 아침 9시 특공대가 무선교신을 시도한 대대본부는 9km나 뒤에 떨어져있는 봉일천에 있었을 것이다.『한국전쟁사』는 이들이 모두 유서를 남기면서 죽음을 각오했으므로 특공대가 아니라 결사대로 불러야 한다면서 칭송했지만 정작 목숨을 건 이들의 작전 계획은 전차를 파괴한다는 것 외에 아무런 군사적 전술적 의미를 갖지 못했던 것으로 보인다. 적어도 수 백 미터 이내에 이들의 희생 가치를 배가 시킬 수 있는 공격 부대가 준비되었어야 하지 않았을까? 한편, 주민들의 기억이나 또 다른 입장은 이보다 합리적이다. 봉암리의 후방인 월롱면 위전리에 다른 부대들이 배치되어 있었다고 주장하기 때문이다.

실제 전투가 있었는지도 확인되어야 한다. 이 사건은 파주 지역사 관련 문헌이나 육군본부가 간행한『육군전사』등에서 확인되지 않는다. 필자는 2019년 봉암리를 방문하여 특공대가 있었다는 진지와 50여 명의 인민군이 내려왔다는 △82고지를 확인할 수 있었다. 반면, 마을 주민들은 전쟁 초기 봉암리 부근에서 벌어진 전투를 기억하지 못했으며 인민군의 시체도 본 적이 없었다고 했다. 전쟁 초기 시체가 많았던 곳은 월롱역 부근이었는데 인민군이 아니라 국군의 것이었다고 했다.

당시 사단장 백선엽은 "제17연대는 해주에 돌입했고, 타 연대들이 원산에 상륙하였는데 제1사단만 공격이 지연되었다."라고 하여 임진강까지 다시 공격하라는 명령을 내렸다고 하며, 국군 1사단 11연대 1대대 4중대 소대장이었던 홍정표 중위는 6월 26일 금촌에서 인민군과 전투한 뒤 27일 오후 다시 임진강변까지 전진했다가 이미 후방인 녹번리가 인민군에게 점령당했다는 정보를 듣고 분산 후퇴했다고 한다.[*] 후방이 포위되었다는 사실을 모른 채 반격을 시도했던 것이고 이때 반격에 참여했던 부

---

[*] 국방부 군사편찬연구소,『6 · 25전쟁 참전자 증언록』제1권, 2003, 73~76쪽.

대 중에 이들 공병대 특공대가 있었을 것으로 보인다.

이북 역사학자 허종호는 "한강 이북의 괴뢰군들은 퇴로가 완전히 차단되어 더는 도망칠 수 없게 되자 서울과 봉일천리 일대에서 절망적인 반항을 하였다."라고 하면서 "인민군련합부대들이 서울해방작전을 진행하고 있을 때 서울 서쪽에서 진격하던 한 인민군보병련합부대는 림진강을 도하하고 28일에는 김포를 해방함으로써 서울해방전투를 진행하는 부대들의 익측을 보장하였으며 다른 한 련합부대는 6월 27일 아침 문산을 해방하고 서울방향으로 진격하다가 봉일천리(문산 남쪽 약 15키로메터 지점) 일대에서 발악하는 적을 소탕하기 위한 치렬한 전투를 벌리였다."라고 했다.* 봉일천 부근에서 격렬한 전투가 있었다는 것은 이북의 전쟁사가 역시 지적하였는데, 이들에게도 봉암리에서 벌어진 전투의 흔적은 남아 있지 않다.

피란민을 공격한 것이 아닐까?

금촌은 봉암리에서 후방으로 7km 떨어진 곳이다. 6월 26일 인민군은 이미 봉암리 너머에 진주하고 있었으므로 금촌의 국군이 포위당한 형상이 되고 말았다. 역으로 판단하면 당시 인민군이 봉암리를 통과할 이유가 없어 보이는데 그것도 50여 명이 독립적으로 활동할 이유는 더더군다나 없어 보인다. 선발대의 가치도 없었을 테니 그 가능성도 없다고 보는 것이 합리적이다.

다음 문제는 피란민과 관련되어 있다. 당시는 피란민이 몰려 내려오던 시기였다. 국군 1사단 병기장교였던 공덕수는 6월 25일 "문산까지 가니까 벌써 피란민들이 소를 몰고 나오고 있었다."라고 했다. 27일 전투의 희생자들 역시 새벽 일찍 피란길을 떠난 이북지역 주민들일 가능성을 배

---

* 허종호,『조선인민의 정의의 조국해방전쟁사』제1권, 150~154쪽.

제할 수 없다.*

인민군 측의 무기를 노획했다고 하지만 무기의 수는 물론 피습 당시 이들의 대응 사격이 없었다는 점도 이들이 정말 인민군이었는지 의심되는 대목이다. 거기에다 죽은 사람들이 인민군 측의 시신이었는지 또는 사망자들이 몇 명이나 되었는지도 분명하지 않다. 더군다나 이후 전차는 물론 본대 역시 나타나지 않았다고 한다. 이런 상황에서 1개 소대 규모의 인민군이 독립적으로 특정 임무를 수행하는 경우를 상상할 수 있을까? 이런 경우는 없었다고 보는 것이 상식적이니 위 주장은 김영석 소령의 증언록을 기초로 작성된 일방적인 것으로 보인다.

이상을 종합해 판단해 볼 때 전투가 있었다면 상대는 인민군이라기보다는 장단이나 문산 방면에서 내려오던 피란민일 가능성이 더 높아 보인다.

---

* 국방부 군사편찬연구소, 『6·25전쟁 참전자 증언록』 제1권, 국방부, 2003, 444쪽.

아침 8시 45분에도 잠 깨지 않은 적

_1950년 6월 28일 홍천 복골

강원도 홍천에서도 앞의 파주 봉암리 경우처럼 이미 주력이 지난 뒤 신원이 확인되지 않는 어떤 집단이 국군에게 공격당하는 비슷한 사건이 발생했다.

『한국전쟁사』에는 "예기치 않았던 기습에 허를 찔린 무리들은 아직 잠에서 깨어나지 않은 듯 눈을 비비며 우왕좌왕하다가 대부분의 적은 총검의 제물이 되니 그 수를 헤아릴 수가 없었다."라고 했다.* 그런데 이 전투가 벌어진 시간은 아침 8시 45분이었다. "아직 잠에서 깨어나지 않은 듯"이란 표현은 적어도 한국전쟁 발발 초기에는 적절치 않았다.

전투를 치른 국군은 6사단 2연대 1대대였으며 전투 장소는 홍천 두촌면 철정리 복골마을, 사살당했다는 200여 명의 인민군의 소속은 12사단이었다고 한다.

---

* 국방부 군사편찬위원회, 『한국전쟁사』 제1권, 264~266쪽.

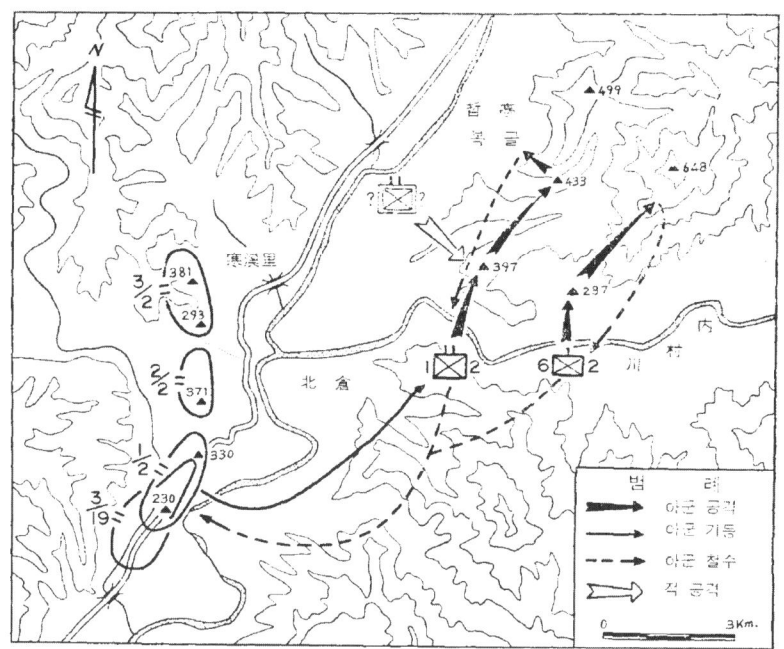

상황도 제8호로 국군 6사단 2연대 1대대의 전투 상황도이다. 철정리 복골에 들렀다가 전투 없이 철수 도중 인민군의 공격을 받은 것으로 읽힌다. 『한국전쟁사』 제1권, 265쪽.

전쟁이 일어나고

전쟁 직전에도 홍천은 최전방이었다. 전쟁 당시 국군 6사단(사단장 김종오 대령)은 7연대를 춘천, 2연대를 홍천, 예비 연대였던 19연대를 원주에 배치하고 있었다. 춘천을 방위하던 1대대장 표무원 소령과 홍천을 방위하던 2대대장 강태무 소령이 1949년 5월 월북했다. 이 때문인지 그들이 속해 있던 8연대는 전쟁 발발 직전 19연대와 교체되어 수도경비사령부(수도사단)로 배속, 이동했다.

홍천의 2연대는 6월 25일 철정리 위에 있던 어론리에서 두 대의 전차를 파괴하고 일시적이나마 인민군의 공격을 물리쳤다고 했다. 하지만 곧 후

> 전투를 지휘하던 대대장 金柱亨 소령은 1개중대를 後續에 배치하여 掩護토록 하고 2개 중대를 풀어 兩쪽에서 一齊히 함성을 지르며 북골로 突入케 하였다.
> 예기치 않았던 奇襲에 怯물 젖은 무리들은 아직 잠에서 깨어나지 않은듯 눈을 비비며

『한국전쟁사』 1권 265쪽. 아침 8시 45분 국군은 "아직 잠에서 깨어나지 않은 듯"한 인민군을 공격했다고 한다. 6월 28일 전쟁 발발 후 불과 나흘 째 되는 날이었다.

퇴해야 했고 6월 26일 다시 반격을 시도했으나 실패하여 남쪽 두촌면 자은리로 철수해야 했다. 이어진 인민군의 공격으로 다시 연대 전술지휘소를 홍천경찰서 성산지서로 옮기고 화촌면 성산리 북쪽 말고개에 방어 진지를 설치했다. 이제 말고개가 인민군과 대치한 최전선이 되었다.

이때 자은리까지 진출한 인민군이 돌연 공격을 중단했다. 국군 2연대를 공격했던 인민군 2군단 12사단과 603모터사이클연대의 처음 임무는 원주와 여주 사이의 도로를 차단하여 국군의 퇴로 또는 증원을 차단하는 것이었는데, 춘천 전선의 병력을 강화해야 하자 일부를 이동시킨 것이었다고 한다. 이렇게 하여 6월 27일 춘천에 대한 인민군의 공격이 강화되었다.

한편 당시 사단 주력을 춘천에 두었던 국군 6사단장은 후방의 홍천이 점령당할 경우 주력이 포위될 것을 염려하고 후퇴로를 확보하기 위해 춘천에 있던 예비 병력인 19연대를 홍천으로 이동시키려 했다고 한다. 당시 사단장으로서는 자은리에 주둔했던 인민군 주력이 춘천으로 이동한 것을 파악하지 못했다.

결국 춘천과 홍천을 둘러싸고 국군과 인민군은 서로 마주치지 않는 전술을 택한 결과가 나오게 되었다. 국군은 홍천 방어를 강화하며 후퇴를 준비했고 인민군은 춘천 공격을 강화하며 홍천 공격을 약화시켰으니 국군은 춘천 방어를 포기한 결과가, 인민군은 국군 후퇴로인 홍천 공격을 포기한 결과가 되었던 것이다.

퇴로 확보를 걱정하던 이때 국군 6사단장은 서울 육군본부로부터 시흥으로 이동하니 후퇴하라는 연락을 받게 되었다. 그렇지 않아도 홍천으로 병력을 보내려했던 국군 6사단은 육군본부의 명령에 따라 후퇴 준비의 과정으로 먼저 예비부대인 19연대를 홍천 철정리로 보내게 되었다. 이는 곧 춘천 방어 포기와 후퇴를 의미했다.

국군의 반격

6월 28일 홍천에 주둔한 인민군은 아직까지 간헐적으로 교란 사격만 할 뿐 본격적인 공격은 하지 않았다고 한다. 이미 주력이 춘천으로 이동했기 때문이었을 것이다. 이때 19연대를 보강한 국군이 반격을 시작했다고 한다. 육군본부의 명령대로라면 이 반격의 목적은 퇴로 확보에 있었을 것이다.

6월 28일 새벽 3시 주둔지인 화촌면 성산리를 출발하여 철정리를 향하던 국군 6사단 2연대 1대대는 철정리 내촌천을 건너면서 20명의 전초병

왼쪽 성산지서에 국군 2연대 전술지휘소가 있었다. 지서 앞길은 말고개로 이어진다. 2019년 8월 21일 조사.

을 사살하고 아침 8시 45분 전후 철정리 복골에 주둔하던 인민군을 역습했다고 한다. 이에 대해 『한국전쟁사』는 다음과 같이 서술했다.

> 이윽고 05:30에 지척을 분간할 수 없는 자욱한 농무를 헤치고 공격개시선을 약출하였다. 아무리 심한 안개라고 하나 적의 중앙을 돌파해야 했기 때문에 철저한 무소음에 의한 행동으로 말미암아 진출 속도는 우보와도 같았다. 그러나 이 점진 행동은 주효하여 △397에 전초로 나와 있던 20명의 적에게 접근하여 일거에 처부술 수 있었고, 08:45에는 속칭 복골을 완전히 포위하기에 이르렀다.
> 전투를 지휘하던 대대장 김주형 소령은 1개 중대를 능선에 배치하여 엄호토록 하고 2개 중대를 풀어 양쪽에서 일제히 함성을 지르며 복골로 돌입케 하였다. 예기치 않았던 기습에 허를 찔린 무리들은 아직 잠에서 깨어나지 않은 듯 눈을 비비며 우왕좌왕 하다가 대부분의 적은 총검의 제물이 되니 그 수를 헤아릴 수가 없었다. 이 전투에서 구경미상의 포 2문, HMG(Heavy Machine Gun) 5정, 소총 37정, 기타 차량 5대 분의 보급품(주로 피복과 탄약)을 노획하여 이를 현지에서 파괴하였다.

말고개는 도로 오른 쪽에 있다. 주변 산에 가려 고개 정상에서도 철정리나 자은리는 보이지 않는다. 2019년 8월 21일 조사.

이 전투에 대해 국군 6사단 2연대 1대대장 김주형(金柱亨) 소령은 "그때 확인하기 힘들었지만 우리가 기습한 곳은 그들의 지휘부가 아닌가 한다. 어떻든 참전자들은 이 전투에서 200명 이상의 적을 살상하였을 것"이라고 증언했다.

공격당한 자들이 인민군 지휘부였다고 단언하지 않은 것이 오히려 솔직해 보일 정도이다. 살상한 적의 수를 추정하는 것을 보면 언제 반격을 당할지 알 수 없는 상황에서 전공을 확인하기 어려웠음을 짐작할 수 있다. 그런데 이런 급박한 상황에서 국군이 파괴했다는 인민군의 대포와 기관총, 보급 물자를 파악했다고 하니 믿기지 않는다.

전투 과정을 자세히 살펴보면 20명의 보초, 이어 다시 200명의 본대가 기습을 당하는 동안 인민군 측의 반격은 없었다. 노획품이 현지에서 파괴되었다고 하니 이 전투의 성과를 증명할 방법은 없어졌고 일방적인 주장만 남게 되었다.

라주바예프의 보고와 비교

이와 관련된 내용을 소련 군사고문관 라주바예프의 보고서에서 찾을 수 있다. 이 보고서에서는 200명이나 되는 큰 병력을 일방적으로 잃어버린 위 28일 아침 전투 사실이 확인되지 않는다.

라주바예프의 보고서에 따르면 6월 25일 인민군 12사단 3개 연대 중 30연대, 32연대는 홍천 방면으로, 31연대는 춘천 방면을 향했는데 춘천 동면 평촌리까지 진출한 31연대는 사단과 통신이 두절되어 공격을 중지하고 26일 하루 동안 휴식을 취했다고 한다. 이후 인민군 12사단은 6월 28일부터 30일까지 홍천 부근에서 전투를 벌였고 7월 1일 오후 4시 홍천을 점령했다고 했다.*

　인민군 31연대가 위 춘천 평촌리에 주둔하던 때가 6월 25일이었고 홍천 철정리는 여기에서 직선거리지만 불과 15km 떨어져 있었다. 춘천 점령이 목표였던 인민군 31연대는 통신이 안 되었다는 석연치 않은 이유로 하루를 쉰 뒤 27일이 되어서야 춘천으로 진격했다고 한다. 어쩌면 이것이 국방부 '국군 6사단의 춘천 방어 3일' 주장의 배경이 되었을 수 있다. 한편 이 보고서를 통해 홍천을 향했던 인민군 30연대 또는 32연대 일부 등이 3일 뒤인 6월 28일 국군 6사단 2연대를 홍천 철정리에서 만났던 것을 알 수 있다.

피란민 또는 주민이었을 가능성, 아니면

한국전쟁 당시 국군 7사단 정보참모였던 이세호에 따르면, 6월 28일 서울을 점령할 때까지 인민군이 당한 피해는 전사 219명, 부상 761명, 실종 13명 등 총 1,112명으로 파악했다고 한다.** 여기서 다룬 홍천 복골전투에서만 피해를 입은 인민군이 200명이고 앞에서 다룬 대한해협 전투에서 600명, 파주 봉암리 전투에서 50명이 전사했다고 본다면 이 세 전투의 인민군 전사자만 850명에 이른다. 이와 비교하면 위 이세호가 인용한 '전사 및 실종자의 수' 200여 명과 차이가 크다. 아직 정확히는 알 수 없지만 국방부 측의 과장이 지나침을 짐작할 수 있다.

　라주바예프의 보고서도 이와 크게 다르지 않다. 그는 군사고문관의 입장에서 인민군의 패배라고 해서 은폐하거나 옹호하는 서술을 하지 않았던 것으로 보이는데 그의 보고서를 신뢰한다면 이 전투의 피살자 200명

---

* 라주바예프, 『라주바예프의 6·25전쟁 보고서』 제1권, 국방부 군사편찬연구소, 2001, 308~311쪽.
** 이세호, 『한길로 섬겼던 내 조국』, 2009, 188쪽.

은 피란민 또는 주민이었거나 아니면 허위 또는 과장된 서술일 가능성이 높아 보인다.

당시 국군 방어선인 말고개에서 철정리 복골마을까지 직선거리는 약 6km였다. 20명의 전초병을 무찔렀다는 내촌천까지 약 4km. 새벽 3시에 출발한 2연대 1대대가 복골마을에 도착한 시간이 8시 45분이었다고 하니, 길도 없는 깊은 산속 6km를 이동하는데 6시간 가까이 걸린 것은 그리 느렸다고 할 수 없어 보인다. 필자가 살펴보기에는 낮에도 방향 찾기가 쉽지 않은 산 속에서 그것도 어두운 새벽녘 산행에서 길을 잃지 않은 것이 오히려 신기할 정도였다. 이 상황에서 이동 도중에 내촌천에서 인민군 초병 20명과 전투까지 치렀다니.

가장 먼저 눈에 띄는 의문점은 『한국전쟁사』의 전투상황도에서 발견된다. 인민군을 만났다는 지점이 복골마을이 아니라 내촌천 부근만을 표시하고 있어 의문이다. 일방적인 공격이었다고 해도 복골마을에 인민군 주둔지가 표시되지 않았는데, 이 상황도로 봐선 마치 정찰부대가 복골마을

앞의 상황도 제8호에서 복골을 공격하고 돌아오던 국군이 인민군의 공격을 받았다고 표시되어 있는 지점 부근이다. 2019년 8월 21일 조사.

까지 갔다가 임무를 마치고 돌아오는 길에 인민군의 공격을 받았던 것처럼 보인다.

『한국전쟁사』가 이 전투를 치른 아군의 피해 사실을 적지 않았다는 점도 의문이다. 인민군 측의 반격이 없었다고 하니 피해를 전혀 입지 않았던 것일까? 증강된 대대였다고 하는 것으로 보아 전투에 참여한 국군 1대대의 규모는 500명이 넘었을 것으로 볼 수 있다. 내촌천에서 초병 20명을 공격했다고 하는데 20명이나 되는 보초병이 내촌천을 건너는 500명의 국군을 발견하지 못했을 수 있지만 이동하는 국군 역시 인민군 보초병이 어디에 배치되었는지 알 수 없는 상황이었음을 감안한다면 이는 거의 영화 속 상상에서나 있을 수 있는 결과였다고 할 수 있다.

전쟁 초기 아군 피해 없이 200명의 인민군을 무찌른 전과는 26일 새벽 600명을 무찌른 대한해협 전투에 이어 두 번째 규모의 승전이며, 이후 보게 될 충주 동락리 전투나 상주 화령장 전투의 일일전투 성과가 200명에서 300명 정도였다는 것과 비교할 때도 결코 이에 뒤지지 않는다. 그럼에도 이 전투가 그만큼 인정받지 못하는 것으로 봐서 필자만 의문을 갖고 있는 것이 아님이 분명해 보인다.

아침 8시 45분에 있었던 공격에서 인민군 측이 "아직 잠에서 깨어나지 않은 듯 눈을 비비며"라는 내용이 단지 과장된 묘사가 아니라면 이 전투의 사망자들 역시 피란민이 아닌지 의심할 수 있다.

이후 국군은 다음날인 6월 29일 새벽 6시 인민군의 공격을 받았으며 아침 8시 50분 홍천읍내로 후퇴했다고 한다. 이러한 상황은 전날 있었던 전투의 공격자와 방어자가 뒤바뀐 것처럼 보이기도 한다.

횡성과 원주, 여주와 이천을 거쳐 충주 방면으로 후퇴하던 국군 6사단은 주둔하는 지역마다 국민보도연맹사건을 일으켰다. 횡성에서는 1950

년 6월 28일 후퇴하던 국군 6사단 헌병대가 100여 명의 횡성읍 주민들을 추동리 고내미 고개와 곡교리 민가에서 살해했다. 국민보도연맹사건 중에는 국군 6사단 19연대가 청원군 오창면에서 저지른 사건이 널리 알려져 있는데 이들은 후퇴하던 중 7월 10일 오창 양곡창고에 감금되었던 주민 300여 명을 그 자리에서 중기관총을 이용해 학살했다. 전선의 남하와 함께 민간인학살도 본격화되고 있었고 여기에는 국군 6사단의 역할이 컸음을 확인할 수 있다.

제2장

피란길에서 벌어진 전투 I _경기, 충북

6월 28일 서울을 점령한 인민군은 전면적인 공격을 멈추었다. 이미 강화와 김포로 진입한 인민군은 한강의 영등포 전선까지 접근해 있었으니 비록 춘천 등 강원도 지역을 방어했다고 주장하더라도 서울이 곧 포위당할 처지였다는 사실에는 변함이 없었다. 국가 수반은 이미 서울을 떠난 상태였고 그 직후 실행된 한강인도교와 철교의 폭파, 광진교의 폭파로 한강 이북의 피란민들은 집으로 되돌아가야 했다. 하지만 한강 이남의 피란민들은 사정이 달랐다.

7월 1일 인민군의 전면적인 남하가 시작되었고 국군의 후퇴와 함께 피란민들의 남하도 함께 뒤섞여 진행되었다. 인민군과 피란민이 함께 남쪽으로 이동하는 일이 발생한 반면 국군과 미군은 자기들이 주둔하던 지역 외에 있던 존재는 모두 적으로 간주하기 시작했고 심지어 의도적으로 주민들을 몰아 학살하고 떠나는 현상까지 발생했다. 우리는 이를 국민보도연맹사건이라고 부르지만 실제 피해자들 중에는 국민보도연맹과 무관한 사람들도 많았다.

6월 30일 경기도 이천에서 시작되어 7월 14일까지 충북 지역에서 벌어진 전투는 이제 막 국민보도연맹사건이 본격적으로 일어나기 시작하던 때에 있었다.

같은 시기에 전투가 벌어진 곳인 이천 곤지암리(7월 2일), 충주 동락마을(7월 4일~6일), 음성 감우재(7월 5일)는 국군 6사단이, 단양 매포(7월 8일)는 국군 8사단이, 청주 쌍수리(7월 14일)는 수도사단이 관련되었다.

당시 국군 6사단은 춘천과 홍천을 방어하다가 원주, 이천을 거쳐 충주로 후퇴했다. 6월 28일 횡성 추동리와 곡교리, 7월 1일 여주 건지미골짜기, 7월 3일부터 5일까지 충주 호암동 싸리고개에서 국민보도연맹사건을 일으켰다.

국군 8사단은 7월 4일 제천에서 열차로 대구까지 이동했다가 7월 6일 다시 원래 주둔 지점인 제천으로 올라오려 했으나 이미 인민군이 제천을 점령했으므로 단양에 머물러야 했다. 그런데 이들이 복귀한 날인 7월 6일 단양 인근인 제천 한수면 동창리에서 국민보도연맹사건이 발생했다. 이후 국군 8사단은 7월 8일 단양에서 후퇴하여 12일 죽령을 거쳤으며 영주로 후퇴한 뒤인 17일까지 전투를 겪지 않았다.

수도사단은 6월 28일 마포형무소에서 나오는 재소자들을 총살했다. 이후 7월 12일 청원 오창읍 화산리와 오근장, 7월 13일 미호천, 7월 14일부터 17일까지 청원군 남일면에서 전투를 치르고 보은으로 후퇴했다. 7월 9일부터 11일까지 국군 6사단과 함께 오창 창고 국민보도연맹사건을 일으켰다.

경비도 없는 인민군 보급부대

_1950년 7월 2일 이천 곤지암리

국군 6사단의 예비연대였던 19연대의 3대대 10중대가 1950년 7월 2일 이천 곤지암리 사거리에서 휴식을 취하던 100여 명 규모의 인민군 보급부대를 공격했다고 한다.*

공격을 당한 부대에 민간인이 포함되었을 것으로 보이지만 피란민 대열일 가능성도 있었다. 게다가 당시는 이천 지역에서도 국민보도연맹원들이 학살당하는 사건이 발생한 직후이기도 했다. 가장 의문스러운 점은 보급품을 가득 실은 수송 부대가 향한 곳은 전투부대가 있는 남쪽이 아니라 북쪽이었다는 것에 있었다.

경비병 없이 휴식하는 인민군 보급부대를 발견하다

이 공격은 국군 6사단이 이천으로 후퇴할 때 벌어졌다. 인민군 12사단의 공격으로 홍천 말고개에서 후퇴하여 6월 30일 횡성에 집결한 국군 6사단

---

* 중대장 김두일 대위 증언. 국방부 군사편찬위원회, 『한국전쟁사』 제1권, 305쪽.

충주까지 내려갔다가 올라온 국군 6사단이 곤지암리 4거리에서 인민군 보급부대를 공격했다. 그런데 이들은 남쪽인 이천 방면이 아니라 북쪽인 광주 방면으로 이동하고 있었다고 했다.

19연대는 이후 원주로 후퇴했다가 원주를 7연대에게 넘기고 다시 이천으로 이동하라는 사단장의 명령을 받았다. 이들은 공격하는 인민군과 접촉을 끊고 열차를 이용하여 일단 충주까지 내려갔다가 다시 차량과 도보로 올라오는 경로를 이용했다. 이유는 설명되어 있지 않지만 합리적으로 판단한다면, 당시 군 수뇌부가 횡성에서 이천으로 이동하는 가장 가까운 도로가 이미 인민군에게 차단당했을 것을 염려했기 때문이었을 것이다.

이들이 이천에 도착한 때는 7월 2일 0시였고 곧바로 곤지암 4거리가 보이는 산 능선에 방어진지 구축에 들어갔다. 능선에 따라 동에서 서로 1대대, 2대대, 3대대가 진지를 구축했으니 곤지암 사거리 쪽에는 3대대의 진지가 있었다.

이들 국군이 방어해야 할 상대에 대해 『한국전쟁사』는 춘천에서 남하하

> 行軍과 철야에 걸친 진지공사로 피곤에 지쳐 잠시 쉬고 있을 때 바로 밑에 昆池岩里 네거리에는 牛馬車에 補給品을 가득히 실은 1개 중대규모의 敵이 北쪽으로 올라가다가 경비병도 세우지 않고 休息을 하고 있음을 발견하였다.

『한국전쟁사』 1권 305쪽. 우마차를 몰던 사람은 민간인이었을 것이고 남쪽 전선 방면이 아니라 북쪽 후방 방면으로 이동하던 무리라면 이들이 나르던 물품은 군용 보급품이 아니었을 것이다.

던 인민군 2사단이라고 추정했다. 한편, 라주바예프 보고서에 따르면 당시 이천과 여주로 진출한 인민군은 15사단이었다. 인민군 15사단은 전쟁 발발 당시 예비사단이었으므로 초기 전투에는 투입되지 않았다고 한다.* 산하에는 48연대, 49연대, 50연대가 있었다.

이들은 7월 3일 오후 늦게 음성과 충주로 진격했다고 하므로** 국군이 도착하기 전에 이미 이천을 통과했을 것으로 판단할 수 있다. 이는 국군 19연대가 곧 인민군 후방에 고립될 처지에 놓였음을 의미하는 것이었다.

이를 알지 못했던 것인지 △194 고지에서 진지공사를 마치고 휴식 중이던 국군 6사단 19연대 3대대 10중대는 7월 2일 아침 7시 곤지암리 4거리에서 우마차에 보급품을 가득 실은 채 경비병도 세우지 않고 민가에서 휴식하고 있는 1개 중대 규모의 인민군을 발견했다. 곤지암리 4거리는 현재 곤지암사거리를 말하고 △194고지는 여기에서 곤지암역 반대 방향에 있는 산을 말할 것이다.

공격

인민군을 목격한 중대장 김두일 대위는 "오랜만에 적과 만난 것은 반가우나 어디에서 이 따위 보급부대를 만나게 되었느냐. 그러나 닭 잡는데도 소 잡는 칼을 휘둘러야지!"라고 하면서 2개 소대로 공격을 준비하고 나

---

* 국방부 군사편찬위원회, 앞의 책 제1권, 40쪽.
** 라주바예프, 『라주바예프의 6·25전쟁 보고서』 제1권, 324쪽.

곤지암 사거리를 경계하던 국군의 진지는 왼쪽 산에 있었다. 2019년 3월 8일 조사.

머지 병력으로 예상되는 퇴로를 봉쇄했다고 한다.

사격 명령이 내려진 뒤 전투 상황에 대해 『한국전쟁사』는 "그들은 중대의 기습에 놀라 민가에서 뛰어나와 도피하려 하였으나 사면초가 격인데다 중대는 위장을 갖추었기 때문에 그들은 맹목사격을 일삼다가 교전 수분 만에 전멸하고 말았다."라고 했다. 기습을 당한 150여 명의 인민군이 총을 쏘며 저항했으나 몇 분 만에 전멸했다는 설명이었다.

2개 소대가 공격에 가담한 이 기습전에서 국군은 100명의 인민군이 사살되었음을 확인했다고 한다. 이외에도 인민군 5명을 사로잡았으며 우마차가 포함된 소와 말 40필, 중화기 기관총(HMG) 15정과 실탄 40상자, 122mm 야포탄 500발의 노획하는 전과를 올렸다고 했다. 반면 이 전투에서 전사하거나 부상당한 국군은 한 명도 없었다.

이천 국민보도연맹사건

이 전투가 벌어지기 직전에 이천지역 국민보도연맹원들이 소집되어 학살당한 사건이 있었다. 유족 증언에 따르면, 전쟁 발발 직후인 1950년 6월 30일 이천경찰서 대월지서로 연행된 각 마을 주민들이 사동리 뒷산에서 희생되었고 이들의 유골이 지난 1971년경 영동고속도로를 건설하면서 이장되었다.* 이천경찰서가 희생자들의 유가족들에게 연락을 해서 묘를 이장하게 되었다는 것으로 보아 이천경찰서에 희생자 명단이 있었던 것을 알 수 있다.

이천에서 발생한 또 다른 국민보도연맹사건에 대한 정리는 정해경의 2020년 석사 논문「구술사를 통해 본 한국전쟁의 기억과 경험 -경기도 이천을 중심으로-」에서도 찾을 수 있다. 이 논문에 등장하는 구술인의 증언을 종합하면 집단희생지는 대월면 사동리 외에도 장호원 밀목이 더 있었다.

구술인 이천재는 희생자 시신을 직접 수습한 모친으로부터 70여 구가 대월면 초지리 언덕에, 36구가 대월면 밀목에 있었다고 들었다.** 대월면 초지리 언덕은 사동리 뒷산과 인접했으므로 같은 곳을 가리키는 것으로 판단되며, 밀목은 장호원 어느 곳의 지명인지 확인되지 않는다.

김병찬(가명) 역시 3번 국도 사동리 자갈밭에서 두 대의 트럭에 실려온 70여 명이 총살당하는 것을 목격했다. 자갈을 파낸 곳에 이미 구덩이가 있었으므로 시신을 유기하기 위해 따로 구덩이를 팔 필요가 없는 곳이었다고 한다.*** 이는 앞의 사동리 뒷산과 같은 곳으로 판단된다.

논문이 소개한 구술에 따르면 대월면 외에 백사면에서도 국민보도연맹

---

* 남대희 구술녹취록(2020. 6. 20). 대월면 장평리에 살던 부친 남원식의 제사일은 음력 5월 14일(양력 6월 29일)이었다. 이 날은 당시 사동리에 살던 친척이 희생자가 끌려가던 모습을 목격하고 알려주었다고 한다.
** 정해경,「구술사를 통해 본 한국전쟁의 기억과 경험-경기도 이천을 중심으로」, 한국외국어대학교 대학원, 2020, 33쪽.
*** 앞의 논문, 45쪽.

이천 국민보도연맹원들이 집단희생된 것으로 추정되는 대월면 사동리 뒷산. 영동고속도로가 지나고 있다. 2020년 9월 23일 조사.

사건이 발생했다. 경찰로 보이는 사람들이 20여 명의 주민들을 트럭에 싣고 와서 조읍리 마을 뒷산 백토 구덩이에서 총살했다.[*]

이상 자료를 종합하면 현재까지 1950년 6월 30일경 이천에서 대월면 사동리 뒷산과 백사면 조읍리 뒷산 등에서 국민보도연맹사건으로 130여 명에 이르는 주민들이 희생되었음을 짐작할 수 있다. 직접 가해자는 경찰이었는데 이들 역시 후퇴한 국군 6사단 헌병대 등의 지휘를 받았을 것이다.

보급부대와 민간인 피해

인민군 보급부대를 공격했다는 사실을 인정한 이 전투는 이후 벌어질 전투, 즉 충주 동락마을 전투나 음성 감우재 전투, 상주 화령장 전투 등을 이해하는 데 매우 중요하다. 대부분 인민군 주력이 지나고 난 뒤 후발부대를 공격한 사실이 확인되기 때문이다. 후발부대 대부분은 보급부대로 보

---

[*] 앞의 논문, 56~57쪽.

전쟁 중인 1950년 군산읍내에 있는 우마차 대열의 모습이다. 사진 속 우마차에는 실린 짐이 없지만 이 모습은 곤지암 사거리에 주둔한 인민군 보급부대의 것과 비슷했을 것이다. 사진은 연합뉴스가 2010년 6월 24일 당시 주한미군으로부터 받은 것이라고 한다.

이는데『한국전쟁사』는 마치 이들을 주력부대인 것처럼 묘사하고 있다.

『한국전쟁사』는 이천에서 벌어진 이 전투에 대해 피습당한 인민군이 보급부대였음을 인정했으면서도 우마차를 끌었을 민간인에 대한 서술은 전혀 하지 않았다. 이들 인민군이 보급부대였다면 그들이 속한 부대가 인민군 2사단이었든 아니면 15사단이었든 이미 주력부대는 곤지암리를 넘어 남하했을 것이고 이는 곧 국군이 적 진영에 포위당할 위험한 처지에 놓였음을 의미한다. 이 전투에 참여한 국군으로부터 이에 대한 위기감이 전혀 느껴지지 않는다.

한편, 같은 책에서 박주근 소령의 증언에 따르면 국군 19연대는 예비연대였다.* 예비연대라면 전선의 후방에서 부대를 정비하거나 새로운 전투를 준비하는 부대라는 뜻인데, 이들이 적이 점령한 진영에 있으면서 보급부대를 만났다는 것은 무척이나 당황스러운 상황이어야 마땅할 것이다.

---

* 국방부 군사편찬위원회, 앞의 책 제1권, 308쪽.

같은 국군 6사단 소속 2연대의 당시 상황은 더욱 특이하다. 위 책 김세돈 중위의 증언에 따르면, 이 부대는 홍천 이후부터 충주로 후퇴할 때까지 한 번도 전투가 없었다고 한다.* 그가 말한 '전투가 없던 기간'은 홍천에서 후퇴한 날인 6월 29일부터 충주에 도착한 7월 4일까지를 의미할 것이다. 그런데 이 기간에 해당하는 7월 1일 6사단 헌병대 김만식 상사는 여주와 이천에 주둔하던 중 국민보도연맹원을 처분하라는 명령을 받아 집행했다고 증언했다. 전투는 없었지만 민간인학살은 있었던 것이다.

이천에서 벌어진 위 사건은 인민군 점령지에 고립된 국군 6사단 19연대가 인민군 15사단의 보급부대를 공격한 것으로 볼 수 있지만 포로가 있었음에도 국방부는 패전한 인민군의 소속 등을 정확히 밝히지 못했다. 사로잡혔다는 다섯 명의 인민군이 민간 피란민이었기 때문은 아니었을까?

우마차를 끌고 가던 사람들이 인민군은 아니었을 것이 분명하며 함께 있던 민간인들이 더 있을 수 있었음을 의심할 수 있다. 필자는 이 공격에서 희생된 민간인들 중에 주민이나 국민보도연맹원들이 포함된 것은 아닌지 조사하고 있으나 아직까지 관련된 증언이나 문헌을 만나지 못했다.

군수물자 수송용으로 쓰인 우마차들이 남쪽이 아니라 북쪽을 향했다는 주장에 대해서도 아직까지 합리적인 설명을 전혀 찾을 수 없었다. 비슷한 시기에 여주에서 이천을 지나 서울 왕십리까지 쌀을 수송했다는 증언은 있다.

7월 3일 새벽 인민군의 공격을 받은 국군 19연대는 안성을 거쳐 다음 날 정오 음성으로, 다시 진천으로 철수했다. 이 시기를 전후하여 소집되었던 음성 지역의 국민보도연맹원들은 7월 5일부터 본격적으로 집단학살되었다.

---

* 국방부 군사편찬위원회, 앞의 책 제1권, 308쪽.

아군 1명 부상에 적 1천 명을 사살한 신의 전투

_1950년 7월 4일 충주 동락마을

전 연대 1계급 특진으로 유명한 충주 동락마을 전투에서도 인민군과 전투한 것이 맞는지 의심이 가는 사건이 발생했다. 공교롭게 이번에도 6사단이 관련되었다. 홍천 복골이 2연대, 이천 곤지암리가 19연대였다면 이번 충주 동락마을은 7연대였다.

장호원에서 내려오는 인민군을 저지하기 위해 이동하던 국군 6사단 7연대 2대대는 7월 4일 밤 동락리(신니면 문락리 동락마을)를 지나던 중 갑자기 인민군 정찰대를 만나 전투를 벌였다. 『한국전쟁사』는 이날의 전투에 대해 "너무 갑작스런 일이어서 본대에 연락할 사이도 없이 즉각 사격 명령을 하달하고 그들에게 집중사격을 가하게 하였는데, 그들은 한 발의 응사도 못하고 퇴거하였다."라고 했다.

그런데 이런 이상한 전투는 이틀 뒤인 7월 6일에도 있었다. 같은 국군 부대는 전날 전투가 있었던 같은 마을에 주둔하고 있는 인민군을 발견하고 오후 5시 "경계병 하나 세우지 않고 옷을 벗은 채로 나무그늘 밑에서

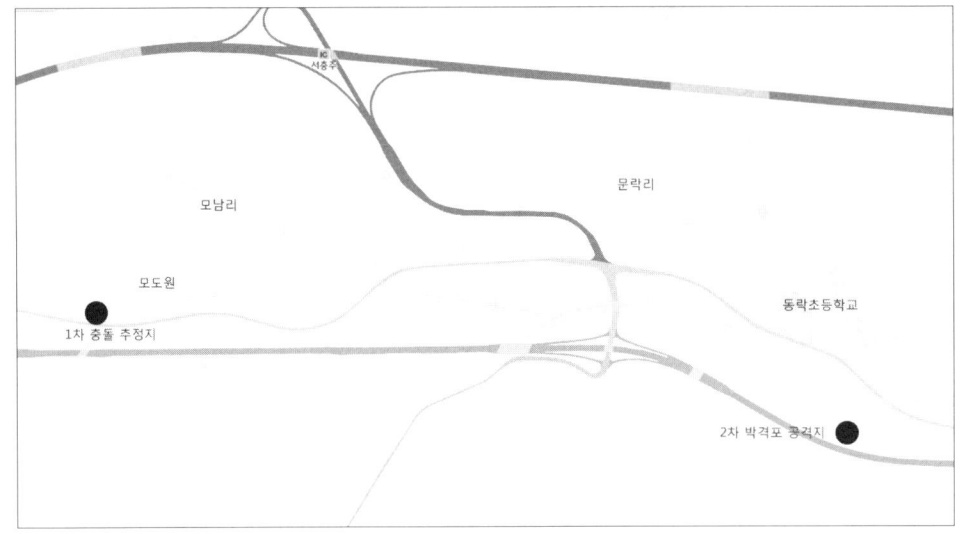

1천 명이 넘는 인민군을 전멸시켰다는 동락리 전투 현장의 위치.

잠에 빠져 있는" 인민군을 공격했다면서 "이윽고 어둠이 깔리면서 그들의 움직임은 보이지 않게 되었으나 우글거리는 소리는 여전"했다고 한다.*

17일에 시작될 국군 17연대의 화령장 전투와 더불어 국군 연대원 전체가 1계급 특진했다는 전투에 대한 설명으로는 지나치게 빈약하고 자의적이었다.

1차 공격

춘천에서 후퇴한 국군 6사단 7연대(연대장 임부택 중령)는 원주를 거쳐 7월 4일 충주로 후퇴하여 충주중학교에 집결했다. 당시 국군이 상대해야 할 인민군은 15사단이었다. 산하에 48연대, 49연대, 50연대를 두었던 이 부대는 예비사단이었다.** 전쟁 초기 전투에는 투입되지 않았을 것이고 교체

---

* 국방부 군사편찬위원회, 『한국전쟁사』 제2권, 238쪽, 246~247쪽.
** 국방부 군사편찬위원회, 앞의 책 제1권, 40쪽.

> 이어서 本隊에 연락할 사이도 없이 即刻 射擊명령을 下達하고 그들에게 集中射擊을 加하게 하였는데, 그들은 한발의 應射도 못하고 退却하였다.』고 말 하였다.

『한국전쟁사』 2권 238쪽 소대장 윤주용 소위의 증언.

를 준비하며 선발부대를 뒤따랐을 것이다.

국군 6사단은 주둔지를 방어하다가 국군 1사단에게 인수해야 할 임무가 주어졌다. 당시 국군 1사단은 평택 방면에서 음성으로 이동하고 있었고, 동락마을을 비롯한 도로에는 남쪽으로 이동하려는 피란민이 많이 모여 있었다.

국군 6사단장은 7월 4일 저녁 8시 이천 방면에서 후퇴한 사단 헌병대로부터 인민군 15사단이 7월 3일 장호원에 진입했다는 정보를 듣고 7연대에게 "장호원을 즉각 탈취하라"는 명령을 내렸다. 그런데 국군 7연대는 원주에서 큰 피해를 입고 후퇴한 직후였다. 늦은 밤이 다가오는 시간에 명령을 받은 7연대장 임부택 중령은 이 명령이 무모하다고 보고 먼저 1개 대대로 확인한 뒤 공격하겠다고 건의하여 승인을 받았다고 한다.

정찰 임무를 받은 2대대(대대장 김종수 소령) 4개 중대는 사단 참모의 "빨리 출동하라"는 독촉을 받으며 주둔지인 충주중학교를 떠나 장호원 방면으로 이동했다. 출동하지 않는 것에 대해 사단 참모로부터 독촉을 받을 정도였다는 것을 보면 국군 6사단이 인민군과 접촉 없이 후방으로 너무 멀리 후퇴했기 때문으로 짐작할 수 있다. 국군이 출발한 때는 밤 10시가 조금 넘은 시간이었다.

차량으로 주둔지를 출발한 선발중대 6중대가 20km 정도 이동하여 동락마을 부근에 도착하면서 정찰 소대가 인민군 측 차량의 엔진 소리를 듣고 이 사실을 중대장에게 보고했다. 이 소식은 곧 대대장에게 전달되었고 잠시 멈춰 소리를 듣던 대대장은 더 이상 소리가 나지 않자 계속 진행하

1973년 충주 동락리 전승비가 세워졌다. 음성 감우재 전승비보다 건립이 늦었다. 2019년 3월 8일 조사.

도록 명령을 내렸다. 전투 당시 대대장은 300미터 후방에 있었다고 한 것으로 보아 이때도 그 정도 뒤에 떨어져 왔을 것으로 볼 수 있다. 정찰 소대가 들었다는 엔진 기계음을 후방에 있던 대대장이 안 들린다고 행군을 계속하라고 했다고 하지만 실제로는 전조등을 키고 달려왔으므로 차량의 전조등을 끄고 운행 속도를 줄였다고 한다. 신중하게 움직였던 것이다.

잠시 뒤 1차 공격이 시작되었다. 선발 소대가 신니면 문락리 동락마을 모도원 산모퉁이를 돌면서 갑자기 인민군을 만나게 되었다. 이 상황을 직접 겪었다는 윤주용 소대장은 "우리 소대는 분명히 장갑차의 굉음을 들은 바 있었기 때문에 나는 구경 50mm 기관총과 각자의 소총에 탄약을 장진케 한 채로 조심스럽게 전진시키고 있었는데, 모도원의 한 산 모퉁이에서 그들 정찰대로 보이는 장갑차 1대와 여러 대의 사이드카와 충돌하게 되었다. 너무 갑작스런 일이어서 본대에 연락할 사이도 없이 즉각 사격 명령을 하달하고 그들에게 집중 사격을 가하게 하였는데 그들은 한 발의 응사도 못하고 퇴각하였다."라고 증언했다.* 피차에 달빛에 의존해 이동하

---

* 국방부 군사편찬위원회, 앞의 책 제2권, 238쪽.

공원 안내판은 7월 4일 벌어진 전투를 소개하지 않았다. 2019년 3월 8일 조사.

던 중이었으니 비록 가까운 거리였다고 하더라도 정확한 조준 사격이 불가능했을 것이다. 이런 상황에서 장갑차까지 보유했던 인민군이 국군 1개 소대를 만나 아무런 대응사격 없이 도망가기 바빴다니 믿기 힘든 주장이었다. 원래 무기가 없는 집단이었는지도 모른다.

전투를 벌인 2대대는 인민군이 이제 음성까지 내려왔다고 판단하고 더 이상 장호원까지 전진하지 않고 인근에 각 중대를 배치했다고 하며, 7월 5일의 아침이 밝아서야 교전 현장에서 장갑차 1대, 사이드카 2대, 시체 5구를 볼 수 있었다고 한다.

7연대장은 7월 5일 새벽 2시에 2대대장으로부터 이 전투에 대해 보고를 받았다고 하므로 전투는 자정 전후에 있었던 것으로 볼 수 있다.

또 다른 기록

7월 4일 충주 동락마을에서 벌어진 전투에 대한 위 설명은 『한국전쟁사』 제2권에 소개되어 있는데 앞의 책 제1권은 같은 날 같은 장소에서 있었던 사건에 대해 전혀 다르게 설명하고 있어 의문이다. 관련된 내용을 직접 인용하면 다음과 같다.

> 이에 따라 연대장은 제2대대로 하여금 병암리로 직진토록 하는 한편 제3대대는 음성으로 우회시켜 병암리 부근에서 지대 내의 적을 협격토록 하고, 제1대대는 예비로 공치(控置)하였다.
> 각 대대는 동월 4일 08:00에 충주를 출발하여 삼거리(충주 서쪽 10km)에서 분진한 다음 각각 목표를 향하여 약진하였다.
> 제2대대장 김종수 소령은 10:00에 동락리에 이르렀을 무렵 모도원에 1개 중대 규모의 적이 장갑차를 앞세우고 남하하고 있다는 보고를 받고 대대를 도로 양쪽의 능선으로 전개시켜 교전수합에 그들을 일축(一蹴)하고 추격전을 벌였다.
> 그리하여 퇴각하는 적을 추미(追尾)하여 서진 중 19:30 모남리(병암리 동남 4km)에 1개 연대로 추산되는 적이 남침하고 있음을 발견하기에 이르자 동락리로 물러나 급편진지를 점령하고 그들의 침투에 대비하였다.*

이 내용과 제2권의 내용을 비교하면 먼저 장호원 방면으로 출동한 부대가 2대대만이 아니라 3대대도 있었음을 알 수 있다. 국군 7연대 2대대의 출동 시간도 다르다. 제1권은 아침 8시라고 했지만 제2권은 저녁 8시에 전조등을 켜고 이동했다고 했다.

또 제1권은 모도원 충돌 후 퇴각하는 인민군을 쫓다가 저녁 7시 30분 모남리에 주둔한 1개 연대 규모의 인민군을 발견하고 동락마을까지 후퇴다고 했다. 하지만 제2권은 추격을 중단하고 그 자리에 중대를 배치했다고 한다.

---

* 국방부 군사편찬위원회, 앞의 책 제1권, 304쪽.

제1권이 밝히고 있는, 모남리에서 1개 연대 규모의 인민군을 발견했다는 내용은 제2권의 서술과 완전히 다른 것이 아닐 수 없다. 모남리는 인민군 장갑차와 충돌했다는 모도원에서 2km 남짓 떨어진 마을이었고 인민군이 주둔했을 것으로 짐작했다는 병암리에서는 6km 떨어진 곳이었다. 그런데 7월 4일 모남리에서 1개 연대 규모의 인민군을 목격했다는 제1권의 이 기록은 전투 후인 7월 5일과 6일 국군 6사단이 증평으로 이동했다는 사실과 크게 모순된다. 인민군 주력 부대를 눈앞에 둔 채 이동했다는 결과가 되기 때문이다.

객관적 사실조차 확인하지 않은 채 오락가락하면서 서술한 국방부 전사편찬연구소의 『한국전쟁사』 서술은 역사 조작의 흔적을 계속 남기면서 이후에도 수없이 반복된다.

전쟁 공원에는 마을을 향해 박격포를 날리는 대대장과 신용관 중위의 모습이 형상화되어 있다. 동락초등학교에서 300미터 떨어진 바로 저 자리에서 쐈다고 한다. 이 조형물을 바라보는 마을 주민들의 심정은 그리 편하지 않을 것 같다. 2019년 3월 8일 조사.

2차 공격

7월 6일에도 같은 동락마을에서 2대대의 공격이 있었다. 같은 자리에서 다시 인민군을 발견했고 또 커다란 전공을 세울 수 있었다. 하지만 이번에도 인민군은 이틀 전에 공격을 당했던 군대라고 믿겨지지 않을 정도로 어처구니없는 태도를 보여주었다.

7월 5일 아침 전리품을 후송한 2대대는 주둔지인 충주로 되돌아가지 않고 상부의 명령에 따라 진천으로 이동하게 되었다. 그런데 후방으로 우회하여 돌아가는 길인 증평에서 아침 식사를 하고 10시 출발하려던 중 사단으로부터 진천이 이미 점령당했다는 정보를 듣고 음성으로 되돌아오게 되었다.

2대대장은 오후 2시경 망원경을 통해 동락초등학교에 다시 인민군들이 주둔하고 있는 모습을 목격했다.

이에 대해 『한국전쟁사』는 "김 소령은 쌍안경으로 농암리와 무극리를 두루 살피고 충주와 음성에 이르는 꾸불꾸불한 두 줄기 길을 번갈아 추적하기 시작하여, 그 초점이 동락리에 이르렀을 때 쌍안경을 내리고 손수건으로 눈을 닦은 다음 다시 드려다 보고 있었다. 그 곳은 지난 밤 적과 최초로 마주쳤던 곳이기도 하며 혹 제3대대가 포진하고 있을지 모르는 동락리였기 때문이다."라고 했다. 혹시 지난밤에 있었던 갑작스런 총성이 저들에게 안 들린 건가? 우리가 인민군한테 쏜 게 맞나 생각하진 않았을까?

대대장은 전령을 시켜 중대장들을 소집한 뒤 함께 동락마을을 살펴보았다고 했다. 이 상황에 대해 이번에도 6중대 소대장 윤주용 소위가 증언했는데 그는 학교 운동장에 10여 문의 야포와 보병부대의 개인화기가 질서정연하게 채워져 있었고 도로 옆에는 장갑차를 포함한 10여 대의 차량이 세워져 있었다고 증언했다. 이에 따르면 이들 인민군은 "완전히 무방비

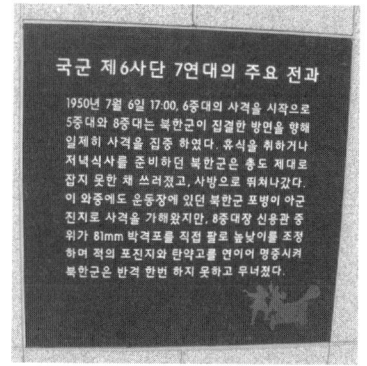 

같은 공원 내 시설물들조차 전투일이 6일과 7일로 서로 일치하지 않는다. 전투를 기록한 군 연구자들조차 전투일에 대해 확신이 없는 것으로 보인다.

상태에서 휴식을 취하고" 있었다. 전날 같은 자리에서 장갑차 1대와 사이드카 2대, 5명이 전사했음에도 경비를 서는 인민군은 보이지 않았다고 했다. 인민군이 바보라는 식의 이런 증언 역시 계속 반복된다.

무방비 상태의 인민군을 발견한 중대장들은 망설이지 말고 어두워지기 전에 공격하자고 주장했다고 한다. 이에 대대장은 "우리는 300여의 소총병인데, 비하여 그들은 5~6배가 넘어 보이는 대병력에 중장비를 갖추고 있기 때문에, 대대장인 나로서는 신중을 기하지 않을 수가 없었다. 만일 일이 잘못될 경우 병력이 크게 손상할 것은 물론 연대장의 **명령**에 항거(저자 강조)하였다는 책임을 면치 못하리라는 생각이 앞섰기 때문이다." 라고 했다.

여기서 "연대장의 명령에 항거했다는 책임"을 말하는 것으로 보아 연대장으로부터 전투 행위를 제한하는 명령이 있었음을 알 수 있는데 지난 7월 4일의 전투에 어떤 문제가 있었음을 짐작할 수 있다. 하지만 무슨 이유인지 이때 대대장은 또다시 연대장의 명령을 어기기로 결심했다. 행동을 먼저 한 후 나중에 보고하기로 결정하고 연대장의 명령 없이 공격을 시작했던 것이다.

2대대는 오후 3시 동락국민학교를 향해 출발, 오후 5시 공격을 시작했다. 주둔한 인민군은 경계병을 세우지 않고 옷을 벗은 채 나무그늘 밑에서 잠을 자고 있었고 일부가 저녁 식사 준비를 위해 민가를 들락거리고 있었을 뿐이었다고 하니 기습 공격은 이미 성공한 것이나 다름없었을 것이다.

전투가 시작되던 상황에 대해 『한국전쟁사』는 "기습 사격을 받은 그들은 잠에서 깨어나기도 전에 초로와 같이 사라지거나 구명원생한 자들은 방향을 분석치 못하고 이리 뛰고 저리 뛰고 하는 사이에 아군이 사격한 철탄의 표적이 되어 격살되기도 하였는데 이 와중에서도 그들 포병만은 포구를 제8중대가 있는 곳으로 돌려서 사격을 가하는 것이었다."라고 묘사하였다.

1,500명이 넘는 인민군의 대응이라곤 포격을 준비하는 것에 그쳤다는 것이고, 인민군 측의 이런 대응조차 포 다리와 조준경도 없이 발사한 국군의 박격포 단 세 발에 제압당했다고 했다.* 믿기 힘든 신의 포격술이었다.

전사한 인민군 1천 명, 부상당한 국군 1명

이어 "이윽고 어둠이 깔리면서 그들의 움직임은 보이지 않게 되었으니 우글거리는 소리는 여전하여"라고 하면서 일부 중대장들이 소탕전을 하자는 건의가 있었으나 현 위치를 고수하라는 대대장의 명령이 있었다고 했다.

여태까지 동락마을에 주둔한 인민군들을 근거리에서 공격했다지만 실제 300미터가 넘는 거리였다. "어두워 움직임이 보이지 않았다"거나 "우글거리는 소리"는 여전했다는 것은 상당히 먼 거리에서 공격했을 때 할

---

* 국방부 군사편찬위원회, 앞의 책 제2권, 247쪽.

수 있는 말로 보인다.

대대장 김종주 소령은 다음날인 7월 7일 새벽 5시 "동락리에서 적 1개 연대 격멸"이라고 보고 했다. 그는 이후 발견된 인민군의 시체만 1천여 구에 달했으며 마을을 수색하여 97명을 사로잡은 반면 아군의 피해는 부상 1명 외에 없었다고 증언했다.

장소가 분명하지 않고 일자가 표시되어 있지 않지만 이 전투와 관련되어 보이는 내용을 라주바예프 보고서에서 찾을 수 있다. 보고서에는 "제2군단의 우익에서 진격하던 제15보병사단은 정찰 및 경계의 미숙으로 인하여 음성 북쪽과 충주 서쪽에서 2회에 걸쳐 적의 매복에 걸린 결과, 많은 손실을 입고 신양리(생극, 음성 서북방 14km), 대소리(음성 동북방 12Km) 지역에서 일시적으로 방어로 전환하지 않을 수 없었다."라고 했다.* 대소리는 충주 대소원면 대소리를 말하는데 이 보고서에서 매복에 걸렸다는 음성 북쪽이 동락마을을 말한다면 대소리는 이곳에서 15km정도 지난 곳이었다. 이 보고 내용은 후발부대가 매복에 걸려 입은 손실로 신양리에 머무른 한편 대소리에 있던 선발부대 역시 더 이상 전진하지 못했다는 뜻으로 읽힌다. 이후 7월 9일 인민군 1사단이 음성지역에 투입되면서 인민군 15사단이 7월 10일 음성을 점령했다고 한다.

충주 국민보도연맹사건

국군 6사단이 충주에 주둔하던 7월 3일부터 5일 사이 충주의 국민보도

---

* 라주바예프, 『라주바예프의 6·25전쟁 보고서』 제1권, 204쪽. 그런데 보고서 내 325쪽에는 "인민군 2군단 15사단 50연대는 7월 6일 충주 대소리에 도착했지만 경계조치를 취하지 않았으므로 7월 7일 새벽 기습을 받고 무질서하게 후퇴했다."라고 되어 있다. 이에 따르면 충주에 도착한 인민군은 15사단 50연대였는데 그 날짜는 7월 6일이었고 이들이 기습을 받고 후퇴한 날은 7월 7일이었다. 장소가 충주 대소원면 대소리이고 기습을 받은 날은 7월 7일이었으므로 동락마을에서 벌어진 전투와 또 다른 별개의 기습 전투가 있었던 것으로 보인다.

연맹원들이 6사단 7연대 헌병에 의해 총살당했다. 당시 후퇴하던 헌병 10여 명이 충주경찰서에 들어와 "보도연맹원을 소집하라"는 지시를 내렸다. 경찰들은 이 명령에 따라 동네마다 다니며 보도연맹원들을 소집했고, 주민들은 헌병에게 이끌려 호암동 싸리재로 이송되어 집단희생당했다. 당시 충주군 살미면에서는 주민 73명이 이 사건으로 희생되었는데 현장에서 최은용 등 3명이 살아 돌아왔다. 시신을 직접 수습한 주민은 군인들이 미리 파놓은 구덩이에 사람들을 몰아넣고 기관총으로 쐈다고 증언했다. 남로당의 대표 지도자인 김삼룡의 고향이 엄정면이었기 때문에 충주지역에는 좌익단체 가입자도 많았고 그런 이유로 보도연맹원도 많았다는 평가가 있었다. 당시 충주경찰서장은 차일혁 경감이었고 이 전투와의 관련성은 아직까지 드러나지 않았다.

민간인 피해는 없었을까?

국군 6사단 7연대 2대대가 동락국민학교를 향해 박격포를 쏘던 자리에 전쟁공원이 조성되었다. 여기에는 두개의 전승비와 여러 개의 조형물, 안내판이 세워져 있다. 2019년 3월 8일 조사.

인민군 15사단이 당시 어디까지 진출했는지 라주바예프의 보고서나 『조선전사』 등 이북의 역사문헌에서 구체적으로 확인되지 않지만 충주의 보도연맹원들이 7월 5일까지 충주경찰서에 의해 학살당한 사실을 볼 때 7월 4일 밤과 5일 새벽에 있었던 동락마을 1차 전투는 인민군이 도착하기 전의 것으로 의심할 수 있다.

7월 6일 2차 동락리 전투의 인민군 태도는 이런 의문이 이상하지 않음을 뒷받침한다. 이미 7월 4일 같은 장소에서 공격을 당해 5명이 사살당했음에도 인민군 측이 경계를 소홀히 했다는 국방부의 주장은 설득력이 떨어진다. 1차 공격을 당한 인민군 측의 이후 반격은 없었으며 공원의 안내문에도 7월 4일의 전투는 소개되지 않았다. 전투가 없었을 가능성을 배제할 수 없는 것이다.

7월 6일의 전투에 있어서도 어두워지면서 인민군들의 움직임은 보이지 않았으나 우글거리는 소리는 여전했다는 주장이 검토되어야 한다. 각 중대장들은 소탕전을 벌이자고 주장했으나 대대장은 아군간의 총격전이 염려되므로 현 위치를 고수하면서 경계를 철저히 하라고 명령했다고 한다. 다음날 확인한 인민군 피해는 1,100명에 달했다고 한다. 하지만 대응사격이 없었던 것으로 보아 7월 4일 사망자들이 피란민이었을 가능성이 있다. 당시 피란민들이 많았다는 사실은 참전 군인들의 증언에서도 확인된다. 그리고 7월 6일의 전투 역시 마을을 향한 공격이었음이 분명하므로 주민들의 피해는 없었는지 조사되어야 한다.

같은 날 오후 2시 30분을 지나면서 피란민 대열이 다시 도로를 메웠다.

진실은 전쟁이 아니라 평화를 말한다
『6·25참전 전승비』 등이 있는 충주시 신니면 송암리에는 전쟁기념공원이 조성되어 있다. 국가보훈처 지정 현충시설 안내판에는 "1950년 7월 7일, 이곳은 6·25전쟁에서 최초로 승리한 전투지이며 노획된 소련제 무기는 유엔 16개국이 한국전에 참전하는 계기를 만들었습니다."라면서 1973년 처음 전승비를 세웠으며 2016년 7월 7일 새로이 정비되었다고 했다. 그런데 여기에는 7월 4일 밤에 벌어진 전투는 누락되었으며 6일 벌어진 전투가 7일 벌어진 것으로 되어 있다. 국방부 자료와 기념물 등에는 이때 공격당한 인민군 소속이 15사단 48연대라고 기록하고 있어 라주바예프의 50연대 주장과 차이가 있다. 『한국전쟁사』에 따르면 인민군 15사단 48연대는 7월 17일 화령장 1차 전투, 즉 상주 화서면 상곡리 전투에서 또 한 번 전멸당한다는 비운의 부대였다.

국방부 『한국전쟁사』 주장에 따르면 동락마을 전투는 7월 6일 하루 공격만으로 거의 1개 연대 규모에 해당하는 인민군 1,100여명을 사살하고 97명을 사로잡는 한국전쟁 최고의 대첩에 해당했다. 이것이 사실이라면 6·25전쟁사에 있어서 그 어떤 전투보다도 최대 규모의 승전이었음이 틀림없다. 이 전투에 대한 보고를 언제 받았는지 모르겠지만 이승만은 처음으로 국군 6사단 7연대원 전원을 1계급 특진시킬 정도였다. 하지만 실제로는 이 전공이 최고의 전투로 인정받지 못하고 있는 것 같다.

동락전투와 같은 시기인 7월 5일부터 5일 동안 600여 명을 사살했다는 감우재 전투, 7월 말 5일 동안 600여 명을 사살했다는 상주 화령장 전투, 8월 29일 650명을 사살했다는 해병대의 통영 전투 등은 모두 상당한 규모의 전쟁기념관이 건립되어 있다. 이후 살펴보겠지만 기념관이 건립되어 있다고 해서 이 전투들이 뛰어난 전투로서 인정받을 만 하다고 볼 수 없다. 그러나 단일한 전투로 따지자면 모두 동락리전투만 못한 것이 분명하다. 이 전투가 과연 어디까지 사실일지 의문이 드는 이유이다.

실제 동락국민학교를 중심으로 본다면 동락리는 상당히 넓은 평지의 중심이다. 주위 관측이 쉬우므로 3백 명이 이르는 군인들이 다가온다면 쉽게 알 수 있었을 것이다. 군인들의 접근을 보고도 대응하지 못한 것을 보면 대부분 민간인들이 아니었는지 그 가능성을 확인해야 한다.

당시 동락마을에 피란민이 많았다는 사실은 국방부 자료에서도 확인된다. 244쪽에는 인근에 "피란민이 많이 모여 있던 어느 암자"가 있었다고 했으며, 247쪽에는 "(7월 6일) 14:30이 지나면서 피란민의 대열이 노상을 메웠고 한결같이 남으로 향하여 황급히 내닫고 있는 것"이라고 했다. 이로보아 전투 중 피란민들이 희생되었을 가능성이 매우 높았음을 알 수 있다.

배낭 메고 모자 쓰면 적

_1950년 7월 5일 음성 감우재

충주 신니면 문락리 동락마을의 국군 6사단 7연대 2대대 전투에 이어 음성읍 소여리 유현고개를 지나던 같은 연대 1대대 소속의 1개 소대가 1950년 7월 5일 아침 8시 고개를 넘는 "자동차를 탄 군인과 수 명의 사복한 사람"과 그 뒤로 따르는 1개 중대 규모의 병력을 공격했다고 한다.*거의 같은 시기에 전투가 벌어진 두 지역은 직선 거리로 약 7km 떨어져 있었다.

  국군이 이들을 인민군으로 판단한 이유는 단지 "배낭을 메고 모자를 쓰고 있다"는 것이었다. 일행 중 일부가 민간인이었음을 알고 있었지만 공격할 때에는 결국 "그들과 같이 행동하고 있는 사복 차림의 사람을 제외시킬 수도 없었다."고 했다. 감우재를 넘던 한 무리의 집단이 인민군이라는 증거도 없이, 일행 중 민간인이 있었음을 분명히 알면서도 공격을 가했음은 명백한 사실이었으니 이 주장은 사후 합리화에 다름 아니었다.

---

* 국방부 군사편찬위원회, 『한국전쟁사』 제2권, 240쪽.

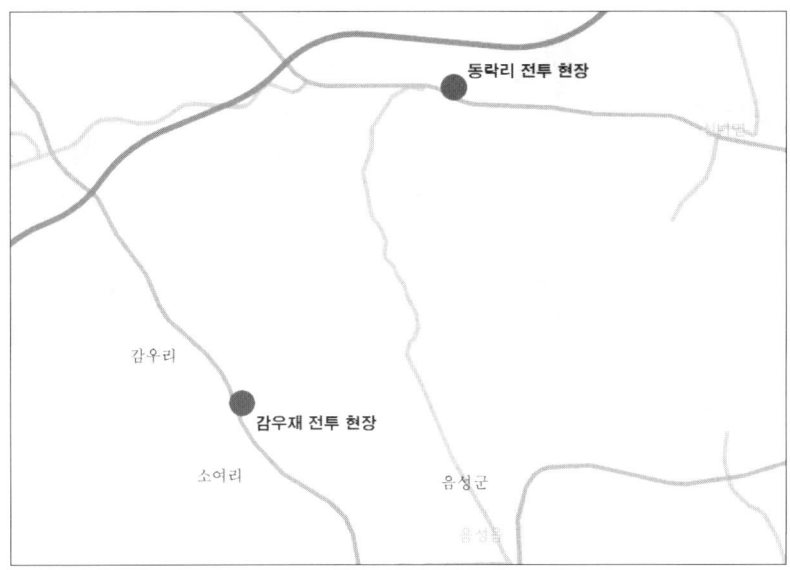

감우리 방면에서는 감우재로 불렀고, 소여리 방면에서는 기름고개 또는 유현고개로 불렀다.

배낭 메고 모자 쓴 150여 명을 공격하다

7월 4일 밤과 5일 새벽에 있었던 국군 7연대 2대대(대대장 김종수 소령)의 1차 동락마을 전투 소식을 들은 국군 6사단 7연대장 임부택 중령은 7월 5일 새벽 6시 1대대(대대장 김용배 소령)에게 음성 금왕읍 무극리에서 인민군의 남하를 저지하라는 명령을 내렸다고 한다. 그런데 인민군의 남하 속도를 지연시키는 것이 목적이었으면서도 "남하를 저지"하라 했다고 서술한 것은 연대 전체에게 내린 비상 경계 명령을 지나치게 표현한 것이었다. 당시 2대대는 충주 동락마을 전투를 치른 뒤 진천으로 이동하다 증평에서 되돌아 와서 1대대를 엄호하고 있었다.

1대대가 명령에 따라 주둔지를 떠나 무극리로 향하던 중이었다. 정찰부대 3중대 3소대(소대장 이상우 중위)는 아침 8시 음성군 음성읍 소여리를 지나 유현고개에 접어들면서 가물거리는 안개 속에서 이제 막 고개를 넘는

> 무리의 動態를 살피게 하였다. 그들 先頭에는 自轉車를 탄 軍人과 數名의 私服한 사람이 앞장서고, 1개 중대 규모로 보이는 兵力이 行軍隊形으로 그 뒤를 따르고 있었다.
> 李 중위는 『我軍일지도 모르니 仔細히 살피라.』고 注意시키자 隊員들은 異口同聲으로 『背囊을 매고 帽子를 쓰고 있는 것으로 보아 敵이 틀림없다.』고 하면서 射殺할 것을 主張하였

『한국전쟁사』 2권 240쪽. 국군이 공격한 이 무리에는 민간인이 앞장서고 있었다고 했다.

한 무리의 사람들을 발견했다. 그는 공격이 가능한 언덕으로 병사들을 급하게 배치하여 일행을 자세히 살펴보게 하니 무리의 선두는 자전거를 탄 군인과 사복을 입은 사람들이었고 그 뒤로 1개 중대 규모인 150여 명의 군중이 따르고 있었다는 보고가 있었다. 국방부는 이들 군중을 마치 군인인 것처럼 "병력"이라고 서술했지만 발견 당시 "가물거리는 안개 속"이라 이들이 군인들이라는 확신이 없는 상태였다. 오히려 무리 중에는 분명히 민간인이 섞여 있었음을 알고 있었다.

이를 두고 『한국전쟁사』는 "고개를 넘는 일단의 무리가 안개 속에서 가물거리고 있는 것을 발견하였다. …(중략)… 그들 선두에는 자동차를 탄 군인과 수 명의 사복한 사람이 앞장서고, 1개 중대 규모로 보이는 병력이 행군대형으로 그 뒤를 따르고 있었다."라고 하면서 "가물거리고 있는" 한 무리에 대해 사복을 입었음에도 마치 인민군 1개 중대의 군인들 대형처럼 묘사했던 것이다.

소대장은 "사복을 입은 사람들" 때문이었는지 아니면 정말 아군인지 몰라서였는지 "아군일지도 모르니 자세히 살피라"고 했고 이에 부대원들은 "배낭을 메고 모자를 쓰고 있는 것으로 보아 적이 틀림없다"고 했다고 한다. 아군만 아니면 총을 쏘아도 좋다고 생각했던 것일까? 또, 육군 본부가 국군은 배낭을 메지 말라, 또는 모자를 쓰지 말라는 지침이라도 내렸던 것일까?

『한국전쟁사』는 국군과 무리의 거리가 100m에 이르러서야 비로소 이

들의 정체를 확인할 수 있었다고 했다. 그렇다면 처음부터 무리의 정체가 확인될 때까지 기다리면 됐을 일을 미리 인민군으로 낙인찍었던 것은 처음부터 민간인 공격을 합리화시키려는 의도가 아니었는지 의심이 든다.

정체가 확인되었을 때 국군은 이제서야 무리 중에 민간인이 함께 있음을 알게 되었다. 하지만 소대장은 "사복 차림의 사람들을 제외시킬 수 없었"으므로 사격을 명령했다.

전투 결과는 민간인들의 희생 사실을 명확히 보여준다. 이후 전투 상황에 대해 위 책은 "기습을 당한 적은 앞을 다투어 퇴각하려 하였으나 제3중대(장. 김명익 대위)가 발사한 60mm 박격포탄이 그들을 더욱 당황하게 하였다. 이윽고 중대장이 달려 나오고 동 중대가 가세하였을 때에는 적은 40여 구의 시체와 자전차 2대를 버리고 궤산(潰散)한 뒤였다."라고 했다.

이 전투에서도 무리로부터 반격은 없었으며 현장에 남아 있던 것은 무

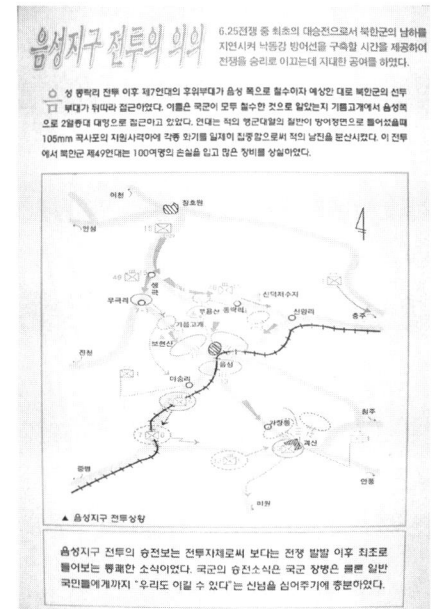

감우재전승기념관 2층 전시실 벽면에 설치되어 있는 안내판이다. 전투를 치른 국군의 소속을 정확하게 밝히지 않았다. 2019년 3월 8일 조사.

기도 없는 시체들과 두 대의 자전거뿐이었다.

국군 1사단만 기억하는 감우재전승기념관

이 전투를 기억하기 위해 감우재전승기념관이 음성읍 생음대로 594에 2003년 11월 개관했다. 음성지구 전투가 국군이 인민군과 싸워 이긴 첫 전승지라고 안내되고 있었지만 무슨 이유 때문인지 전승자에서 국군 6사단은 빠지고 국군 1사단의 전투만을 기록하고 있었다.

감우재전승기념관 2층 전시관에는 음성지구 전투의 의의라며 "6·25 전쟁 중 최초의 대승전으로 북한군의 남하를 지연시켜 낙동강 방어선을 구축할 시간을 제공하여 전쟁을 승리로 이끄는데 지대한 공여를 하였다."고 평가하면서 "이들은 국군이 모두 철수한 것으로 알았는지 기름고개에서 음성 쪽으로 2열 종대 대형으로 접근하고 있었다. 연대는 적의 행군대열의 절반이 방어정면으로 들어섰을 때 105mm 곡사포의 지원사격 하에 각종 화기를 집중함으로써 적의 남진을 분산시켰다. 이 전투에서 북한군 제49연대는 100여 명의 손실을 입고 많은 장비를 상실하였다."라고 설

공원 가운데 있는 안내판. 국군 6사단의 전투는 빠지고 국군 1사단의 전투만을 소개하고 있다. 2019년 3월 8일 조사.

감우재 전승기념관과 각종 기념물들이 모여 하나의 공원을 이루고 있다. 전쟁을 미화하는 이 공원의 이름은 "무극 전적 국민관광지"이다. 음성읍 소여리에 있다. 2019년 3월 8일 조사.

명했다. 49연대는 인민군 15사단 소속이었다.

"100여 명"의 인민군을 손실시켰다거나 "2열 종대 대형"이라는 표현으로 보아 이는 위 7월 5일에 있었던 전투를 말하는 것으로 보인다. 이는 국군 1사단이 아니라 국군 6사단의 것이다. 그런데 이 전쟁기념관 마당에 있는 안내판은 전혀 다른 내용이 감우재 전투로 소개되어 있다.

여기 감우재 전투지 안내판에는 "1950년 7월 국군 제1사단 제11연대가 북한군 제15사단과 전투를 벌여 승리한 곳이다."로 시작되는데 구체적인 날짜는 물론 국군 6사단의 전투 사실조차 소개하지 않고 있다. 단지 "국군 제6사단으로부터 음성방어선을 인수한 제1사단은 전열을 정비하고, 7월 8일 음성 서북쪽 감우재에 제11연대를 배치했다. …(중략)… 감우재에서 적 1개 중대를 섬멸하고, 뒤이어 공격해 오는 적 2개 중대도 물리쳤다."라면서 국군 1사단의 승전 소식만을 기록하고 있다. 전투의 규모가 중대 단위였다는 사실을 밝히고 있는 점은 그나마 과장하지 않고 솔직해 보인다.

감우재전투를 기념하기 위해 1967년 4월 건립된 "전승탑". 이후 제작된 다른 기념물들과 달리 7월 5일 전투내용이 소개되어 있다. 건립자는 음성군수였다. 2019년 3월 8일 조사.

그늘에 가린 국군 6사단의 전투 기록

『한국전쟁사』가 기록하고 있는 내용과 가장 가까운 기념물은 정작 그 뒤쪽 그늘에 숨겨져 있었다. 여기에는 "38선에서 북한 괴뢰군의 불법 남침을 받고 지연전을 하면서 후퇴한 아군 6사단 7연대가 이곳에 도착하니 때는 서기 1950년 7월 4일 아침이었다. 7연대는 장호원에서 남하하는 적 15사단의 침공을 저지할 임무를 띠고 있었다. 7월 5일 무극리에서 음성 방면으로 남하하는 적 15사단 49연대의 정찰 소대를 소여리 부근에서 7연대 1대대가 포위 전멸시켰다. 8일 서부에서 전진하여 온 아군 1사단 11연대 2대대가 18시경 기름고개에서 적 49연대 1개 중대를 포착 섬멸하였고 19시경 또 다시 2개 중대의 적병을 무찔렀다. 9일 9시경 적 대대병력이 도로를 타고 남하하는 것을 이곳에서 격퇴하였다. 전후 4차의 전투에서 적병 6백여 명을 사살하였고 아군은 18명의 고귀한 희생을 냈다."라고 기록되어 있다.

이 전승탑의 기록에 따르면 감우재에서 모두 네 차례의 전투가 있었다. 국군 6사단이 7월 5일 한 차례, 국군 1사단이 8일과 9일 사이 모두 세 차례의 전투를 치렀다는 것으로 모두 6백여 명의 인민군 15사단 49연대를 사살했다. 이 정도 피해라면 1개 연대를 전멸시켰다고 주장할 수 있는데 더 놀라운 것은 국군의 피해가 18명에 그쳤다는 점이다. 우리는 앞의 동락마을 전투에서 국군 1명의 부상만으로 인민군 15사단 48연대 1,100명이 사살당해 전멸했다는 주장을 살펴보았다.

믿기지 않는 "신의 전투" 이야기는 여기에서 그치지 않는다. 이후 살펴볼 예정인데 『한국전쟁사』에 따르면 인민군 15사단 48연대와 49연대는 7월 20일 전후 벌어질 상주 화령장 전투에서 다시 한 번 전멸당한다. 죽었다가 다시 살아남아 오직 국군에게 승리의 기록만을 남기는 역할을 했다니 이를 믿어야 하는가?

이 전투들에 대해 이북의 전사 기록은 아직까지 자세히 확인되지 않는다. 국군은 이 전투 후 음성에서 후퇴했고 이북의 역사학자 허종호는 7월 10일 음성을 해방했다고 간단히 기록하는 데 그치고 있다.*

전투와 민간인학살

국군 6사단은 다음날인 7월 9일 충주에서 후퇴했던 것으로 확인되는데, 민간인학살의 관점에서 보면 국군 6사단 7연대는 7월 5일부터 8일까지 충주 호암동 싸리재에서 주민들을 학살한 부대였다.

전쟁이 발발한 후 1950년 7월 5일부터 음성 지역의 주민들이 국민보도연맹사건에 연루되어 희생되기 시작했다. 당시 후퇴하던 6사단 9연대 소속 중령 1명이 음성경찰서로 들어와 군내 국민보도연맹원 등을 학살할

---

* 허종호, 『조선인민의 정의의 조국해방전쟁사』 제1권, 203쪽.

계획을 세웠다고 한다.

　음성경찰서 유치장으로 연행된 주민들의 피해 사실에 대해서는 확인된 바 없으나 대소지서 등 각 지서에서 저질러진 사건들이 확인되었다. 대소지서에서 소집한 보도연맹원 30여 명은 7월 5일 진천군 만승면 조리방죽에서, 원남지서에 소집된 보도연맹원 30여 명은 7월 8일 원남면 문암리 백마령 고개에서 집단희생당했으며, 이외에 소이면 주민 여 씨가 음성군 소이면 '가막골'에서 희생되었다.

민간인이 포함된 40여 구

앞에서 7연대장은 7월 4일 동락마을 전투 소식을 들었다고 하므로 7월 5일 음성 감우재에서 치러졌다는 국군 6사단 7연대 1대대의 전투는 전날인 7월 4일 동락리에서 있었던 2대대 전투의 연장선에서 이해해야 할 것이다. 필자는 인민군이 아직 국군 주둔지에 도착하지 않았다면 2대대의 7월 4일 동락리 전투가 인민군이 아니라 피란민을 상대로 벌인 공격이 아닌지 의심할 수 있다고 주장한 바 있다. 감우재 전투 역시 마찬가지라고 할 수 있다.

　국군의 전투 기록에 과장이 있을 수 있다고 지나치더라도 첫 전투가 있었던 7월 5일에 기습당한 "40여 구의 시체와 2대의 자전거"가 과연 인민군의 것이었는지는 의문이다. 기습을 당한 인민군들은 대응 사격 등 저항이 없었다. 소대장은 이들의 무장 여부를 확인하지 않았으며 "배낭을 맸다"거나 "모자를 썼다"는 것으로 인민군으로 판단했다.『한국전쟁사』역시 이들의 무장여부에 대해 전혀 서술하지 않았다. 전투 지역에서 노획한 물건 역시 자전거 두 대로 그쳤다고 하니 이들이 갖고 있던 전투 무기는 전혀 없었던 것이다.

배낭과 모자, 자전거가 아군과 적군을 구별하는 기준이 되었다는 주장은 상식적이지 않음에도 『한국전쟁사』에 종종 등장하는 주장이다. 군인으로 보이는 사람들 역시 자전거를 탔다는 사람들뿐이었다. 사망자들 중에 민간인이 있었을 것은 명백하며 이들이 피란민이었을 가능성도 매우 높다.

전투로 달성했다는 "소기의 목적"의 진실

_1950년 7월 8일 단양 매포

제천을 방어하다 뜬금없이 대구까지 열차로 내려갔다 온 국군 8사단은 산하 10연대 1대대(대대장 박치옥 소령)를 지휘하여 1950년 7월 8일 단양 매포에서 학교 운동장에 주둔했던 인민군 전방지휘소를 공격했다고 한다.*

  마을에 대한 공격이기도 했으므로 민간인들의 피해가 있었을 것으로 짐작되지만 그에 대한 평가는 없다. 같은 시기에 국민보도연맹원들이 집단 희생되기도 했으므로 인민군이 도착하기 전에 발생했다면 국민보도연맹 사건일 가능성도 검토해야 한다.

전투 중 대구 후퇴로 궁지에 몰린 국군 8사단

국군 6사단이 충주 쪽으로 후퇴한 반면 국군 8사단은 원주 가리파재를 내준 뒤 제천과 단양으로 후퇴했다. 그런데 이들은 석연치 않은 이유로 7월 4일 열차를 타고 대구까지 내려갔다가 7월 6일 돌아왔다. 3일 동안 전선

---

* 국방부 군사편찬위원회, 『한국전쟁사』 제2권, 163~167쪽.

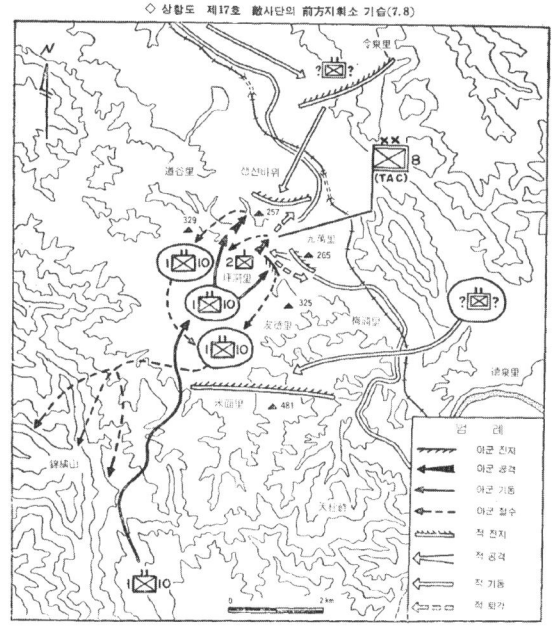

7월 8일 전투상황도. 국방부 『한국전쟁사』 제2권, 165쪽. 매포에 진입하여 공격을 시작한 국군이 포위 당한 뒤 개별적으로 후퇴했음을 그대로 보여준다.

이 텅 빈 사이에 인민군은 아무런 피해 없이 제천을 점령하기에 이르렀다.

이런 사태에 대해 국군 8사단 참모 정진 소령은 "대구로 후퇴하라"는 육군본부의 전신 명령을 받고 이에 따랐다고 했다. 육군본부 지휘부는 그런 명령을 내린 바가 없다고 주장했다. 명령문을 수령한 참모 장교가 간첩 혐의를 받았으나 조사결과 후퇴 명령문을 수령한 것이 사실로 드러났다. 이 사건은 아무런 근거도 없이 인민군 측의 농간에 당한 것으로 결론을 내리면서 사건이 무마되었고 결국 아무도 처벌받지 않았다. 하지만 군 내부에서조차 국군 8사단의 대구행을 놓고 전쟁을 치르는 군대가 열차 여행이나 다녔다는 비난이 있었다. 필자는 사단장 이정일 대령의 판단에서 그의 비겁함이나 무능을 탓하기 이전에 낙동강 전선 시나리오, 즉 대구까

> 이때에 梅浦국민학교 운동장에는 100餘頭의 牽引用馬匹과 10門의 小口徑砲 그리고 小型장갑차와 補給品을 滿載한 數台의 트럭이 줄비해 있었는데 南漢江에서 12km 北쪽의 깊숙한 곳에 位置하였다는 安堵感에서인지 그들은 경계를 疎忽히 한채 깊은 새벽잠에 빠져 있는듯 周邊은 山間 소부락 그대로의 靜寂에 사로 잡혀 있었다.

『한국전쟁사』 2권 164쪽. 이번에도 인민군은 경계를 소홀히 했다.

지 인민군을 끌어들인 뒤 상륙작전을 통해 반격하겠다는 미 국방부나 맥아더 사령부의 전략에서 비롯된 것으로 판단한 바 있다.*

하여튼 제천이 인민군에게 점령당한 뒤 대구에서 올라온 국군 8사단이 7월 6일 막 단양에 도착했을 때, 이러한 사정을 모른 채 국군이 제천까지 올라갔을 것이라고 보았던 육군본부는 국군 8사단에게 "제천에서 적을 저지하라"는 명령을 내렸다고 한다. 육군본부의 예상과 달리 단양에 이제 막 도착했던 사단장 이정일 대령은 참모회의를 열고 1개 연대로 남한강을 건너 제천을 공격하되 "적의 강력한 저항에 부딪칠 때에는 지체 없이 단양으로 후퇴"한다고 결정했다. 당시 사단장은 인민군 선발대가 이미 단양읍내와 인접한 덕천리와 여천리까지 다가온 상황을 알고 내린 결정이었다고 한다. 대구까지 열차로 내려갔던 지난 잘못에 대한 책임 때문이었는지 눈앞에 적을 둔 채로 "전후 협격(峽擊)"과 "후방 차단"의 위험을 알면서도 후방인 제천을 반격하는 흉내라고 내야만 하는 상황이었다고 한다.**

인민군 12사단 전방지휘소가 궁지에 빠진 국군 8사단을 건져주다

참모회의 결정에 따라 21연대의 엄호 아래 10연대로 제천을 공격하려 했다던 국군 8사단은 또다시 육군본부의 명령과 다른, 다소 엉뚱해 보이는 공격을 시작했다.

---

* 졸저, 『국민은 적이 아니다』, 헤르츠나인, 2014, 168~170쪽.
** 국방부 군사편찬위원회, 앞의 책 제2권, 161~162쪽.

국군이 진입한 산은 오른 쪽의 산이며 왼쪽 두 개의 산에 인민군 경계병이 있었다고 했다. 매포초등학교는 도로 오른 쪽에 있다. 2019년 9월 10일 조사.

대구 이동의 책임을 지고 물러난 정진 소령에 이어 새로 부임한 권태순 중령은 때마침 사단 첩보부대로부터 인민군 사단 전방지휘소가 매포국민학교에 설치되고 있는데 인민군 주력이 제천에서 남진을 준비하고 있으므로 경계가 허술하다는 긴급 정보를 받게 되었다고 한다. 이 정보를 들은 사단장은 정보참모 육근수 소령에게 확인하라고 명령했고, 육 소령은 정보 제공자가 남한강을 건너 피란하던 제천의 유지와 경찰관이었으므로 신뢰할 만하다고 보고했다.

첩보부대가 직접 목격한 것도 아닌, 고작 피란민들의 증언에서 얻은 부실한 보고였음에도 이에 만족했던 것인지 인민군 상황에 대해 정보가 없어 막연한 공격 작전을 세워야 했던 사단장으로서는 2개 연대를 동원해 순차적으로 제천을 공격하겠다는 기존의 계획을 수정했다. 수정된 계획은 2개 연대 주력을 현재 주둔하고 있던 단양의 남한강변 아래에 그대로 배치하고 10연대 1대대만으로 전방지휘소가 설치된 매포국민학교를 공격한다는 것이었다.

국군이 진입했던 남쪽 산에서 본 매포초등학교. 400미터 정도 거리였다. 2019년 9월 10일 조사.

그런데 결국 이러한 판단의 근거에는 결정적인 결함이 있었다. 인민군 전방지휘소가 매포국민학교에 설치되었다는 정보는 사단 첩보대가 직접 확인한 것이 아니라 첩보대가 단양으로 피란 온 주민들을 심문하던 중 제천의 유지와 경찰관으로부터 얻은 것이기 때문이었다. 이들 민간인들이 과연 어떻게 인민군의 전방지휘소를 알아볼 수 있는 능력이 있었을까? 신분이야 믿을 만했는지 모르겠지만 이들에게 그만한 군사 지식이 있었다고 보는 것은 지나치다.

통신 전문 하나로 사실 확인 없이 대구까지 내려갔던 국군 8사단이 전문 지식도 없는 민간인들의 목격담을 조합하여 자기들끼리 인민군의 전방지휘소라는 결론을 내리고 그 자리에 주저 앉았던 것은 아니었을까? 매포에 가지 않았던 첩보부대들이 엉뚱한 보고를 했던 것은 아니었을까? 하여튼 사단장에게는 이제 2개 연대를 제천까지 보낼 이유는 사라졌다.

명령에 따라 7월 6일 밤 11시 단양을 출발한 국군 10연대 1대대는 장비가 없어 눈앞의 남한강을 건너지 못하다가 다음날인 7월 7일 새벽 5

남쪽 산에서 내려온 국군은 매포초등학교에서 100미터 떨어진 곳에서 공격을 시작했다고 한다. 지금의 매포파출소 아래 대가천 강둑을 엄폐물로 활용했을 것으로 보인다. 2019년 9월 10일 조사.

시에 겨우 건널 수 있었다. 하루 더 지나 7월 8일 새벽 4시 매포국민학교가 눈 아래로 보이는 평동리로 진입했다고 한다. 직선거리 불과 7km를 이동하는데 무려 29시간이나 걸렸던 것이니 이는 군인들이 마치 태업을 벌이는 것처럼 보이기도 한다. 소수의 특공대가 적진으로 침투해 들어가는 작전, 그조차 특별한 목적도 없었으니 어쩌면 "개죽음"이라고 생각했을지 모른다.

한편, 단양에 남아있던 주력부대인 21연대와 10연대는 다가올 전투를 준비했다. 10연대는 단양읍내 단양국민학교에 집결하였으며 21연대는 고수리와 기촌리, 현천리 강변에 방어 진지를 편성했다고 한다. 그런데 고수리는 앞에 있었던 참모회의에서 인민군 선발대가 주둔했다는 덕천리와 남한강을 마주한 강변이었다. 과연 7월 8일 인민군 선발대가 덕천리 강변까지 도착해 있었는지 확인해 볼 문제이다.

매포초등학교를 공격하다

평동리 남쪽 능선으로 진입한 국군 1대대장 박치옥 소령은 정찰대로부터 "매포국민학교에 적의 사단 전방지휘소가 분명히 위치하고 북쪽의 △257와 그 동남쪽의 △265에 증강된 1개 중대 규모의 적이 분할 배치하여 전방지휘소 경계를 담당"하고 있다는 보고를 받았다고 했다.*

그런데 이 보고는 모순이 있었다. 학교에 주둔한 인민군이 있었다면 이를 경계하는 부대는 학교의 북쪽이나 동남쪽이 아니라 국군 정찰대가 진입했던 남쪽 야산에 배치되었어야 했을 것이다. 가장 중요한 전방에 경계부대를 배치하지 않고 후방에만 배치했다니 이 주장을 그대로 믿기 힘들다.

새벽 5시 국군의 공격이 시작되었다. 당시 매포초등학교 운동장에는 100여 마리의 말과 10개의 소구경 대포, 소형 장갑차와 각종 보급품을 가득 실은 트럭들이 서 있었다. 전방지휘소는 인민군 8사단의 것으로 당시 평창과 제천을 거쳐 내려온 인민군 8사단이 원주와 충주로 내려온 인민군 12사단과 교체하여 단양까지 내려왔던 것이라고 했다.

이번에도 인민군은 경계를 소홀히 했다. 당시 인민군은 "경계를 소홀히 한 채 깊은 새벽잠에 빠져 있는 듯"했는데 『한국전쟁사』는 그 이유에 대해 "남한강에서 12km 북쪽의 깊숙한 곳에 위치하였다는 안도감" 때문일 것이라고 했다. 하지만 실제 적어도 지난 2일 이후 국군의 모습을 볼 수 없었으므로 경계를 소홀히 했다는 설명이 더 설득력이 있었을 것이다.

목표에서 100미터까지 접근한 국군은 박격포와 기관총, 로켓포, 유탄발사기를 집중했다. 기습을 당한 인민군은 군장도 제대로 갖추지 못한 채 저항했으나 그다지 위협적이지 못했다고 한다. 교전 중 국군 선발부

---
* 국방부 군사편찬위원회, 앞의 책 제2권, 163쪽.

대 일부가 매포국민학교로 들어가 포와 장갑차에 수류탄을 던졌다. 그런데 이때 "전황의 추이를 지켜보던 대대장 박치옥 소령은 소기의 목적을 달성한 이상 더 머무를 필요가 없다고 판단하고 제1, 제2 양중대의 철수를 명령"했다고 한다. 이 책은 박 소령이 의도했던 "소기의 목적"이 무엇이었는지 밝히지 않았지만 맥락으로 보아 제천에서 방어하라던 육군본부의 명령을 중간인 매포에서라도 지키려 했다는 변명거리를 만드는 것으로 보였다. 1968년 면담에서 대대장이었던 박치옥은 "기습은 성공적이어서 적의 소구경포와 장갑차 그리고 보급수송용 트럭과 100두의 마필을 살상 파괴하고 적의 지휘소 요원을 거의 섬멸하는 성과"를 거두었다고 했을 뿐 "소기의 목적"에 대한 진술은 없었다.* 검증되지 않는 일방적인 주장으로 보인다.

얼마 뒤 1개 대대 규모로 추정되는 인민군이 역습을 시작하자 국군의 철수가 본격화되었다. 이 전투에서 국군 8사단은 인민군 100여 명 살상, 장갑차 3대, 소구경포 10문, 트럭 3대를 파괴한 것으로 추정했지만 실제 국군으로서는 이 공격으로 죽거나 다친 사람들이 있었는지 확인할 방법이 없었다. 그럼에도 『한국전쟁사』는 이 공격에 대해 "사단장 이정일 대령의 과감한 결단의 소산으로써 제6사단 제7연대 제2대대(장, 김종수 소령)가 감행한 동락리의 기습과 더불어 군의 제2단계 서전을 장식하였다."라고 평가했다. 충주 동락마을의 전투도 미심쩍지만, 지난 잘못의 책임을 피하려는 "소기의 목적"을 위해 포위될 위험을 무릅쓰고 자행한 역습을 이렇게까지 칭찬할 수 있는지 의문이 아닐 수 없다. 위 박치옥은 국군 역시 20여 명이 전사했다고 회고했지만 실제 그 피해는 더 컸을 수 있어 보인다.

---

* 국방부 군사편찬위원회, 앞의 책 제2권, 201쪽.

라주바예프 보고서

당시 인민군이 단양에 진입한 사실은 라주바예프의 보고서에서도 확인된다. 라주바예프에 따르면 인민군 12사단은 7월 6일 저녁 8시 단양 적성면 하리와 매우에 진입했다고 한다.* 적성면 하리라면 단양군청에서 서남쪽으로 7km, 매포읍사무소에서 남쪽으로 8km 떨어진 곳이며, 매우는 매포읍과 단양군 사이 중간에 있는 하괴리의 한 지명으로 남한강을 사이에 두고 도담리를 마주하고 있다.

이것이 사실이라면 국군 8사단은 7월 6일 이미 매포를 넘어 단양군을 포위하고 있는 인민군 12사단에 의해 고립될 위험에 처해 있는 상황에서 1개 대대를 인민군 8사단이 주둔하고 있는 매포를 공격하게 한 결과가 되었다. 이 때문이었는지 7월 8일까지 한강을 건너려는 모든 시도에서 성공하지 못하던 인민군 12사단은 7월 9일과 10일 밤이 되어 "광범위한 전선"에서 한강을 도하했으며 7월 14일 오후 6시 죽령을 확보하고 풍기(영주 서북방 10km)를 점령했다고 한다.

과연 그들이 인민군이었을까?

진실화해위원회는 단양 지역에 대한 국민보도연맹 신청 사건이 없었던 데다 별도로 파악하고 있던 피해 사실 없었으므로 국민보도연맹사건에 대한 직권조사 결정에도 조사를 하지 못했다. 반면, 단양 지역에서 국민보도연맹사건이 발생했다는 보고는 김기진의 저서 『미국 기밀문서의 최초 증언: 한국전쟁과 집단학살』에서 확인된다. 이 저서에 담겨있는 미군 제25 CIC 팀의 1950년 7월 24일 보고에 따르면, 충북 단양에서 한국 경찰이 철수하기에 앞서 공산주의자라는 혐의로 수감돼 있던 12명을 살해

---

* 라주바예프, 『라주바예프의 6·25전쟁 보고서』 제1권, 206쪽.

했다.* 이 보고서에서 확인되지 않지만 인근 지역에서 발생한 사건들 사례로 보아 단양에서 사건이 발생한 날짜는 7월 5일 전후로 짐작할 수 있다. 단양군 소재지보다 아래쪽인 제천 한수면 동창리의 국민보도연맹사건은 7월 6일, 충주 국민보도연맹사건은 7월 5일, 괴산 국민보도연맹사건은 7월 7일부터 발생한 것으로 나타난다.

『한국전쟁사』는 같은 시기에 본부대가 후방에서 따랐다는 이유로 단양 매포국민학교에 주둔했다는 인민군을 사단전방지휘소처럼 주장했다. 하지만 "경계를 소홀히 한 채 깊은 새벽잠에 빠져있는 듯"하다는 목격담은 전방지휘소가 갖고 있는 긴장감과 모순된다. 죽은 사람들이 인민군이 아니었을 가능성이 여전히 있어 보이지만 다른 측면에서 본다면 이 사건에는 국군 10연대 1대대원들이 얼마나 살아 돌아왔는지에도 심각한 의문점이 있는 것 같다. 사단장의 체면 때문에 전멸당할 위험을 안고 병사들이 사지에 내몰린 것으로 보이기 때문이다.

---

* 김기진, 『미국 기밀문서의 최초 증언: 한국전쟁과 집단학살』, 푸른역사, 2006, 49쪽.

주민 피란지로 이동한 수도사단과 피란민들의 죽음

_1950년 7월 14일 청주 쌍수리

청주 남일면 쌍수리에 주둔하던 수도사단(사단장 김석원 준장) 18연대(연대장 임충식 대령)는 인민군 2사단과 전투하던 중 국군의 진지 내에 피란하던 민간인들이 있어 큰 피해를 입었다고 주장했다. 국군은 피란민들이 자신들의 소개 명령에 따르지 않아서 생긴 피해라고 주장했던 것이지만 당시 국군이 진지를 이동하려던 태봉에는 피란민들이 먼저 모여 있었다. 이들에게 피란할 수 있는 시간이 주어졌는지는 의문이다.*

『한국전쟁사』는 국군이 어쩌다가 민간인들이 피란하던 곳까지 진지를 옮기게 되었는지, 피해를 입은 피란민은 누구이며 얼마나 피해를 입었는지에 대해 설명하지 않았다. 청주 쌍수리는 200여 명의 국민보도연맹원들이 희생된 곳이라는 주장이 있어 국군이 말하는 피란민들이 이들을 말하는 것은 아닌지 의심된다.

---

* 국방부 군사편찬위원회, 『한국전쟁사』 제2권, 311~312쪽.

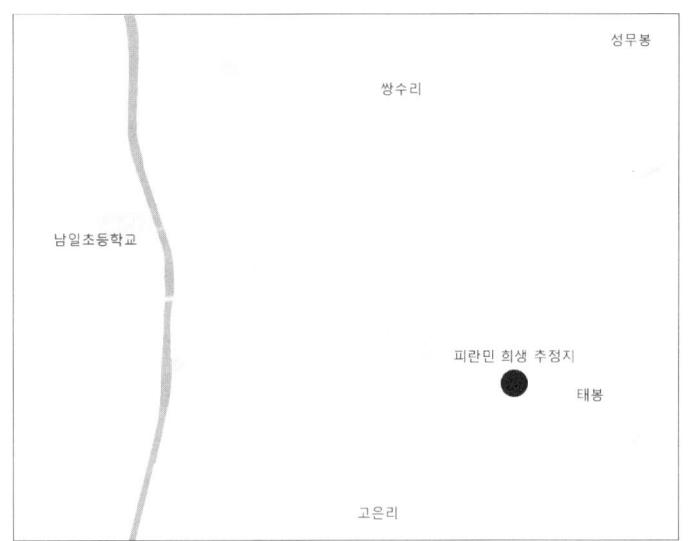

태봉 산록에서 피란하던 청주시 주민들이 전투하던 국군과 인민군 사이에 있어 피해가 컸다고 한다. 그런데 피란민 사이로 진지를 옮긴 부대는 국군이었다.

민간인 피란지로 사단지휘소를 옮기다

1950년 7월 14일 아침 10시 국군 정찰기가 충북 진천과 오근장 사이의 도로에서 조치원 방면으로 이동하는 인민군 전차와 트럭들을 포착했다. 이들 인민군 무리는 쌍수리에서 10km정도 떨어져 있는 상태였지만 서쪽으로 4km 정도 떨어져 있는 남이면 수대리에서는 이미 국군 8연대와 인민군의 전투가 벌어지고 있었다고 한다.

당시 수도사단은 산하에 1연대, 8연대, 18연대가 있었으며 독립기갑연대와 17연대, 20연대가 배속되어 있었다. 그런데 이 중에 그나마 전력을 제대로 갖추고 있는 부대는 18연대 2대대뿐이었다고 한다.[*]

전날인 7월 13일 인민군의 수색대로 보이는 한 무리가 청주 남일면 쌍수리까지 잠입했던 것으로 파악한 수도사단장 김석원은 국군 진지의 위치가 노출되었을 것으로 판단하고 새벽 5시 주둔지를 성무봉(△431m고지)

---

[*] 국방부 군사편찬위원회, 앞의 책 제2권, 276쪽.

> 胎峰으로 옮긴뒤에 바로 北麓의 雙樹里에는 많은 피난민이 모여있다는 諜報를 듣고 대대장 張春檜소령은 장교를 潛入시켜 『激戰이 예상되니 다른 곳으로 피난지를 옮기도록』 두세 번씩이나 요청하였으나 『바로 이곳이 鄭鑑錄에 나오는 피난처』라고 고집하면서 움직이지 않아 끝내는 많은 희생자를 내게 되었다.

『한국전쟁사』 제2권 312쪽. 쌍수리 태봉에는 국군보다 먼저 피란민이 모여 있었다.

에서 쌍수리 남쪽 태봉(△200m고지)으로 옮겼다. 그런데 당시 태봉의 북쪽 중턱에는 이미 그 전부터 많은 피란민이 모여 지내고 있었다.

국군의 진지 가까이 피란민들이 모여 있다는 사실을 뒤늦게 알았기 때문인지 수도사단 18연대 2대대장 장춘권 소령은 피란민들에게 장교를 보내 피란지를 옮기라고 했으나 피란민들은 이에 따르지 않았다고 한다. 당시 상황에 대해 『한국전쟁사』는 다음과 같이 서술했다.

> 태봉으로 옮긴 뒤에 바로 북록의 쌍수리에 많은 피란민이 모여 있다는 첩보를 듣고 대대장 장춘권 소령은 장교를 잠입시켜 "격전이 예상되니 다른 곳으로 피란지를 옮기도록" 두세 번씩이나 요청하였으나 "바로 이곳이 정감록에 나오는 피란처"라고 고집하면서 움직이지 않아 끝내는 많은 희생자를 내게 되었다.

정감록이 문제였다?

그런데 당시 쌍수리의 상황에 대한 『한국전쟁사』의 설명은 수많은 피란민들의 죽음의 원인과 과정을 얼버무리며 불분명하게 넘어갔다. 18연대는 태봉 자락의 피란민들이 정감록을 근거로 피란 장소를 옮기라는 국군의 요구를 거부하여 피해를 입었다고 주장했다. 마치 피란민들의 종교에 문제가 있었다거나 피란하지 않아서 생긴 피해인 것처럼 설명했지만 이는 피란민 피해의 원인이 될 수 없었다.

왼쪽으로 새 연립주택이 지어진 부지가 국민보도연맹사건 집단희생지로 추정된다고 한다. 뒤로 보이는 산이 태봉이고 오른쪽이 남일초등학교이다. 2019년 3월 8일 조사.

태봉에는 이미 피란민들이 먼저 자리 잡고 있었고 작전상 필요에 의해 갑자기 18연대가 성무봉에서 태봉으로 옮겼다. 이것만으로는 태봉 산자락의 피란민들이 어쩌다가 얼마나 목숨을 잃게 되었는지 설명이 되지 않는다. 국군의 잘못 때문에 피란민들이 죽은 것이 아니었다면 "인민군의 공격에 의해 많은 피란민들이 피해를 입었다."라고 명확히 서술했어야 한다. 그런데 기껏해야 "정감록을 믿은 피란민들이 국군의 요청에 따르지 않아 피해를 입게 되었다."는 설명에 그쳤다. 이는 피란민들의 피해가 인민군의 공격보다는 국군의 의도적 공격 또는 의도하지 않았던 실수에 의한 피해가 아니었는지 의심하게 한다.

그날의 전투 과정에 대한 다음 설명에서 피해의 원인을 파악할 수 있는 약간의 단서를 찾을 수 있다. 태봉으로 진지를 옮긴 사단장 김석원은 다시 공격에 유리해 보인다며 쌍수리 앞산을 전진기지로 삼기로 결정했다고 한다. 쌍수리 앞산은 태봉의 건너편에 있는 산으로 당시 인민군 수색대가 있을 수 있었다. 인민군이 없는 줄 알고 명령에 따라 산의 능선을

쌍수2리 마을에서 본 태봉. 중턱에 피란민들이 모여 있었다고 한다. 사단장 김석원은 필자가 사진을 찍던 부근에 이미 인민군 수색대가 있었던 것으로 파악했다고 했다. 2019년 3월 8일 조사.

따라 이동하던 국군은 인민군의 직사포 공격을 받게 되어 곡사포로 응사했다고 한다.

전투에 대한 설명은 여기까지였는데 피란민 피해와 관련하여 일단 눈에 띄는 부분은 인민군의 직사포 공격을 받게 된 이동 능선에 대한 것이다. 피란민 피해가 인민군의 공격에 의한 것이라고 본다면 이 이동 과정에서 피해를 입었을 것으로 짐작할 수 있는데, 이는 국군의 이동 경로에 피란민들의 은신처가 있었다는 것을 의미한다. 사단장이 악명 높은 김석원이었으므로 피란민을 방패로 삼았을 가능성을 의심할 수 있다.

국군의 이동 이유도 석연치 않다. 또 한 번의 진지 이동 결정은 당시 인민군이 쌍수리까지 오지 않았다는 판단에 근거한 것이므로 사단장이 바로 조금 전까지 인민군 정찰병이 쌍수리까지 도착했다고 판단했다는 주장과 모순된다. 어느 하나는 거짓일 수밖에 없다. 그것이 아니라면 사단장의 결정이 죽 끓듯 변덕이 심했음을 의미한다. 전쟁 전 토벌작전 뿐

충북 지역 조사 전문가 박만순 씨에 따르면, 쌍수리는 생존자 강영애 등 200여 명의 국민보도연맹원들이 학살된 곳이다.(출처, 오마이뉴스 2018년 3월 18일)

아니라 전쟁사에서 묘사되는 사단장 김석원의 전투 중 변태적 행각은 상상을 초월한다.

어느 측면에서 보더라도 아직까지 피란민 피해가 인민군 공격 때문이었는지는 분명하지 않다. 당시 피해를 입은 피란민이 누구였는지 짐작할 수 있는 내용이 진실화해위원회 보고서에 있다. 이에 따르면 같은 시기 청주에 소개령이 내려졌기 때문에 이에 따라 청주에 거주하던 시민들이 쌍수리로 피란왔다고 한다.* 피해를 입었다는 피란민들은 청주 시내에서 피란 나온 사람들이었음을 짐작할 수 있다.

필자는 2019년 3월 8일 마을 조사 중 전투 중 주민 피해 사실에 대한 증언을 들을 수 있었다. 주민들의 증언에 따르면 쌍수 2리가 인민군과 국군의 포격전 사이에 있었으므로 이 전투 중 집에서 나오던 한 노인이 국군의 사격에 의해 사망했다고 한다.

---

* 진실화해위원회, 「청원 국민보도연맹사건」, 『2008 하반기 조사보고서』 제2권, 302쪽.

국민보도연맹사건 학살지였던 쌍수리

전쟁 전후 청주시내 청주약국 건너편에 CIC사무실이 있었다. 전쟁이 발발하자 청주CIC는 충북경찰국으로 이동하여 상주했으며 헌병대와 함께 청주경찰서에도 드나들었다. 6월 28일경 내무부 치안국에서 충북경찰국에 보도연맹원 소집과 사살에 대한 지시가 내려왔다고 하는데 이는 다시 청주경찰서로, 그리고 다시 각 지서로 전해졌다. 이에 따라 연행된 주민들이 청주경찰서 체육관인 무심전에 감금되었다가 3~4일 후 청주형무소와 미원초등학교로 이송되었다. 이후 CIC와 헌병의 지휘 하에 경찰에 의해 남일면 고은리 분터골, 남일면 쌍수리 등에서 총살당했다. 당시 분터골에서는 7월 9일 청주형무소 재소자들이 가장 많이 희생되었다고 알려져 있다. 쌍수리는 인근 고은리 분터골과 함께 청주형무소 재소자와 국민보도연맹원 200여 명이 7월 10일 학살당한 곳이다.[*]

200여 명이 희생된 쌍수리 현장에서 남편과 함께 총살을 당했던 강영애 씨가 끈질기게 살아남아 당시의 참상을 증언한 바 있다.[**] 생존자 강 씨의 증언에 따르면 쌍수리 학살이 7월 10일 벌어졌으므로 7월 14일에 벌어진 이 전투와 직접적인 관련성은 없어 보인다. 하지만 인민군과 국군이 격전을 벌였다는 그 자리는 이미 수백 명의 주민들 시신이 버려진 채 방치되어 있었을 것이고 이 시신들을 국군이 못 봤을 리 없었을 것이다. 국군이 말하는 피란민들의 시신은 이들을 말하는 것은 아니었을까?

---

[*] 진실화해위원회 등, 『피해자현황조사 용역사업 결과보고서』, 2007, 181~182쪽.
[**] 박만순, 『기억전쟁』, 2018, 63쪽.

제3장

적군 없는 전투 _충남

7월 6일 천안으로 후퇴한 미 24사단 34연대는 7월 9일과 10일 연기군 전의면으로, 7월 11일과 12일 다시 공주로 후퇴하여 금강 방어선을 구축했다. 한편 7월 8일 함께 후퇴한 국군 17연대가 연기 지역 경찰과 함께 조치원 수멍재 은고개와 비성골에서 국민보도연맹사건을 일으켰으며, 7월 10일 미군이 연기군 서면 월하리에서 주민 4명을 사살했다. 7월 11일은 예산과 공주에서 주민들이 가장 많이 총살당한 날이었고, 공주에 주둔했던 미군은 7월 16일 대전으로 철수했다.

논산과 서천 등 충남 서해안 지역의 국민보도연맹사건은 7월 10일 아산, 당진, 서산 등에서 시작되어 7월 10일 서천, 7월 15일 논산으로 확대되었다. 군산에서는 7월 16일과 7월 19일 주민들이 학살당했다.

같은 시기인 7월 11일 공주 유구에서는 미 24사단 34연대에 배속된 국군 독립기갑연대 기갑 6중대가 인민군 6사단 유격부대를 공격하여 대승을 거두었다고 하는데 인민군 환영대회에 참여했다는 주민들은 어떤 피해를 입었는지 설명하지 않았다. 정작 인민군은 다음날인 7월 12일 유구에 진입했음이 확인된다.

7월 17일에는 논산 강경에서 인민군이 도착하기 전에 강경경찰서가 후퇴하지 못하여 40여 명이 전사당한 사건이 발생했다. 그 책임은 함께 활동했던 육본 특공대에게 있었던 것으로 보이나 한국전쟁사나 지역사에서는 이들 육본 특공대가 인민군 측 유격부대였다고 그 책임을 떠넘겼다. 이들 강경경찰서나 육본 특공대에게 사살당한 사람들은 인민군이 아니라 주민들일 수밖에 없었다.

같은 날 서천 장항읍에서도 전투가 벌어졌는데 아군 측은 서천경찰서가 아니라 군산경찰서 경찰관과 해병대 군인들이었다. 당시 인민군 주력은 도착하기 전이었고 군산경찰서나 해병대가 군산 쪽 금강 하구를 방어하는 것이 유리한 상황에서 장항까지 간 이유가 분명하지 않았다.

인민군 환영대회에 인민군이 없었다?

_1950년 7월 11일 공주 유구

미 24사단 34연대에 배속된 국군 독립기갑연대 기갑6중대(중대장 박익균 중위) 2개 소대 100여 명이 7월 11일 아침 7시 공주를 출발하여 예산을 향했다. 정오가 되어 공주시 유구읍 석남리에 도착한 이들은 유구초등학교에서 인민군 환영대회를 열고 있던 2개 중대 규모 300여 명의 인민군을 발견하고 1시간 동안 공격하여 승리했다. 국군 피해는 부상자 1명에 그쳤지만 사살당한 인민군은 60여 명에 이르렀다.*

  문제는 소대장 조돈철 소위의 일방적인 증언이 유일한 근거였다는 점에 있었지만 전사편찬 연구자들은 이를 전혀 염두에 두지 않았다. 게다가 인민군 6사단이 공주 유구에 진입한 날이 7월 12일로 확인되므로 당시 유구에는 인민군이 진입하지 않았던 것으로 보인다. 인민군이 없었다면 인민군 환영대회에서 사살당했다는 인민군들은 과연 누구였을까?

---

* 국방부 군사편찬위원회, 『한국전쟁사』 제2권, 104~105쪽.

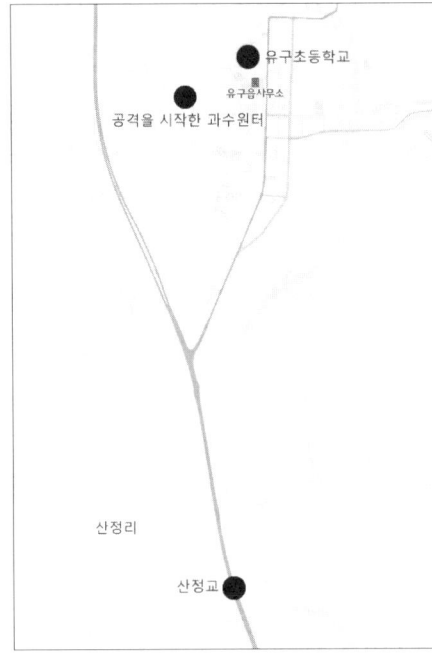

누군가에게 살해당한 주민 시신이 발견된 산정교와 인민군 환영대회가 열렸다는 유구초등학교 위치도.
당시 인민군은 아직 유구에 진입하지 못한 상황이었다. 게다가 인민군 환영대회라면 인민군 외에 많은 수의 주민들이 동원되어 있었을 것이다.

전투 직전의 예산과 공주 유구

7월 5일 오산과 평택의 미군을 물리친 인민군 4사단이 7월 8일 천안에 진입하자 이들이 예산에도 곧 진입할 것으로 예상한 예산경찰서가 같은 날 홍성으로 후퇴했다. 당시 예산경찰서는 충남도경의 지시에 따라 7월 초부터 지역 내 국민보도연맹원 100여 명을 소집하여 유치장에 감금하고 있었다. 인민군의 아산 진입 소식을 듣고 7월 8일 갑작스럽게 후퇴했으므로 이들을 총살하지 못했다고 한다.

그런데 예상과 달리 인민군 6사단 주력은 7월 9일 먼저 전의, 정안을 통해 공주로 향하는 길을 택했으니 예산경찰서의 후퇴는 때 이른 행동이 되어버렸다. 이후 인민군 6사단 13연대 등 나머지 후발부대는 아산을 지나 서해 연안인 예산, 홍성 방면으로 향하는 길을 택했다. 이 때문에 정

> 加하는 戰果를 거두었는데, 당시의 소대장 趙敦鐵소위의 證言에 의하면 그 상황은 이러하다.
> 『公州에는 중대본부요원만 남겨놓고, 主力은 모두 禮山으로 출발했는데, 錦江을 건너 山亭里(維鳩 南쪽 4km)부근에 이르니, 어느 다리 밑에 民間人 한사람이 죽어있었다. 마을 사람들이 「國軍이 죽이고 갔다.」고 했으므로 彈皮를 조사해 보니 다발총탄이었다. 다

『한국전쟁사』 제2권 104쪽. 유구에서 최초로 발견된 시체에 대해 주민들은 국군에 의해 살해당했다고 증언했지만 조 소위는 살펴본 결과 탄피가 인민군 총탄이었다고 주장했다. 조작의 출발점처럼 느껴진다.

안 방면에 비해 예산 방면으로 다가오는 인민군의 진입 속도가 늦게 되었던 것이다.

너무 일찍 후퇴했다는 질책을 받고 7월 9일 복귀한 예산경찰서와 각 지서는 유치장을 탈출한 주민들을 다시 잡아들였다가 두 번째 후퇴하면서 7월 11일 예산군 대술면 화천리 뒷산(진실화해위원회 조사 이전까지 차동고개로 알려졌다)와 예산읍내 시장 근처 예산천 쌍소무배기 등에서 가두었던 주민들을 사살했다.* 또 다른 조사에 따르면, 광시면에서 체포된 주민들을 지서 유치장에서, 응봉면에서는 주민들을 체포하여 응봉지서로 이송하는 도중에 학살했다고 한다.** 9일부터 11일까지 학살 사건을 저지른 예산경찰서는 7월 12일 홍성 쪽으로 후퇴했고 같은 날 인민군이 예산에 진입했다.

같은 시기에 공주 지역에 주둔하던 미 34연대는 7월 9일 천안 방면에서 내려오는 인민군의 공격을 막기 위해 연대의 전방지휘소를 공주읍내 봉황초등학교에 설치했다. 이틀 뒤인 7월 11일 인민군이 공주시 의당면에 진입하기 시작하자 광정리(현 정안면 광정리)에 배치되었던 미 34연대 3

---

* 진실화해위원회, 「충남 국민보도연맹사건(2)」, 『2009년 하반기 조사보고서』 제4권, 518~519쪽. 윤택림, 『인류학자의 과거여행-한 빨갱이 마을의 역사를 찾아서』, 역사비평사, 2004, 136쪽 재인용.
** 공주대학교 참여문화연구소, 『2009년 피해자현황조사 연구용역사업 최종결과 보고서』, 94쪽.

대대는 늦은 저녁 금강을 넘어 철수했으며 금강 가까이 위쪽에 있던 의당면 수촌리에는 같은 연대 1대대가 남아 인민군의 공격에 대비했다. 하지만 같은 날 저녁 1대대 역시 인민군의 공격을 받아 큰 피해를 입고 12일 금강선으로 후퇴하였다.* 같은 시간 예산 방향에서는 아직 인민군이 진입하지 않고 있었다.

예산과 마찬가지로 미군이 인민군과 대치하다가 연대지휘소가 있던 공주로 후퇴하던 시기인 7월 9일부터 11일 사이에 공주형무소 정치범과 공주지역 국민보도연맹원 500여 명이 공주시 상왕동 왕촌 살구쟁이 야산 중턱과 의당면 청룡리 910 여찬고개, 연기군 남면 송원리(당시 공주군 장기면 산학리) 욕골 등에서 총살당하고 있었다. 가해자는 주로 육군형무소 헌병대였지만 욕골의 경우는 국군 17연대였다.

국군 기갑중대가 적진을 향하다

기갑연대 7중대장이었던 김촌성 중위에 따르면, 전쟁 발발 전부터 어느 사단에도 속해있지 않았던 독립기갑연대가 확보하고 있던 말은 경주에 있던 종마목장의 것까지 합쳐 300여 필이었으며 이에 따라 편성할 수 있는 기병중대는 5중대와 6중대 등 2개 중대에 그쳤다고 한다. 7중대는 전쟁이 발발한 뒤인 6월 27일 김포를 방위하기 위해 새로 편성되었다고 했다.**

한편, 후퇴하여 대전비행장에 집결했던 국군 기갑연대 기병대대 6중대(중대장 박익균 중위)는 7월 8일 밤 미 24사단장 딘 소장의 명령에 따라 7월 9일 아침 이동하기 시작하여 오후에 공주에 도착했다. 미 34연대에 배속

---

* 허종호, 『조선인민의 정의의 조국해방전쟁사』 제1권, 61쪽.
** 국방부 군사편찬위원회, 앞의 책 제1권, 700~701쪽.

된 기병중대는 미 34연대장으로부터 "공주를 기점으로 예산 청양의 삼각지점을 수색 정찰하여 적정을 수집, 보고하라"는 임무를 받았다고 한다.[*]

공주사범학교에 중대본부를 둔 기갑 6중대장은 7월 10일 1소대(소대장 김관섭 소위)를 이끌고 예산에 가서 예산국민학교를 중심으로 천안과 예산 사이의 도로를 수색한 뒤 아직 인민군이 오지 않았다고 판단하고 예산경찰서의 전화를 이용하여 기갑중대 주력을 예산으로 집결시켰다고 한다. 이로서 예산에서 국민보도연맹사건이 발생할 당시 기갑 6중대 1소대가 예산경찰서와 함께 있었던 사실은 분명히 확인된다.

7월 11일 아침 7시 미군은 소속 주력 부대인 남은 2개 소대에게 예산을 다녀오라는 명령을 내렸다. 미군은 기갑 6중대장이 인솔한 선발 소대의 정찰 임무 결과를 보고받아 예산에 아직 인민군이 진입하지 않았다는 사실을 확인했다. 임무를 마친 것으로 보이는 이들에게 미군이 다시 명령하여 나머지 2개 소대를 다시 예산으로 집결시킨 이유는 분명하지 않다. 당시 분명한 것은 미군이 전날 기갑 6중대장의 보고를 받았으며, 100여 명에 이를 남은 중대원들이 모두 말을 타고 빠르게 이동할 수 있었다는 것이었다. 급하게 처리해야 할 또 다른 임무가 있었던 것이다. 예산 지역 국민보도연맹원 학살이 7월 11일 자행된 것으로 보아 이와 무관하지 않았을 것이다.

당시 예산경찰서 주력은 온양, 당진, 서산경찰서와 함께 아산 송악면 유곡리 봉곡사와 신창면 읍내리 학성산에 집결한 인민군을 견제하다가 7월 12일 새벽 1시 예산읍 신례원리와 대술면 시산리로 진입하는 인민군에게 포위를 당하게 되어 새벽 6시 30분 후퇴했다고 한다.[**]

---

[*] 국방부 군사편찬위원회, 앞의 책 제2권, 95쪽.
[**] 예산경찰서 경찰연혁사, 공주대학교 참여문화연구소 『2009년 피해자현황조사 연구용역사업 최종결과보고서(충청남도 예산군)』, 93쪽 재인용.

국군에게 살해당했다는 시신을 발견했으나

기갑 6중대의 유구읍 공격 활동은 국군에게 살해당했다는 한 주민의 시신이 발견되면서 시작되었다. 조돈철 소위는 중대장의 명령에 따라 "공주에는 중대본부 요원만 남겨놓고 주력은 모두 예산으로 출발했는데, 금강을 건너 산정리(유구 남쪽 4km) 부근에 이르니 어느 다리 밑에 민간인 한 사람이 죽어 있었다. 마을 사람들이 '국군이 죽이고 갔다'라고 했으나 탄피를 조사해보니 다발총이었다. 다시 확인해 보니 적이 우리 지프차를 타고 와서 살해한 것이었다."라고 했다.

당시는 후퇴하던 군과 경찰이 국민보도연맹원들을 살해하고 후퇴할 때였으니 이 죽음 역시 국민보도연맹사건의 연장일 가능성이 높았지만 국군으로서 이 사실을 인정할 리 없었다. 다리 밑에서 한 주민이 사망하게 된 경위에 대해 더 이상 설명하지 않았는데, 전날 1소대가 이곳을 지났을 것이지만 『한국전쟁사』는 이에 대해서도 한 마디 설명이 없었다.

산정교. 이 다리 아래에서 발견된 시신에 대해 당시 주민들은 국군이 총살했다고 증언했지만 조 소위는 인민군이 죽인 것이라고 주장했다. 2019년 4월 19일 조사.

기갑소대가 시체를 발견했다는 산정리는 공주 신풍면 산정리를 말하며 다리 밑이었다고 하므로 이 다리는 지금의 산정교를 말할 것이다. 이 다리는 지금도 유구읍내와 4km정도 떨어져 있다.

"국군이 죽이고 갔다"는 진술에 대해 마을 사람들은 아마 총살자들의 복장을 보고 국군이 죽이고 갔다고 했을 테지만 기갑연대 조 소위는 탄피를 보고 국군의 지프차를 빼앗은 인민군이 죽이고 간 것이라고 판단했다고 주장했다. 이들 기갑소대의 임무가 설명되어 있지 않지만 이들은 적어도 당시 인민군이 예산에 진입하지 않았다는 것을 알고 여정을 떠났던 것이다. 따라서 인민군이 유구까지 와서 민간인을 살해했을 것이라는 예단은 사실과 거리가 멀어 보인다.

게다가 앞에서 보았듯이 당시 유구에 국군이 있었다면 그들은 7월 9일 공주를 출발한 기갑연대 6중대장 1소대였을 것이다. 공주에서 예산을 향하는 길은 유구를 거칠 수밖에 없었기 때문이다. 기병중대가 인민군 복장을 한 것이 아니라면 말을 타고 총으로 무장한 국군들 앞에 공포에 눌린 복수의 주민들이 가해자를 "국군"이라고 지목한 것은 진실일 것이다. 그리고 주민들이 지목한 국군은 전날 유구를 지나간 같은 기갑중대원들일 가능성이 높다.

인민군 환영대회장을 공격하다

판단의 근거도 없어 보이지만 조 소위는 "그래서 적이 근처에 있을 것이라고 판단하고, 모두 말에서 내려 도로를 따라 도보로 전진하였다. 얼마 안 가서 지프차가 앞에서 달려오는 것이 보여 기다리고 있다가 급습을 한 결과 적 3명을 사살하고 1명을 사로잡았다. 포로를 신문해보니 '제6사단 유격 백 몇 부대인데, 2개 중대로서 유구를 해방시켰다'는 것이었다."라

옛 과수원이 있던 곳에서 본 유구초등학교. 국군이 공격을 시작한 과수원에서 학교까지는 100미터 정도 떨어져 있다.

고 증언했다. 지프차를 탄 인민군을 만나자 기다려 공격했고 이들은 정규군이 아니라 유격대였다고 주장한 것이다. 그런데 인민군 정규 사단인 6사단 내부에 유격부대가 있었는지 확인되지 않는데, 상식적으로 보아 세계 전쟁사에서도 알아준다는 인민군 6사단의 공격 속도보다도 빠른 유격부대를 운용했다는 사실은 잘 믿기지 않는다.

증언은 계속되었다. "그때 마침 어느 주민이 '인민군이 지금 유구우체국장과 의용소방대장을 인민재판해서 죽인 다음, 유구국민학교에서 환영식을 열고 있다'는 정보를 제공해 주었다. 그래서 나는 최문호 소위와 함께 유구마을 남쪽 어구에 기관총 2정을 추진시켜 이의 엄호 하에 먼저 마을 서남쪽으로 과수원이 있는 작은 고지를 점령한 다음 마을을 공격키로 하고."라고 했다.

이는 인민군 유격대가 주민들을 학교로 소집한 다음 인민재판을 열어 주민 두 명을 학살한 다음 인민군 환영대회를 열고 있다는 정보였고 이에 대한 국군의 대응은 기관총 2정을 동원하여 마을 전체를 대상으로 공격하는 것이었다. 아마 이 정보대로라면 마을 주민 대부분과 3백여 명에 이를 2개 중대 규모의 인민군 유격대가 학교에 모여 있을 것이었다. 대략 5백여 명이 모여 있었을 것으로 추정할 수 있다.

국군이 다가갔지만 보초는 술에 취해 졸고 있었고 공격이 시작되자 인민군 유격대라고 하는 자들은 저항하지 못하고 도망가기에 바빴다. 조 소위는 계속하여 "도로에 연한 제방을 따라 은밀히 과수원고지를 점령하고 보니 적 보초 2명이 술에 취해서 졸고 있었다. 그 보초를 처치한 뒤 고지에서 마을을 내려다 본 즉, 국민학교 교정에 2개 중대 규모의 적병이 모여 있었다. 그 환영식장으로 접근해서 일제 사격을 가하면서 들이치니 적이 당황해서 저항도 하지 못했다."라고 했다. 졸면서 경계를 태만히 한 경계병의 존재는 성공한 습격의 전제 조건이었을까? 여지없이 경계에 실패한 인민군들이 이번에는 술까지 마셨다고 한다. 여기까지는 어떻게 검증할 수 없으니 그러려니 할 수 있지만 이 다음은 더 어이없다.

인민군 환영식에는 2개 중대 규모의 적병이 모여 있었다고 했다. 인민군만 모여 있는 것이 아니라 상당수의 주민들도 모여 있었을 것이지만 이에 대해서는 한 마디 설명도 없다. 학교 운동장에 모여 있는 모든 사람들이 인민군 유격대로 보였는지도 모른다.

조 소위의 이어지는 증언은 운동장에 모여 있던 이들이 민간인이었을 가능성을 높여준다. 총탄이 떨어지자 "덮어놓고 큰 소리로 '이놈들, 손 들어라!'하고 호령하자 그 기세에 놀랐던지 적이 엉겁결에 손을 번쩍 들고 말았다. 결국 그 적병들은 뒤따라오던 소대원에게 사살되었지만."이라고 했다.

조 소위는 세 배 규모에 이르는 적에 대한 공격의 결과에 대해서 "한 시간만인 13:00에 우리 쪽의 일방적인 승리로 끝났는데, 전장을 정리해보니 적의 시체 60여 구가 확인되었고, 소총도 60여 정이나 노획하였다. 그리고 우리 것인 지프차 1대를 회수하고 차량 2대를 파괴하기도 했다. 그런데 우리 쪽의 전사자는 한 명도 없었고, 소대의 김성경 하사 1명이 부상을 입었을 뿐이었다."라고 했다.

인민군이 유구에 진입했을까?

유구초등학교에서 목숨을 잃은 사람들이 인민군이었는지 확인할 수 있는 가장 쉬운 길은 당시 인민군이 유구에 진입했는지 확인하는 것이다. 위 공격이 인민군을 향한 것이라면 유구에서 공격당한 한 무리의 사람들은 인민군 6사단 일부로 7월 11일 오전 유구에 진입했어야 한다.

라주바예프의 보고서에 따르면, 7월 11일 아산 염치읍 대동리에 집결했던 인민군 6사단은 오후 4시부터 남하를 시작했는데, 13연대는 서해 연안을 따라 예산, 홍성, 대천, 서천으로, 선발 주력 부대인 14연대 등은 유구 등으로 진출하면서 인민군 1군단 주력의 오른쪽을 엄호했다고 한다.* 이는 7월 11일 인민군이 아산에 있었고 유구에는 진입하지 않았다는 것을 설명한다. 보고서 다른 부분에서 인민군 6사단 주력인 14연대가 유구에 진입한 때는 7월 12일 아침 6시 무렵이었는데 당시 국군의 별다른 저항은 없었다고 했다.** 바로 전날 유구에서 인민군 2개 중대가 전멸당하다시피 했다는데도 인민군 측은 국군 측의 별다른 저항이 없었다고 서술하고 있는 것이다. 국군은 이미 후퇴하고 없었으니 "별다른 저항은 없었다."는 서술은 당연한 표현일 수 있다.

인민군 6사단 13연대 중좌였던 최태환의 증언도 이를 뒷받침한다. 그

---

* 라주바예프, 『라주바예프의 6·25전쟁 보고서』 제1권, 333쪽.
** 라주바예프, 앞의 책 제1권, 199쪽, 334쪽.

는 7월 11일 온양(아산)을 출발하였으며 예산과 홍성을 지나 광천, 서천에 도착할 때까지 전투는 없었다고 했다.*

이북의 역사학자 허종호에 따르면, "천안을 해방한 인민군련합부대는 공주방향으로 계속 성과를 확대하여 7월 11일 광정리(공주 북쪽 15키로메터 지점) 계선에서 미군 1개 대대를 포위 소멸하고 금강우안에 진출하였다. …(중략)… 전의 일대에서 적을 소탕한 인민군련합부대는 계속 남으로 진격하여 7월 12일에 조치원을 해방하고 13일에 금강우안에 진출하였다."라고 했다.** 여기서 말하는 광정리는 정안면 광정리로 유구에서 동쪽으로 15km정도 떨어져 있는 곳이었으니 7월 11일 오전에 인민군이 유구에 있었다는 조 소위의 주장에 의문을 제기할 수 있다.

이상으로 보아 유구초등학교에서 전투가 벌어졌다는 7월 11일 낮 동안 인민군은 아산에 있었을 것이니 국군 기갑중대가 유구를 거쳐 예산을 다녀오는 동안 인민군 6사단 13연대와 14연대, 15연대를 만날 수 없었음을 알 수 있다.

60여 명 죽음의 진실

2개 중대 규모의 인민군 300여 명과 수백 명에 이를 마을 주민들이 모여 있던 학교를 공격한 결과 60여 명이 사망했다. 인민군 측의 대응사격은 없었다. 인민군이 진입하기 전에 벌어진 일이었다면 이는 전투라기보다 민간인이었던 국민보도연맹원을 소집하여 학살한 사건에 더 가깝다.

특히 조 소위가 말한 마지막 대목, "이때 적을 피해 숨어있던 유구지서장이 돌아왔으므로 그에게 치안을 맡기고, 경찰병력을 수습해서 특히 동

---

* 최태환, 『젊은 혁명가의 초상』, 공동체, 1989, 140쪽.
** 허종호, 『조선인민의 정의의 조국해방전쟁사』 제1권, 202쪽.

북 쪽의 온양으로 가는 도로를 경계토론 한 다음 17:00 쯤 해서 우리는 다시 서북 쪽의 예산으로 갔다."는 것이 주목된다. 앞서 보았듯이 예산경찰서는 7월 8일 후퇴했다가 7월 9일 복귀했다. 유구지서장 역시 같은 시기에 후퇴했다가 복귀했을 것이지만 이들 역시 곧 인민군 본대가 들이닥칠 것을 알고 있었을 것이다. 이를 알고 있었을 기병중대가 유구지서장에게 치안을 맡겼다든가 지서원들에게 도로를 경계하도록 했다니 이들의 운명은 곧 살펴 볼 강경경찰서 경찰관들의 운명과 같았을 것이다.

유구에 이어 이들이 향한 곳인 예산의 대술면 화천리 뒷산에서 국민보도연맹사건이 발생한 사실을 지난 진실화해위원회가 확인했다. 사건이 발생한 날이 7월 11일이었고, 라주바예프에 따르면 인민군 6사단 13연대가 경찰부대의 저항을 물리치고 예산을 점령한 날은 7월 13일 새벽 5시였다.* 유구 전투와 마찬가지로 이 국민보도연맹사건 역시 인민군 점령 직전에 발생했던 것이다. 국군 기갑연대가 예산 국민보도연맹사건과 무관하지 않았을 것으로 보이는 이유가 여기에 있다.

공주 지역의 국민보도연맹사건은 7월 9일 왕촌 살구쟁이 학살을 시작으로 7월 10일 의당면 청룡리 산101 여찬 골짜기, 장기면 송원리 송계동 (연기군 남면 송원리 산13-1이었다가 현 세종시 한솔동이 됨) 등 각 면 지역에서 벌어졌던 것으로 파악되고 있다.** 진실화해위원회 조사보고서는 공주경찰서가 후퇴한 날이 7월 13일 오후 3시였으며 공주형무소가 완전히 소개된 날이 7월 12일이었으므로 7월 9일에서 7월 11일 사이에 국민보도연맹원들이 집단희생되었을 것이라고 했다.***

---

* 라주바예프, 『라주바예프의 6·25전쟁 보고서』 제1권, 333~334쪽.
** 진실화해위원회 등, 『피해자현황조사 용역사업 결과보고서』, 2007. 261쪽.
*** 진실화해위원회, 『2009년 하반기 조사보고서』 제4권, 501쪽.

유구초등학교 운동장 너머로 과수원이 보인다. 2019년 4월 19일 조사.

　공주경찰서와 산하 유구지서 경찰관들이 인민군이 진입하기 전에 먼저 후퇴를 했고 그 사이에 무슨 일이 벌어졌는지 알 수 없지만 7월 11일 복귀한 국군에 의해 유구국민학교에서 60여 명의 사람들이 목숨을 잃었다. 이러한 상황은 7월 1일 전후 인천경찰서나 7월 17일 강경경찰서 등에서 많이 볼 수 있는 현상이기도 하다. 더군다나 국군은 인민유격대와 전투한 것이라고 주장하지만 정작 국군에 대한 이들의 대응사격은 없었다. 환영대회에 참가한 민간인에 대한 이야기도 전혀 없다. 이는 60명의 침략자를 무찌른 대승인지 아니면 비무장 민간인에 대한 일방적 공격인지 의문을 갖게 한다.

비슷한 사례
남쪽을 점령한 인민군이 전투를 준비하기보다 학교운동장 등에서 "환영대회"와 비슷한 행사를 벌이다가 국군의 공격을 받았다는 사례가 더 있었다.

묵호경비부 대원 유종식 준위의 증언에 따르면, 전쟁 발발일인 6월 25일 옥계앞바다에서 정체를 알 수 없는 많은 선박들이 떠있다는 연락을 받고 13명의 정보대원을 비상소집하여 권총만을 무장한 채 민간인 복장으로 옥계로 가서 인민군을 발견하고 공격했다. 그는 다음과 같이 증언했다.

> 새벽 밝을 무렵 옥계산등성이에 가서 내려다보니까 북괴군이 벌써 상륙을 했으며 수송선은 가버린 후였다. 북괴군은 옥계국민학교에 집합해가지고 나팔을 불며 행진을 하고 있었다. 우리는 이러한 사실을 경비부에 보고하고 옥계산등성이에 37mm포를 장치해놓고 행진하는 북괴군 대열을 향해 포문을 열었다. 첫 번째 포탄은 옥계국민학교의 국기계양대에 명중해서 북괴기가 넘어지면서 전투가 개시되었다.*

그는 공격을 받은 인민군이 4명을 보냈지만 모두 포위하여 사살했다며 "마침내 북괴군 4명이 척후병으로 나왔는데 북괴군 군관 한 사람하고 사병 3명이 산으로 올라오는 것을 발견해가지고 포위했다. 우리는 집중공격으로 그들을 모조리 사살하고 처음으로 소련제 권총 1정과 따발총 등을 노획했다."라고 했다. 고작 4명을 경계병으로 보낸 상륙 인민군의 행위는 37mm 대포 공격이 포함된 해군 13명의 공격을 받은 인민군의 것이라고 하기에는 적절하지 않아 보인다.『한국전쟁사』에는 금진항과 옥계항 사이에 상륙한 인민군은 1,800명이라고 했다.** 해군 13명이 이들을 공격했다는 말인데 도대체 어디까지 사실이고 어디까지 허구인지 판단하기 어렵다. 상륙한 인민군이 1,800명이었는지는 물론 전투를 치렀다는

---

* 국방부 군사편찬위원회, 앞의 책 제1권, 790쪽.
** 국방부 군사편찬위원회, 앞의 책 제1권, 783쪽.

날짜가 6월 25일이 맞는지도 검토 대상이다.

  옥계초등학교에 집결한 인민군이 "나팔을 불며 행진"을 했다는 주장은 유구초등학교에서 환영대회를 열었다는 주장과 비슷하다. 증언을 그대로 신뢰하기 힘들지만 적 진영에 침투한 군대가 방어 진영의 역공을 대비하기보다 점령지 군중을 선동하는 행사를 먼저 열었다는 증언은 전쟁을 바라보는 시각의 차이를 보여주는 또 다른 단서가 될지도 모른다.

  지나친 과장으로 보이는 점도 비슷하다. 민간인 복장에 권총만으로 무장했다는 유 준위는 어느 틈에 37mm대포까지 준비해 인민군을 공격했다고 주장하니 하는 말이다.

이후

유구초등학교 사건 이후 예산에 진입했던 기갑중대는 다음날인 12일 아침 예산을 떠나 다시 유구를 거쳐 밤 10시 공주로 돌아오려 했으나 이미 금강교가 폭파된 뒤였으므로 강의 서안을 따라 내려오다가 13일 새벽 부여에서 배를 이용하여 금강을 건넜으며, 14일 아침이 되어서야 공주의 미 34연대에 합류했다고 한다.

  70년이 지나가지만 여전히 가장 명확한 진실은 유구국민학교와 그 주변 마을, 그리고 사람들 기억 속에게 남아있을 것이다. 주민들을 면담하기 위해 2019년 4월 19일 유구 석남2리 경로당을 방문했지만 이제 이 사건을 기억하는 주민들을 만날 수 없었다. 과수원과 산정교의 위치를 확인하는데 그쳐야 했다.

경찰과 육본 특공대에게 무슨 일이

_1950년 7월 17일 강경

국가 기록만으로는 전투가 있었는지, 있었다면 누가 전투를 했는지, 누구와 전투를 했는지, 그리고 이 전투에서 죽은 사람들은 누구인지 도무지 알 수 없는 전투가 논산 강경에서도 벌어졌다.

인민군의 진입을 앞두고 1950년 7월 17일 인민군의 기습 공격을 받아 강경을 탈출하던 30여 명의 경찰이 사망하고 10여 명이 사로잡혔다. 사망자 중에는 경찰서장도 포함되어 있었다. 그런데 이 사건에 대해 경찰이 탈출 시기를 놓친 원인이 국군으로 위장한 인민군 때문이었고 사망한 경찰관의 수도 83명이었다고 주장이 있었다.[*]

당시 인민군이 강경에 도착했는지 분명하지 않았으므로 이 전투에서 강경경찰서가 말한 "적"은 누구를 말하는지 의문을 품을 수 있었다. 경찰관들의 죽음을 둘러싼 진실, 즉 이들이 후퇴의 시기를 놓치게 된 이유가 "아군을 가장한 적"이라는 주장도 밝혀야 할 의문 중의 하나이다.

* 국방부 군사편찬위원회, 『한국전쟁사』 제2권, 736~737쪽, 944쪽.

전투와 관련된 지역은 채운산과 강경경찰서, 강경중학교 앞 도로였다. 경찰서를 탈출한 경찰관들이 전사한 곳은 강경중학교 앞 도로이다.

강경 국민보도연맹사건

진실화해위원회는 강경에서 벌어진 국민보도연맹사건을 조사했지만 진실의 일부를 확인하는 것에 그쳤다. 보고서에 따르면, 전쟁이 일어난 직후 강경경찰서에 의해 미리 체포된 지역의 지도자급 국민보도연맹원 20여 명이 강경역 앞에 있는 에이메 여관에 수용되었다가 대전형무소로 보내졌다고 한다. 유가족들은 이들이 7월 10일 전후에 대전 산내 골령골에서 모두 희생된 것으로 보았다.*

위원회의 조사가 20여 명이었던 지도자급 국민보도연맹원에 대한 것에 그쳤지만 이승만 정부에 의한 명령이 전국 경찰서에 내려진 것으로 보아

---

* 진실화해위원회, 「충남 국민보도연맹사건(2)」, 『2009년 하반기 조사보고서』 제4권, 527~528쪽.

> 그리하여 시가를 徘徊中인 지방共匪 5명을 檢擧하고 이날 03.00에는 무장怪漢 10명을 捕捉하는등 활동을 전개하였으나 마침내 我軍을 가장한 敵의 奸計에 빠져 1,000명으로 推算되는 敵에게 포위되기에 이르렀다. 이렇게하여 重圍에 빠진것을 깨달은 署長이하 全署員은 署構內에 籠城하여 血戰 18시간을 계속하다가 끝내 탄약이 바닥나 이에 血路를 打開코자 肉迫戰을 敢行하여 포위망의 突破를 시도하였으나 無爲로 돌아가 全員이 死而有榮을 함

『한국전쟁사』 제2권 736쪽. 국방부는 강경경찰서원 죽음의 원인을 "아군을 가장한 적의 간계"라고 설명하였다. "아군을 가장한 적"은 누구였을까?

일반 국민보도연맹원들 역시 강경경찰서 유치장 등에 소집당해 강경 인근 어디에선가 희생되었을 것으로 짐작할 수 있다. 서장이나 지서장이 학살을 반대한 경우나 학살을 감행할 여유가 없이 후퇴하느라 방치된 경우가 확인되었는데 이는 극히 예외적인 현상이다.

강경의 경우는 일반 국민보도연맹원들에 대한 진실화해위원회의 조사 그 자체가 이루어지지 않았다. 또 다른 조사에 따르면, 강경경찰서는 7월 15일 경찰서 방공호에 감금하였던 국민보도연맹원 중 10여 명을 인근에서 총살했고 20여 명을 대전형무소로 이송시켰는데 나머지 주민들은 석방했다는 주장이 있다. 7월 15일은 강경경찰서가 임실까지 후퇴한 날이었으므로 이날 학살이 있었다는 주장은 진실일 가능성이 높다.

반면, 이북의 언론 『민주조선』은 이와 관련하여 "7월 12일부터 2일 간에 걸쳐 론산읍에서만도 로동자 김도원 씨를 위시하여 3백여 명의 애국자와 일반 인민을 무조건 체포하였다. …(중략)… 서로 경쟁적으로 총살 혹은 타살케 하였다."라고 썼다.* 300여 명이 학살당한 장소는 "전주로 가는 길목 산골짜기"라고만 되어 있다. 구체적인 장소는 확인되지 않지만 7월 14일 전후 논산과 강경 지역에서도 후퇴하는 경찰 등에 의해 큰 피해가 있었음을 짐작케 한다.

* 『민주조선』, 1950. 8. 21; 신경득, 『조선 종군실화로 본 민간인학살』, 살림터, 2002, 167쪽. 재인용.

때 이른 후퇴

2018년 발행된 강경향토지 『한국전쟁 속의 강경』에 따르면, 7월 14일 공주를 점령한 인민군이 7월 15일 남하를 시작했다고 보았던 미군은 같은 날 오전 10시 강경읍내에 소개 명령을 내렸다고 했다. 이에 따라 강경경찰서 정성봉 서장과 220여 명의 경찰은 임실까지 후퇴했다. 당시 미 24사단 34연대가 논산 부적면 마구평리에 진지를 구축하고 있었다.

경찰과 우익 단체가 후퇴하자 전쟁 전 탄압을 받았던 좌익계 주민들이 경찰서를 접수했다. 한편 공주를 점령한 인민군 4사단이 대전으로 향했으므로 논산으로 내려오지 않았다. 이 소식을 들었는지 임실에서 하룻밤을 보낸 강경경찰서는 7월 16일 전주로 다시 올라와 전주초등학교에서 하루를 보냈다.

반면, 『한국전쟁사』는 인민군이 곧 강경에 진입할 것이라는 정보를 입수한 경찰은 먼저 자신들의 가족들을 대구 지역으로 피란을 보냈으며 이후 강경경찰서는 1950년 7월 15일 전주로 후퇴하여 풍남초등학교 운동장에서 주둔했다고 했다. 하지만 다음 날인 16일에도 아직 인민군이 강

옛 강경경찰서가 있던 곳이 지금은 논산경찰서가 되었다. 2019년 4월 19일 조사.

『한국전쟁사』를 기본으로 삼았지만 강경주민들의 증언록이 더해졌으므로『한국전쟁사』가 숨기고 있는 모순된 사실이 비교적 자세히 드러난다.

경에 도착하지 않았다는 소식을 듣게 되었다. 강경경찰서의 후퇴 경과에 대해 "강경서장 정성봉 경감 이하 전 서원 66명은 동월 15일에 북괴가 대거하여 강경으로 육진 중이라는 정보를 입수하고 일단 전주로 이동하여 권토중래를 꾀하다가 전 날(16일을 말함_필자)에 아직 강경에는 적의 주력이 다다르지 않았음을 알고 다시 강경을 수복키로 하였던 것이다."라고 설명했다.

임실까지 후퇴했다거나 전주에서 하룻밤을 보냈다는 차이를 제외한다면, 7월 15일과 7월 16일 강경경찰서가 후퇴하여 전주에 피란하고 있었던 사실에 대한 두 자료의 내용은 일치한다.

복귀 후 색적(索敵)하다

7월 16일 서해안지구 전투사령관 신태영 소장은 인민군 4사단이 논산이 아니라 대전으로 이동했다는 정보를 듣고 정성봉 서장에게 강경으로 복귀하라는 명령을 내렸다. 서장은 경찰관들을 3개 중대를 편성하여 1중대장에 보안계장 오현희 경감, 2중대장에 논산지서장 송인석 경감, 3중대장에 사찰계장 방규혁 경감을 임명한 다음 간단한 전투 훈련을 마치고 오후 5시 강경으로 떠났다.

밤 10시 채운동에 도착한 이들은 채운산에 진지를 편성하고 경찰관 선발대를 강경경찰서 등에 보내 읍내 상황을 살펴본 결과 지방 좌익들이 경찰서를 점거하고 있음을 확인했다고 한다.

7월 17일 새벽 2개 조로 편성된 경찰부대가 경찰서를 공격하기 위해 이동을 시작했다. 1조는 강경역 철로 변을 따라 경찰서 앞 철도 건널목으로, 2조는 산양 삼거리 논둑길을 따라 강경여고 앞 철로 변 개천으로 총을 쏘며 경찰서로 진입했다. 피란하지 못하고 읍내에 남아있던 주민들은 이 총소리가 옥녀봉에서 나는 총소리로 생각했다고 하는데 그 이유는 인민군이 옥녀봉 방향에서 내려올 것이라는 소문 때문이었다.

강경경찰서를 점거한 주민들을 공격하고 복귀한 서장은 1중대에게 경찰서 경비, 2중대에게 채운산 경비, 3중대에게 강경읍내 좌익 주민 색출의 임무를 나누었다.

이에 대해 『한국전쟁사』는 서장이 경찰관 66명을 지휘하여 7시간의 전투 훈련을 마친 뒤 오후 5시 강경경찰서로 복귀하였으며, 아직 인민군은 들어오지 않았지만 "색적(索敵)" 즉 적을 색출하는 활동을 했다고 적었다. "이에 이들은 7시간에 걸쳐 전투훈련을 실시한 다음 동일 17:00에 서장 진두지휘로 강경으로 진격하고 시가의 요지요부를 점령하여 색적(索敵)에 임하였다."고 했다.

인민군이 들어오지 않은 상황에서 민간인을 "적"이라며 학살한 가장 대표적인 사례가 인천에서 벌어졌다. 인천에서는 6월 28일 경찰, 공무원 등이 떠나자 인천형무소 재소자와 국민보도연맹원들이 활동하게 되었고 이 소식을 들은 국군과 경찰이 6월 30일 인천에 복귀하여 주민들을 살해했다. 인천경비부 참모장 정경모 소령은 1965년 "그리고 30일에는 아 해군의 헌병대와 경비부대원들도 인천시가에 투입되었는데 그 수는 약 200명 정도였다. …(중략)… 동시에 인천시가에 들어온 북괴군과 치열한 대전을 벌였다."라고 했다.* 하지만 이어 "7월 3일 밤에는 드디어 적의 전차가 들어오는 것을 보았고"라고 한 것으로 보아 앞에서 말한 "치열한 대전"은 인민군이 인천에 진입을 시작한 7월 3일 밤 이전에 있었음을 알 수 있다. 그는 해군 헌병대 등이 마치 인천에 진입한 인민군과 전투를 벌인 것처럼 증언했지만 자신들의 손에 사살당한 사람들은 인민군이 아니라 민간인이었던 것이다.

7월 3일 다시 후퇴할 때까지 인천에서 희생된 민간인의 수가 1천여 명에 이른다는 주장이 있는데, 이처럼 비슷한 지역의 사례를 비교해 본다면 후퇴했던 강경경찰서가 말하는 "적"은 인민군이 아니라 곧 민간인들이었음이 틀림없을 것이다.

적 "대한유격대"의 간계?

경찰관들은 강경으로 복귀하는 중 또는 복귀하여 "색적" 활동을 하는 중 30여 명의 무장 군인들을 만나게 되었다. 이들에 대해 『한국전쟁사』와 강경향토지 모두 한편으로는 "육군본부 특공대"라고 했지만 다른 한편으로는 "아군을 가장한 적"이라고 하여 마치 서로 별개의 부대인 것처럼 설명했다. 하지만 당시 강경을 배경으로 활동한 무장 군인들은 이들 외에 없었던 것으로 확인된다.

이에 대해 『한국전쟁사』는 "(강경경찰서 경찰관들은) 시가를 배회 중인 지방

---

* 국방부 군사편찬위원회, 앞의 책 제1권, 797쪽.

공비 5명을 검거하고 이날 03:00에는 무장괴한 10명을 포착하는 등 활동을 전개하였으나 마침내 아군을 가장한 적의 간계에 빠져 1,000명으로 추산되는 적에게 포위되기에 이르렀다."라고 했다.* 이때 "아군을 가장한 적"은 국군에 소속된 최전방 첩보부대라고 하면서 육군 소령이 발급한 "대한유격대" 대원 신분증을 제시했고, 경찰서장은 이들의 신원을 확인하기 위해 상부에 연락했으나 통신이 두절되어 확인을 못했다고 한다.

조금 더 자세한 내용이 강경향토지『한국전쟁 속의 강경』에 담겨 있다. 이에 따르면, 읍내를 수색 중이던 3중대는 오후 1시 옥녀봉에서 수상한 무장 군인 30여 명을 발견했는데 이들이 인민군 6사단 1연대와 내통하여 경찰들을 죽음으로 내몰았다고 한다.

강경향토지에 등장하는 무장 군인 30여 명에 대한 이야기는『한국전쟁사』의 사실 왜곡을 바로잡는데 있어 매우 결정적인 단서가 되고 있다.

『한국전쟁사』는 이들 무장 괴한이 10명이라면서 이후 살펴 볼 "육군본부 특공대" 27명과 다른 것처럼 서술했지만 같은 시기에 활동했던 무장 세력은 강경경찰서 경찰관 외에 이들밖에 없었으므로 이들 30여 명의 무장 군인은 곧 27명의 "육군본부 특공대"를 말하는 것이 틀림없었다. 그렇다면 7월 17일 새벽 3시에 포착된 10명의 무장 괴한은 오후 1시에 옥녀봉에서 발견한 "육군본부 특공대"의 일부로 보아야 하고 따라서 『한국전쟁사』가 말한 "아군을 가장한 적", 강경향토지가 말한 "인민군 6사단 1연대**와 내통한" 무장 군인은 곧 이들 "대한유격대", "육본 특공대"를 말하는 것이었다.

강경향토지는 이들 무장 군인들이 "국군의 정보와 암호까지 샅샅이 알

---

* 국방부 군사편찬위원회, 앞의 책 제2권, 736~737쪽, 944쪽.
** 인민군 13연대는 당시 서천에 있었으므로 14연대 또는 15연대일 수도 있었다.

> 陸本特攻隊의 活動 : 한편 이날 裵東傑 소령이 거느리는 27명의 陸本特攻隊는 6월 30일 以來로 유격활동을 전개하면서 公州를 거쳐 裡里로 이동하였는데, 때마침 裡里에서 상황을 살피던 申泰英 소장과 만나게 되었다. 이때에 裵소령은 그로부터 『경찰보고에 의하면 江景은 이미 敵手中에 들어갔다는 것이다. 귀관은 부대원과 함께 江景에 潛入하여 侵攻한 敵의 규모를 살피라.』는 要旨의 命令을 수령케 되었다.
> 이에 그는 해질무렵에 黃登과 咸悅을 거쳐 江景 南쪽 彩雲山에 潛入하는데 성공하고 정

『한국전쟁사』 제2권 737쪽. 유격활동을 전개해왔다는 27명의 육본특공대가 강경경찰서와 함께 활동했다. 강경경찰서가 말하는 "대한유격대원"은 이들의 신분과 일치한다. "아군을 가장한 적"은 다름 아닌 이들이었던 것이다.

아내" 능력이 놀라운 게릴라들이었다고 주장했지만 실제 이들은 국군 소속의 유격부대였으므로 국군의 정보와 암호까지 알고 있었던 것으로 보는 것이 정황과 일치한다. 그렇다면 이때 유격대원 신분증을 발급했다는 육군 소령은 『한국전쟁사』가 말하는 배동찬 소령이었을 것이다.

7월 17일 경찰과 "육본 특공대"가 진입한 오후 5시부터 강경읍내에서 총성이 들려오기 시작했지만 그때까지 인민군은 아직 성동면이나 광석면에도 도착하지 않았다고 하므로 이 총성은 대한유격대원이나 경찰관의 총에서 난 소리였음에 틀림없다.

앞서 『한국전쟁사』는 대한유격대원들이 20여 명을 사살했다고 했다. 사망자들의 신원을 밝히지 않았지만 대한유격대가 성동다리를 방어하겠다며 경찰서를 나선 뒤 시가전이 벌어지기 시작했다고 하므로 이들에게 사살당한 사람들은 강경읍내 주민들 외에 없었다고 봐야 한다.

육군본부 특공대

후퇴했던 강경경찰서가 복귀하여 적을 색출했다고 하지만 실제 그 대상은 국민보도연맹원이었을 가능성이 높다. 이런 상황에서 등장하는 10여 명의 무장 괴한, 즉 1천 명의 군중에게 포위되게 만든 "대한유격대"가 누

구였는지 알 수 있는 단서가 『한국전쟁사』에 담겨 있었다.

7월 17일 서해안지구 전투사령관 신태영 소장은 27명으로 구성된 육군본부 특공대(대장 배동찬 소령)에게 "강경이 적의 수중에 들어갔다고 하니 강경에 잠입하여 침공한 적의 규모를 보고하라"고 명령했다. 『한국전쟁사』는 이들의 활동에 대해서 다음과 같이 설명했다.

> (7월 17일) 해질 무렵에 황등과 함열을 거쳐 강경 남쪽 채운산에 잠입하는 데 성공하고 정찰활동에 들어갔던 바 주간에 강경을 탈출치 못한 민간인과 경찰 등 250명을 구출할 수 있었으며 아울러 이들 제보에 따라 점령 중인 적이 2,000명 규모임을 알게 되었다."*

이들은 강경에 도착하여 적 20명을 사살하고 250명의 민간인과 경찰을 이리로 탈출시켰다고 하며 신태영 소장에게 인민군의 규모가 2천 명에 이른다고 보고했다고 한다. 원래 부여받은 임무가 "적의 규모 보고"였으므로 적 사살 20명, 경찰과 민간인 구조 250명이라는 결과는 임무를 넘어선 엄청난 전공이 아닐 수 없었다. 그런데 같은 시기에 육본특공대가 잠입했다는 채운산은 군중에게 포위되었다는 강경경찰서와 1km도 미처 떨어지지 않은 곳이었다. 육본특공대의 눈부신 활약에도 불구하고 결국 군중에게 포위된 강경경찰서 경찰관들은 전멸했다는 것이므로 250명을 구출했다는 육본특공대의 주장은 이런 상황과 앞뒤가 맞지 않는다.

『한국전쟁사』의 주장대로 이들이 7월 17일 채운산까지 잠입했었다면 강경경찰서를 둘러싼 1천 명의 군중을 목격했을 것인데 그에 대해서는 단 한마디 설명도 나오지 않는다. 한편, 육본특공대가 노획한 군수품은

---

* 국방부 군사편찬위원회, 앞의 책 제2권, 737쪽.

쌍안경, 권총, CAR 각 1개였다고 했다. 사살당한 20명의 적에게 노획한 군수품이라고 하기에는 빈약하다. 피살자들 대부분이 민간인들은 아니었는지 의심이 든다.

『한국전쟁사』는 전멸했다는 강경경찰서와 자신들만 살아 돌아간 육본특공대가 마치 아무런 관련이 없는 것처럼 설명했다. 하지만 이들은 전투 당시 같은 강경읍내에서 활동하고 있었고 같은 "색적"과 처단 활동을 했으므로 서로 만났을 것이 분명했다. 그런데 정작 강경경찰서가 만났다는 무장 군인들은 육본특공대가 아니라 "대한유격대"라는 인민군 측 유격대였다고 주장했다. 2018년 발행된 강경향토지『한국전쟁 속의 강경』역시 강경경찰서의 전멸이 "대한유격대원"에게 속아서 생긴 참상이라고 주장했다. 앞에서 말한 "대한유격대원"이 곧 이들 "육본특공대원"들이라는 사실을 숨기기 위한 억지 주장이 아닐 수 없다.

"적" 1천 명은 누구였을까?
"대한유격대"가 곧 "육본특공대"였다면 이들이 무사히 빠져나간 사이 강경경찰서는 어쩌다가 1천 명의 "적"에게 포위당하게 되었을까? 강경경찰서를 18시간이나 포위한 1천 명의 군중은 누구를 말하는 것일까? 아니 경찰서가 포위된 것, 경찰관들이 전몰한 것은 사실일까?

『한국전쟁사』는 "서장 이하 전 서원은 서 구내에 농성하여 혈전 18시간을 계속하다가 끝내 탄약이 바닥이 나 이에 혈로를 타개코자 육박전을 감행하여 포위망의 돌파를 시도하였으나 무위로 돌아가"라고 하였다. 경찰관들이 갖고 있던 탄약이 바닥날 때까지 대치하고 있었다면 이들을 둘러싼 1천여 명의 적에게 소총 등의 강력한 무기는 없었던 것으로 보인다. 이러한 점 역시 이들이 인민군은 아니었음을 짐작케 한다.

라주바예프에 따르면, 인민군 6사단 15연대는 7월 17일 오후 늦게 강경에 도달하여 조직적인 저항을 받았으며, 7월 18일 새벽 5시 공격을 시작하여 아침 6시 30분 강경을 점령했다고 한다.* 이북의 역사학자 허종호 역시 강경을 해방한 날이 7월 18일이었다고 했다.**

이북의 문헌 자료에 따른다면 인민군은 7월 17일 저녁까지 강경에 도착하지 않았으므로 국방부가 주장하는 같은 날 새벽 강경경찰서를 둘러쌌다는 1천 명의 적은 인민군은 아니었음을 알 수 있다. 당시 경찰서에는 강경경찰서 1중대 80여 명이 방어하고 있었고 채운산과 봉화고개에도 2중대와 3중대가 방어하고 있었다. 교전이 18일 새벽까지 계속되자 2중대와 3중대에서 일부가 경찰서로 지원을 나왔다고 한다. 당시 전투가 시가전 형태로 진행되었다고 하지만 이로 봐서는 전투는 강경경찰서 건물 근처에서 벌어진 것에 그쳤음을 알 수 있다. 경찰서와 약간 떨어져 있었던 채운산과 봉화고개에서도 전투는 없었다. 따라서 여기서 말하는 시가전은 강경읍내 주민들에 대한 공격 외에 달리 설명할 수 없다.

17일 저녁 이후 대한유격대나 육본특공대가 어디론가 사라졌는지 이후 서술에서 더 이상 등장하지 않는다. 적의 규모를 파악하라는 임무를 마쳤으므로 육군본부로 복귀했을 것으로 보는 것이 타당할 것이다. 이들이 무슨 이유로 강경경찰서와 함께 후퇴하지 않았는지에 대해서는 어떤 문헌에서도 설명하지 않고 있다. 앞에서 7월 11일 공주 유구에서 인민군이 곧 진입할 것을 알고 있던 국군 독립기병중대가 유구지서장에게 방어를 지시하고 떠났음을 살펴보았다. 육본특공대 역시 강경경찰서에 같은 명령을 내렸을 가능성이 높아 보인다.

---

* 라주바예프, 『라주바예프의 6·25전쟁 보고서』제1권, 335쪽.
** 허종호, 『미제의 극동침략정책과 조선 전쟁』제2권, 69쪽.

한편, 강경향토지에 따르면 7월 17일 오후 5시부터 시작된 전투는 17일 저녁 8시 인민군 측의 협상 요청에 따라 잠시 중단되었다고 한다. 고립되어 공격을 받던 강경경찰 측에서는 시간이 필요했으므로 이를 마다할 이유가 없어 1차로 이계봉 경사를, 2차로 조인환 경위를 내보냈으나 서로 "먼저 무기를 버리고 항복하라"고 주장했으므로 협상은 이루어질 수 없었다고 한다. 인민군 정규군이 경찰과 항복을 놓고 협상을 했다는 이 주장도 그리 상식적이지 않다. 경찰서를 포위한 사람들이 인민군은 아니었음을 짐작케 한다.

경찰서원들의 전사 경위

위 책자에 얼마 동안 협상이 진행되었는지 밝히지 않고 있어 정확히 알 수 없지만 잠시 뒤 전투는 다시 시작되었다고 한다. 더 이상 버티기 어렵다고 판단한 정성봉 경찰서장은 7월 18일 새벽 6시 후퇴를 명령했다. 이는 라주바예프가 앞에서 강경을 점령했다는 아침 6시 30분과 크게 다르지 않다.

후퇴 준비를 마치자 경찰서장이 탄 쓰리쿼터와 경찰 30여 명이 탄 트럭이 경찰서를 떠났지만 낮 11시 황산 사거리를 지나 강경중학교에 이르렀을 때 인민군의 집중 사격을 받게 되었다. 10여 명이 사로잡혔으며 탈출한 경찰관들도 있었지만 나머지 30여 명 대부분은 그 자리에서 사망했다고 한다. 이어 7월 19일 오전 미군 정찰기의 비행이 있은 뒤 전폭기가 강경경찰서를 폭격하고 기총사격을 가하기 시작했다. 그 사이 강경이 적 진영이 되었다는 것을 미군이 어떻게 알았는지 폭격을 시작한 것이었다.

이에 대해 『한국전쟁사』는 결국 경찰서장 등 서원 83명이 대한유격대원이라고 주장하는 무장괴한 10명에게 속아 7월 18일 낮 11시 30분 모

옛 강경경찰서 앞 고가도로에서 본 채운산과 강경역. 1950년 당시 채운산에는 육본특공대와 강경경찰서 경찰관들이 함께 주둔했다. 2019년 4월 19일 조사.

두 전사했다고 설명하였다. 후퇴의 시기를 놓친 이유가 이들 대한유격대원의 주장을 따랐기 때문이라는 것으로 "이렇게 하여 중위에 빠진 것을 깨달은 서장 이하 전서원은 서 구내에 농성하여 혈전 18시간을 계속하다가 끝내 탄약이 바닥이 나 이에 혈로를 타개코자 육박전을 감행하여 포위망의 돌파를 시도하였으나 무위로 돌아가 전원이 사이유영(死而有榮)을 함께 하게 되었다."라고 했다.*

진실

이제 앞의 『한국전쟁사』와 『한국전쟁 속의 강경』을 종합하여 당시 강경에서 벌어진 사건에 대한 의문점들을 조금이나마 정리할 수 있다.

먼저, 강경에 인민군이 언제 진입했는지에 대해 판단할 수 있다. 두 책자를 종합하면, 후퇴했던 강경경찰서가 복귀한 때는 7월 16일이었으며 다시 후퇴한 때는 18일 아침이었다. 육본특공대는 7월 17일 오후 5시경

* 국방부 군사편찬위원회, 앞의 책 제2권, 736~737쪽, 944~945쪽.

서해안지구 전투사령부로 복귀했다. 이는 7월 17일 밤에 도착해 조직적인 저항을 받은 뒤 7월 18일 새벽 강경읍내를 점령했다는 라주바예프의 주장과도 모순되지 않는다.

"육본 특공대"가 곧 "대한유격대"였다는 사실 역시 두 자료의 비교에서 확인된다. 신태영 소장의 명령으로 27명의 "육본 특공대"가 7월 17일 채운산에 잠입했다고 했다. 당시 채운산에는 강경경찰서 2중대가 진지를 구축하고 있었으니 두 집단이 만난 것은 분명했다. 실제 읍내에서 수색활동을 하던 3중대가 같은 날 새벽 3시 성동교에서 10여 명 또는 오후 1시에 옥녀봉에서 30여 명의 무장 군인 "대한유격대"를 만났다고 했다. 당시 강경읍내에서 강경경찰과 "육본특공대" 외에 30여 명 또는 10명의 또 다른 무장 군인이 활동하고 있었을 가능성은 전혀 없는 상황이었다. 따라서 『한국전쟁사』가 말하는 "육본 특공대"가 바로 "아군을 가장한 적"이라는 "대한유격대"였던 것이다. 이들은 7월 17일 저녁 강경에서 사라졌다. 이들이 사라진 시간이 인민군의 진입 시간과 가까웠다는 사실로 보아 이들과 함께 후퇴한 민간인이 250명이었다는 주장은 사실일 수 있으며, 강경경찰서와 함께 후퇴하지 않은 이유는 이들이 경찰에게 강경을 사수하라는 명령을 내렸기 때문이었을 것이다.

그렇다면 이제 강경경찰서가 복귀하는 과정에서 또는 "육본 특공대"가 활동하는 과정에서 이들에게 사살당한 사람들은 누구인지 판단할 수 있다. 경찰이 후퇴한 15일부터 17일 저녁까지 인민군은 강경읍내에 진입하지 않았으니 경찰서를 점거한 사람들은 좌익 계열의 주민들이었다고 한다. 강경경찰서로 잡혀갔던 국민보도연맹원 등 이승만 정부나 경찰에 원한이 있었던 사람들이었을 수 있다. 이들이 경찰의 진입 과정에서 총살당했을 것이다.

17일 오후 5시 이후 종적이 사라진 "육본 특공대"에 의해 사살당한 20명 역시 강경에 살던 주민들이었을 것이다. 『한국전쟁사』는 당시 강경에 있었다는 1천 또는 2천 명의 적이 인민군이라고 명시하지 않았다. 인민군이 강경에 진주한 날이 7월 18일 아침이었다면 국방부가 말하는, 강경경찰서를 포위했다는 1천 명의 적은 일반 시민이었을 수 있다. 후퇴한 경찰이 돌아와 학살하는 모습을 보고 분노한 시민들이었을 것이다.

과장되어 보이는 측면도 몇 가지 지적할 수 있다. "전원이 진몰"했다는 주장은 경찰의 죽음을 지나치게 미화했다. 마치 강경경찰서를 끝까지 사수하다 전원이 전사한 것 같은 서술도 사실과 거리가 멀었다. 혈전 18시간 또는 25시간 계속된 전투라는 표현도 지나쳤다. "혈로를 타개코자 육박전을 감행"했다는 서술 역시 과장되었다. 경찰청 홈페이지 추모관에 정성봉은 "강경경찰서장으로 6·25사변 중 적의 래습 도발함을 총지휘 교전 중 장열한 전사"라고 적혔다. 순직일은 1950년 7월 19일로 기록되어 있는데* 이는 『한국전쟁사』의 7월 18일 낮 11시 30분이라는 기록과 다르다.

한 번 더 강경경찰서를 둘러싸고 벌어진 사태를 종합하여 요약하면 다음과 같다.

미군의 소개 명령에 따라 1950년 7월 15일 강경에서 후퇴한 강경경찰서는 임실에서 하룻밤을 보낸 뒤 7월 16일 전주에 와서 신태영 소장으로부터 즉시 복귀하라는 명령을 받았다. 강경에 진입한 경찰은 7월 16일 밤

---

* 경찰청 홈페이지 추모관. https://www.police.go.kr/portal/bbs/view.do?nttId=130482&bbsId=B0000043&searchCnd=1&searchWrd=%EC%A0%95%EC%84%B1%EB%B4%89&section=&sdate=&edate=&useAt=&replyAt=&menuNo=200575&viewType=&delCode=0&option1=&option2=&option4=&option5=&deptId=&larCdOld=&midCdOld=&smCdOld=&orderType=option1&sOption=&eOption=&pageUnit=10&pageIndex=1)

10시 채운산에 진지를 편성한 뒤 7월 17일 새벽 강경경찰서에 복귀했는데 당시 반정부 성향의 주민들이 경찰서를 점거하고 있었다. 경찰은 이들에게 소총을 쏘았으므로 희생된 주민들이 있었을 것이다.

같은 시기인 7월 17일 신태영 소장의 명령으로 "육군본부 특공대"가 채운산 등 강경읍내에서 활동하면서 강경경찰서와 함께 반정부 성향의 주민들을 색출하여 총살했지만 저녁 무렵 인민군 6사단 15연대 등이 강경 부근에 도착하자 경찰을 포함하여 250명의 주민들과 함께 철수했다. 한편, 강경경찰서에서 남았던 40여 명의 경찰은 이들과 함께 후퇴하지 못하고 남아 있다가 인민군에게 포위당하게 되자 7월 18일 아침 소형 트럭과 중형 트럭을 이용해 탈출하던 중 인민군의 공격을 받아 30여 명이 목숨을 잃었다.

경찰 후퇴 전 사살당했다는 인민군 선발부대

_1950년 7월 17일 서천 장항읍

충남 서천군 장항읍에 포진했던 군산경찰서가 1950년 7월 17일 아침 10시 읍으로 진입하는 인민군 선발부대로 보이는 200명을 기습하여 20명을 사살하고 3명을 사로잡은 뒤 오후 3시 이리 부근으로 후퇴했다고 한다.* 당시 전투 과정에서 경찰이 피해를 입었는지 여부는 설명이 없어 알 수 없다.

그런데 하늘이 준 방어선인 금강 하구를 지키고 있어야 할 군산경찰서가 무슨 이유로 해군, 해병대와 함께 방어가 불가능한 장항까지 들어갔는지, 들어가서 한 일은 무엇이었는지 분명하지 않다.

『한국전쟁사』는 이들 일행이 장항에 들어가기 직전 보령에서 후퇴하던 경찰부대가 서천을 거쳐 군산으로 후퇴한 사실을 설명하지 않았다. 두 부대는 서로 마주칠 수도 있었다. 게다가 인민군 6사단이 군산을, 그리고 인민군 4사단이 익산을 점령한 날이 7월 19일이었다고 하므로 7월 17일

---

* 국방부 군사편찬위원회, 『한국전쟁사』 제2권, 944쪽.

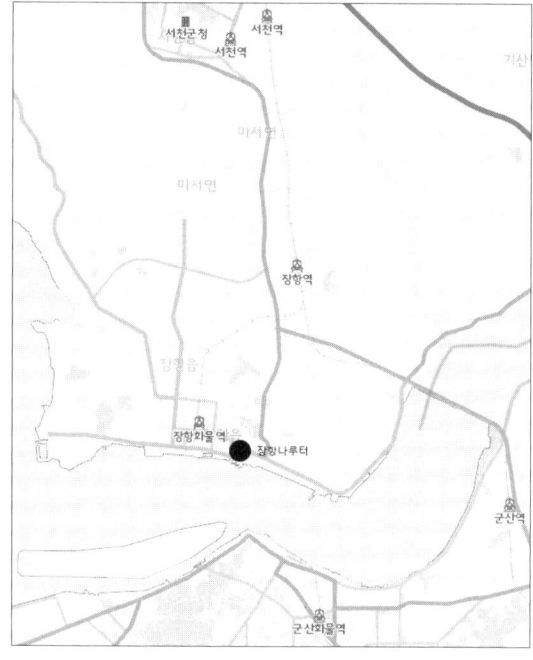

장항에 방어선을 구축했다고 했지만 그 위치를 구체적으로 판단할 수 있는 정보는 없다. 조사를 통해 상륙 지점만 짐작할 수 있었다.

당시 장항에 인민군이 들어왔는지 여부에 대해서도 의문을 품을 수 있다.

과연 인민군에 대한 군산경찰서의 기습이 있었던 것이 사실인지 또는 기습당했다는 200명이 인민군이었는지 판단해 보고자 한다.

군산경찰서, 장항으로 이동하다

7월 11일 천안을 점령한 인민군 주력부대 6사단 13연대가 천안에서 갈라져 장항선을 따라 충남 서천을 향해 남하하여 7월 13일 오후 4시 대천에 이르렀다. 이들에게는 금강을 건너기 위해 장항을 점령하는 것이 매우 중대한 임무였다고 한다. 한강 하구를 건너 김포에 상륙한 부대도 이들이었을 것이다.

대천이 점령당했다는 소식을 들은 군산경찰서(서장 현규병 총경)는 서천이

> 17일, 群山警察署(장, 玄圭柄 총경)에서는 機先을 제압코자 署員 50명과 後退한 忠南警察隊를 동원하여 我 海兵 제1대대(장, 高吉勳 소령)와 함께 長項에 布陣, 敵의 侵襲에 對備하였다.
> 그러던 중 이날 10.00, 先遣部隊로 보이는 200명의 敵이 長項에 侵入하였다. 이에 軍警部隊는 이들을 기습하여 2시간동안의 격전끝에 敵을 격퇴하고, 사살 20명, 俘虜 3명의 戰果를 거두었다.

『한국전쟁사』 제2권 944쪽. 군산경찰서 경찰부대가 장항에서 인민군 선발대 200명을 기습했다고 주장했다.

인민군에게 점령당할 경우 군산도 역시 위험하다는 판단 아래 먼저 서천 장항읍에 진입하여 이들을 막기로 결정했다고 한다. 하지만 전멸할 각오로 싸울 것이 아니라면 상식적으로 보아 장항읍으로 건너가 금강을 등지고 싸우려던 시도는 어리석어 보인다. 오히려 한강 전투처럼 금강 강변에 진지를 구축하고 강을 건너려는 인민군을 저지하는 것이 효율적이었을 것이다. 게다가 경찰서의 병력만으로 1천 명이 넘을 인민군의 공격을 아무런 방어선도 없는 장항읍내에서 이들을 막을 수 있다고 믿었다는 것도 사실로 보기 어렵다.

그런데 이렇게 판단한 배경을 이해하기 위해서는 7월 16일 1개 대대 규모의 해병대 고길훈 부대가 군산에 상륙했다는 사실도 고려해야 한다. 이들이 군산에 상륙한 목적은 당시 군산에 보관되어 있던 정부미를 반출하는 것이었지만* 당시 아군 측은 이 정도 규모의 병력이면 경찰병력과 힘을 합쳐 인민군의 전진을 막을 수 있을 것으로 판단했을 가능성도 있다.

하여튼 1950년 7월 17일 오전 경찰서장은 강을 등지고 싸우러 나가면서도 '기선을 제압한다'며 군산경찰서 경찰관 50명과 후퇴한 충남경찰대, 해병 1대대(대대장 고길훈 소령)와 함께 장항으로 이동했다.

---

* 『서천군지』 제2권, 317쪽.

두 시간의 기습 전투와 그 후

7월 17일 군산경찰서장 일행이 군산을 출발한 때에 대해 오전이라고 했을 뿐 몇 시였는지 밝히지 않았다. 장항 나루까지 거리와 도착 후 방어 전투를 준비해야 하는 정황으로 보아 출발시간은 대략 새벽 6시 정도는 되었을 것으로 보인다.

장항에 도착하여 방어선을 구축하니 오전 10시가 되었다. 이어 인민군 6사단의 선발부대로 보이는 200명이 진지로 다가오자 군산경찰서가 먼저 공격을 시작했다. 『한국전쟁사』는 "이날 10시 선발부대로 보이는 200명의 적이 장항에 침입하였다. 이에 군경부대는 이들을 기습하여 2시간 동안 격전 끝에 적을 격퇴하고 사살 20명, 포로 3명의 성과를 거두었다."라고 했다.

아군 측의 피해가 없었는지 이에 대한 기록은 없었으며 적으로부터 빼앗은 노획물에 대한 소개도 없었다. 적을 격퇴했다고 서술했지만 오후가 되자 인민군 주력부대가 공격을 시작했고 이를 견디지 못한 군경부대는 결국 오후 3시에 물러나게 되었다. 이때에도 역시 아군 측의 피해에 대한 설명은 없었다.

위 설명에서 정작 전투가 있었는지도 의문이지만 가장 의문스러운 점은 이들이 후퇴한 곳이 군산이 아니라 이리(익산)라는 것이었다. 어떻게 이리까지 후퇴했는지도 설명이 없다. 분명한 것은 서장을 포함해 군산경찰서 경찰관들 모두 금강을 건너 군산으로 돌아가지 않고 이리로 물러났다는 것이다. 물론 이리로 후퇴하더라도 금강은 건너야 했다. 이는 군산경찰서가 군산에서 출발할 때부터 장항에서 패할 경우 군산까지 포기하기로 했던 것은 아니었는지 의심하게 한다.

위 책의 주장을 근거로 판단한다면 당시 인민군 6사단은 7월 17일 오

군산과 장항 사이에 다리가 놓이기 전에 사용되던 나루였다고 한다. 이곳으로 군산경찰서와 해병대가 장항에 상륙했을 것이다. 2019년 8월 9일 조사.

전 10시 장항읍에 진입을 시도했으며 오후 3시 장항을 완전히 점령했다고 볼 수 있다. 그렇다면 이 전투에 대해 라주바예프의 보고서는 어떻게 설명하고 있을까?

라주바예프에 따르면, 서천을 향한 인민군은 6사단 13연대로 7월 16일 오후 늦게 서천을 점령했다고 한다.* 서천군청 소재지에서 장항읍까지 약 8km 떨어져 있었으므로 늦어도 7월 17일 오후에는 이들이 장항에 도착할 수 있었을 것이다. 라주바예프는 별다른 충돌이 없었던 인민군이 7월 18일 금강을 도하하였고 7월 19일 새벽 경찰부대와 전투를 치른 뒤 오전 10시 군산을 점령했다고 한다.** 즉, 이들이 전투를 치른 곳은 장항이 아니라 군산이었다.

7월 11일 아산을 출발한 인민군 6사단 중좌 최태환의 증언도 이와 일치한다. 그는 서천에 도착해서 하룻밤을 보낸 뒤 7월 17일 장항을 향해 남

---

* 라주바예프, 『라주바예프의 6·25전쟁 보고서』 제1권, 333~334쪽.
** 앞의 책, 357쪽.

제3장 적군 없는 전투 161

서천경찰서 신청사와 장항지서가 있는 읍내의 모습이다. 이곳 너머에 군산으로 가는 바다가 있어 이곳에서 전투 후 후퇴를 했다면 바다를 건너는 방법 외에는 없어 보인다. 후퇴에는 해군의 함정이 이용되었을 것이다. 2019년 8월 9일 조사.

진했는데 남진하는 동안 별다른 전투를 경험하지 못했다고 했다.*

 이상 단편적이지만 인민군 6사단과 관련된 이북 측 기록과 기억에는 7월 17일 장항읍내에서 겪은 어떠한 전투에 대한 흔적이 남아있지 않다. 한편, 군산경찰서가 장항 방어선에서 후퇴한 다음 날 7월 18일 B-29를 비롯한 미 공군의 폭격기들이 장항읍을 폭격하기 시작했다. 경찰이 후퇴했으니 이제부터 장항은 적의 점령지가 되었던 것이다.

 군산이 인민군에게 점령당한 날은 7월 19일이었다. 당시 군산에 진입한 인민군은 6사단 2개 부대였는데, 13연대는 서천 장항읍을 통해 금강을 건넜고 15연대는 논산 강경을 거쳐 임피면으로 들어왔다고 한다.

그런데 또 다른 경찰부대가 이미 서천에 있었다

 그런데 『한국전쟁사』의 다른 서술에 따르면 같은 시간 서천에는 이미 또

---

* 최태환, 『젊은 혁명가의 초상』, 141쪽.

다른 경찰부대가 활동하고 있었다.

1950년 7월 15일경 홍인출 경감이 지휘하는 충청남도경찰국 직속 특경대가 이미 서천에 집결한 공주, 청양, 보령, 홍성, 당진, 서산 등의 경찰 200명과 함께 서천 북쪽 고지 일대에서 방어 전선을 형성하고 있었는데, 군산지구 해군경비부 사령관 김종기 소령의 명령에 의해 비인 부근에서 1,500명의 인민군과 대치하다가 7월 17일 아침 7시 금강을 건너 군산으로 후퇴했다고 한다.*

마치 별개의 사건처럼 서술하고 있어 눈치채지 못했지만 이것이 사실이라면 앞에서 군산경찰서장이 했다는 말, 즉 "먼저 서천 장항읍에 진입하여 이들을 막기로 결정했다"라든가 "기선을 제압한다"라는 말은 거짓이 아닐 수 없다.

수백 명의 경찰부대가 같은 날 아침 7시 장항을 통해 군산으로 후퇴했으며 군산을 떠난 군산경찰서 역시 거의 같은 시간에 군산항에서 장항을 향했던 것이니 어쩌면 두 부대는 금강변이나 금강 위에서 만났을 가능성까지 있어 보인다. 마치 교대하는 모습처럼 보이기도 하는데 그렇다면 경찰부대가 군산 방면 금강선에서 방어하지 않고 굳이 강을 건너 장항까지 갔던 또 다른 이유는 여전히 설명되지 않는다. 가장 합리적인 설명은 후퇴하는 경찰 병력을 엄호하는 것으로 보인다. 이들 경찰부대의 상대가 1,500명 규모의 인민군이었다는 사실도 주목할 만하다.

사살된 20명의 인민군은 국민보도연맹원이었을까?

지난 진실화해위원회의 조사에 따르면, 전쟁이 일어난 직후 서천경찰서에 의해 미리 체포된 지역의 지도자급 국민보도연맹원 20여 명이 대전형

---
* 국방부 군사편찬위원회, 앞의 책 제2권, 943쪽.

무소로 보내졌고 서천에서 총살이 집행된 경우는 없었다고 한다.* 하지만 전체 지역에 대한 조사가 이루어진 바 없으니 이 주장을 그대로 받아들이기 어렵다.

인민군 6사단 13연대의 목적은 장항읍을 지나 군산을 공격하는 것이었다고 한다. 병력의 수나 무장의 수준을 비교한다면 이들이 장항읍에 포진한 군산경찰서의 병력을 중요한 상대로 여기지 않았을 것이다. 경찰의 기습이라는 표현도 적절하지 않아 보인다. 과장된 서술로 보아 실제 공격이 있었는지도 믿기 어렵다.

그렇다면 7월 17일 군산경찰서와 해병대에게 사살당했다는 20명은 누구였을까? 서천 지역에서 벌어진 국민보도연맹사건은 서면 희생자 외에 조사되지 않았으며, 군산경찰서 유치장에 감금된 국민보도연맹원들이 총살된 날은 7월 19일이었다. 이날은 인민군이 군산을 점령한 날이니 인민군 점령 직전에 국민보도연맹사건이 일어났던 것이다. 위 전투 기록을 보니 군산경찰서장이 이리로 후퇴하고 없는 상태에서 저질러졌다.

진실화해위원회 조사에서 생존자는 후퇴가 임박했던 경찰들이 다급하게 유치장 창살 사이로 총을 쏘았다고 했으며 경찰관 나 씨는 인민군이 군산에 진입하는 것을 확인하고 후퇴하면서 유치장에 감금된 보도연맹원들을 사살했다고 증언했다.

서천에서는 경찰서에 소집되어 있었을 국민보도연맹원들이 언제 어디에서 희생되었는지 아직 조사된 바 없다. 다급하게 총살했다는 군산의 사례로 보아 7월 17일 전사했다는 장항읍의 20명이 국민보도연맹사건과 관련된 것은 아닌지 의문이다.

---

* 진실화해위원회, 「충남 국민보도연맹사건(2)」, 『2009년 하반기 조사보고서』 제4권, 529쪽.

제4장

피란길에서 벌어진 전투 II _경북, 충북

1950년 7월 중순부터 낙동강 전선이 형성되기 직전인 7월 말까지 충북 보은, 영동과 경북 문경, 상주에서 전쟁 초기를 대표하는 전투 또는 피란민 학살 사건이 발생했다. 대표적인 전투로 알려진 곳은 상주 화령장이며 피란민 학살 사건으로 알려진 곳은 영동 노근리였다. 그런데 화령장 전투는 인민군 주력이 이미 지난 뒤 피란민들이 붐비는 속에서 벌어졌으며, 인민군이 피란민을 방패로 이용했다는 영동 노근리에서는 아직 인민군이 진입하기 전이었음이 확인되었다.

문경에서는 화령장 전투가 벌어지던 시기에 소속을 알 수 없는 200여 명의 인민군을 공격하기도 했는데 이들은 마치 길을 잃은 것처럼 보이기도 했다.

이 전투가 벌어지던 시기에 문경과 상주, 영동에서는 국민보도연맹사건이 벌어지고 있었다. 문경에 진입한 국군 6사단은 7월 10일 농암면 뭉우리재, 7월 14일 호서남면 유곡리, 7월 16일 영순면 김용리 등에서 국민보도연맹사건을 일으켰다.

상주에서는 7월 16일 국군이 후퇴한 뒤인 7월 17일부터 23일까지 낙동면 성골과 구잠리 부치데이 골짜기에서 국민보도연맹사건이 발생했다. 가해 집단인 국군 17연대는 이 시기에 수도사단 소속이었다.

영동에서는 7월 18일부터 20일 사이에 영동읍 부용리 어서실, 영동읍 설계리 석쟁이재에서 국민보도연맹사건이 발생했다.

우마차를 공격한 1차 화령장 전투

_1950년 7월 17일 상주 화서면 상곡리

민간인이 희생된 것으로 보이는 전투 중 이번에 다루는 것은 충주 동락리 전투에 이어 이승만의 명령에 의해 국군 17연대 1개 연대 전원이 1계급 특진했다는 화령장 전투 중 첫날 벌어진 사건이다.

1950년 7월 17일 40여 대의 우마차와 함께 나타난 인민군이 상주 화서면 상곡리 계곡에서 휴식에 들어가자 국군 17연대 1대대가 이들을 공격하여 250여 명을 사살했다.*

그런데 인민군 측은 공격을 당하는 동안에 "한 발의 저항도 못"했다. 차량도 아닌 우마차를 끌고 나타난 이들이 과연 인민군이었는지, 혹시 피란민 집단은 아니었는지 의심하는 이유이다.

인민군 주력이 이미 통과하다

1950년 7월 중순 육군본부 직속 독립연대에서 국군 1군단으로 배속된

---

* 국방부 군사편찬위원회, 『한국전쟁사』 제2권, 425~454쪽.

화령초등학교에 주둔하던 국군 17연대가 상곡교에서 인민군 통신병을 사로잡은 뒤 매복하고 후발부대를 기다렸다고 한다.

국군 17연대(당시 연대장 김희준 중령)는 예비 부대로서 보은에서 부대를 재편성 중에 육군 본부로부터 이동하라는 명령을 받았다. 예비 부대였다는 사실에 대해 "화령전승기념관"은 당시 육군 유일의 경우였다고 자랑스럽게 강조하고 있다. 하지만 실제 예비 부대로서 부대를 재편성한다는 것은 부대가 전투 능력을 잃었으므로 병력을 충원하여 회복하는 중임을 의미한다. 특별하게 자랑스럽게 강조할 만한 내용은 아닌 것이다.

명령에 따라 17연대 1대대가 1950년 7월 17일 새벽 6시 주둔지를 출발하여 보은 마로면 관기리에 도착했을 때 금곡리를 통해 남하한 인민군이 벌써 관기리를 지나쳐 상주로 향한 뒤였음을 알게 되었다. 이후 다시 보은을 출발해 아침 7시경 화령장을 통과하면서 이미 인민군 주력이 화서면을 지나 상주읍으로 지나간 사실을 다시 주민들로부터 듣게 되었다.

마을에서 만난 한 주민은 "밤새껏 우리 마을 앞을 지나 상주 쪽으로 갔

> 의 彈雨洗禮를 받게 되고, 그들 集結地는 一瞬에 修羅場이 되어 阿鼻叫喚을 이루었는데, 거기에다 40餘匹의 牛馬가 銃砲聲에 놀라 날뜀으로써 混亂을 더하게 하였다. 한발의 抵抗도 못한 敵은 오직 救命圖生만을 노려 中達里쪽으로 빠져 나가려 하였으나, 제3중대의 火網

『한국전쟁사』 제2권 428쪽. 이때 공격당한 무리는 40여 대의 우마차였다.

으니 이 길은 위험하다."라고 알려주었다. 그런데 이 마을에는 7월 14일부터 이미 국군 정보 부대가 활동하고 있었으니 17연대는 군의 정보 계통을 통해서가 아니라 주민 면담을 통해 이러한 사실을 알게 되었다. 이유는 알 수 없지만 정보 부대의 활동에서 얻어낸 정보가 국군 사이에 공유되지 못했던 것이다.

『육군전사』 제3권 41쪽은 인민군 주력이 이미 국군 주둔지를 지났다는 사실을 알게 된 연대장은 앞서 간 인민군의 후속부대를 공격하기로 했다고 서술했다. 『한국전쟁사』 역시 주력이 이미 국군 주둔지를 지난 사실을 파악한 국군 17연대 1대대는 이어 도착할 인민군 부대를 공격하기 위해 숨어 기다리고 있었다고 했다. 그런데 "화령장지구전적비"의 안내문은 "북한군의 선두부대인 제48연대를 기습"했다고 적었다. 인민군 48연대의 후속 부대를 공격했다는 사실이 마치 선두 부대를 공격한 것처럼 착각하게 만든다.

충북 보은과 경북 상주의 경계인 화령장에 있던 국군 17연대는 인민군에게 포위당할 위험에 처해 있었지만 이에 대한 위기의식은 전혀 찾을 수 없다. 전선이 뒤엉키는 일에 너무 익숙해졌기 때문이었을까?

40여 대 우마차를 발견하다

7월 17일 아침 상주 화서면 신봉리에 있는 화령초등학교에 부대를 주둔시킨 17연대 1대대장 이관수 소령은 부하들과 함께 상곡교를 정찰하던 중 자전거를 탄 한 인민군을 사로잡았다고 한다. 포로는 상주로 진출

『화령장지구전적비』 안내문. 인민군 48연대가 선두부대인 것은 사실이겠지만 이 부대의 주력은 이미 상주까지 진출했다. 2019년 5월 15일 조사.

한 인민군 15사단 48연대 대대장이 연대로 보내는 전령이었고 그가 전달하려던 내용은 "대대는 지난 밤 소수의 국방군으로부터 사격을 받았으나 그들을 물리치고 17일 08:00에 상주를 바라 볼 수 있는 △273(상주 서쪽 3km)를 점령하였음."이었다. 상주 읍내에서 상곡교까지 거리는 대략 15km이므로 이 인민군 전령은 그 정도를 자전거로 달려오다 사로잡힌 것이었고 아마 가려했던 남은 거리 역시 비슷했을 것이다. 인민군 48연대라면 지난 7월 4일와 6일 충주 동락리 전투에서 한 차례 전멸했다는 부대였다.

인민군이 7월 17일 상주 읍내에 도착한 사실은 소련군사고문관의 기록에서도 확인된다. 라주바예프는 "(인민군 1사단은) 7월 16일 밤 9시 무렵 1개 연대 병력의 적을 섬멸하고 문경을 점령하였다. 사단 선두부대들은 남쪽 방면으로 진격을 계속하여 7월 17일 오후 늦게 (상주 낙동면) 유곡리를 점령하였다."라고 했다.* 이에 따르면 7월 17일 저녁 이미 인민군 선두

---
* 라주바예프, 『라주바예프의 6·25전쟁 보고서』 제1권, 205쪽.

자전거를 탄 인민군 15사단 48연대 소속 대대장의 전령이 사로잡혔다는 상곡교는 상주에서 괴산으로 가는 길목이다. 2019년 5월 15일 조사.

부대는 상주 읍내를 점령하고 낙동강변인 유곡리까지 진출했던 것이다. 차이가 있다면 『한국전쟁사』는 상대 인민군 부대 소속이 15사단 48연대라고 했는데 이 보고서에는 1사단이었고, 이들은 이미 상주를 통과했다.

국군 17연대는 인민군의 후방에서 벗어나기보다 후방에 있는 인민군을 공격하기로 결정하고 곧 다가 올 인민군 48연대 본부대를 기다렸다. 오후 4시가 되자 갈령 계곡에서 몇 대의 사이드카와 그 뒤를 따라 40여 대의 우마차가 상곡리 마을 앞으로 모여들었다. 국군은 이들의 우마차에 실린 물건들이 포와 탄약으로 추정했다. 40여 대의 우마차라면 이천 곤지암리 전투와 같은 규모이고 단양 매포 전투의 100여 대보다는 규모가 작았다.

목욕하는 인민군 부대

『한국전쟁사』에 따르면, 이들 인민군의 행동은 상식적이지 못했다. "우산천(愚山川)에 뛰어들어 목욕"을 하는가 하면, 경계 부대는 "아군이 있으리라는 것을 전연 의식하지 않은 듯"했다. 이들은 공터에 마차를 세우고 경계 부대를 배치한 뒤 개천에서 목욕을 하거나 식사를 준비했다. 그런데 『한국전쟁사』는 40개의 마차와 함께 나타난 이들 인민군의 규모를 밝히지 않아 의문이다. 전투 후 전사한 인민군의 수를 250명이라고 한 것으로 보아 당시 인민군의 수를 이 정도로 짐작할 수 있지만 최초의 목격에서 이를 설명하지 않는 점은 이해하기 어렵다.

오후 4시에 인민군을 확인한 국군은 바로 준비에 들어가 오후 5시부터 공격을 시작하려 했으나 박격포탄과 기관총의 탄약이 부족하여 탄약을 공급받은 뒤인 저녁 7시부터 공격을 시작할 수 있었다고 했다. 북쪽 계곡으로부터 포성이 나자 40여 필의 소와 말이 놀라 날뛰었다. 공격은 이후 1시간 동안 계속되었지만 인민군은 한 발의 저항도 하지 못했다고 했다.

1대대장은 "어두워지기 전에 완전히 섬멸시키겠다"고 했으나 연대장은 본대가 도착한 뒤 하자며 일단 공격을 중단시킨 뒤 "우선 퇴로를 차단하라"고 명령했다. 보은을 출발한 17연대 주력 부대가 새벽 4시면 도착할 것으로 보았기 때문이라고 하는데 공격 직후인 저녁 8시에 공격을 중단했다가 새벽 4시에 다시 공격하려 했다는 주장은 설득력이 떨어진다. 그리고 어떻게 된 일인지 다음날 연대 주력부대는 도착하지 않았다.

다음 날인 7월 18일 1대대장은 "버려진 장비에 비해 시체가 적은 것"으로 보아 남아있는 패잔병이 많을 것으로 판단하고 상곡리를 소탕하게 했다. 마을에 남아있는 패잔병 처리는 주민들에 대한 공격으로 나타났을 것이니 이 소탕작전에 의해 상곡리 주민들도 피해를 입었을 것으로 짐작할 수 있다. 주민들이 당한 구체적인 피해 사실은 7월 20일에 있었던 2차 전투에서 확인된다.

1대대는 7월 17일과 18일 이틀 동안 250명을 사살하고 30명을 포로로

우마차를 끌었던 인민군들이 목욕하러 뛰어들었다는 우산천. 지금은 이안천으로 부른다. 국군은 개울 건너편 야산에 진지를 구축했을 것이다. 2019년 5월 15일 조사.

잡았다고 한다. 그런데 포로로 잡힌 자들이 비무장이었다고 하니 이 역시 주민들이 아니었는지 의문으로 남는다. 노획물은 박격포 20문, 45mm 대전차포 7문, 소총 1,200여 정, 통신장비 여러 개였다고 한다.

전투를 마친 1대대는 후퇴하지 않고 화령초등학교로 다시 집결하여 다음 전투를 준비했다고 한다.

의문

국군 17연대가 상곡리에 도착했을 때 인민군 선두 부대는 이미 이곳을 지나간 뒤였다. 이때 이상하게도 국군에게 퇴로가 막혀 포위가 될 수 있다는 위급함은 전혀 느껴지지 않는다. 사후에 구술로 재정리하면서 생긴 합리화의 오류일 수 있지만 전공을 조작하거나 과장하려는 의도도 무시할 수 없다.

주력이 이미 통과한 뒤였고 40대의 우마차가 짐을 나르는 중이었으니 국군 17연대의 공격을 받았던 인민군의 임무는 물자 보급으로 보는 것이 타당하다. 그럼에도 공격당한 인민군 부대가 보급부대라는 사실은커녕 마치 인민군 48연대의 나머지 2개 대대인 것처럼 주장했다. 전투 현장에서 물을 만났다고 목욕하는 군인들의 태도 역시 의문이 아닐 수 없다. 군인들이 아닐 수 있는 것이다.

이북 역사학자 허종호에 따르면, 인민군은 우마차 수송대를 조직했다고 한다. 그는 "우마차 수송대를 조직하여 우마차에 의한 수송을 체계화하며 그것을 효율적으로 리용"하라는 명령이 있었는데 이는 "후방 인민들의 강력한 지원 밑에", "인민들을 광범히 동원하여" 이루어졌다는 것이다.*

이로 보아 보급 물자를 나르던 중이었다면 이들 중에는 민간인이 있을 수 있었다. 적어도 우마차를 끌고 가던 사람들은 인민군이 아니었을 것이니 최소한 40명의 민간인이 이 대열 안에 포함되었을 것으로 짐작할 수 있다. 전투를 겪은 군인들이 마을에 주둔한 인민군의 숫자를 밝히지 않은 것도 민간인이 섞여 있었다는 사실을 드러내지 않으려던 의도였을 수 있다.

그런데 이조차도 우마차에 실린 물건들이 군수품이라는 가정 아래 내린 판단이다. 만약 군수품이 아니라면 이들은 40여 대의 우마차를 이용해 남으로 이동하는 피란민 집단일 수도 있다고 보아야 한다. 사살당한 인민군이 250명이었음에도 한 발의 저항도 하지 못한 사실이나 남은 자들 대부분이 비무장이라고 밝힌 점은 이들이 피란민이었을 것으로 의심하는 근거 중 하나이다.

『한국전쟁사』에는 "(7월 19일) 그간 연일연야로 남부여대한 피란민 대열이 갈령계곡을 메웠는데, 이날을 기해 그들의 발길이 끊기고 이 계곡은 흡

---

* 허종호, 『조선인민의 정의의 조국해방전쟁사』 제1권, 258~259쪽.

화령전승기념관 공원 내 상곡리 전투 안내판. 17일 인민군 48연대 주력이 목욕과 낮잠을 자다 섬멸되었다고 서술했다. 2019년 5월 15일 조사.

사 무인지경과 같은 고요 속에 묻히게 되었다."라고 적었다.* 이는 전투 당시인 7월 18일과 19일 전투 현장 부근에 피란민이 많았음을 짐작할 수 있게 하는데 전투로 이들이 희생되었을 가능성도 있는 것이다.

1954년에 간행된 『6·25사변 육군전사』는 이 전투에 대해 "16:00 예기한 적의 후속부대는 상주를 통하는 도로를 따라 아 제3중대 전면을 통과하기 시작하였다. 적은 제48연대 주력인 2개 개개 및 통신중대, 대전차 모중대, 기마대대 등이며 금곡리에 도착하자 부락에 침입, 식사를 위하여 휴식하는 호기를 아군은 이용하여 적의 포착 섬멸코저 18:30 제1중대를 조공으로 각 중대는 일제 공격을 개시하였다. 적은 이러한 아군의 불의의 습격에 대혼란을 일으켜 송천리 방면으로 도주하고 더욱이 퇴각하는 적 주력이 아 제3중대 공격 전면으로 박두하자 아군은 1시간여에 걸쳐 격렬한 화력을 가하여 치명적 타격을 주었다."라고 서술했다.**

---

* 국방부 군사편찬위원회, 앞의 책 제2권, 434쪽.

** 육군본부 전사감실, 『6·25사변 육군전사』 제3권, 42쪽.

이 책은 국군이 인민군 48연대 주력 2개 대대 이상의 인민군을 공격했다고 주장했는데 이는 인민군 선발부대 1개 대대가 이미 상곡리를 지난 뒤였다는 사실을 누락했으며, 1970년대 간행된 『한국전쟁사』의 전투 내용, 즉 40여 대의 우마차를 공격했다는 내용에 비교하면 터무니없이 과장했음을 알 수 있다. 하지만 결국 두 책 모두 민간인이 포함된 무리를 공격했다는 사실은 드러내지 않았다.

2차 화령장 전투도 우마차를 공격했다

_1950년 7월 19일 상주 화남면 동관리

상당수의 민간인들이 희생되었을 화령장 전투는 7월 17일에 이어 19일에도 계속되었다.* 지난 공격이 국군 17연대 1대대에 의해 화서면 상곡리 도로에서 있었던 데 비해 이번 공격은 같은 연대 2대대에 의해 여기에 북쪽으로 인접한 화남면 동관리 도로에서 있었다.

이번에도 역시 공격당한 사람들은 보급과 관련된 한 무리였다고 했지만 이전과 달리 이번 사망자 중에는 민간인이 포함되어 있었음이 명백하게 드러났다.

인민군 48연대에 이어 49연대를?

1950년 7월 18일 국군 17연대장 김희준 중령은 미 군사고문관과 함께 전날 있었던 1대대의 상곡리 전투 현장을 둘러봤다. 이들이 무슨 정보를 근거로 삼았는지 알 수 없지만 이제 더 큰 규모의 인민군들이 이곳을 지날

---

* 국방부 군사편찬위원회, 『한국전쟁사』 제2권, 436쪽.

민간인이 포함된 우마차를 공격한 2차 화령장 전투가 동관리에서 벌어졌다고 한다. 구체적인 위치는 확인되지 않고 있는데 추정지를 타원으로 표시했다.

것으로 판단하고 화령장 북쪽에 있는 갈령으로 수색대를 보냈다고 한다.

명령에 따라 갈령으로 향하던 수색대는 오후 2시 30분 자전거를 타고 갈령을 넘어서는 인민군 2명을 사로잡았다. 연대본부에서 조사한 결과 이들은 인민군 15사단장이 인민군 48연대장에게 서신을 전달하는 전령이었음이 확인되었고 그 내용은 "49연대와 합세하여 국군 6사단을 협격하고 김천, 대구방면으로 진출할 준비를 하라"는 것이었다. 그런데 당시 국군 6사단은 7월 10일경부터 상주 북쪽인 문경으로 철수하여 다가 올 전투를 준비하고 있었다. 인민군이 잘못 알고 있을 수 있겠지만 자신들 후방에 해당하는 문경에 국군이 주둔하고 있는 마당에 더 남쪽인 김천과 대구를 공격할 준비를 하라는 명령은 그다지 있을 법하지 않다. 더군다나 그 시기가 7월 18일이었음을 염두에 둔다면 더욱 그렇다.

> 소를 設置케 하였는데, 14.00 경계초소에 나가 있던 卜鎭世 병장이 뛰어와서 報告하기를 『말을 탄 軍人 2명이 補給品을 積載한 것으로 보이는 牛馬車 10餘대를 이끌고 이쪽으로 오고 있다.』고 하였다. 吳 중위가 卜 병장이 가르키는 곳을 보니 果然 말을 탄 傀儡軍 장교 2명이 先頭에 서고 私服차림의 2명과 그들 兵士로 보이는 10餘명이 소와 말을 몰면서 그 뒤를 따르고 있었다.

『한국전쟁사』 2권 436쪽. 피살자 중에는 최소한 민간인 2명이 포함되어 있었다. 변진세 병장은 이어질 21일 전투에서도 비슷한 내용을 보고했다. 우연이 반복되면 더이상 우연으로 볼 수 없다.

『한국전쟁사』는 이 상황에 대해 "연대장 김희준 중령은 이 획득 문서를 통하여 적이 그들의 48연대가 격멸된 사실을 아직 모르고 있다는 것과 제49연대도 불원 이곳을 통과할 것을 알게 되었다."라고 서술했다.

여기에서 글쓴이들은 김희준 중령의 입을 빌어 지난 7월 17일 민간인 포함하여 최대 250명에 이르는 보급부대원들을 사살한 전투를 마치 1개 연대 3천여 명에 해당할 인민군 48연대를 전멸시킨 것처럼 스스로 속이고 있음을 알 수 있다. 이 표현대로라면 이제 인민군 48연대는 전멸되었고 다음은 인민군 49연대가 전멸될 차례처럼 보인다. 하지만 달리 보면, 250명을 사살한 대규모 전투 사실을 인민군 측이 모르고 있었다는 점만으로도 두 가지 가능성, 즉 전투가 과장되었거나 사망자들이 인민군이 아니었을 가능성을 짐작할 수 있게 한다.

전투 사실을 모르고 지나가다 체포된 인민군 연락병을 통해 인민군 15사단 49연대가 곧 화령장 부근을 통과할 것으로 판단한 연대장은 화령초등학교 운동장에 집결한 2대대(대대장 송호림 소령)를 화남면 동관리로 보냈다.

한편 이날까지 밤과 낮 구별 없이 이어져 갈령 계곡을 가득 메웠던 수많은 피란민 대열이 7월 19일이 되자 발길이 끊겼다고 했다.『한국전쟁사』는 "그간 연일연야로 남부여대한 피란민의 대열이 갈령계곡을 메웠는데 이날을 기해 그들의 발길이 끊기고 이 계곡은 흡사 무인지경과 같은 고요 속에 묻히게 되었다."라고 표현했다. 어쩌면 지난 17일 피란 길목에서 벌어진 전투 소식이 이제야 피란민들에게 전달되었기 때문이었을 것으로 짐작할 수 있다. 만약 그렇다면 이 사실에 대해 인민군들 역시 알고 있었을 것으로 봐야 하지 않을까 싶다. 그것이 아니라면 인민군 측에서 피란민 이동을 통제했을 가능성을 생각해볼 수 있는데 인민군 측은 점령 후 대체로 주민들에게 피란할 필요가 없다는 선전을 했다고 한다. 물론 피란을 막지 않고 피란민과 함께 이동하는 경우가 확인되기도 한다.

동관리 주민들이 국군의 소개 명령을 거부하다

대대장 송호림 소령은 7월 19일 새벽 6시 곧 전투가 벌어질 것으로 예상되는 동관리에서 주민들이 거주하는지 여부를 확인하고 소개하라고 명령했다. "무고한 희생자가 발생하지 않도록 유념하라고 강조하였다."고 하는데 어쩌면 이는 이틀 전 있었던 전투에서 "무고한 희생자"가 발생했기

동관리 마을 입구 모습. 하송리가 이안천 옆 평야에 있는 큰 마을이었던 반면 동관리는 갈령고개 아래 계곡에 인접한 작은 마을이었다. 2019년 5월 15일 조사.

때문일 수 있었다.

각 중대장들이 확인한 결과 당시 5중대 진지 앞의 송내리(하송리를 말하는 듯)와 7중대 진지 안의 동관리에는 노인 두세 명이 남아서 소개를 거부하고 있었다. 이들이 소개 명령에 따르지 않은 이유는 두 가지였는데, 첫째는 "갈 곳도 없고 가 봤자 얼마나 더 살겠느냐"는 것이었고, 둘째는 "인민군 대부대가 통과했으나 아무 일이 없었다"는 것이었다고 한다.

당시 동관리는 20여 호가 살던 마을이었는데 위 책은 첫째 이유와 관련하여 마을 노인들이 전투 직전에 소개되었는지, 아니면 전투 중 또는 전투 후 어떤 피해를 입었는지 전혀 밝히지 않았다. 소개 지역의 민간인을 공격한 당시 국군의 정책이나 민간인 피해에 대한 소극적 태도의 서술 내용으로 봐서는 마을에 남아 이른바 "부수적 피해"를 입었을 가능성이 높다.

노인들이 마을에 남겠다는 둘째 이유는 더욱 심각한 내용을 담고 있다. 이미 인민군 대부대가 통과했으므로 무슨 심각한 전투가 벌어지겠느냐는 입장은 국군 17연대에겐 불편할지 모르지만 지극히 상식적인 주장이다. 여기에는 이미 인민군 대부대가 이미 통과했다는 사실과 함께 지난 17일에 있었다는 전투를 의심할 만한 내용이 담겨 있다. 이 노인들은 지난 17일 벌어진 전투를 모르던가 아니면 대수롭지 않게 보고 있는 것이다.

10여 대 우마차를 공격

낮 2시가 되자 동관리를 경계하던 초소에서 10여 대의 우마차와 사람들이 내려왔다고 한다. 이를 목격한 변진세 병장은 "말을 탄 군인 2명이 보급품을 적재한 것으로 보이는 우마차 10여 대를 이끌고 이쪽으로 오고 있다."라고 보고 했다. 이어 소대장이 보니 선두에는 말을 탄 인민군 장교 2명이 대열을 이끌고 있었고 그 뒤로는 민간인 복장의 사람이 섞여있는

『화령장지구전적비』 공원 내 화령장 전투지 안내판. 19일 전투는 소개하지 않았다. 2019년 5월 15일 조사.

10여 명의 무리가 소와 말이 끌고 있는 마차를 몰고 있었다. 이들에게는 주위를 경계하는 기색도 없었고 더 이상 뒤에 따라오는 무리도 없었다.

일행이 국군 진지로 다가오자 매복한 국군이 총을 쏘기 시작했다. 연대장이나 대대장의 사격 명령이 없는 상태에서 공격이 이루어졌다고 했다. 상부에 우마차가 다가오는 사실을 보고하지 않았던 것이다.

『한국전쟁사』는 "집중사격을 가하기 시작하여 순식간에 그들 전원을 쓰러뜨렸는데, 확인하여 보니 말을 탄 다른 1명은 보이지 않고 민간인 2명을 포함한 19명이 사살되었으며, 소 2마리와 말 4마리도 폐사되었었다. 그리고 우마차에는 각종 탄약과 식량 등이 적재되어 있었다."라고 했다.* 명령을 받지 않고 먼저 총을 쏘고 난 이후 확인해 보니 사망자는 민간인 2명이 포함된 19명이었고 소 2마리와 말 4마리도 사살되었다는 것이었다. 이번에도 우마차에는 탄약과 식량이 실어져 있었다고 했다.

이후 보고를 받은 대대장 송호림 소령은 "사살된 적 시체와 말을 도로

---

* 국방부 군사편찬위원회, 앞의 책 제2권, 436쪽.

로부터 떨어진 곳에 매장케 하여 흔적을 없애게 하고 그들 보급품과 죽은 소는 다른 우마차에 분적시켜 연대본부로 후송"케 하였다.

명백한 민간인 피해 사실

대대장의 이 조치는 이어 올 인민군 부대를 한 번 더 공격하기 위한 것으로 해석할 수 있지만 다른 한 편으로는 민간인을 살해한 범죄의 흔적을 없애려 한 것으로 보이기도 한다. 그는 이어 각 중대장에게 "앞으로 명령 없이 발사하는 중대는 그 중대장을 문책하겠다."고 밝혔다. 이 사실도 이러한 의심의 근거가 되는데, 전투의 내용을 정리하면 최소한 민간인을 공격한 사실은 명백하다고 할 수 있다.

지난 17일 공격에서도 이미 지적했지만 우마차가 10여 대였다면 10여 마리의 소와 말을 끈 사람 역시 10여 명의 민간인이었을 것이다. 그럼에도 피살자가 민간인이 2명 포함된 19명이었다고 적었다. 마치 2명 외에 모두 인민군인 것처럼 보이지만 실제 대부분이 민간인이었을 가능성이 더 커 보인다.

도로를 내려오던 일행은 경계하는 기색을 보이지 않았으며 저항 역시 없었다는 사실도 이러한 판단의 근거이다. 이 전투를 통해 노획한 무기가 있었는지에 대한 보고도 보이지 않는다. 앞서 인민군 49연대가 올 것으로 예상했다지만 정작 이번에는 피살된 인민군의 소속을 밝히지도 못하고 있다. 『한국전쟁사』는 장교 뒤에 따르는 민간인 복장의 사람들이 인민군인지 여부를 분명하게 서술하지 않았고, 대대장은 이 전투 후 명령 없이 총을 발사하는 중대는 문책하겠다며 질책했다.

17연대 스스로 2명의 민간인이 사살당한 사실은 인정하고 있는데다 나머지 사람들 역시 인민군이었다고 단정할 수 없다. 우마차에 적재한 물건

```
                    양 민 피 살 자 신 고 서
┌───┬──────┬─────────────────────────────────────────────────┐
│   │ 본 적 │ 경북 상주군 화서면 상곡리 211                      │
│ 피├──────┼─────────────────────────────────────────────────┤
│ 살│ 주 소 │ 상  동                                            │
│ 당├──────┼─────┬─────┬─────┬────┬─────┬──────┬──────────────┤
│ 시│ 직 업 │ 농업 │성 명│윤숙상│성별│ 남  │생년월일│ 1918. 6. 24.│
│   ├──────┼─────┴─────┼─────┴────┴─────┴──────┴──────────────┤
│   │ 피 살 │ 1950. 7. 20. │ 피살장소 │ 상주군 화서면 상곡리      │
│   │연월일 │              │          │                         │
```

양민피살자신고서 (피살자 본적: 경북 상주군 화서면 상곡리 211)
— 군 관계: 6·25사변 당시 제17연대 소속 군인이 피난을 가지 않았다고 하여 무조건 피살하였음
— 유족대표: 윤필상 (32세), 피해자의 제
— 1960년 6월 13일 우 신고인 윤필상

화령장전투를 치렀다는 국군 17연대에 의해 상곡리 주민이 학살당한 사례가 1960년 국회보고서 신고서에서 확인된다. 당시 33세였던 희생자는 피란하지 않았다는 이유로 총살당했다.

을 탄약으로 보더라도 이들은 점령군의 위협에 의해 동원된 지역 주민들이었다고 보지 못할 이유가 어디 있겠는가? 한편, 국가 공식 기록물에서 이날의 전투를 기록하지 않는 경우를 확인할 수 있다. 『화령장지구전적비』가 세워진 곳의 안내판에는 17일 전투에 이어 21일 전투만을 소개하고 있어 눈에 띈다. 19일 전투를 누락시킨 것이다.

1954년 간행된 『육군전사』에 7월 19일부터 21일 사이의 정황에 대해

"전선은 평온하였고 제17연대는 계속 방어진지를 구축 강화하였다."라며* 이날 벌어진 전투를 인정하지 않고 있어 『한국전쟁사』와 비교된다.

한편, 지난 국가기관의 조사에서 상주 화령장 전투 중 학살당한 민간인들이 확인되었음이 드러났다. 1960년 제4대 국회 「국회양민학살진상조사보고서」 내 양민피살자신고서에 따르면 1950년 7월 상주 화서면 상현리, 상곡리, 화남면 동관리 일대에서 17연대 등에게 희생된 주민들이 확인된다. 이 보고서는 1960년 5월 23일 국회 본회의 결의에 따라 구성된 "양민학살 진상조사 특별위원회"가 같은 해 5월 31일부터 6월 10일까지 11일 동안 조사한 내용이다.

이때 피해 주민으로부터 접수받은 신고서에 따르면, 상곡리 윤숙상(33세)은 7월 20일 피란을 가지 않았다는 이유로 국군 17연대 군인에게 총살당했다. 당시 국군의 소개작전은 토벌작전과 다름없었으므로 집에 있었다는 이유만으로 총살당했던 것이다.

이어지는 보고서에는 상현리 김성택(57세) 역시 7월 30일 피란하지 않았다는 이유로, 같은 날 같은 마을 김수원(여, 71세)과 김용득(32세)은 집에 있던 중 미군에게 총살당한 사실이 담겨있다.

지난 진실화해위원회에서는 이 피해 사실에 대해 조사한 바가 없었다. 진실규명 신청을 하지 않았다는 이유로 조사되지 않았던 것인데 이제 전투가 벌어졌다고 주장하는 시기에 국군 17연대에 의해 민간인들이 학살당한 사실이 『한국전쟁사』라는 국가기록에 의해 부인할 수 없는 객관적 사실로 확인되었다. 이제라도 이들의 피해 사실을 전면적으로 조사하여 진실을 규명해야 할 것이다.

---

* 육군본부 전사감실, 『6·25사변 육군전사』 제3권, 42쪽.

식별할 수 없는 무리를 공격한 3차 화령장 전투

_1950년 7월 21일 상주 화남면 동관리

7월 17일 1차 40여 대 우마차 공격, 7월 19일 2차 10여 대 우마차 공격에 이어 7월 21일에도 공격은 계속되었다. 우연이었는지 이번에도 짙은 안개로 "피아를 식별할 수 없는 부대"가 "발자국 소리와 수레 구르는 소리를 내며" 다가오고 있었다. 국군은 저들이 인민군인지 아군인지 피란민인지도 모르면서 공격을 해야 하는 상황에 또 다시 직면했다.

국군 17연대 2대대(대대장 송호림 소령) 역시 "배낭을 메고 있다는 점", "손수레가 집단 사이사이에 끼어 있다는 점"만으로 이들을 인민군으로 판단하고 공격을 시작했다. 육안으로 확인하지 못한 상태의 공격이었고 이 공격이 이루어진 뒤에는 미 군사고문관의 확인까지 있었다.*

이번 2대대의 공격 역시 연대장의 명령 없이 시작했는데 이미 5일 전에 인민군 선두부대가 화령장을 지나 낙동강으로 갔음에도 5일 넘게 그 후방에서 보급부대에 대한 공격을 계속하려 했던 것이다.

---

* 국방부 군사편찬위원회, 『한국전쟁사』 제2권, 439~442쪽.

> 間距離를 유지하면서 걸어가고 있었으며, 우리 또한 눈 앞의 敵을 보면서도 방아쇠를 잠근 채 바라보고 있어야만 했다. 왜냐하면 어제 명령없이 發射하여, 全員 俘獲할 수 있었던 敵을 射殺하였기 때문에 중대장으로부터 「명령 없이는 射擊하지 말라.」는 嚴한 注意를 받고 있기때문이었다.』라고 하였다. 이러한 狀況은 제7, 제6중대 및 제5중대로 이어지면서 대대

『한국전쟁사』 제2권 440쪽. "명령 없이 사격하지 말라"는 명령이 있었지만 이번에는 통신을 끊어가면서 사격을 가했다. 사로잡지 못해서가 아니라 사살해선 안 될 사람을 쏘았기 때문일 수 있었고 이번 역시 마찬가지 사정이 아니었는지 의심스럽다.

명령 없는 사격으로 시작된 전투

19일과 마찬가지로 21일 전투 역시 명령 없는 사격에서 시작되었다.

상주 화남면 동관리에 매복하던 국군 2대대는 연대장의 명령이 없이 사격을 하지 말라는 명령을 받고 있었다. 며칠 동안 계속되었던 "명령 없는 사격"때문이었을 것이다. 이전에도 그랬지만 인민군이 다가오고 있다는 정보도 더 이상 찾을 수 없었다. 연대장 김희준 중령은 곳곳 초소에서 "이상 없음"이라는 보고만을 받고 있었으니 '놈들에게 속았구나!'하는 생각에 사로잡히게 되었다고 한다.

『한국전쟁사』 역시 명확히 인정하지 않았지만 사실 지난 7월 17일과 19일 전투는 1개 연대가 치른 전투라고 볼 수 없었다. 게다가 공격한 부대라고는 인민군 15사단 48연대 주력이 아니라 대부분 민간인이 동원되었던 보급품 운반 인력에 불과했다. 국군 17연대가 화령장에서 5일의 허송세월을 보내는 동안 우회한 인민군은 어디까지 갔던 것일까를 생각하면 앞이 캄캄했을지 모른다. 이때 2대대가 배치되었던 동관리에서 계곡이 무너지는 듯한 폭음과 총성이 다시 들렸다. 연대장이 무전기를 확인했지만 2대대와 통신연락은 끊어져 있었다. 연대장이 통신장교로부터 들은 대답은 "제3대대 지역은 이상이 없는 것으로 확인되었으나 제2대대는 침묵을 지키고 있기 때문에 확인할 길이 없다."는 것이었다. 2대대장

화령장지구전적비. 1980년 10월 건립되었다. 2019년 5월 15일 조사.

은 이번에도 명령 없이 총격전을 시작했고 이제는 연대장의 연락까지 무시했던 것이다.

피아를 식별할 수 없는 무리를 공격하다

총격전은 1950년 7월 21일 새벽 6시부터 시작되었다. 2대대장은 7중대장으로부터 "피아를 식별할 수 없는 부대가 진지 앞으로 접근하고 있다."는 보고를 받았다. 연대장에게 "이상 없음"이라고 보고한 뒤 30분이 지난 시점이었다. 대대장은 국군 1사단이 통과한다는 연락을 받았으므로 적군과 아군을 철저히 구별해야 한다고 강조하면서 특히 명령에 의해서만 사격해야 한다는 점을 명심하라고 했다.

지난 19일처럼 이번에도 같은 경계초소에 근무하던 같은 병사가 보고했다. 우연이었는지 이번 보고자도 같은 변진세 병장이었다. 그는 "분명히 어떤 집단이 움직이는 발자국 소리와 수레 구르는 소리였으며, 그 소리가 커지는 것으로 보아 우리가 있는 곳으로 접근하고 있음을 알 수 있

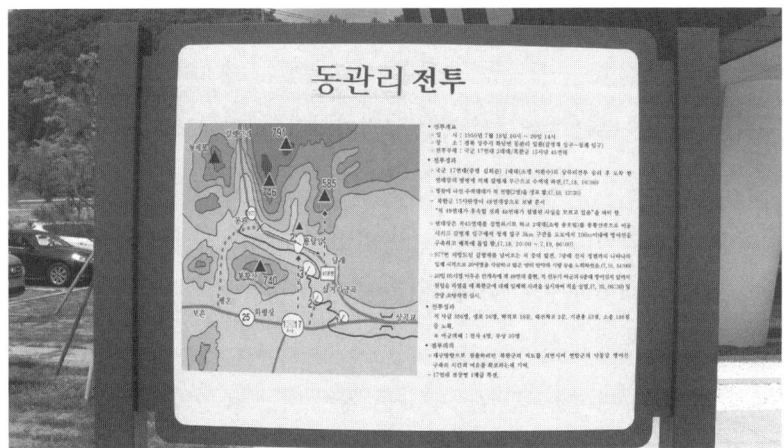

화령전승기념관 마당에 세워진 동관리 전투 안내판. 356명의 적을 사살하는 전투에서 아군 전사 피해는 4명에 그쳤다고 소개하고 있다. 2019년 5월 15일 조사.

었다."라고 증언했다.

이동하는 무리는 배낭을 메고 있었고 중간 중간마다 손수레를 끌고 4열 종대를 유지하고 있다는 보고를 받은 대대장은 "한국군 병사들은 한강을 건너면서 배낭을 모두 잃었고", 새로 배낭을 받은 뒤에는 이동 시에 "배낭을 차량에 싣고 다닌다"면서 국군은 이런 형태로 이동하지 않으므로 국군 1사단의 행렬은 아니라고 판단했다고 한다.*

같은 장소에서 벌어진 세 번째 전투였음에도 '국군은 배낭을 메고 다니지 않았으므로 배낭을 멘 군인은 인민군'이라는 설명을 하고 있는 상황이 납득되지 않는다. 게다가 더 심각한 측면은 이들이 피란민이었을 가능성은 전혀 고려하지 않고 있다는 것에 있었다. 새벽 6시 30분 정체불명의 대열이 국군의 매복 지점을 벗어나려는 순간 연대장에게 보고 없이 대대장의 일방적인 사격 명령이 내려졌다. 구체적인 책임 추궁을 원천적으로 봉쇄하기 위한 목적이었는지 이 중대는 연대와 연결되어 있던 모든 유무

---

* 국방부 군사편찬연구소, 『한국전쟁사의 새로운 연구』 제1권, 국방부, 2001, 98쪽.

선 통신장치를 일부러 끊은 상태였다. 국군의 소총 공격은 물론 81mm 와 60mm 박격포, 중기관총, 수류탄이 폭발했다. 여전히 안개 때문에 아무것도 보이지 않는 상태에서 가한 공격이었다. 이번에도 이동 무리의 반격은 없었으며 공격을 당한 자들의 신원은 아침 8시 안개가 걷힌 뒤에야 확인할 수 있었다. 이때 연대장이 미 고문관과 함께 대대장을 찾아왔다. 명령 없이 사격했을 뿐 아니라 통신연락까지 끊었던 대대장을 문책하려던 것으로 보였다고 한다.

그런데 공격 현장을 목격한 미 고문관은 "내가 30년의 군생활을 통하여 전투도 많이 해 보았고, 서부활극을 많이 보았지만 이처럼 통쾌한 전투는 처음 보았다."라고 했다고 한다. 『한국전쟁사』는 이를 칭찬인 것으로 묘사했지만 필자에게는 주인공은 절대 죽지 않는 서부활극을 빗댄 비아냥을 오해한 것처럼 들린다. 위 책은 이들이 인민군이었다고 했지만 이미 앞의 공격에서 보았듯이 상당수는 민간인들이었을 것이다.

사살한 인민군 수를 밝히지 못한 『한국전쟁사』

동관리로 피신했을 패잔 인민군에 대한 소탕전은 오후 2시에 끝났다고 했다. 포로는 30명이었고 박격포 16문, 기관총 36정 등 각종 소총 800여 정을 노획했다고 주장했다. 그런데 특이하게도 『한국전쟁사』는 이 전투에서 사살당한 인민군의 수를 밝히지 않았다.* 포를 쏘는 등 인민군 측의 반격이 있었으므로 진지를 이동하느라 무기만 챙기고 사살자 수를 파악할 여유가 없었던 것이었을까?

그런데 『한국전쟁사의 새로운 연구』는 "7월 20일 14시 경 소탕작전을 완료한 17연대 2대대는 사살 356명, 포로 26명, 박격포 16문, 대전차포

---

* 국방부 군사편찬위원회, 앞의 책 제2권, 442쪽.

2018년 10월 개관한 화령전승기념관. 전쟁의 판세를 바꾼 승리였다고 선전하지만 사실과 거리가 멀었다. 2019년 5월 15일 조사.

2문, 기관총 53정, 소총 186정 등 많은 전과와 전리품을 획득하였다."라고 『진천·화령장전투』(1991)를 재인용하여 밝혔다.* 이 자료는 당시 인민군 전사자 수를 356명이라고 밝혔지만 정작 전투의 내용은 『한국전쟁사』와 달랐다. 21일이었던 전투 날짜를 20일로, 사로잡힌 적군 수 30명을 26명으로 밝혔다.

한편, 국군의 피해는 1명 전사에 그쳤는데 그가 사망에 이르게 된 경위가 특이하다. 『한국전쟁사』는 이 사실에 대하여 "제7중대 화기소대장 김삼만 중위도 도랑을 따라 도망치는 적을 발견하고, 전의석 상병이 사격하고 있는 견착식 경기관총을 빼앗아 들고 사격을 가하면서 앞으로 나가다가 그들의 휘두르는 총격에 맞아 쓰러지고 그는 이 전투에서 유일한 전사자가 되었다."라고 했다. 소대장이 부하 장병이 쏘는 경기관총을 빼앗아 사격을 하다가 적군이 쏜 총을 맞았다고 하니 이건 또 무슨 상황을 의미하는지 의문이 아닐 수 없다.

---

* 국방부 군사편찬연구소, 『한국전쟁사의 새로운 연구』 제1권, 국방부, 2001, 98쪽.

이날의 전투에 대한 설명에도 온갖 허점과 의문이 가득하다. 21일 공격 역시 인민군들에 대한 것이었는지도 분명하지 않다. 사격이 중단된 아침 8시에야 피살자들이 인민군임을 확인했다고 하니 그전까지 인민군일 것이라는 생각만으로 공격했다는 것을 의미한다. 남의 생명을 빼앗는 전쟁 전투를 무슨 도박으로 여겼던 것일까? 인민군이 아니었으면 인민군으로 조작해도 되었다는 뜻으로 들리는데 노획물만 아니라면 이들의 모습은 피란민을 공격하는 것에 더 가깝다.

『한국전쟁사』는 1명 전사자에 대한 설명 외에 인민군 측의 대응 사격에 대해 서술하지 않았다. 유일하게 사망한 국군은 장교였는데 그는 부하가 쏘고 있는 경기관총을 빼앗아 쏘다가 어디선가 날아온 총을 맞았다. 여기에 포로가 30명(또는 26명)이었다는 것 외에 인민군 측의 전사자가 몇 명이라는 추정치조차도 확인되지 않는다. 우마차 끄는 소리가 있었다는 것으로 보아 사로잡혔다는 30명 포로의 신원도 인민군이 아니었을 가능성이 있다. 연대장 김희준이 대대장 송호림을 문책하려 했다는 사실도 주목할 만하다.

한편 1954년 간행된 『육군전사』는 7월 19일 전투와 마찬가지로 21일 전투 역시 설명하지 않고 있다. 『한국전쟁사』의 집필자들은 국군 17연대가 마치 인민군 15사단 48연대와 49연대 등 2개 연대를 거의 격멸한 것처럼 묘사했지만 앞서 세 번의 전투를 보면 지나치게 과장되었음을 알 수 있다.

참고로 라주바예프 보고서 중 이와 관련되어 보이는 서술이 있다. 여기에는 "제1보병사단은 역습하는 적과 5일간 격렬한 전투를 벌였으며, 대량 손실을 입은 후 7월 22일 점령 지역으로부터 8~10km 철수하였다."

라고 했다.* 인민군 15사단이 아니라 인민군 1사단의 전투에 대한 이야기여서 『한국전쟁사』에서 17일부터 21일까지 사이에 화령장에서 벌어진 전투에 대한 묘사와는 거리가 있어 보인다.

* 라주바예프, 『라주바예프의 6·25전쟁 보고서』 제1권, 206쪽.

전멸시켰다는 적의 소속을 알 수 없다?

_1950년 7월 21일 문경 농암리

1950년 7월 21일 소속을 알 수 없는 인민군 200여 명이 국군 6사단 7연대 지휘소가 있던 문경 농암면 농암리까지 왔다가 대전차포 중대에 의해 전멸당했다고 한다.*

국방부는 지리에 어두운 인민군들이 계곡으로 몰려서 몰살당한 것이었다면서 이를 "의외의 사태"라고 했는데, 포위될 위험에 놓였던 국군으로서 할 수 있는 표현은 아니었다.

후에 국방부는 이들이 인민군 15사단이었다고 했다. 그렇다면 이들은 지난 7월 17일부터 화령장 전투를 치르던 부대였다는 것인데, 상주에 있어야할 부대가 무슨 이유로 직선 거리로 20km나 후방에 있는 문경 농암리에 뒤쳐져 있다가 의도하지 않았던 사태를 당했던 것일까? 이들 역시 보급부대였을까? 아니면 피란 민간인들이었을까?

---

* 국방부 군사편찬위원회, 『한국전쟁사』 제2권, 679~680쪽.

『한국전쟁사』는 인민군을 농암리 남쪽 상곡리 계곡으로 몰아 공격했다고 한다. 주민들은 인근에 상곡리라는 지명은 없다고 했다. 실제 농암리 남쪽에는 종곡리가 있다. 추정 위치를 타원으로 표시했다.

문경 국민보도연맹사건은 아니었을까?

전쟁이 발발하자 문경 지역에서도 국민보도연맹사건이 발생했다. 국군 6사단은 7월 10일 문경으로 철수한 후 다가 올 전투를 준비했다고 하는데, 6사단이 후퇴하여 주둔하기 시작한 날부터 세 차례에 걸쳐 국민보도연맹사건이 발생했다. 7월 10일에는 농암면 뭉우리재에서 있었으며, 7월 14일경에는 호서남면 유곡동에서, 7월 16일경 영순면 김용리 또는 의곡리에서 있었다. 6사단 헌병대 김만식 상사는 이 학살이 자신들의 행위였다고 증언했다. 호계면에서는 120여 명의 주민들이 지서로 연행되어 이중 80여 명이 문경경찰서로 이송되어 모두 총살당했다. 농암면에서는 농암리 이규복(신청인 이준우)이 희생된 사실이 확인되었다. 농암면 뭉우리는 문경 농암면과 상주 이안면의 경계 지점으로 비운리 또는 무운리 라고도 했

> 이와같이 제3대대가 敵을 물리치는 동안 연대의 指揮所가 位置한 籠岩里에서는 意外의 事態가 벌어졌다.
> 즉 이곳은 第一線과 7km나 떨어진 後方으로서 主로 補給關係의 擔當要員들이 活動하고 있었는데 이날 03.00에 所屬未詳의 敵 200餘名이 不時에 奇襲한 것이다.
> 後에 밝혀진 바에 따르면, 이들은 化寧場으로 南下한 저들 제15사단 所屬의 一部兵力이라고 하거니와, 咸昌으로 通하는 進路를 探索하다가 여기에서 壁에 부딪쳤다는 것이다.

『한국전쟁사』 제2권 679쪽. 적에게 포위된 상황에서 인민군 200명의 "기습"을 긴급한 위기가 아니라 놀랍게도 "의외의 사태"라고 표현하는데 그치고 있다.

다고 한다.* 현재 문경 농암면 지동리와 상주 은척면 두곡리에 뭉우리골이 있는데 종곡리 경계와 6km정도 떨어져 있다.

사건 발생 시기와 장소에서 다소 차이가 있지만 『한국전쟁사』가 말하는 인민군들이 국민보도연맹원들을 가리키는 것은 아닌지 확인할 필요가 있었다.

국군 7연대 지휘소에 나타난 인민군을 공격하다

사태가 발생하던 1950년 7월 21일 전후 국군 6사단 7연대와 2연대가 문경 북쪽에서 인민군과 전투를 치르던 중이었다. 이때 7연대의 지휘소는 전선에서 7km 떨어진 문경 농암면 농암리에 설치되어 있었다. 농암면 면사무소 소재지로 지휘소가 있었기 때문인지 당시 농암리에는 전투보다는 보급을 담당했던 군인들이 주로 배치되어 있었다고 한다.

그런데 라주바예프에 따르면, 7월 16일 밤 9시 인민군 1사단이 문경을 점령했고 이후 상주 낙동면 유곡리에서 국군과 전투를 벌여 손실을 입고 유곡리를 포기했다고 한다.** 문경이 이미 인민군에게 점령당한 뒤 5일이 지난 7월 21일 문경읍내에서 서쪽으로 20km정도 떨어진 농암면 농암리

---

* 진실화해위원회, 「대구·경북(I-1) 국민보도연맹사건」, 『2009년 하반기 조사보고서』 제5권, 556쪽.
** 라주바예프, 『라주바예프의 6·25전쟁 보고서』 제1권, 345~346쪽.

문경 국민보도연맹사건 희생지인 농암면 지동리 뭉우리골. 오른쪽으로 지동터널이 보인다. 2019년 5월 15일 조사.

에 주둔한 국군은 인민군에게 곧 포위당할 위기에 처한 것으로 짐작할 수 있다. 그런데 국군 6사단은 이러한 위기 상황을 전혀 의식하지 못했다.

7월 21일 새벽 3시 소속을 알 수 없는 인민군 200여 명이 최전선에서 7km나 떨어진 국군 지휘소에 나타났다. 국방부는 이에 대해 "이날 03:00에 소속미상의 적 200여 명이 불시에 기습한 것이다. 후에 밝혀진 바에 따르면, 이들은 화령장으로 남하한 저들 15사단 소속의 일부 병력이라고 하거니와 함창으로 통하는 진로를 탐색하다가 여기에서 벽에 부딪쳤다는 것이다."라고 했다.

그런데 얼른 보아도 이 설명에는 모순이 보인다. 이 시기에 화령장 전투를 치른 인민군 소속이 15사단인 것은 맞지만 중대 병력 200여 명에 불과한 이들이 화령장 방면으로 가지 않고 함창으로 우회하려 했다는 설명은 이해하기 어렵다. 게다가 『한국전쟁사』는 남하하던 인민군이 우연히 국군 7연대 지휘소를 만나게 된 것을 기습이라고 표현했다. 다음 설명은 더 어이없다.

종곡3리 마을 전경. 인민군을 몰아넣을 만한 계곡은 보이지 않는다. 2019년 5월 15일 조사.

    200명의 인민군을 만난 연대 지휘소는 대전차포 중대를 시켜 농암리 남쪽 계곡으로 몰아 공격했다면서 "지리에 어두운 이들을 상곡리(농암리 남쪽 1.5km) 계곡으로 몰아 일격하고 말았지만"이라고 했다.

이들이 인민군이었을까?

농암리와 종곡리 주민들에 따르면 "상곡리"라는 지명은 농암리를 비롯하여 인근 지역에 없었다고 한다. 종곡리는 3개의 구가 있어서 이를 종곡 1리, 종곡 2리, 종곡 3리로 불렀는데 이를 상곡 또는 중곡, 하곡이라고 부르지도 않았다고 한다. 『한국전쟁사』가 말하는 "농암리 남쪽 1.5km" 지점은 종곡 3리이다. 이를 상곡리로 잘못 기록한 것으로 보이는데 현재 마을 뒷산은 낮은 능선으로 이어진 산이어서 인민군을 몰아넣을 만한 계곡은 보이지 않는다.

    비록 길을 잃었다고 할지라도 패잔 낙오병들이 아닌 이상에야 인민군 200명의 갑작스러운 등장은 연대 지휘소 전체가 전멸당할 수 있는 긴박한 위기 상황이었어야 마땅했다. 하지만 이 서술 속에는 아무런 긴박한 위기감이 느껴지지 않는다. 과연 이들이 인민군이었던 것일까?

  이 전투에 대한 『한국전쟁사』의 서술은 여기에서 그쳤다. 마치 200명을 전멸시킨 것 같지만 전투 결과를 더 이상 밝히지 않았으므로 무슨 일이 벌어졌던 것인지 분명치 않다. 공격을 당한 인민군 집단이 있었다면 충주 동락리나 상주 화령장의 경우처럼 보급부대였을 가능성도 있어 보이지만 우마차를 이끌었다는 설명은 없다. 실제 일방적인 주장 외에 포로나 노획한 물품 등 인민군을 공격한 것인지도 근거도 분명하게 제시하지 않았다.

  당시 살았던 마을 주민들은 인민군과 전투는 물론 인민군을 구경조차 하지 못했다고 했다. 국민보도연맹사건이나 전투 중 피해를 입은 주민들도 기억하지 못했지만 정작 마을 주민들이 크게 피해를 입은 곳은 종곡리에 이웃한 갈골, 갈동이었다고 증언했다.

피란민 공격의 누명을 인민군에게 씌운 미군

_1950년 7월 26일 영동 노근리

민간인을 학살한 군대가 이 범죄를 적군에게 덮어씌운 것으로 의심되는 사례가 영동에서 있었다. 영동 노근리 사건은 1950년 7월 26일부터 7월 29일까지 영동읍 주곡리, 임계리 등에 살던 주민들이 미군에 의해 소개당하는 과정에서 미 전투기의 폭격과 미 1기갑사단 7기갑연대 2대대의 공격으로 경부선 철로와 노근리 쌍굴다리 아래에서 집단희생당한 사건이다. 이로 인해 4백 명 넘는 피란민들이 미군의 조준 사격 등으로 사망했다.

1997년 생존자와 유족들이 미국에 피해 배상을 신청하자 미군은 한국 검찰에 당시 미 1기병사단 소속 군인들이 노근리 지역에 주둔했다는 증거가 없다고 답변했다.* '우리가 인정하지 않으면 너희들이 어떻게 증명할 거지?'라고 되묻는 오만한 태도였다.

『한국전쟁사』에는 황간면에 진입한 인민군이 전차로 위협하며 피란민

* 최상훈 등, 『노근리 다리』, 잉걸, 2003, 6쪽, 22쪽.

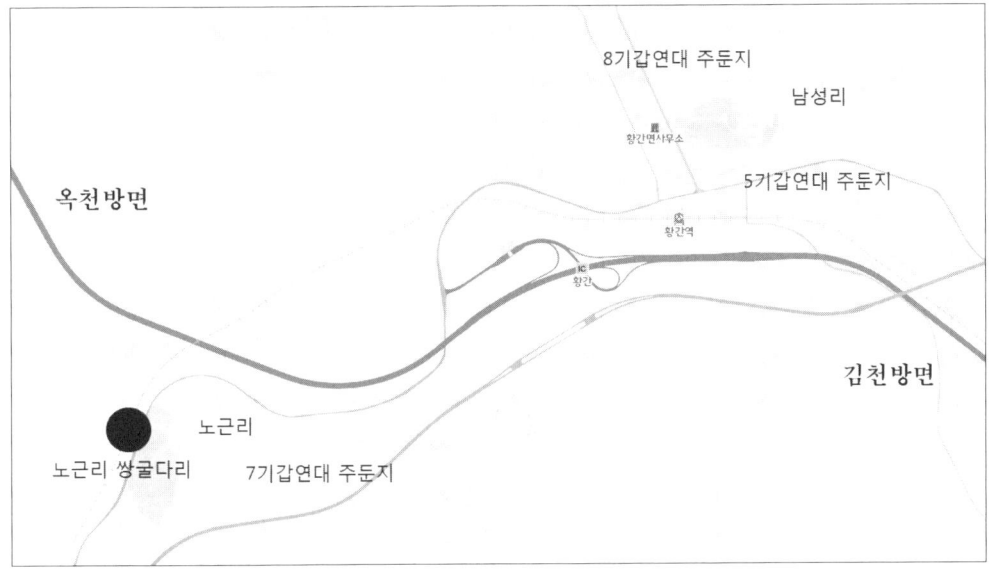

증언과 자료를 종합하면 미1기갑사단 7기갑연대가 주둔한 곳은 노근리 쌍굴다리 부근이었고 이들이 피란민 집단을 목격하고 공격한 것은 명백한 사실로 확인되었다.

을 앞세워 미군의 지뢰지대를 무력화시켰다는 내용이 있다.* 정작 피란민을 소개한 군대는 미군이었으면서도 가해자였던 미군을 인도적인 태도를 갖고 있는 것으로 묘사했다. 하지만 이조차도 노근리 희생자 유족들에게는 피란민의 존재를 인정한 유일한 증거였다. 이 시기 황간면에는 아직 인민군이 진입하지 않고 있었으니 피란민들의 죽음은 인민군에 의한 것이 아니었음은 명백하다고 주장할 수 있었다.

1997년 의문이 제기되다

노근리 사건 희생자 유족회 측은 진정인 대표 정은용 명의로 1997년 9월 당시 미국 대통령 클린턴에게 보낸 진정서에서 이미 노근리 사건에 대한

---

* 국방부 군사편찬위원회, 『한국전쟁사』 제2권, 551쪽.

> 그런데 26일 새벽에 수백명의 피난민이 橫隊로 늘어서서 지뢰지대를 통과하여 陣前으로 접근하였는데, 그 뒤에는 4대의 敵戰車와 敵의 보병이 피난민의 등뒤에 총부리를 겨누고 있다. 그리하여 피난민으로써 地雷를 촉발케 하는 악랄한 殺人行爲를 자행하여, 地雷源의 제거를 企圖하였는데, 피난민이 隊列에서 離脫하여 달아나자 가차없이 이를 射殺하는

『한국전쟁사』제2권 551쪽. 7월 26일 영동 황간면에서 수백 명이 이동한 사례는 노근리가 유일하다.

전쟁사의 왜곡 사실을 지적했다.

여기에는 대한민국 육군사관학교에서 발간한 『한국전쟁사』에 "미 제5기병연대는 그들이 배치되어 있던 영동 동측방에서 7월 26일 여명 수백 명의 선량한 피란민을 횡대로 벌려 세우고 전차와 총검으로 위협하여 지뢰지대로 내몰아 지뢰를 폭파시키면서 접근하는 인민군 9연대에 맞서 7월 28일까지 완강히 진지를 방어했다."라고 기술되어 있으며, 같은 내용이 일본 육전사 연구 보급회에서 발간한 『한국전쟁』과 미 1기병사단사에서도 확인된다고 지적했다. 이어 진정서는 "미국 측으로부터 자료를 입수하여 기술한 것이 분명한 상기 두 책의 기록들이나 미 제1기병사단사의 기록은 미군이 우리 피란민들을 살상한 사건을 인민군에 의한 것이라고 잘못 기술한 것으로 사료"된다고 주장했다.

위 진정서는 주장의 근거를 제시했다. 미 1기병사단사의 내용 중에는 26일 영동읍내의 인민군을 미 공군이 폭격했다는 서술이 있는데 이에 따르면 인민군은 당시 아직 영동읍내에 있었으므로 황간면까지 오지 못했다는 사실이 드러나며, 만약 26일 전투가 있었다면 미 1기병사단 사령부가 29일까지 버티지 못했을 것이니 따라서 26일 피해를 입은 피란민은 노근리 사건 희생자들을 말하는 것이라 주장했다.*

이는 노근리 주변에 미군이 주둔하고 있었다는 사실과 함께 이동하던 수백 명의 피란민이 피해를 입은 사실을 증명하려 했던 것이 주요 목적이

---
* 최상훈 등, 앞의 책, 377쪽.

기도 했지만 이를 근거로 미군의 전쟁 범죄를 인민군에게 덮어씌우려는 역사 왜곡 행위를 분명하게 지적한 것이기도 했다.

학살의 합리화, 피란민 속의 적 유격대

미 1기갑사단에는 5기갑연대와 7기갑연대, 8기갑연대가 속해 있었다. 사단 본부와 5, 8기갑연대는 7월 18일 먼저 포항에 상륙한 뒤 7월 20일 영동에 도착했지만 후발 부대였던 7기갑연대는 태풍으로 7월 22일에야 포항에 상륙하여 25일 노근리 부근에 배치될 수 있었다. 7기갑연대 1대대는 미 25사단 35연대 1대대의 포항비행장 경비 임무를 이어받았으며, 2대대는 영동을 향하여 출발한 뒤 25일 영동 노근리에 인접한 추풍령에 도달했다.

7월 20일은 미 24사단이 대전을 내주고 후퇴를 시작한 날이기도 했다. 이 시기에 영동 전선을 시찰하던 조병옥은 뜬금없이 인민군 유격대가 피란민을 가장하여 후방으로 침투할 것을 막기 위한다면서 미군에게 한국경찰을 배속시켜 달라고 요청했다고 한다. 그 내용은 한국경찰을 미군에 배속시켜 통역을 비롯해 지방공비 색출의 임무를 맡게 해 달라는 것이었다. 미군은 이를 허용하지 않았지만 그들 역시 전투 과정에서 피란민 속에 섞여 있는 게릴라 문제로 고민하고 있었다고 한다. 실제 문제는 피란민간인과 국군 패잔병, 대한청년단, 심지어 인민군조차 구별해 낼 능력이 없는 상황 그 자체에 있었을 것이다.

1950년 7월 22일 미군 지휘부는 인민군이 대전과 무주 두 방면에서 영동으로 진입할 것으로 예상하고 미 8기갑연대 1대대를 대전에서 영동으로 들어오는 경부국도 약목리에, 2대대를 무주에서 영동으로 들어오는 도로에 있는 유점리 갈령에 배치했다. 미 1기갑사단의 사단지휘소는 황

노근리 평화공원 전경. 1950년 7월 26일 당시 미 1기갑사단 7기갑연대 2대대가 주둔하고 있었던 곳이다. 2019년 4월 19일 조사.

간면사무소 소재지에 설치되어 있었다.

7월 23일 미 7기갑연대보다 먼저 영동에 주둔했던 미 8기갑연대 2대대가 게릴라에게 습격당해 큰 피해를 당하는 일이 발생했다고 한다. 하지만 『한국전쟁사』가 설명하는 전투 과정을 자세히 살펴보면 이 피해는 인민군 게릴라의 습격 때문이 아니라 금산 또는 무주 방면에서 진입한 인민군 정규군 3사단 7연대와 9연대가 우회하여 가한 공격을 예상하지 못했기 때문이었다.

같은 날 새벽 인민군 3사단 8연대가 금강을 건너면서 약목리에 주둔하던 미 8기갑연대 1대대를 공격하기 시작했지만 저지당했다. 반면 미 8기갑연대 2대대를 공격하던 인민군 3사단 7, 9연대는 갈령을 우회하여 후방인 묘동을 점령하면서 미 2대대의 퇴로를 막았다. 인민군 정규군에게 우회로를 돌파당했던 미군이 마치 게릴라에게 예상하지 못한 기습 공격을 당했던 것처럼 조작해 보고했던 것이다.

> 그런데 敵은 避難民을 假裝하여 我軍戰線 後方으로 侵透함으로써 砲진지의 奇襲과 通路의 차단 등 교란을 획책하였는데, 이날 제 2 대대를 지원중이던 제99 및 제61포병대대의 진지가 敵의 襲擊을 받기도 한 것이다.
> 한 피난민 夫婦를 檢索한 결과 姙娠婦로 보이는 女人의 옷속에 小型 無電機가 감추어져

> 550 第11章 錦江線 防禦

> 있는 것이 발각되었는데, 이는 그 무전기로써 美軍의 진지배치상태와 砲진지의 위치등을 報告키로 되어있었다는 것이었다.
> 이에 사단은 警察병력을 動員하여 피난민의 검색을 철저히 하도록 하는 한편, 晝間에만 指定된 通路를 사용토록 統制를 함으로써 피난민을 假裝한 五列의 侵透防止에 힘썼다.

『한국전쟁사』 제2권 549쪽과 550쪽. 한국전쟁 당시 사용되던 무전기는 소형이라고 하더라도 임산부의 옷 속에 숨겨지기 어려워 보이며, 보고했다가 아니라 "보고키로 되어 있었다"는 서술로 보아 이 임산부가 갖고 있었다는 소형 무전기는 체포 직전 포병대대가 습격당한 피해 사실과 아무런 관련이 없었다는 것을 보여준다. 이는 오직 자백에 의존했던 당시의 조사 방식을 그대로 보여준다.

임산부가 무전기를 숨겼다고?

어이없는 일이지만 피란민 속에 게릴라가 있었다는 주장은 인민군이 미군의 후퇴로를 돌파하는 과정인 7월 24일에 등장한다. 위 책 2권 549~550쪽에는 "한 피란민 부부를 검색한 결과 임신부로 보이는 여인의 옷 속에서 소형 무전기가 감추어져 있는 것이 발각되었는데, 이는 그 무전기로 미군의 진지배치 상태와 포진지의 위치 등을 보고키로(저자 강조) 되어 있었다는 것이었다."라고 했다.

성인 남성 한 손에 겨우 잡힐, 30cm 길이에 4kg 정도였을 소형 무전기의 실체도 의심스럽지만 이를 임산부의 옷에 숨길 수 있는지도 의문이다. 그리고 임산부가 입은 옷까지, 실제 속옷이었을 것인데 이를 검색했다는 사실도 심각한 문제가 아닐 수 없다. 임산부 부부 게릴라의 임무가 미군 진지의 배치상태를 "보고키로 되어 있었다"는 주장도 어이없지만 여기에는 약간의 진실이 담겨있다. 즉, 발각될 때까지 무전기를 통해 보고한 적이 없었다는 뜻이므로 이 무전기가 체포 직전에 미군 포병대대들

미 지상군이 필자가 서있는 지점 어디선가에서 기관총 등으로 노근리 쌍굴다리로 피신한 주민들을 공격했다. 다리에는 70년이 지난 지금도 그대로 남아 있는 총탄 자욱이 참혹했던 그날의 진실을 알려준다. 2019년 4월 19일 조사.

이 당한 습격과 무관했음을 보여주는 것이다. 또한 위 서술만으로 구체적인 상황을 알 수 없지만 적어도 당사자가 강력히 부인하는 상황이었음을 짐작할 수 있다.

하여튼 인민군의 우회 차단에 실패한 것이 가장 큰 패전 요인이었음에도 이를 한 임산부가 숨겼다는 무전기에 그 원인을 돌리고 있었고 이 사건을 빌미로 이전부터 한국 경찰을 UN군에 배속해 달라고 요청해왔던 조병옥이 워커에게 다시 한 번 한국경찰 배속을 요청하여 결국 미 국방성이 이 요청을 승인했다고 한다.* 미군 역시 이 사건 후 피란민의 검색을 더욱 강화했으며 피란민이 이동할 경우 지정된 도로를 낮 시간만 이용하도록 통제했다. 『한국전쟁사』는 이에 대해 낙동강 전선의 공방전에서 인민군 유격대의 후방 침투를 우려한 조처라고 설명했지만 7월 23일은 낙동강 전선이 생기기 훨씬 이전이어서 앞뒤가 맞지 않는다. 인민군에게 무주도로를 돌파당한 미군은 결국 7월 25일 영동에서 후퇴하기 시작했다.

---

* 국방부 군사편찬위원회, 앞의 책 제3권, 590쪽.

"피란민으로 위장한 게릴라"가 사실일까?

게릴라들이 피란민으로 위장하여 공격했다는 주장과 마찬가지로 이 주장이 허구라는 주장 역시 오래 전부터 있었다.

데이비드 콩드는 미국의 언론을 인용하여 1950년 7월 7일부터 맥아더 사령부가 피란민 사이에 불신을 퍼뜨리는 작업을 시작했는데 그 내용은 "우수한 화력을 갖고 있었으면서도 인민군은 유격대의 형태로 피란민 속에 섞여 전선을 통과했다."는 것이었다고 소개했다. 이어 그는 맥아더사령부가 "침투자", "유격대", "피란민을 가장한 붉은 병사"라는 문구를 만들어 냈다고 주장했다.* 이는 "피란민을 가장한 적"의 논리가 인민군이 어떻게 전선을 통과했는지 설명하기 위해 미군이 만든 억지 주장이라는 것을 잘 보여준다. 실제 미군은 적이 잠복하고 있을지 모른다며 시골 마을을 초토화시켰으며, 흰 옷을 입은 인민군이 섞여 있을지 모른다며 피란민에 대해 무차별 사격을 가한 이유를 정확하게 설명해준다.

그는 또한 한국전쟁 당시 AP 통신을 인용하여 미군 병사들이 당시 피란민들을 어떻게 보았는지 설명했다. 통신은 "남한에서 전투를 치르고 있는 미 육군 병사들은 이렇게 질문한다. '자기들의 전쟁인데도 남한인은 무엇을 하고 있는지 모르겠다.' …(중략)… 그들은 병사가 되어야 할 사람이 시골에서 놀며 지내거나 비전투 피란민과 함께 걷고 있는 것에 화가 치밀어서 어쩔 줄을 몰라 고개만 절레절레 저을 뿐이었다."라고 보도하면서 미군들은 피란민 대열 속의 청년들이 이승만 정부의 친위부대인 대한청년단원들이었다는 사실을 이해하지 못했다는 설명을 덧붙였다.**

한편, 미군의 피란민 공격 정책이 전쟁 초기 이미 세워졌다는 사실과

---

* 데이비드 콩드, 『한국전쟁 또 하나의 시각』 제1권, 156~157쪽.
** 데이비드 콩드, 앞의 책 제1권, 153쪽.

함께 당시 내무부장관 조병옥 같은 자들이 일정한 역할을 하고 있었음을 지나치지 않아야 한다. 그는 "미 제24사단이 대전을 상실하고 김천에다 전선사령부를 설치할 무렵 영동전선을 시찰한 바 있다. 나는 그때 영동지구 미군 사령관에게 공산 오열들이 농부를 가장하고 야습할 우려가 있다고 개진한 바 있었고"라고 했다.* 영동 전선이 생겼을 때는 노근리 사건이 벌어지던 1950년 7월 25일 전후로 피란민 학살이 본격적으로 이루어지던 때였음에 주목해야 한다.

학살로 끝난 소개작전

1950년 7월 23일 영동읍 주곡리 주민들에게 소개명령이 내려오자 주곡리 주민들은 일단 임계리로 피란해야 했다. 7월 25일 임계리에 모인 피란민들은 임계리 주민을 포함해 모두 500~600명에 이르게 되었다. 이들을 소개하던 미군은 그날 밤 동안 피란민에게 하가리 하천에서 야영하게 했다.

26일 아침 미군들이 사라지자 일부 주민들은 다시 마을로 돌아갔고 나머지 주민들을 도로를 따라 이동하다가 신탄리 고개에서 바리케이드를 친 또 다른 미군 부대를 만나게 되었다. 이들은 피란민들의 몸을 수색한 뒤 곧 철길로 올라가게 했다. 잠시 뒤 한 미군이 무전 통신을 한 뒤 사라졌고 이틈에 미군 정찰기의 비행 후 전폭기의 공격이 시작되었다. 마치 미군이 무전 통신으로 폭격기를 불렀던 것으로 보였다.

100여 명이 목숨을 잃었고 살아남은 피란민들이 노근리 쌍굴다리 밑으로 피란했지만 다시 미 지상군의 공격을 받았다. 피란민들이 움직일 때마다 미군의 사격이 계속되었는데 이러한 공격은 29일 아침까지 계속되

---

* 국방부 군사편찬연구소, 『한국전쟁사의 새로운 연구』 제1권, 국방부, 2001, 282쪽.

황간역에서 읍내를 내려다 본 모습. 미 1기갑사단 본부가 있었던 곳이다. 2019년 4월 19일 조사.

었으니 무려 3박 4일 동안 가해진 공격으로 3백여 명의 피란민이 사살당했다. 미군이 후퇴하자 학살은 중단되었고 잠시 뒤 인민군이 진입했다.

전쟁 범죄를 은폐하는 또 다른 방식

1950년 7월 25일 밤 미 25사단 27연대가 영동군 용산면 매금리에서 교전 중이었음에도 미 1기갑사단 7기갑연대장에게는 미 27연대의 진지가 인민군에게 돌파당했다는 소식이 도착했다. 오보를 받은 7기갑연대장은 전투 경험이 없는 2대대가 인민군의 야간 공격을 견디지 못할 것으로 판단하고 철수 명령을 내리자 대대는 곧 큰 혼란에 빠졌다. 당시 사병들이 버린 무기만 기관총 14정, M1 소총 120정, 박격포 6문, 무전기 9대 등이었다고 한다.

잘못된 정보였음을 깨달은 연대장은 27일 2대대를 수습하여 황간으로 이동하여 송천 남안에 진지를 구축했다. 보은에서 후퇴하는 미 27연대를 엄호함과 동시에 인민군의 진격을 저지하는 것이 목적이었다고 한다. 송천의 물길에서 보은과 황간을 연결한 도로와 인접한 지점은 황간면 노근리와 인접한 황간면 마산리였으므로 송천 남안은 노근리 인근을 말하는 것으로 판단된다.

이동한 7기갑연대 2대대가 진지를 구축하는 사이인 7월 25일 밤 영동에서 후퇴한 5기갑연대와 8기갑연대도 영동 동쪽, 즉 황간면 남성리 부근에서 새로운 진지를 구축했다. 이때 5기갑연대인지 아니면 8기갑연대인지, 또는 날짜만 아니라면 문맥상 7기갑연대인지 소속이 분명하지 않은 미군들이 피란민들을 앞세우고 지뢰지대를 돌파하는 인민군의 모습을 목격했다고 한다. 용어를 약간 풀어 원문을 소개한다.

> 그런데 26일 새벽에 수백 명의 피란민이 횡대로 늘어서서 지뢰 지대를 통과하여 진지 앞으로 접근하였는데, 그 뒤에는 4대의 적 전차와 적의 보병이 피란민의 등 뒤에 총부리를 겨누고 있었다. 그리하여 피란민으로써 지뢰를 폭발케 하는 악랄한 살인행위를 자행하여 지뢰의 제거를 기도하였는데, 피란민이 대열에서 이탈하여 달아나자 가차없이 이를 사살하는 것이었다. 미군 병사들이 이를 보고서도 차마 사격을 가하지 못하고 있는 사이에 피란민으로써 지뢰지대를 열게 되었다. 그러나 그 지뢰지대를 대신하여 포병이 탄막을 둘러쳐서 적의 접근을 막았다.*

『한국전쟁사』는 이를 목격한 미군이 마치 5기갑연대와 8기갑연대였던 것처럼 보이게 서술했다. 하지만 서로 주둔지가 달랐을 두 기갑연대 앞으로 피란민 집단이 동시에 나타나는 것은 불가능하며, 피란민이 나타났다는 26일 날짜를 제외하고 문맥을 자세히 보면 이 장면의 목격자는 7기갑연대 2대대의 군인들임을 알 수 있다.

2019년 4월 19일 필자와 면담했던 정구도 노근리평화재단 이사장에

---

* 국방부 군사편찬위원회, 앞의 책 제2권, 551~552쪽.

노근리 전시관은 제주 4·3 기념관, 거창사건 추모관과 함께 전국에서 세 번째로 만들어진 평화기념 관이다. 수백 개에 이르는 전쟁기념시설에 비하면 평화기념 시설은 터무니없이 모자란다. 2019년 4월 19일 조사.

따르면, 황간면 일대에서 수백 명의 피란민이 이동한 경우는 노근리 희생자 집단 외에는 알려진 것이 없다고 했다. 당시 노근리에는 7기갑연대 연대본부와 2대대 대대본부도 함께 주둔하고 있었다고 하는데, 노근리보다 후방에 해당하는 황간면 남성리에 주둔한 미 5, 8기갑연대가 26일 인민군 전차의 공격을 받았다면 이는 노근리의 7기갑연대 군인들이 완전히 포위되는 상황을 의미하는 것이었다. 이런 상황에서 미 5, 8기갑연대가 29일까지 버티는 것이 불가능했을 것이다.

미군의 증언을 인용한 것으로 보이는 위 서술은 노근리에서 미군에 의해 벌어진 민간인학살사건이 널리 알려진 지금 대단히 악의적임을 알 수 있다. 출처로 짐작되는 미 7기갑연대 1대대의 7월 28일 보고에는 1대대의 좌우측에서 침투하려는 인민군을 일시적으로 격퇴시켰는데 "적은 민간인 군중을 앞세워 공격하는 그들의 전형적인 전술을 썼다."(The enemy was following a typical pattern of attack by forcing mobs of civillians ahead of their troops into the line of fire)라고 했다.* 이 시기는 바로 노근리 사건이 일어난 시기이고 1대대는 노근리 사건을 일으킨 7기갑연대의 소속이다.

미군은 인민군이 피란민에 섞여서 진지를 통과했다고 주장하기 위해 이렇게 설명한 것으로 보이는데, 이 보고가 미 5기갑연대나 8기갑연대가 아니라 미 7기갑연대의 보고라는 사실에 주목해야 한다. 이는 『한국전쟁사』가 7기갑연대의 보고를 5기갑연대 또는 8기갑연대의 보고로 둔갑시켜 진실을 호도했음을 보여주기 때문이다. 실제 7월 26일 영동읍의 주민들을 황간면으로 소개시킨 주체는 인민군이 아니라 미군이었음은 객관적으로 확인된 사실이다.

황간면 일대에 인민군이 있었을까?
7월 26일에는 노근리의 미군뿐 아니라 황간면사무소가 있던 남성리의 미군들 역시 인민군을 목격할 수 없었다. 노근리에 주둔하던 미군이 상부의 명령에 따라 쌍굴다리 아래 있던 피란민들을 사살하다 후퇴했을 뿐이었다.

사건 당시 인민군이 영동을 점령한 것은 맞지만 노근리까지 도착하지 않았다는 사실은 소련 군사고문관 라주바예프의 보고서에서도 확인된다. 그는 "(인민군 3사단은 7월 25일) 밤 8시에 영동을 점령하였다. 도시 점령 전투 결과 미 25보병사단은 900명 이상의 병사 및 장교를 상실하였으며 전차 6대를 파괴당하였다."라고 했으며,** 같은 책 다른 곳에서는 "인민군 3사단은 25일 영동을 점령한 후 부대를 재정비하고 탄약을 보충한 후 7월 28일 새벽부터 김천을 향해 다시 진격을 시작했다. 김천에 이르기까지

---

* 방선주선생님저작집간행위원회, 『방선주 저작집 제3권, 한국현대사 쟁점 연구』, 선인, 2018, 180쪽.
** 라주바예프, 『라주바예프의 6·25전쟁 보고서』 제1권, 214쪽.

소규모 저항을 받았으나 7월 29일 김천 근교에서 격렬한 전투가 벌어졌다."라고 했다.* 영동읍내를 점령한 인민군이 김천을 향해 출발한 날은 7월 28일이었으니 7월 26일 황간면에 인민군이 나타났다는 말은 꾸며낸 말이 될 수밖에 없었다.

방선주 교수의 연구 역시 인민군이 노근리 쌍굴다리에 도착한 날이 7월 29일이었음을 확인하고 있다.** 『한국전쟁사』를 제외한 어떤 자료나 증언에도 7월 29일 이전에는 인민군이 피란민을 몰고 내려올 수 있었다고 판단할 근거는 찾을 수 없었다.

미 1기갑사단조차 7월 29일 전쟁일기에 "29일 오전 5시 30분, 야간에 포 사격과 전차포 사격을 받은 7기갑연대 1대대는 철수 명령을 받았다. …(중략)… 피란민들을 계속하여 철수시키고 있는데 많은 불편(원문 그대로)을 가져왔다."라고 하고 있다.*** 이는 29일 미군의 후퇴 사실을 비롯해 피란민들을 철수시킨 군대가 인민군이 아니라 미군이었다는 사실을 잘 보여주고 있다.

정구도 노근리 평화재단 이사장은 생존자인 모친을 비롯해 30여 명의 현장 생존자들이 미군이 후퇴하던 7월 29일을 기억하고 있다고 했다. 정 이사장의 모친은 미군이 마지막까지 한 사람이라도 더 죽이려는 듯이 새벽부터 굴다리의 피란민들에게 극렬하게 총을 쏘았으며 그러다가 갑자기 조용해진 뒤 모두 사라졌다고 기억했다고 한다.

이상을 종합하면 1950년 7월 26일 황간 지역을 이동 중이었던 수백 명의 피란민 집단은 미군의 소개 명령에 의해 노근리까지 이동하다가 미 1

---

* 라주바예프, 앞의 책 제1권, 363쪽.
** 방선주선생님저작집간행위원회, 앞의 책 제3권, 168쪽.
*** RG 500 Records of U.S. Army Commands, 1942-, 1st Cavalry Division, Box 131, War Diary. 방선주선생님저작집간행위원회, 앞의 책 제3권, 176쪽 재인용.

기갑사단 7기갑연대 2대대에 의해 사살당한 희생자들 외에 확인되지 않는다. 인민군들이 황간면에 진입한 날은 7월 29일이었으므로 그 전인 7월 26일 인민군이 전차를 앞세워 피란민을 몰고 와 지뢰지대를 파괴했다는 미군들의 증언은 인민군을 악하게 묘사하려는 악의적 의도와 미군이 저지른 전쟁 범죄를 은폐하고 호도하려는 의도로 가공된 거짓에 다름 아니었다.

제5장

누굴 공격한 걸까?

이번에 살펴 볼 전투 또는 사건들은 낙동강 전선이 형성되기 전까지 경북 영덕, 청송, 영천과 상주, 전남 곡성에서 벌어진 경우이다. 경북 상주와 전남 곡성을 제외한다면 전투의 피해 대부분이 인민군 진입 전부터 활동했다는 지방 좌익의 활동과 관련이 있었다. 피해자들은 지방 좌익이라면 국민보도연맹원처럼 전쟁 전 국가보안법 위반 혐의를 받아 체포되었거나 명부에 올라간 지역 주민들을 말할 것이다. 7월 중순 영천과 영덕의 공격은 전쟁 초기에 벌어졌는데 해군 육전대에 의한 것이었으며 7월 말은 국군 3사단에 의한 것이었다. 7월 말 상주에서 벌어진 전투는 국군 13연대에 의한 것이었다.

 7월 13일 영천 북안면 도유리에서 해군 포항경비사령부 육전대가 인민군을 공격했다고 한다. 피살자 신원이 불분명한데 지방 좌익이었다면 학살을 피해 숨어다니던 국민보도연맹원이었을 가능성이 높다. 국군은 송아지 소리를 듣고 이들을 추적했다고 한다. 이 공격 며칠 지난 7월 17일 포항 죽장면 합덕리 정자리에서 해군 육전대가 칼과 도끼로 무장한 게릴라를 공격했다. 영천 북안면 도유리 사건의 연장선이었다. 7월 20일 영덕 옥산리 사건 역시 해군 육전대에 의한 피해였다. 납치된 주민이 인민위원장과 여성동맹위원장이라고 했지만 당시 인민군은 영덕에서 진입과 후퇴를 반복하던 상황이었다. 진입하지 않았거나 했어도 그 다음 날이었으므로 인민위원회가 구성될 수 없는 상황이었다.

7월 27일 영덕 황장재에서는 국군 3사단 소속 독립기갑연대가 피란민 속에서 전투를 벌였다고 주장했지만 정작 공격을 한 자들이 누구인지 알 수 없었다. 피란 민간인들만 피해를 입었을 것으로 보인다. 다음 날인 7월 28일에는 청송 부동면 이전리(현재 주왕산면 주왕지리)에서 위 황장재 사건을 일으킨 국군 3사단 소속 독립기갑연대가 정체가 분명하지 않은 무리를 공격했다. 경계병도 없이 약탈에만 집중했다고 표현한 것으로 보아 인민군 유격대로 볼 수 없다.

7월 28일 경계에 실패한 국군 1사단 13연대 2대대가 방어선을 돌파하고 경계선 후방인 상주 경돌마을에 있었다는 인민군을 공격했다고 한다. 마을 주민들이 있는 상태에서 공격했다. 7월 29일 곡성 압록리에서는 인민군 점령지에 고립된 곡성경찰서 유격대가 인민군 603기갑연대를 공격했다고 하지만 여러 의문이 남는다. 정말 전투는 있었던 것인지 명확치 않다.

빨치산인가 피란민인가 국민보도연맹원인가

_1950년 7월 13일 영천 도유리

포항경비사령부 해군 육전대는 1950년 7월 13일 영천 북안면 도유리에 있는 인민군 유격대를 공격하여 8명을 사살하고 30명을 포로로 잡았다고 한다.[*]

도유리에서 국민보도연맹원들이 학살당하던 날이 7월 10일이었으며, 전쟁 중 인민군이 영천 읍내에 진입하여 벌어진 전투는 1950년 9월 4일부터 13일사이가 전부였다. 더군다나 이 전투가 벌어졌다는 북안면은 영천 남부 지역으로 전쟁 동안 인민군이 진입하지 못한 곳이었다.

전선으로부터 아주 멀리 떨어져 있었음에도 전쟁 초기부터 이런 곳에 인민유격대가 침투하여 활동했다는 주장에 의문이 들지 않을 수 없다.

전쟁 초기부터 낙동강 전선 후방에서 인민군 유격대를 토벌했다?

전쟁 발발 직후부터 포항 죽장면 상사리에 있는 구암산을 중심으로 인민

---

[*] 국방부 군사편찬위원회, 『한국전쟁사』 제2권, 847쪽.

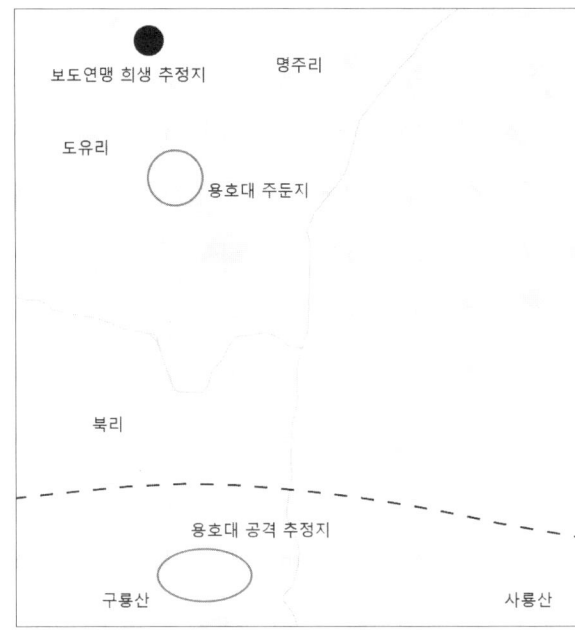

도유리에 주둔한 용호대가 북리 구룡산 중턱의 무리를 공격했다. 구룡산에 숨었다는 지방 폭도는 인근 지역 주민들이었을 것이다.

군 유격대의 활동이 활발했다고 한다. 쉽게 믿기지 않는 이런 주장에 따르면, 보현산을 주된 거점으로 삼은 이들이 1950년 7월 11일 구암산 남쪽에 있는 죽장면 감곡리로 이동한 뒤 죽장면과 기계면 일대에 출몰했다고 한다.

해군 포항경비사령부는 후방에 출몰하는 이들을 토벌한다며 7월 11일 용호대(대장 정창용 중위)를 안강지구로 보냈으나 아무것도 발견하지 못했다. 얼마 뒤 1개 중대 규모의 게릴라 부대가 영천 구룡산에 있다는 정보를 입수한 사령부는 이들을 다시 영천으로 보냈다. 포항 죽장면에서 영천 북안면까지는 직선 거리로 약 30km 떨어져 있으니 당시 산악지대의 교통 환경으로 보아 그리 가깝다고 할 수 없었다. 그리고 게릴라 1개 중대 규모라면 2백 명에서 3백 명에 이른다는 것을 의미할 텐데 이들을 지방 폭도라고 불렀다면 이는 구룡산에 활동한다는 빨치산이 곧 그 지역의

> 아직 잠에 취해있던 그들은 갑작스러운 공격을 받고 分散逃走하였는데, 2시간에 걸친 추격으로 8名을 사살하고 30名의 포로를 잡는 戰果를 올렸다.
> 그리고 부상당한 듯한 敵 30名과 나머지 兵力은 淸道방면으로 퇴각하였는데, 我陸戰隊는 이 戰鬪에서 1名의 부상자도 없이 13.00 浦項으로 귀대하였다.

『한국전쟁사』 제2권 847쪽. 유격대라고 하지만 저항 수단이 없었던 이들은 피란민에 가까웠다.

주민들이었음을 의미한다.

안강에 주둔하던 용호대는 7월 12일 오후 4시 30분 영천 북안면 도유리에 도착하였다. 이들은 먼저 척후대를 산으로 들여보내 조사하게 했는데 척후대는 산 속에서 들리는 송아지 소리를 듣고 유격부대의 위치를 파악했으며, 토벌 계획을 세운 이들은 다음날인 7월 13일 새벽 4시 구룡산 중턱에 있는 무리를 공격했다고 한다.

당시 상황에 대해 『한국전쟁사』는 "아직 잠에 취해있던 그들은 갑작스러운 공격을 받고 분산 도주하였는데 2시간에 걸친 추격으로 8명을 사살하고 30명을 포로로 잡는 전과를 올렸다."라고 서술했다. 반면 용호대는 1명의 부상자도 없이 낮 1시 포항으로 복귀했다고 한다.

국민보도연맹사건이 아니었을까?

같은 시기에 북안면 도유리에서 국민보도연맹사건이 발생했다. 진실화해위원회는 주민 11명이 국민보도연맹원이라며 1950년 7월 10일 북안면 도유리 뒷산, 명주리 계곡(명주리는 도유리 옆이다)에서 총살당했다고 밝혔다.[*]

위원회의 조사에서 참고인 권영탁은 "당시 영천경찰서 경찰이 11개 면의 각 리와 마을에서 보도연맹원들을 몇 명씩 끌고 가서 구금했다가 한 트럭 정도에 실어 북안면 명주동 골짜기로 갔다고 들었다."라고 진술했

---
[*] 진실화해위원회, 「경북 영천 국민보도연맹사건」, 『2009년 하반기 조사보고서』 제5권, 74쪽.

정희태(당시 16세) 노인이 국민보도연맹원이라며 주민들이 죽은 "도유리 뒷산"을 가리켰다. 2019년 10월 15일 조사

다.* 그리고 "연행된 도남동 주민 중 가장 연장자이자 주동자급인 안경수 등은 1950년 7월 10일 북안면 도유동 뒷산에서 1차로 살해되었다. 안경수는 일제강점기에 항일운동을 하다가 해방 후 남로당 활동을 했던 인물이다. 그는 당시 신원미상자 10명과 함께 사살되었으며 가족이 시신을 수습"했다면서 희생자 안경수의 아들 안병완(1936년생)의 진술을 다음과 같이 소개했다.

> 아버지는 6·25 전에 경찰에 자수했다가 고문당하고 풀려난 적 있으며, 6·25 이후 소집당해 경찰서로 자진 출두했다. 마을 사람들이 한꺼번에 끌려간 며칠 뒤에 갔다. 아버지는 경찰서로 간 지 2~3일 만에 다른 마을의 10명과 함께 총살당했다.
> 아버지는 북안면 도유동 뒷산에 그쪽 마을 주민들이 장으로 드나드는 길목에서 살해되었다. 그래서 그쪽 마을 동장이 시신 때문에 냄새도 나고 무섭기도 하니, 마을 사람을 시켜서 현장에다 흙을 대충 덮어 시신을 묻었다

---

* 진실화해위원회, 앞의 보고서, 56쪽.

도유리 뒷산 국민보도연맹원 집단 희생 추정지. 2019년 10월 15일 조사

고 한다. 이때 동장이 시신마다 1번, 2번, 3번, 번호를 매긴 뒤, 각 시신이 어떤 옷을 입었는지, 금니를 했는지 안 했는지 등을 적은 뒤 매장했다고 한다. 그래서 우리 어머니와 할머니가 아버지의 시신을 찾아 수소문하다가 그 마을에 가서 이것을 읽어보고 2번 시신이 아버지 시신이다 싶어 파보니 어머니가 아버지 조끼에 달아준 단추가 나왔다. 그래서 시신을 찾았다. 그때 듣기로는 그 산에서 11명이 총살당했는데 1명은 도망가다가 죽어 건너 산에서 묻혔고, 이쪽에는 10구의 시신이 줄지어 있었다고 한다.

유격대 또는 피란민

국민보도연맹원들이 학살당한 곳에서 인민군 게릴라들이라며 누군가 또 사살당하는 사건이 발생했다. 해군이 말하는 이들 유격대는 과연 누구였을까?

피살자들이 인민군 유격대가 맞는지부터 의심스럽다. 용호대에 부상자가 없었다는 점을 비롯해 전투 상황에 대한 서술로 보아 유격대 측의 대응사격이 없었던 것으로 보인다. 이는 이들이 유격대라기보다는 피란민

도유리 뒷산에서 본 마을 모습. 저수지 왼쪽에 명주리가 있다. 멀리 보이는 왼 쪽 산이 사룡산이며 오른 쪽이 구룡산이다. 2019년 10월 15일 조사.

들이었음을 짐작케 한다. 보초가 없이 잠에 취해 있던 중 공격을 받았다는 점이나 노획한 무기가 없었다는 점, 유격대의 위치가 발각된 것은 가축 소리 때문이었다는 사실은 피살자들이 유격대였다기보다는 체포를 피하기 위해 숨은 피란민에 가까워 보인다.

진실화해위원회의 조사보고에 따르면 인민군 유격대의 활동이 활발했다는 시기와 지역은 영천 지역의 국민보도연맹원들이 학살당하기 시작하던 시기와 지역이 일치한다. 국민보도연맹원 학살 사건을 인민군 유격대 활동으로 은폐하려 한 것은 아닌지 의심할 수 있다.

칼과 도끼로 무장했다는 인민군 유격대

_1950년 7월 17일 포항 죽장면

900여 명의 게릴라가 있다는 정보를 입수한 해군육전대가 포항 죽장면 일대에서 전쟁 초기인 7월 14일부터 20일까지 토벌작전을 벌이던 중 1950년 7월 17일 합덕리, 정자리 등을 공격했다고 한다.* 국방부는 국군이 공격한 사람들이 게릴라였다고 주장했지만 이들이 남쪽 사람들인지 북쪽 사람들인지 밝히지 않았다. 게다가 어이없게도 이들의 무장 수준은 칼과 도끼 정도였다. 과연 이들이 전쟁을 치르고 있는 게릴라였다고 할 수 있을까?

토벌작전을 벌인 해군 육전대 "용호대"

해군 포항경비사령부는 7월 5일 포항기지에 근무 중인 병력을 중심으로 중대 규모의 육전대인 용호대를 편성했으며 7월 9일에는 진해에서 온 병력을 더해 대대 규모의 강호대를 편성했다.

---
* 국방부 군사편찬위원회, 『한국전쟁사』 제2권, 847~848쪽.

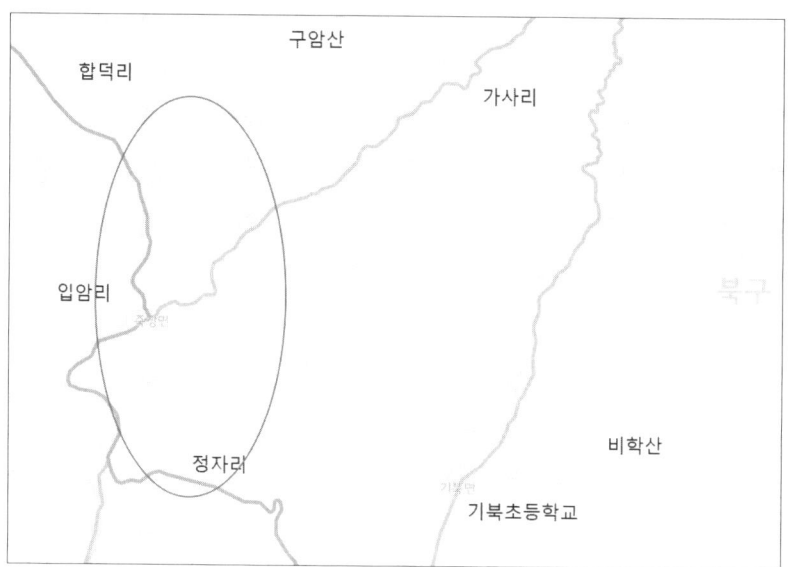

구암산 지구 전투라고 부르는 이 전투는 국군이 어디서 누굴 공격했는지 분명하지 않다.

용호대는 7월 14일부터 죽장면 입암리에서 토벌작전을 벌였다고 하는데 입암리는 죽장면사무소가 있는 곳이었으므로 이것만으로도 산 속에 있는 게릴라 토벌이 작전의 우선 목표가 아니었음을 짐작할 수 있다.

15일 새벽에는 비학산(신광면에 있음)에 진지를 구축하였고 정찰 활동을 통해 인근에 100여 명의 게릴라가 숨어있다는 사실을 알게 되었다고 한다.

포항경비사령부는 3중대(중대장 박승도 소위)를 보내 용호대 병력을 강화하였고 용호대는 본부를 기북면 용기초등학교*로 옮겼다.

병력을 강화한 용호대는 7월 15일 새벽 6시 1개 소대가 죽장면 가사리 방향으로 추격을 시작했다. 용호대는 산악 지대에 500명 정도의 게릴라가 숨어있었다고 판단했다고 하지만 구암산을 수색하면서 게릴라 부대에 대한 아무런 단서도 발견하지 못하고 다시 이틀을 보내야 했다. 그

---

* 용기리에 있던 초등학교라면 현 기북초등학교를 말하는 것으로 보인다.

> 포위한 다음 일제히 공격을 개시하였다. 17일 14.30부터 공격이 개시되었는데 제1소대가 이미 구축해 놓은 重火器로 敵의 正面에 사격을 가하자 敵들은 뒤로 후퇴하기 시작하였다. 이 敵들은 精銳부대가 아닌 게릴라 집단인바 武器도 빈약하였으며 一部 포로들은 칼, 도끼등을 武器로 소지한 者도 있었다.

『한국전쟁사』제2권 848쪽. 죽장면의 "적"은 칼과 도끼로 무장한 수준이었다.

러던 중 7월 17일 새벽 4시 30분 용호대가 합덕리를 향해 하산하던 중 입암리 아래쪽인 정자리에 400여 명의 게릴라 부대가 출현했다는 정보를 듣게 되었다.

칼과 도끼로 무장했다는 게릴라 집단

7월 17일 합덕리와 정자리 일대에 게릴라 부대가 집결했다는 소식을 들은 해군 육전대는 경찰 40명과 함께 포위한 뒤 오후 2시 30분 공격을 시작했다. 공격을 받은 게릴라들은 대응 사격 없이 바로 후퇴하였고 국군과 경찰이 도망가는 무리를 추격했다고 한다. 그런데 이 설명으로는 공격 지점이 어디였는지 전혀 알 수 없다. 합덕리와 정자리 사이는 10km에 이르며 여기에는 입암리도 포함되어 있기 때문이다.

그래서였을까? 오래 걸렸을 것 같지 않은 이 전투의 전과에 대해 『한국전쟁사』는 "7시간에 걸친 격전으로 아 육전대는 21시 30분 적의 최고 진지인 807고지(구암산)을 점령하였던바 동 고지 일대에는 적들의 시체와 버리고 간 취사기구만 남아있었다."라고 했다. 그런데 이 설명 역시 모순된다. 구암산은 합덕리 위에 있었으므로 정자리를 공격했다면 구암산으로부터 더 멀어지기 때문이다. 앞에서는 구암산에서 정자리를 향해 내려오면서 공격했다고 했는데 여기서는 정자리를 공격한 뒤 다시 구암산으로 올랐다고 설명했다.

그리고 무기도 갖추지 못한 무리를 공격하면서 "7시간에 걸친 격전"이

해군육전대인 용호대가 주둔했다는 죽장면 시내 입암리 모습. 토벌작전을 벌였다는 입암리는 죽장면 행정의 중심지로서 당시나 현재나 주민들이 가장 많이 모여 사는 곳이었다. 이런 곳에서 토벌작전을 벌였다는 사실은 이 작전의 성격이 정치적이었음을 잘 보여준다. 2019년 10월 15일 조사.

었다고 설명하는 것은 과장이 아닐 수 없었다. 공격을 당한 게릴라 부대의 모습에 대해서도 "적들은 정예부대가 아닌 게릴라 집단인바 무기도 빈약하였으며 일부 포로들은 칼, 도끼 등을 무기로 소지한 자도 있었다."라고 표현했다.

아주 특기할 전투?

국방부는 7월 17일에 있었던 이 전투를 "구암산지구 전투"라고 규정했다. 이 주장을 요약하면 200여 명으로 구성된 해군 육전대와 경찰이 최대 500명으로 추정되는 게릴라 부대를 공격한 것으로 짐작할 수 있다. 그런데 공격의 결과는 분명하게 나타나지 않는다. 피살자의 규모나 소속, 신원 등은 물론 이들이 남쪽 사람인지 북쪽 사람인지도 분명치 않다.

그런데 또 다른 전쟁사 문헌인 『6·25전쟁과 한국해군작전』에서 이 전투의 성과가 확인된다. 당시 아군 피해는 중상 3명, 경상 2명이었는데 비해 전과는 사살 161명, 생포 4명이었다며 "육전대는 비록 보유한 무장이 미약하고 지상 전투의 경험이 적은 해군 장병들이었지만 경찰, 주민의 협조를 통해 입수한 적의 위치, 동태 등을 분석하여 치밀한 작전 계획을 수립한 뒤 미 공군과 경찰 병력의 지원으로 게릴라 부대를 소탕했다."라고 하며 "아주 특기할 전투"로 평가했다.*

이 설명대로라면 사망한 게릴라들은 마치 이북 사람들인 것처럼 보인다. 그렇다면 전면전까지 발생한 마당에 인민군 지휘부가 칼과 도끼로 무장한 소규모 게릴라 부대를 포항의 첩첩 산중까지 내려 보내 벌인 작전이 기껏 아무런 공격도 없이 도망만 다니게 만들다가 모두 사살당하게 했다는 결론이 나온다. 어이없는 이런 식의 설명은 일반적인 상식에서 벗어남을 누구라도 알 수 있어 거짓 주장으로 볼 수밖에 없을 것이다.

적군 161명을 살해하면서 아군 사망자가 한 명도 발생하지 않은 전투였다면 이는 전투가 아니라 학살로 보인다. 게다가 칼과 도끼 정도로 무장한 사람들을 게릴라 부대라고 부를 수 있는지도 의문이다. 저항할 능력도 없는 사람들이었다면 이들은 국민보도연맹 학살을 피해 도망 다니던 지역 주민들에 더 가까워 보인다.

포항 국민보도연맹사건과 비교

포항경비사령부는 7월 초 손원일 해군참모총장의 좌익분자 처형 명령서를 받은 후 포항 · 경주 · 영덕 경찰서의 협조를 받아 명부에 올라있던 각 경찰서 관할지역 주민 400~500명을 체포했다. 그리고 이종환 포항경찰서장, 이강학 경주경찰서장, 박주현 영덕경찰서장, 포항경비부 정보참모 차병엽 중위, 헌병대장 고윤석 중위, 정보장교 박재옥 중위 등이 이중

---
* 임성채 등, 『6 · 25전쟁과 한국해군작전』, 해군역사기록관리단, 2012, 159쪽.

정자리 전경. 마을 주변이 온통 첩첩 산중이다. 전면전이 발생한 마당에 병력 규모도 앞서는 유격대 형태의 인민군 선발대가 이런 곳에 소규모로 숨어 도망다닐 이유가 있었을까? 2019년 10월 15일 조사.

200여 명을 '처형대상자'로 분류했다. 포항경비사령부는 7월 20일 군함 3척에 총살할 주민들을 태우고 영일만 장기등대 동쪽 3~5km 지점 바다로 나가 총살한 후 다시 떠오르지 못하도록 돌을 매달아 수장했다. 총살은 해군 장병과 경찰이 함께 저질렀다.

포항경찰서로 연행되지 않은 주민들은 7월 17일경 포항시 보도연맹 사무실로 소집되었다. 이들은 7월 말에서 8월 11일 사이에 영일만 해상이 아니라 포항 수도산, 연화재길, 포항의료원 골짜기, 달전고개 등에서 총살되었다. 생존 보도연맹원 김미자 씨는 당시 상공회의소 건물에 모인 주민들이 수백 명을 넘었다고 기억하고 있다. 이렇게 보도연맹원들을 소집해놓고 포항시 보도연맹 간사장 박일천과 민간인 복장을 한 다른 사람들 여럿이 명단을 비교해가면서 사람들을 트럭에 실어서 보냈다고 한다. 트럭에는 최대한 많은 인원을 싣기 위해 바닥에 차례로 사람들을 눕게 한 후 그 위에 가마니를 하나 깔고 다시 사람들을 눕게 하는 식으로 여러 겹으로 쌓아서 실었다. 이렇게 트럭에 실린 사람들은 포항의료원 뒷산에 길게 구덩이를 파고 죽 세워져 총살당했다. 포항의료원 골짜기에서 희생된 수는 200여 명에 달할 것으로 추정된다.

각 지서로 연행된 주민들은 포항경찰서로 이송되지 않고 가까운 곳에서 학살당했다.

구룡포(대보)지서는 구룡포읍 주민들을 고디굴과 구룡포 앞바다에서 총살하거나 수장했다. 고디굴에서는 8월 9일에서 8월 12일 사이에 여러 차례에 걸쳐서 주민들을 일렬로 세워놓고 총을 쏘아 살해했는데 주로 야간에 총을 쏘다보니 옆 사람에게 가려서 살아남은 사람들도 있었다. 고디굴에서 전쟁 발발 후 첫 희생 사건이 발생한 8월 9일은 포항 북부 기계면이 인민군에 점령되고 포항시내 역시 함락의 위기에 놓인 때였다. 학살은 8월 12일까지 수차례 있었는데, 그 동안 희생된 주민은 50여 명에 달했다고 한다. 이외에 구룡포 하정2리 앞바다에서 수장된 희생자들도 있었다. 8월 1일부터 2일 사이에 대보국민학교로 소집된 주민들이 일주일 뒤인 8월 9일 구룡포 앞바다에서 수장되었다. 당시 대보국민학교 운동장에서 헌병들이 김상대 등 40여 명의 주민들을 운동장에 세워놓고 인원을 확인하였다. 헌병들은 트럭에 사람들의 손을 뒤로 묶고 머리를 바닥에 처박게 하고 총과 몽둥이를 들고 감시하였다. 강사1리에 차를 세워놓고 골짜기로 올라간 후 총소리가 몇 번 났는데, 이순근 등이 머리에 총상을 입은 채 살아 끌려왔다. 헌병들은 다시 이들을 트럭에 태워 구룡포항으로 끌고가 어선을 징발하여 희생자들의 손을 로프로 뒤로 묶은 채 커다란 돌을 여러 개 싣고 나갔다. 40여 분 후 돌아온 배는 텅 비어 있었다.

포항 지역에 대한 지난 진실화해위원회의 조사는 신청 사건에 의해 포항읍내와 해변 중심으로 이루어졌으므로 신청인이 없었던 죽장면 등 산간 지역은 조사되지 못했다. 전투가 벌어졌다는 7월 17일이면 국민보도연맹사건이 전국적으로 확산될 때이다. 이 지역의 국민보도연맹사건에 대한 조사는 물론 죽장면 지역 주민들의 기억에 대한 구술 조사도 반드시 필요해 보인다.

전투의 성과가 된 민간인 납치

_1950년 7월 20일 영덕 옥산리

구암산 토벌작전을 마친 해군육전대가 1950년 7월 20일 영덕 달산면 옥산리를 공격하여 1개 소대를 물리치고 인민위원장과 여성동맹위원장을 납치했다고 한다.*

비록 부역 활동을 했다고 하더라도 인민위원장과 여성동맹위원장은 민간인이었음은 분명했다. 게다가 시기로 보아 당시 인민위원회가 구성되었다고 볼 수 없으므로 이는 거짓 조작된 억지 주장임이 명백했다.

인민위원장 등을 생포했다?

1950년 7월 말 바다는 미 해군이 장악했지만 지상의 전투는 여전히 인민군에게 밀리는 상황이었다. 포항경비사령부는 지상 전투력을 강화하기 위해 7월 20일 용호대와 강호대를 통합하여 전투력이 강화된 새로운 육전대를 조직했다. 새롭게 강화된 해군 육전대는 재편된 날인 1950년 7

---

* 국방부 군사편찬위원회, 『한국전쟁사』 제2권, 848쪽.

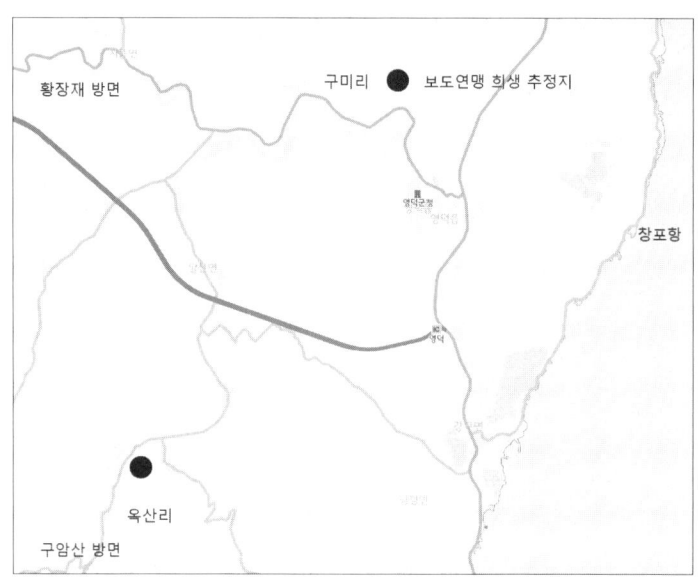

구암산 전투를 마친 해군 육전대가 옥산리로 올라와 인민군을 물리치고 옥산리 인민위원장 등을 납치한 뒤 포항 흥해읍으로 빠져나왔다고 한다. 구암산에서 옥산리까지 직선거리 20km, 옥산리에서 흥해까지만 직선거리 30km에 이른다. 이들 육전대는 도대체 무슨 전투를 했던 것일까?

월 20일 영덕 달산면 옥산리에서 인민군 1개 소대를 포위하여 공격하여 격멸했으며 이후 옥산리 인민위원장과 여성동맹위원장을 생포하여 후퇴했다고 한다.

『한국전쟁사』는 이 공격에 대해 "7월 20일 구암산 전투를 끝마친 육전대는 옥산동으로 출동하여 적 1개 소대를 완전 포위 격멸하였다. 이곳에서 옥산동 인민위원회 위원장과 여성동맹 위원장을 생포하여 홍해로 빠져 나왔다. 한편 영덕에 침입한 적들은 100여 명의 주민들을 학살하고 다수의 가옥을 소각한 다음 창포로 침입하였다."라고 설명하는데 그쳤. 여기서 말하는 홍해는 흥해읍, 창포는 영덕읍 창포리를 말하는데, 해군 육전대가 옥산리에서 나와 흥해읍으로 빠져 나왔다면 육로가 아니라 해로를 이용했을 것으로 보인다.

236 전쟁의 그늘

> 7월 20일 九岩山 戰鬪를 끝마친 陸戰隊는 玉山洞으로 출동하여 敵 1개 소대를 完全포위 격멸하였다. 이곳에서 玉山洞 人民위원회 위원장과 女性동맹 위원장을 生浦하여 興海로 빠져 나왔다. 한편 盈德에 침입한 敵들은 100여명의 住民들을 학살하고 多數의 家屋을 소각한 다음 昌浦로 侵入하였다.

『한국전쟁사』 제2권 848쪽. 7월 20일 영덕에 인민군이 진주했는지부터 의문이다.

있지도 않았던 인민위원회에 위원장이 있었을까?

『한국전쟁사』는 이 이상의 전과나 노획물 등에 대해 설명하지 않았다. 인민군 1개 소대를 공격하여 어떻게 되었는지 알 수 없을 뿐 아니라 당시 지리적 위치나 전투 상황으로 보아 1개 소대의 인민군이 당시 달산면 옥산리에 주둔하고 있었는지도 불분명하다.

라주바예프에 따르면, 인민군 5사단은 7월 19일 오후 7시 영덕을 점령했으나 국군이 7월 20일 강구에 1개 연대 병력을 상륙시키자 7월 21일 영덕을 포기하고 후퇴했다가 7월 23일 영덕을 재점령했다고 한다.* 달산면 옥산리는 영덕읍으로부터 서남쪽으로 10km 가량 떨어져 있었으므로 7월 20일이면 아직 인민군이 들어오지 못했을 것으로 보인다.

해군이 인민위원장 등 주민들은 왜 끌고 나왔는지도 알 수 없다. 민간인 납치를 전투 성과라고 생각했다면 끌려나온 이들 민간인들은 결국 무사하지 못했을 것이다. 특히 해로를 이용했다면 증거 인멸을 위해 선상에서 총살했을 수 있다. 이번 해군 육전대의 옥산리 공격은 인민군 점령지를 공격해 민간인을 납치한 첫 사례가 될 것으로 보인다.

그런데 사건 발생 시기를 따져보면 인민위원회 등이 구성될 시간이 없었음을 알 수 있다. 라주바예프의 주장에 따라 7월 19일 영덕을 인민군이 점령했다면 하루만인 7월 20일 영덕 달산면 옥산리에 인민위원회가 구성된다는 것은 불가능하다. 인민군이 영덕 지역을 안정적으로 점령한 기

---

* 라주바예프, 『라주바예프의 6·25전쟁 보고서』 제1권, 348쪽.

해군에 의해 주민들이 납치되었다는 달산면 옥산1리 마을 모습. 주민들은 경비를 섰던 주민들이 좌익 활동을 했다며 큰 피해를 입었다고 증언했다. 2019년 10월 22일 조사.

간은 8월 17일부터 9월 24일까지였으므로 그 전에 인민위원장이 존재할 수 없다는 사실은 명백하다. 경기도 지역조차 인민위원회가 정식으로 구성된 때는 7월 25일경이었다.

  마을에서 주민 누군가를 납치한 것은 사실이겠지만 그들이 인민위원장과 여성동맹위원장이었다는 주장은 사실이 아닐 것이다. 하지만 비록 그들이 인민위원장이나 여성동맹위원장의 직책을 갖고 있었다고 하더라도 해군이 적국민으로 인식하여 민간인을 공격, 납치한 행위는 전쟁 범죄를 구성하는데 변함이 없다. 더군다나 일반 주민들을 납치하여 인민위원장 등으로 조작하여 합리화시킨 것이었다면 그 죄질은 더욱 나쁘다.

비슷한 사례

인민군이 점령 직전 또는 직후였으므로 인민위원회가 구성되지도 않았던 시기에 인민위원장 등을 사살했다는 사례가 충남 보령군 대천에서 있었다.

옥산3리 바들기 마을은 전쟁 당시 20여 호가 살던 마을이었지만 토벌작전 후 3~4호만 남았다고 한다. 최근 주민들은 모두 사라지고 절이 하나 남았지만 그 조차도 지금은 없어졌다고 한다. 2019년 10월 22일 조사.

『한국전쟁사』에 따르면 1950년 7월 15일 충청남도비상경비사령부(사령관 경무관 이순구) 전투경찰 1대대 대장 윤석열 총경이 "(아침) 10시에 제1중대원 130명을 직접 지휘하여 대천으로 진격하였다. 16:00에 동 중대는 강행군으로 대천 동쪽 능선에 도착하였는데, 그곳에서 식사 중인 적 일단을 포착하고 이를 포위 공격함으로써 불의에 기습공격을 받은 그들은 당황한 나머지 미처 응전도 해보지 못하고 지리멸렬되었다. 이리하여 전경 제1중대는 이곳에서 적 3명을 사살하고 2명을 포로로 하는 한편 대천 인민위원장과 자위대 간부 등 지방공비 40명을 사살하였으며 무전기 1대, 소총 8정, 실탄 2상자 그리고 TNT 3상자를 노획하는 많은 전과"를 올렸다고 했다.*

국민보도연맹사건으로 보이기도 하지만 이 주장을 받아들여 7월 15일 인민군이 대천까지 진입했다고 보더라도 벌써 인민위원회가 구성되는 것은 불가능하다. 따라서 사살당한 40여 명의 지방공비는 일반 민간인들일

---

* 국방부 군사편찬위원회, 『한국전쟁사』 제2권, 943쪽.

수밖에 없음이 분명하다. 민간인을 학살한 명백한 전쟁 범죄가 전투의 성과로 포장된 주장이 아닐 수 없다. 이 사례에서는 적으로부터 노획했다고 주장하는 무기가 무장한 인민군의 수보다 훨씬 많은 것으로 보아 조작되었거나 과장되었음도 분명하게 보여준다. 이는 『한국전쟁사』 서술의 전반적인 문제이기도 하다.

구체적인 지명이 없이 "대천 동쪽 능선"이라고만 적고 있어 이것만으로는 더 이상의 위치를 확인할 수 없었다.

확인된 옥산리 민간인 피해

1960년 국회보고서에 따르면, 국민보도연맹에 가입되었던 달산면 옥산리 주민 주홍석, 박수경, 윤봉학 등이 영덕읍 구미리 앞산에서 맹호부대에게 총살당했다.

경북대학교 평화문제연구소의 2009년 조사에 따르면, 20여 호가 살던 옥산리 바들기 마을에서 주완석, 주기석, 김해도, 윤봉학, 노홍수, 주재석, 주춘택, 이분학 등 8명이 군경 토벌대에 사살당했는데 전쟁이 끝나자 마을에는 3~4호의 가구만 남을 정도로 피해가 컸다고 한다. 희생자 중 이분학은 바들기 마을에서 소개되어 다른 마을에서 지내던 중 산에서 지내던 아들 주재석을 만나러 가다가 맹호부대에게 잡혀 총살당했다고 알려져 있었다.*

2019년 10월 22일 필자와 면담한 옥산리 신정희(당시 87세) 씨는 옥산리에도 똑똑한 청년들이 몇 집에 있었는데 전쟁 초기에 빨갱이라며 잡혀가 산에서 희생되었다고 증언했다. 신 할머니는 희생 시기를 명확히 기억하

---

* 경북대학교 평화문제연구소, 『2009년 피해자현황조사 연구용역사업 최종결과보고서(경상북도 영덕군)』, 157쪽.

옥산리 주민들이 국민보도연맹사건으로 희생된 영덕읍 구미1리 앞산의 모습. 사방이 산으로 둘러싸여 있지만 마을이 도로변과 수직으로 형성되어 있었다. 마을 주민들은 전쟁 당시 민간인들이 총살당한 구미리 앞산이 저 산을 말한다고 증언했다. 2019년 10월 22일 조사.

지 못했지만 이들이 인민군 진입 전에 국민보도연맹사건으로 희생되었거나 수복 후 부역혐의로 희생되었음을 짐작할 수 있다. 어쩌면 여기서 말하는 해군 육전대에 의해 끌려갔을 가능성도 있을 것이다.

피란민을 향해 산탄을 날린 국군 장갑차

_1950년 7월 27일 영덕 황장재

피란민 행렬을 헤치고 나가던 국군 3사단 독립기갑연대가 1950년 7월 27일 영덕 지품면 황장리 황장재에서 공격을 받자 이에 대한 대응으로 포사격을 가했다.* 하지만 국군을 공격한 자들이 누구였는지 분명하지 않았고 이에 대응하여 국군이 공격한 자들 역시 누구였는지 알 수 없었다.

가장 심각한 문제는 이 전투가 피란민들의 행렬 속에서 벌어졌다는 사실에 있었다. 피란하던 민간인들로서는 피해를 피할 수 없는 상황이었다. 지품면 황장리는 전쟁이 나기 전인 1949년 8월 20일 등 빨치산에게 밥을 제공했다는 이유로 주민들 상당수가 집단학살 당한 곳이기도 했다.

먼저 시작된 전쟁, 국민보도연맹사건

동해안 38선 지역을 방어하던 국군 8사단이 인민군의 옥계 등 후방 상륙으로 퇴로가 막히자 대관령을 통해 원주 방면으로 후퇴했다. 인민군 5사

---

* 국방부 군사편찬위원회, 『한국전쟁사』 제2권, 609~610쪽.

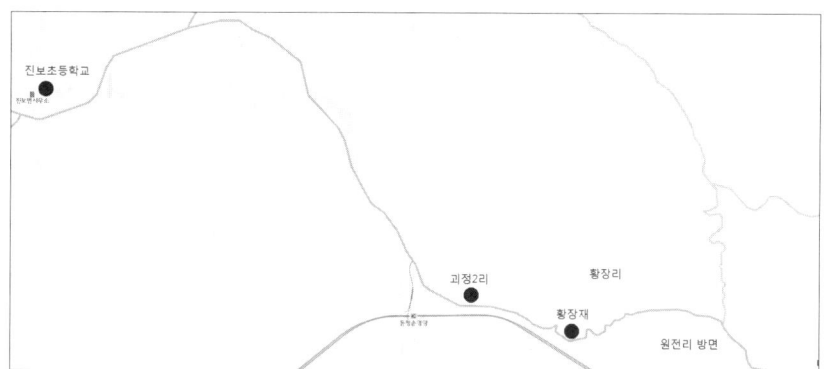

진보초등학교를 출발한 국군이 원전리에서 인민군 진지를 보고 되돌아오던 중 황장재에서 공격을 받고 반격 전투를 벌였다고 한다. 그런데 이 전투는 피란민 속에서 벌어졌고 인민군은 보이지 않았다.

단이 진입한 울진 등 영덕의 북쪽은 무방비 상태로 남아 있다가 7월 10일부터 투입된 국군 3사단 23연대가 방어전투를 벌였다고 한다. 같은 시기에 아직까지 후방으로 남아있던 영덕 지역에는 주둔하던 국군에 의해 국민보도연맹들이 크게 희생되는 사건이 벌어지고 있었다.

진실화해위원회 조사결과에 따르면, 영덕 영해면, 창수면 보도연맹원 80여 명이 1950년 7월 8일 국군 3사단 23연대에 의해 어티재(울진군 기성면 정명리)에서 집단희생당했으며, 강구지서에 구금되었던 30여 명의 보도연맹원은 7월 14일 강구지서 경찰에 의해 강구 앞바다에서 수장당했고, 영덕경찰서로 이송된 160여 명의 보도연맹원들이 7월 15일 영덕경찰서 소속 경찰과 국군 3사단 23연대(김종원 부대) 군인에 의해 영덕읍 화개리 뫼골에서 총살당했다. 희생자로 확인된 주민은 모두 120명에 이른다.*

낙오된 독립기갑연대

인민군 5사단이 영덕에 처음 모습을 드러낸 날은 7월 12일이었다. 이틀

---

* 진실화해위원회, 『2009년 하반기 조사보고서』 제5권, 269쪽.

> 16.00에 黃陽재에 復歸하였는데 掩護를 맡겼던 경찰소대(一)는 눈에 뜨이지 않고, 수많은 避難民들만이 眞寶쪽으로 줄지어 내려가고 있을 뿐이었다.
> 朴容實대위는 경찰분대를 앞세워 避難民의 行列을 헤치며 고개마루에서 500m쯤 내려갔을 때, 뒷쪽에서 銃擊을 받았다.
> 때마침 장갑차에 타고 있던 朴容實대위는 즉각 砲塔을 돌려, 37mm砲의 散彈으로서 敵을

『한국전쟁사』 제2권 609쪽. 국군 3사단 독립기갑연대가 전투를 벌였다는 곳은 피란민 대열 속이었다.

뒤 이들과 본격적으로 전투를 벌인 국군 3사단은 미 8군사령부의 화력 지원으로 5일을 버틸 수 있었다고 했다.

국군 3사단 23연대는 7월 19일 영덕을 내어 준 후 영국과 미국의 해군 함포 사격의 지원으로 7월 21일 저항 없이 영덕을 탈환했으나 다시 철수했다.* 24일에는 대구에서 대기 중이던 국군 3사단 22연대가 영덕 강구에 증원되었다.

한편 같은 시기 국군 3사단에 배속되어 있으면서 산하에 강원도경찰 등 경찰 대대를 두고 청송군 진보면 진보초등학교에 주둔하고 있었던 독립기갑연대(연대장 유흥수 대령)는 사단본부와 연락이 끊어진 상태였다. 낙오된 독립기갑연대 연대장은 7월 27일 아침 6시 경찰 1개 소대를 장갑 중대에 배속시키면서 사단과 연락하여 임무를 받아오라고 명령했다. 당시 3사단 지휘소는 경북 영덕에 있었고 영덕과 청송 사이의 도로는 인민군이 장악하고 있는 것으로 알려졌다. 장갑 중대의 임무는 보유하고 있는 장갑차를 이용하여 도로를 돌파한 후 영덕을 다녀오는 것이었고, 경찰 1개 소대의 임무는 장갑중대가 영덕을 다녀오는 동안 그 사이에 있는 황장재에서 도로를 경비하며 이들의 임무를 무사히 완수하도록 지원하는 것이었다.

국군 3사단 23연대가 영덕 이남으로 철수한 날이 7월 17일이었으므로 같은 날 영덕에 인민군이 진입했다고 볼 수 있다. 당시 인민군은 포항에

---

* 국방부 군사편찬위원회, 앞의 책 제2권, 585쪽.

청송, 영덕의 경계인 황장재에서 영덕 방면을 본 모습. 영덕 지품면 원전리까지 갔던 국군이 인민군을 보고 돌아오다가 공격을 받았다는 곳이다. 당시 피란민들이 가득 차 있었다. 2019년 10월 22일 조사.

서 이륙한 전폭기와 해상의 함포 사격으로 큰 피해를 입으면서 8월 초까지 영덕에서 후퇴와 점령을 반복하고 있었다.

독립기갑연대가 피란민 행렬을 공격하다

연대장의 명령에 따라 7월 27일 아침 7시 독립기갑연대 장갑차 1대와 경찰 1개 소대가 주둔지를 출발하여 황장재*에 도착하였다. 오늘날 진보초등학교에서 황장재까지 이어진 34번 국도의 거리는 14km였다. 1개 소대의 경찰이 걸어서 이동했다면 두 시간에서 세 시간 정도 걸렸을 것이니 늦어도 오전 10시에는 황장재에 도착했다고 볼 수 있다. 트럭을 이용했다면 도착 시간은 훨씬 빨랐을 것이다. 인민군이 진입한 흔적이 없음을 확인한 중대장은 경찰 1개 소대를 배치하고 자신은 1개 분대와 함께 계속 영덕을 향해 나아갔다.

장갑중대가 황장재에서 5km 정도 지나 영덕군 지품면 원전리에 이르

* 청송 진보면 괴정리와 영덕 지품면 황장리의 경계이다.

국군 3사단 산하 독립기갑연대가 주둔했던 진보초등학교 앞인 진보읍내의 모습. 황장재까지 14km, 영덕 지품면 원전리까지 19km 떨어졌다. 2019년 10월 22일 조사.

렀을 때 지프차를 타고 있던 중대장은 멀리 산 중턱에서 참호를 파고 있는 1개 중대 규모의 인민군과 그 옆에 쌓여 있는 보급품을 목격했다. "사단과 연락"이라는 주 임무를 달성할 수 없다고 판단했던 것인지 장갑대장은 갑자기 이들을 기습하겠다며 연대장에게 자신의 의도를 보고했다고 한다. 연대장은 "즉각 복귀하라"는 명령을 내렸다. 엉뚱한 짓 하지 말라는 뜻이었을 것이다.

지프차와 장갑차까지 동원되어 도로를 달리던 행렬이 산에서 참호를 파던 인민군을 목격했다면 인민군 측에서도 이미 국군 일행을 목격했을 것이다. 장갑중대장은 이를 경계하기는커녕 오히려 "눈앞의 적에게 일격을 가하고 싶었으나 여기에 이르기까지 병사들의 피로가 크고 세칭 30리 고개를 다시 넘어야 할 때에 그들의 추격이 있을 경우를 우려치 않을 수 없으므로 절치액완(切齒扼腕)하면서 귀로에 올랐다."고 한다. "절치액완", 즉 분해서 이를 갈고 주먹을 꽉 쥐었다는데 이는 연대가 전멸당할 상황을

지품면사무소 원전리 출장소 앞에서 본 산. 중턱에 인민군이 참호를 파고 있었을 것으로 추정되는데 국군이 인민군을 봤다면 인민군 역시 국군을 볼 수 있는 지형이었다. 2019년 10월 22일 조사.

돌파해야 하는 장교가 가질 태도와 거리가 멀다.

그런데 심각한 사건이 돌아오던 길에서 발생했다. 오후 4시 황장재에 다시 도착했지만 진보 방향으로 이동하는 수많은 피란민들만 보일 뿐 막상 경계 근무를 서고 있어야 할 경찰 1개 소대가 보이지 않았다. 장갑중대는 어찌된 일인지 확인하지도 않고 경찰 1개 분대를 앞세워 피란민 행렬을 헤치며 후퇴를 계속하던 중 황장재 뒤쪽에서 누군가로부터 총격을 받게 되었다. 마침 타고 다니던 지프차에서 장갑차로 갈아타고 있었다는 중대장은 장갑차에 설치된 37mm포로 대응사격을 가했다. 총소리가 나던 뒤쪽 어디론가 쐈던 것인데 이 대포의 포탄은 산탄이었다고 하니 피해의 범위가 넓었을 것이다.

적이 어디에 있는지도 확인하지 못한 장갑차는 뒤쪽으로 계속 포를 쏘면서 연대 본부 방향으로 달렸다. 1개 경찰분대도 함께 뛰었을 것이다. 총을 쏜 자들이 피란민을 가장한 인민군이었다고 주장하는 중대장의 증

황장재에서 내려가는 길. 급경사에다 곡선 구간은 저렇게 360도 가까이 굽어있어 오늘날도 차량이 지나기 위태롭다. 조금 더 내려가면 서시천이 도로변으로 흐른다. 2019년 10월 22일 조사.

언을 볼 때 중대장이 포를 쐈던 대상은 피란민으로 보이는 사람들이었다는 사실은 분명했다.

  이때 장갑차가 죽은 소를 밟으면서 미끄러져 길가의 도랑*에 빠지고 말았다.

  인민군의 쏜 총소리에 대한 설명이 초기에 그쳤으므로 이후 계속 사격이 있었는지 알 수 없으며, 또 함께 있던 1개 경찰 분대가 어떻게 대응했는지에 대한 설명도 없었다. 이로 보아서는 국군에 대한 인민군 측의 공격이 초기에 그쳤을 뿐 계속되지는 않았던 것으로 보인다. 필자가 살펴보니 산의 지형이 험하므로 조금만 움직여도 사람이 보이지 않았고 추격하는 일도 쉬운 일이 아니었다.

  공격을 계속 받고 있는지 확인되지 않는 상태에서 도랑에서 빠져나온 장갑차는 전속력으로 1km 정도 내려간 뒤에야 경찰 소대를 만날 수 있었다고 했다. 서시천이 시작되는 곳에서 약 1km 떨어진 거리에는 괴정리

---

* 도로변으로 서시천이 흐른다.

마을이 있었는데 두 부대는 아마 이 곳에서 만났을 것이다.

　장갑차를 엄호했어야 할 경찰 소대가 아무런 연락도 하지 않았으며 명령도 없는 상태에서 임의로 철수하는 중이었으니 처벌을 받아야 할 상황이었을 것이지만 더 이상의 설명은 없었다. 더군다나 이들과 함께 원 주둔지로 복귀한 장갑중대는 연대장의 뜨거운 격려를 받았다고 한다. 질책을 받아야 할 상황에서 무슨 이유로 격려를 받았는지 알 수 없다. 이후 증언에서 중대장은 "경찰 소대는 피란민으로 가장한 게릴라에게 기습을 당하여 철수"했던 것이라고 주장했다. 당시 피란민과 게릴라를 구분하지 못한 상황에서 국군의 공격이 이루어졌으니 이 주장은 피란민을 공격해놓고 게릴라를 공격한 것이라고 변명한 것이 아닌지 의심된다. 책임을 피하기 위해 이렇게 거짓 주장한 것이 아니었을까?

알 수 없는 국군의 피해와 피란민의 피해

이날 피습으로 전사자가 있었는지 알 수 없다. 중대장 자신은 양 볼에 관통상을 입어 후송되었다는 것으로 보아 부상자가 있었음을 알 수 있지만 다른 병사들의 피해는 전혀 소개되어 있지 않다.

　장갑중대의 원래 임무였던 "3사단 본부와 연락"이 실패했음에도 『한국전쟁사』는 연대장이 중대장을 격려했다고 했다. 무엇을 격려했는지 설명이 없어 그 내용을 알 수 없다. 장갑차에서 발사한 포탄이 산탄이었다면 피란민들의 피해도 컸을 것으로 보이지만 이에 대한 설명도 없다. 소의 사체를 밟은 장갑차가 미끄러졌다는 기술로 보아 소가 죽어 버려져 있을 정도라면 피란민의 피해 역시 컸을 것으로 짐작할 수 있다.

경계도 안하고 약탈만 집중한 공비

_1950년 7월 28일 청송 이전리

국군 3사단 독립기갑연대 경찰중대는 7월 28일 장갑차 1대와 함께 청송 부동면 이전리(현재 주왕산면 주산지리)에 도착하여 500명에 이르는 무리를 공격하여 100여 명을 사살했다고 한다.* 이 무리들은 경계병도 없이 약탈에만 집중했다는 것으로 보아 피란민 등 민간인이었을 것으로 짐작할 수 있다.

전투 중에도 공비토벌을 생각했다는 유홍수 대령

낙오된 상태였으면서도 공비토벌이 주임무라고 생각했다는 독립기갑연대 연대장 유홍수 대령은 피란민의 제보를 근거로 영양군 석보면 화매리에 1개 대대 규모의 인민군이 집결하고 있으며 청송 부동면 이전리에 주왕산에서 내려온 1천 명 이상의 공비(무장 민간인 게릴라)가 집결하고 있다고 판단했다. 연대장은 주둔지 지키기와 3사단과 연결, 공비토벌 등 세 가지

---

* 국방부 군사편찬위원회, 『한국전쟁사』 제2권, 612쪽.

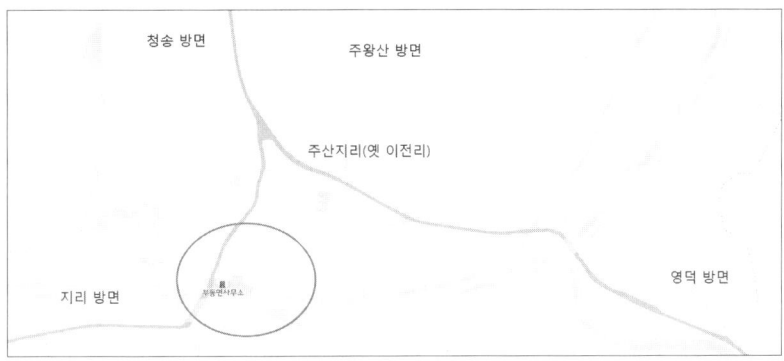

국군이 읍내 시가지를 공격했을 때 500명 규모의 공비가 경비병도 없이 약탈 중이었다고 했다. 무장도 없었던 이들이 피란민들은 아니었을까?

를 당시 자신의 임무로 여겼다고 하지만 인민군 후방에 고립되어 있는 처지여서 믿기 힘든 주장이 아닐 수 없다.

7월 28일 연대장은 2기갑대대의 1개 소대(50명 정도)로 사단과 연락, 강원도 경찰 1개 중대(150명 정도)와 장갑차 1대로 1천 여명의 공비를 토벌하라고 명령했다고 한다.

약탈에만 정신이 팔린 무리를 공격하다

3사단 본부와 연락하기 위해 출발한 6중대 1소대는 아침 8시 진보를 출발하였다. 전날 기습을 당한 영덕 지품면 황장리 황장재를 피해 위쪽인 영양 석보면 화매리와 영덕 지품면 원전리 사이를 통과하려 했으나 역시 인민군이 경계를 하고 있었다. 국군은 이를 공격하여 30여 명의 사상자

> 중대는 곧 散開하여, 梨田洞으로 躍進하고, 장갑차는 37mm砲의 散彈을 集中하면서 村落으로 突貫하였다. 경계병도 세우지 않고, 떼를 지어 掠奪에만 정신이 팔린 1개대대 규모의 共匪는 수많은 屍體를 버리고 周王山쪽으로 潰走하였다.

『한국전쟁사』 제2권 612쪽. 당시 상황에서 "떼를 지어 약탈에만 정신이 팔린 1개 대대 규모"의 무리라는 서술은 과장임이 틀림없다.

주왕산면사무소 소재지인 옛 부동면 이전리(현 주산지리) 모습. 청송에서 왔다고 하므로 독립기갑연대는 마을 뒤에서 공격을 시작했을 것이다. 2019년 10월 22일 조사.

를 내게 하고 복귀했다고 하는데 연대장은 주임무를 망각했다며 크게 질타했다고 한다.

  한편 이들과 별개로 청송에 주둔하던 경찰 중대가 같은 날 공비를 토벌한다며 아침 8시 장갑차 1대와 함께 청송을 출발하여 저녁 늦게 청송 부동면 이전리에 도착했다. 오늘날 청송군청에서 주왕산면사무소까지 거리는 약 17.5.km이다. 산길이 험하긴 했지만 12시간이나 걸려서 갈 거리는 아닌 것으로 보인다.

  늦은 저녁 시간에 읍내에 도착한 선발부대는 이전리에 집결한 무리를 적으로 보고 37mm 포를 쏘며 돌진하는 장갑차를 앞세우고 공격을 시작했다고 한다. 아무것도 보이지 않을 시간이었지만 하여튼 경계병도 세우지 않았고 떼를 지어 약탈에만 정신이 팔렸던 1개 대대 규모(500명 정도)의 이 무리는 국군의 공격으로 100여 구의 시체를 버리고 주왕산으로 도주했고 이후 더 이상의 약탈 징후는 없었다고 한다.

청송에서 왔다면 사진 왼쪽 뒷산 자락을 통해 마을에 진입했을 것이다. 늦은 저녁 시간이라면 사람을 식별하기도 어려웠을 것이다. 더군다나 마을 주민들이 살고 있었을 것이니 마을을 약탈했다는 게릴라와 주민들을 구별하기는 어려웠을 것이다. 2019년 10월 22일 조사.

이들이 인민군이었을까?

500여 명의 공비 역시 경계병도 세우지 않았다거나 떼를 지어 탈취에만 정신이 팔렸다는 주장, 그리고 이후 공비 측의 반격이 없었으며 전투도 없었다는 설명은 이 전투가 과연 정상적인 상황에서 벌어진 것인지 의문을 갖게 한다.

100여구의 시체를 확인했다고 하지만 공격이 늦은 저녁 시간에 이루어졌다고 했다. 전선 없이 병사들이 뒤섞일 경우 적군과 아군 사이의 구별도 불가능할 시간에 마을 주민들과 약탈하는 빨치산을 구별하는 것은 더욱 불가능했을 것이니 주민들의 피해는 피할 수 없었을 것이다. 획득한 전투 장비는 설명하지 않고 있는 이유가 이것 때문일 수 있다. 게릴라들이 도주한 곳이 주왕산이었다는 설명도 석연치 않다. 경찰중대가 진입하여 공격을 시작한 곳이 주왕산 방면이었으므로 게릴라들이 도주를 했다면 그 반대 방향이 되었어야 하기 때문이다.

제5장 누굴 공격한 걸까? 253

주민들이 말하는 지동고개. 2019년 10월 22일 조사.

결론적으로 희생자들은 빨치산이라기보다 마을 주민들이나 피란민일 가능성이 높아 보이며 어쩌면 국민보도연맹원일 가능성도 배제할 수 없다.

진실화해위원회 조사에 따르면, 청송 국민보도연맹사건은 부동면 지리 지동고개, 사곡면 뒷산에서 발생했다. 사건 발생 시기는 7월 말로 위 사건 발생 시기와 일치한다. 청송경찰서 근무자들은 황경재(황장재로 보임)와 추현고개(추현리 고개)에서 국민보도연맹사건으로 민간인들이 많이 죽었다고 진술했다.*

전쟁 당시 청송에 백골부대가 주둔하고 있었다고 하는데, 『한국전쟁사』에 의하면 국민보도연맹사건 후 1군단 수도사단과 3사단이 7월 27일 청송에 진지를 구축했다고 한다. 7월 28일 전면전은 없었으며 7월 29일 포격전에 이어 30일 접전이 있었다. 사단지휘부는 8월 2일 안동 길안면에 자리했다고 한다.

* 진실화해위원회, 「영양 청송 국민보도연맹사건」, 『2009년 하반기 조사보고서』 제5권, 2010. 3. 753쪽.

주민들까지 공격하다

_1950년 7월 28일 상주 경돌마을

1950년 7월 28일 아침 8시 상주시 이안면 아천리 경돌저수지 제방을 경계하던 국군 1사단 13연대 2대대가 마을에 주둔하던 인민군(13사단 21연대) 170명을 공격하여 전멸시키고 15명을 포로로 잡았다고 한다.*

경돌저수지는 이안면 아천리와 공검면 지평리 사이의 저수지로 아천저수지 또는 지평지라고 부르며 경돌은 지평1리 경들마을을 말한다. 국군의 이 공격은 "피란하지 못한 주민도 몇 가구 있다는 사실을" 알고 있는 상태에서 가해진 것이었고 이 전투에서 아군 피해는 없었다.

전투에서 승리하기 위해 민간인 피해는 어쩔 수 없는 것이라는 주장이 이 전투에서도 등장한다. 오늘날까지 쓰이고 있는 "부수적 피해"의 논리는 전쟁 범죄를 은폐하는 전형적인 논리였다. 이 전투 역시 실제 인민군을 상대로 한 것인지 또는 민간인 피해를 피할 수 없었던 것인지 의문이다.

---

* 국방부 군사편찬위원회, 『한국전쟁사』 제2권, 711~712쪽.

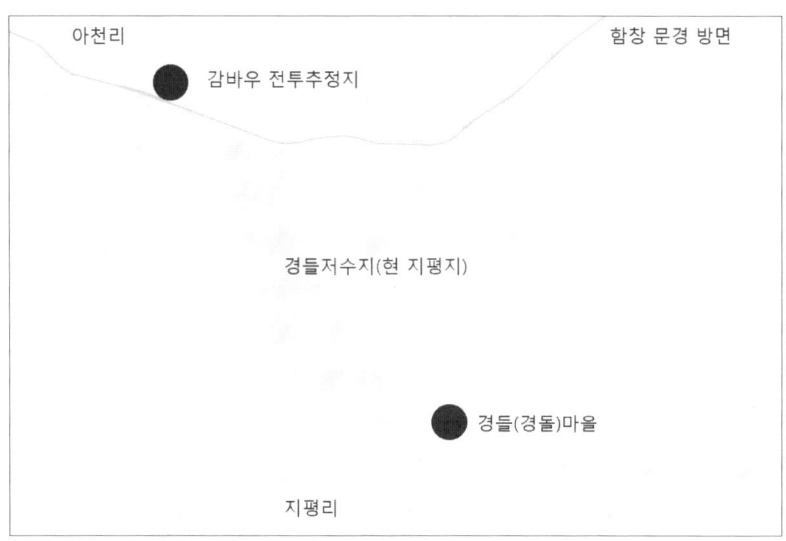

저수지 위쪽 아천리를 경계하던 국군 13연대 1대대가 전투를 벌인 사이 저수지 아래쪽을 경계하던 2대대는 후방으로 진입한 인민군과 전투를 벌였다고 한다. 경계선이 뚫렸던 것이다.

아천리 감바우에서 공격하다

국군 1사단 13연대(연대장 최영희 대령)가 1950년 7월 26일 상주 함창읍에 도착하여 이미 이 지역에 주둔하고 있던 국군 5연대의 방어 임무를 인수했으며, 다음 날인 27일 밤 주민들로부터 인민군이 남하 중이라는 정보를 들었다. 정찰대 역시 인민군 1개 연대 규모의 병력이 2개 부대로 나누어 다가오고 있다고 보고했다. 국군 13연대는 이들의 예상 진입로를 두 개로 보고 1대대와 2대대로 나누어 각각 도로에 배치했다.

상주로 진격하던 인민군을 상대한 전투는 1대대에서 먼저 벌어졌다. 이 안면 아천리 감바우에 배치되었던 국군 1대대 3중대는 7월 28일 새벽 4시 다가오는 장갑차 소리를 들었으나 그 모습은 볼 수 없었다. 이런 상태에서 거리가 20미터 정도 되었다고 판단한 중대장의 명령에 따라 전투가 시작되었다. 날이 밝자 버려진 장갑차 1대와 30여 구의 인민군 시체가 확인되었다고 한다.

> 대대장 安光榮소령이 08.00에 제 5, 제 6중대의 配置가 끝난 것을 확인하였을 때는 안개가 서서히 걷히기 시작하고 마을에서 우글거리고 있는 敵의 움직임도 볼 수 있게 되었다. 그 가운데는 避難하지 못한 住民도 몇 家口 있다는 事實을 俘虜의 陳述에서 알게 되었으나, 이 局面을 더 持續시킬 수 없는 것으로 斷案을 내린 대대장은 제 5, 제 6중대장에게 射擊 명령을 下達하였다.

『한국전쟁사』 제2권 712쪽. 국군은 경돌마을에 "피란하지 못한 주민"도 있었다는 사실을 알고 공격했다.

경계의 실패

같은 시간 경들저수지 남쪽인 공검면 지평리에서 저수지를 경계하던 2대대 6중대는 7월 28일 새벽에 1대대 방어지역인 아천리 감바우에서 나는 총소리를 듣고 난 뒤에서야 진지를 편성하기 시작했다고 한다. 아천리에서 전투가 벌어지기 전까지 6중대가 어떤 상태로 무엇을 하고 있었기에 진지 편성이 늦었는지에 대한 설명은 없었다.

『한국전쟁사』는 "날이 밝기를 기다리고 있던 차에 제1대대 전면에서 총격전이 벌어지고 있음을 듣고서야 비로소 진지편성을 하게 되었는데 이때 동천이 밝아오기 시작하였다."라고 했다. 이는 마치 4시간 가까이

1대대 3중대가 배치되었던 감바우는 사진 왼쪽 아천1리 입구로 농암면에서 함창으로 가는 32번 국도에 인접해 있다. 사진 속 도로 오른쪽으로 경들저수지가 있다. 2019년 5월 15일 조사.

경들마을 쪽에서 본 경들저수지. 2대대 6중대가 저수지 부근에 진지를 구축했지만 이미 200명 가까운 인민군이 이곳을 통과한 뒤였다. 2019년 5월 15일 조사.

아무것도 하지 않고 있다가 뒤늦게 전투를 준비했던 것으로 보이게 하지만 실제 더 큰 문제가 그 사이에 발생했다.

날이 밝았지만 저수지 부근이어서 5미터 앞도 구분할 수 없을 정도로 안개가 짙게 깔려있었다. 이때 국군은 길을 잃은 것으로 보이는 인민군 2명을 사로잡았다. 인민군은 AK소총을 멘 채 언덕을 오르는 중이었다고 한다. 『한국전쟁사』는 국군이 이 포로들로부터 자신들의 상대가 새벽에 국군 1대대의 공격을 받고 길을 잃은 인민군 13사단 21연대 군인들이라는 사실과 함께 이동한 나머지 일행 170여 명이 지평1리 경들마을에 주둔하고 있다는 사실을 알게 되었다고 했다.

마치 별일 아니라는 듯이 서술했지만 1대대가 전투를 벌인 아천리 감바우가 가장 북쪽 최전방이었다면 당시 2대대 6중대가 경계하던 저수지는 남쪽 서부의 최전방이었다. 경들마을은 저수지 남쪽 6중대 방어선 후방에 있었으므로 이 마을에 인민군이 주둔하고 있다는 사실은 6중대의 방어선이 뚫렸다는 것뿐 아니라 이제는 뒤에서도 공격을 당할 수 있는 매우

지평1리 경들마을 표지석. 토박이 주민들은 "경들"이라고 했지 "경돌"이라는 이름은 쓴 적이 없다고 했다. 2019년 5월 15일 조사.

심각한 상황에 처해 있었던 것을 의미했다. 진지 구축이 늦어지면서 생긴 치명적인 경계 실패의 잘못이었지만 『한국전쟁사』는 오히려 이를 유리한 기회였던 것처럼 설명했다.

마을 공격

『한국전쟁사』는 먼저 인민군 포로가 "아침 식사를 하기 위하여 경돌마을을 점령하였으나 주민의 대다수가 피란하였는지 몇 가구밖에 보이지 않았다."라고 했다며 마을에 남아있는 주민들이 얼마 없었다는 점을 굳이 강조했다. 희생된 민간인이 적었다는 점을 강조하면서 공격을 합리화하기 위한 일종의 복선처럼 보인다.

대대장은 마을을 공격하기로 하고 제방을 경계 중인 부대 중 2개 중대를 선발했다. 안개가 서서히 걷히던 아침 8시 마을에 주둔한 인민군의 모습을 본 대대장이 공격 명령을 내렸다. 당시 대대장은 "그 가운데는 피란하지 못한 주민도 몇 가구 있다는 사실을 포로의 진술에서 알게

지평지에서 본 경돌마을 모습. 국군의 공격은 마을 주민들까지 희생되는 결과를 낳았을 것이다. 2019년 5월 15일 조사.

되었으나, 이 국면을 더 지속시킬 수 없는 것"으로 판단했다고 한다. 피란하지 못하고 마을에 남아 있던 주민들이 죽더라도 공격해야 한다고 보았던 것이다.

2개 중대 200여 병사들의 공격이 시작되었다. 『한국전쟁사』는 이 상황에 대해 "경돌마을은 순식간에 불바다가 되고 말았다. 그들은 응사할 겨를도 없이 이리 뛰고 저리 뛰는 사이에 다 쓰러졌고 수색전으로 민가에 숨어있던 15명을 포획함으로써 경돌마을의 전투는 아군의 일방적인 사격으로 끝났다."라고 서술했다. 이로 보아 아군의 피해는 없었던 것으로 짐작할 수 있지만 전공으로 15명을 생포했다는 것 외에 아무런 설명을 하지 않아 인민군의 피해가 얼마나 되었는지 알 수 없다.

이후 과거를 회상하던 6중대장 김국주 대위는 "개전 이후 전투다운 전투를 해보지 못하고 함창까지 밀렸는데, 여기서 북괴 제13사단을 맞아 속이 후련하도록 싸웠다."라고 했다고 한다. 경계까지 실패한 사실을 숨기는 마당에 했던 이 증언으로 본다면 국군 1사단 13연대가 7월 28일에 이르기까지 큰 전투를 치르지 않았던 모양이고 인민군 측의 대응 사격도 그다지 없었던 전투인데다 그 전과도 명확히 밝히지 못한 것을 보면 평가가 지나쳐 보인다.

이 전투에 대한 설명에서 정작 눈에 띄는 대목은 마을 주민들의 피해였다. 마을에는 피란하지 못한 주민들이 있었고 이들이 죽을 수 있다는 사실을 알면서도 공격했던 것인데, 민간인들의 죽음은 관심 대상도 아니었는지 공격 후 주민들이 얼마나 피해를 입었는지에 대해 아무런 설명이 없다.

경돌마을에서 전멸했다는 인민군은 건제(建制)가 없는 혼성부대였다는 포로의 진술이 있는데 정식으로 편성된 적이 없는 부대가 만들어지는 상황은 이들이 패잔병이었음을 강조하는 것으로 보이지만 그 이상의 문제점, 즉 민간인이 포함되었음을 합리화하려는 의도가 있어 보인다.

이들 인민군들이 민간인은 아니었는지 확인하기 위해 2019년 5월 경들마을을 방문했지만 마을에는 이제 더 이상 70년 전의 참상에 대해 증언해 줄 주민들을 만날 수 없었다.

이 공격 외에 경돌저수지 부근에서는 또 다른 의문의 죽음이 확인된다. 흑연광산이 있는 산중턱에서 1950년 7월 29일 인민군인지 민간인인지 신원이 확인되지 않는 대규모 죽음이 발견되었다.

『한국전쟁사』는 "제6중대장 조기백 대위가 992번 도로로 우회하여 흑연광산으로 진입하였는데 그 산록에 죽은 지 오래된 것으로 보이는 적 시체 50여 구가 외상은 보이지 않으나 불에 그을린 듯 까맣게 흩어져 있음"을 발견했다고 적고 있다. 그리고 이러한 모습은 아천리 등 두 곳에서도 볼 수 있었다고 한다.[*]

국군은 이들이 미 공군의 네이팜탄에 의해 몰살당한 인민군으로 판단

---

[*] 국방부 군사편찬위원회, 앞의 책 제2권, 717쪽.

했다고 한다. 흑연광산은 아천리 마을 앞 산에 있었는데 주민들은 아천리 일대에서 전투가 심했었다고 기억했다.

모호함 속에 들어있는 전쟁 미화 의도

_1950년 7월 29일 곡성 압록리

전투의 실체가 명확하지 않은 사건이 1950년 7월 말 전남 곡성에서도 벌어졌다.

국방부 『한국전쟁사』는 "곡성서장 한정일 경감이 지휘하는 이른바 한정일 유격대는 7월 29일 압록리(곡성 동남쪽 15km)에서 적 3개 중대를 기습하여 3시간 동안 교전 끝에 52명을 사살하고 5대의 사이드카를 노획하였다. 그러나 적은 많은 피해를 입었음에도 불구하고 이날 14:00에 1개 대대의 증원 병력과 함께 반격을 가하였다."라고 하면서 결국 한정일 유격대가 부득이 태안사가 있던 봉두산으로 철수했으나 "8월 6일 미명, 적 1개 연대가 포위공격을 가하여" 40명이 전사했다고 기록하였다.*

주민들의 증언으로 보아 당시 경찰부대가 주둔했던 태안사에는 300명의 병력이 기거할 시설이 없었음이 분명하다. 그리고 공격을 받은 인민군의 규모 역시 3개 중대 500명이라면, 게다가 여기에 증원된 1개 대대, 즉

---

* 국방부 군사편찬위원회, 『한국전쟁사』 제2권, 949~950쪽, 제3권 599쪽.

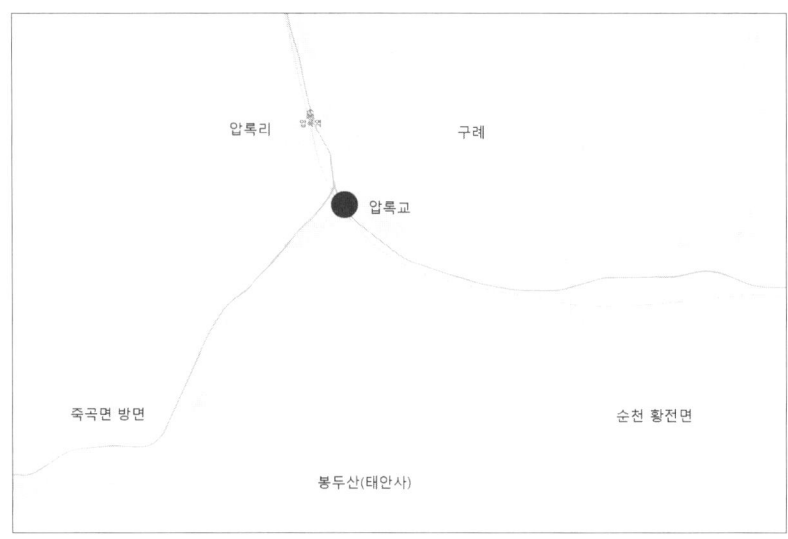

봉두산 태안사에 고립되었던 곡성경찰서 경찰관들이 유격대가 되어 이동하는 인민군을 압록교에서 습격했다고 한다. 50여 명의 적군을 사살하는 등 구체적인 승전 내용을 제시했지만 기록마다 틀려 대체로 과장된 것으로 보인다.

1천여 명, 더군다나 토벌작전에 나선 인민군이 1개 연대, 즉 적어도 3천 명 수준이라면 이러한 주장은 상식을 넘어도 지나치게 넘는다.

  곡성에서 벌어진 이 전투와 관련된 다른 문헌이나 승전과 관련된 기념시설의 안내문 등은 물론 국방부의 주장까지도 이 전투에 대한 설명이 일관되거나 일치하지 않아 지나치게 과장하거나 미화한 것이 아닌지 의심된다. 어떤 인민군 부대와 싸운 것인지 또는 더 나아가 인민군과 싸운 것은 사실인지도 의심스럽다.

곡성 국민보도연맹사건

전쟁이 발발했다고 하지만 초기 전선은 곡성으로부터 멀리 떨어져 있었다. 곡성의 주민들로서 사태의 심각함을 느끼지 못하는 것은 당연했다. 전쟁 발발 직후부터 인민군이 곡성을 점령하기까지 약 한 달 사이에 벌어

> 한편 谷城署長 韓楨日 경감이 지휘하는 이른바 韓楨日 遊擊대대는 7월 29일 鴨錄里(谷城 東南쪽 15km)에서 敵 3개중대를 奇襲하여 3시간동안의 交戰끝에 52명을 사살하고 5대의 sidecar를 노획하였다.

『한국전쟁사』 2권 949쪽. 인민군 603기갑연대는 모터사이클연대라고도 불리었으니 사이드카가 많았을 것인데 5대가 노획되었다고 했다.

진 가장 큰 사건은 국민보도연맹원으로 불린 주민들의 죽음이었다.

곡성에도 집안 친척의 권유, 반란군의 심부름을 해주었다는 이유 등으로 국민보도연맹에 가입해야 하는 주민들이 있었다. 전쟁이 발발하자 주민들이 관할지서 경찰들에게 연행 혹은 소집되어 각 지서와 곡성경찰서 유치장에 구금되었다가 1950년 7월 16일에서 7월 21일 사이에 곡성읍 도림사 인근 야산, 오곡면 침곡리, 곡성읍 당등에서 집단희생된 사실이 지난 진실화해위원회의 조사에서 확인되었다.

전선에서 벗어난 곡성

후퇴하던 국군은 인민군의 진입을 막기 위해 구례와 보성, 순천 방면에만 방어선을 설치하는데 그쳤으니 곡성에는 방어선이 없었다. 곡성의 경찰로서는 인민군 6사단이 서해안과 남해안을 통과하여 이미 구례까지 진입한 사실을 전혀 알지 못했다. 이러한 상황은 충남 강경경찰서가 인민군에게 포위되던 상황과 비슷했다.

7월 16일부터 21일까지 도림사 등에서 곡성 지역의 국민보도연맹들을 학살한 곡성경찰서는 1950년 7월 24일 인민군이 아직 진입하지 않았을 것으로 예상하고 구례를 통해 낙동강 전선 너머로 후퇴하고자 했다. 그런데 대한청년단 대원들과 함께 구례로 후퇴하던 중 선발대를 통해서 예상과 달리 이미 인민군이 구례에 진입했다는 소식을 알게 되었다. 후퇴의 시기를 놓쳐 퇴로가 막힌 경찰에게 남은 방법은 해산 후 각자 은신하든

후퇴하는 경찰에 의해 곡성의 주민들이 도림사 계곡에서 희생되었다. 2017년 12월 16일 조사.

가 아니면 깊은 산 속에 숨어 지내며 유격전을 벌이는 것이었다고 한다.

그대로 압록까지 돌아온 일행은 7월 26일 태안사로 들어갈 경찰 외에는 모두 무장을 해제하고 각자 살 길을 찾아간다는 결정을 내렸다. 부족한 장비와 식량 때문이었다고 했다. 후퇴를 준비했던 사람들은 곡성경찰서 경찰관들과 200여 명의 대한청년단원이었는데 압록의 승전탑에 기록된 350여 명 경찰이 여기에 함께 있었다고 본다면 그 병력은 모두 550명에 이르는 대규모였을 것이다. 비록 태안사의 규모가 크긴 했지만 350명의 경찰이 숨어 지낼 정도는 아니었다고 하니 승전탑의 기록은 경찰의 활동을 미화하고 과장한 결과로 보였다.

소련 군사고문관 라주바예프는 "(인민군 6사단 1연대는) 7월 24일 오전 11시 무렵 60km를 진격하여 남원을 점령한 후, 그곳에서 지체하지 않고 동남 방면으로 진격하여 7월 24일 오후 늦게 구례를 해방시켰다."라고 했다.* 국군의 방어 전선은 물론 인민군의 진격로에서도 빗겨나 있던 곡성

---
* 라주바예프, 『라주바예프의 6·25전쟁 보고서』 제1권, 211쪽.

은 총성 한 번 듣지 못한 채 7월 24일 이후 인민군의 점령지가 되었던 것이다. 곡성읍의 주민들이 인민군을 목격한 날은 7월 26일이었다고 한다.

경찰유격대의 7월 28일 인민군 공격

곡성은 전쟁이 일어나기 전 여순사건 이후 지리산에서 활동하던 빨치산의 이동 길목이었으며 보급처이자 은신처이기도 했다. 인민군이 구례와 곡성을 점령하자 이번에는 경찰관들이 쫓기게 되었으며 이전의 빨치산처럼 경찰유격대도 이따금 반격을 가하게 되었다.

『한국전쟁사』와 곡성 지역 향토사의 관점에서 한국전쟁을 회고한 『태안사별곡』에 따르면, 후퇴하던 한정일 서장이 경찰서가 보유한 전투 장비를 점검한 결과 38식 소총이 250여 정, M1 소총이 100여 정, 칼빈 소총이 50여 정, 중·경 기관총이 5문, 각종 탄환이 10만 발이나 되었다고 한다. 비교적 충분한 무기를 확보한 이들은 7월 28일 두 개의 공격을 시도했다고 한다.*

첫 번째 공격은 7월 28일 밤 9시 경찰유격대 일부가 파괴된 압록교에 있던 인민군을 기습한 것이었다. 당시 압록교는 3번 교각이 파괴되어 있었는데 이는 아마 후퇴하던 경찰 또는 미 공군기의 폭격 때문이었을 것이다. 경찰은 파괴된 부분에 임시로 교각을 설치하고 있던 인민군을 공격했지만 실패했다고 한다.

또 다른 공격은 구례와 압록의 중간에 있는 칠암에서 인민군 3명을 생포한 것이었다. 『태안사별곡』 175쪽에는 봉두산 남쪽인 승주군 황전면 방면에서 인민군 트럭 운전병 2명을 사로잡았다고 했지만 178쪽에는 다시 3명이었다고 하여 일관성이 없었다. 하여튼 경찰은 이때 생포한 포로

---

* 이용하, 『태안사별곡』, 법정, 1994, 130쪽.

경찰승전탑에서 바라본 압록교. 다리 가까운 곳에는 매복 공격할 곳이 없으므로 꽤 먼 거리에서 공격했을 것으로 보인다. 2017년 12월 16일 조사.

들로부터 "순천에 주둔 중인 인민군 603기갑연대가 7월 29일 남원으로 이동하던 중 압록에서 주간 숙영한다."는 정보를 입수한 뒤 이들을 기습하기로 결정하고 450명 전 병력을 투입하기로 했다고 한다.

『한국전쟁사의 새로운 연구』에 따르면, 인민군 603기갑연대는 말 대신 모터싸이클을 이용하여 전투를 수행하던 부대로 "603모터사이클연대"라고 불렀다고 한다.* 기동성이 강한 이들 인민군 부대가 진주 공격을 앞두고 전선인 순천을 떠나서 후방인 남원으로 가려했다는 것은 당시 상황에 맞지 않는다.

7월 29일 곡성경찰서 유격대의 승리

『한국전쟁사』에 따르면, 태안사에서 숨어 지내던 곡성경찰서 유격대는 1950년 7월 29일 압록리에서 인민군 3개 중대를 기습하여 3시간에 걸친 전투로 인민군 52명을 사살하고 사이드카 5대를 노획하였다고 한다.

* 국방부 군사편찬연구소, 『한국전쟁사의 새로운 연구』제2권, 국방부, 2001, 199쪽, 207쪽.

그리고 같은 날 오후 2시 증원된 1개 대대 규모의 인민군이 병력을 정비하여 반격에 나서자 경찰유격대는 다시 태안사가 있던 봉두산 근거지로 철수했다고 한다.

간략히 서술한 위 자료에 비해 이용하의 『태안사별곡』은 과장되지만 이 전투에 대해 비교적 자세히 설명하고 있다. 이를 정리하면 다음과 같다.

7월 29일 새벽 5시에 태안사를 떠난 경찰유격대 3개 중대는 산길을 따라 12시에 압록에 도착했다. 공격 개시 예정 시간은 12시 30분이었다. 한정일 서장이 이끄는 중대 70여 명은 로켓포 2문과 경기관총 2정을 설치했고 대원들은 M1 등 소총으로 준비했다. 12시 15분 인민군이 대부분 압록교 아래에 있었는지 눈에 보이는 인민군은 2명 뿐이었다. 12시 30분 공격이 시작되었다. 당시 다리 위의 인민군 2명은 총소리가 나자 한 명이 쓰러졌다가 일어나 달아났다. 거리가 멀었으므로 빗맞았던 것이다. 그리고 4시간에 걸친 공격이 이어지는 동안 도주하기 바빴을 뿐 인민군의 반격은 없었다. 반격이 없었던 원인에 대해 『태안사별곡』은 공격을 당하는 인민군 입장에서는 어디에서 누가 총을 쏘고 있는지 알 길이 없었기 때문이었다고 적었다.

경찰유격대가 공격을 중단하고 살피니 압록교 위에는 인민군들의 시체와 불타고 있는 각종 차량이 있었다고 한다. 한정일 서장은 경찰 병력을 이끌고 "시체와 병기·장비가 널려있는 압록리까지 진출"한 뒤 "더 이상 추격은 하지 말라"고 명령했다고 한다. 이 전투에서 유격대의 피해는 최근수 순경의 전사 외에 5~6명 부상에 그친 반면, 인민군은 군관 1명을 포함해 52명이 사살당했으며 3명이 사로잡혔다. 그리고 경기관총 등 총기류 70여 정과 사이드카 10여 대, 소형트럭 4대를 노획했다고 한다. 포로 3명 중 2명은 중상으로 곧 사망했으며, 생존 포로 1명을 통해 이들의 소속이 인민군 603기갑연대였음을 알 수 있었다고 했다. 『한국전쟁사』의 서술과 비교하자면 사살당한 인민군의 수 외에 없던 소형 트럭이 4대에 이르는 등 노획물이 훨씬 많았다고 주장하고 있다.

어떤 전투가 있었을까?
곡성 압록리에 설치된 경찰승전탑 안내문의 내용은 위 두 자료와 약간 다르다. 이에 따르면, 곡성군 죽곡면 원달리 봉두산 기슭 태안사 경내에 작전지휘 본부를 설치한 곡성경찰서 서장 한정일 등 300여 명의 경찰관들은 순천에 주둔하던 인민군 제603 기갑연대가 남원으로 이동하기 위해 압록교를 통과한다는 정보를 입수하고 매복하던 중 1950년 7월 29일 12시 30분 압록교를 통과하는 인민군을 발견하고 4시간 동안 공격하여 52명을 사살하고 3명을 생포했다며 인민군의 이동을 1주일 이상 지연시켰다고 소개하였다.

『한국전쟁사』 등의 주장으로 보아 압록교 부근 숲 속에서 숙영하던 인민군 일부가 공격당한 것은 사실이었을 것으로 보이지만 대체로 전투가 크게 과장되었던 것으로 보인다.

이 전투는 주민들의 기억에 별다르게 남아 있지 않았다. 심한 총격전을 벌이는 과정에서 다리가 폭파되었다는 것과 미 전투기가 압록리 강가에 기총사격을 가하는 모습을 기억하는데 그쳤다. 이런 원인을 설명하기 위해 압록리에서 벌어진 전투에 대한 설명이 부족하거나 명확하지 않은 측면을 검토할 수 있다.

현장 조사결과 7월 29일 정황이나 압록의 지형으로 보아 당시 매복 작전에 가담한 경찰이 300명에 이르는 것은 무리로 보였다. 전투에 가담한 경찰의 수를 정확히 밝히지 않고 있지만 일부 병력이었을 것이다.

"4시간에 걸친 공격"이라는 이용하의 주장 역시 『한국전쟁사』의 "오후 2시 철수" 주장과 일치하지 않는다. 1시간 반 정도의 전투를 4시간까지 부풀린 것으로 보인다. 이와 관련된 의문은 인민군 측이 당한 피해 규모에서 제기된다. 『한국전쟁사』의 주장처럼 인민군 측의 반격으로 급하게 철수했다면 기습 후 경찰유격대가 인민군 측의 피해 규모를 확인할 여유가 없었을 것이다.

공격당한 인민군의 소속이 603기갑연대였다는 사실은 살아남은 1명의 포로에게 얻은 정보였다고 하는데 이 포로는 다리 위가 아니라 인근 산기슭에서 쉬고 있다가 잡혔다고 했다. 이 포로의 존재 자체 외에 전투 사실에 대한 설명은 일관성이 부족하다. 포로로 잡혔다는 이 병사는 이후 경찰유격대에 합류했으므로 사후 합리화를 의심할 수 있다.

토벌당한 경찰 유격대

곡성경찰서 유격대와 관련된 의문은 이후의 활동에서도 계속 제기된다. 『한국전쟁사』는 1950년 8월 6일 새벽 인민군 1개 연대가 곡성경찰 유격대를 포위하여 공격했다고 한다. 1개 연대 규모라면 적어도 1천 명의 인민군을 말할 것이니 이 역시 과장이 지나치다. 이 습격으로 경찰유격대는 40명의 전사자를 내었다. 우여곡절을 겪고 목숨을 건진 한정일 서장은 이후 생존 대원을 이끌고 백운산으로 들어가 유격전을 계속했다고 한다.

이때 공격한 인민군의 규모에 대해 이를 직접 목격한 주민들의 증언은 전혀 다르다.

당시 의용경찰대로 경찰유격대에 참여했던 조 씨는 토벌작전에 참여한 인민군은 1개 소대 규모로 27명이었다고 했다. 그는 인민군의 공격이 있던 전날 집에 있었으므로 목숨을 건질 수 있었는데 의용경찰대인지 몰랐던 인민군에 의해 태안사에서 전사한 경찰들의 시신을 수습하는데 동원되었으므로 공격의 결과를 직접 목격할 수 있었다. 당시 경찰들은 전날 술과 함께 소와 돼지를 잡아먹고 경계도 세우지 않고 잠들어 있었으니 인민군의 공격을 눈치채지 못했던 것이라고 했다. 김 씨는 인민군이 죽곡면 하한리, 고치리, 순천 월등면 등 세 방면에서 습격한 것이라고 했다. 목격한 주민들의 증언을 종합하면, 토벌에 참여한 인민군의 수는 27명 또는 40명으로 나타난다.

인민군의 토벌작전에 의한 피해자 중에도 문제점이 발견된다. 태안사에서 유격전을 벌이던 곡성경찰서 경찰부대의 활동에 대한 최초의 언론보도는 1955년에 있었다. 『동아일보』는 1955년 8월 11일 곡성경찰서가 8월 6일 오후 2시 태안사에서 제5주기 추도식을 열었다며 "적 치하 3개월 동안 적의 후방에 남아 태안사를 중심으로 유격전을 경과하여 보급로 차단 및 신경전으로 적의 간담을 서늘케 했다", "적의 부대와 가장 치열한 전투를 경과한 끝에 남재평 경감 외 46명이 전사했다."라고 보도했다. 47명의 희생을 기억하는 행사가 열리기 시작했던 것인데 남재평 경감의 태안사 전사 사실이 눈에 띈다. 1994년 발행된 『태안사별곡』에 따르면, 위 동아일보 기사의 남재평 경위는 담양에서 내무서원들에게 체포된 후 1950년 7월 29일 광주교화소에서 후퇴하던 인민군에게 총살당했다고 기록하고 있기 때문이다.

과장과 미화

모호함 속에는 전쟁을 미화하려는 의도가 들어 있었다. 경찰승전탑은 한정일 서장과 300여 명 곡성경찰의 업적을 기리기 위해 건립되었다. 하지만 여기에는 200여 명에 이르는 청년단 주민들은 포함되지 않는다. 국가

권력만의 기념 시설이었다.

『한국전쟁사』에서는 경찰유격대의 압록리 공격이 3시간 동안 있었고 이후 오후 2시 철수했다고 하므로 공격시간은 11시라고 판단할 수 있다. 하지만 이는 다른 자료들과 크게 다르다.『태안사별곡』등 곡성의 자료를 종합해 보면 1950년 7월 29일 12시 30분 시작된 공격은 2시 인민군 측의 반격으로 중단하고 후퇴했음을 알 수 있다. 전투 시간은 1시간 30분이었는데 이를 3시간 또는 4시간이라고 주장하고 있는 것이다. 전투성과인 52명 사살 주장 역시 분명하지 않다. 2시에 있던 반격으로 중단되었으니 이를 확인할 수 있는 여유가 없었을 것이다. 멀리서 어림짐작했을 것으로 보인다.

가장 심한 과장은 인민군의 숫자이다. 이미 인민군의 태안사 토벌작전에 동원된 수가 1개 연대 규모는커녕 1개 소대 규모에 그쳤다는 것이 확인되었다. 압록리에서 공격을 당한 인민군이 3개 중대라는 것도 믿을만한 근거가 없다.

압록리 현장이 바라보이는 산 정상에 전쟁을 미화하는 경찰 승전탑이 높이 세워졌다. 하지만 그 높이만큼 진실이 다가갈 수 있을지 의문이다. 2017년 12월 16일 조사.

1950년 8월 6일 인민군의 공격으로 사망한 경찰은 남재평 경위를 포함하여 48명이라고 알려졌지만 이 탑에는 300명의 명단이 기록되어 있다. 전체 경찰서원들 명단일 것이다. 이 탑에 적혀있는 경찰 상당수는 곡성군민이 아니라는 점을 지적할 수 있다. 그리고 이들은 전쟁 전에 벌어진 토벌작전에서 희생된 곡성 주민들과 전쟁 직후 벌어진 국민보도연맹사건 희생자들을 살해한 가해자이기도 하다. 곡성에서 국민보도연맹사건으로 희생된 주민들만 150명에서 200명에 이르니 그 죄질이 결코 가볍지 않다.

일부 경찰은 당시 이승만 정부의 손과 발로 민간인들을 학살한 반인륜 범죄자들이기도 하다. 이것이 곡성만의 문제는 아니다. 전국에 설립된 전쟁기념 시설은 국가권력에 의해 억압받고 희생된 지역 주민들의 고통 위에 세워졌다. 이런 시설들을 보면 국가는 여전히 자신들의 지난 잘못을 반성하지 않은 채 계속 군림하려는 모습으로 보인다.

제6장

군인과 민간인이 뒤섞인 낙동강 전선

아군과 적군이 충돌하는 전투는 일정한 전선을 사이에 두고 서로 공격과 방어를 주고받을 것으로 생각하기 쉽다. 하지만 6·25전쟁의 전개 과정을 보면 전혀 그렇지 않았다.

잘 알려진 충북 음성전투와 경북 화령장전투의 전투조차 전선의 뒤편적 진영에서 보급부대를 상대로 벌어졌으니 전쟁 초기 국군의 후퇴로 전선이 이동하는 시기에는 아군과 적군이 뒤섞여 이루어졌음을 알 수 있다. 여기에서 비교할 대상은 아니지만 인민군 후퇴 시기에도 마찬가지 현상이 벌어졌음을 지적할 수 있다. 가장 큰 차이점은 이 시기에 아군과 적군 사에에 전투가 거의 이루어지지 않았다는 것에 있었다.

1950년 7월 말 이후 낙동강 전선이 형성되기 시작하면서 여전히 아군과 적군의 진영이 뒤섞이긴 했으나 그래도 어느 정도 구분이 되기 시작했다. 그런데 이때 전선 지역에 거주하는 민간인들을 소개하면서 심각한 문제가 발생했다. 유엔군은 낙동강 후방 7km 사이를 전투 지역으로 규정하고 민간인들을 안쪽으로 피란시켰다고 했다. 하지만 소개의 방식은 군사 작전을 방불케 했으니 그 과정에서 노약자들이 사살당하거나 집과 함께 불에 타 죽는 참상이 반복되었다. 그리고 피란을 떠난 주민들이 겪은 고통도 이루 말로 다 할 수 없었다. 가장 대표적인 사건이 미 공군이나 함포의 폭격으로 발생했다. 인민군의 제5열이라면서 공격당한 피란민들 역시 헤아릴 수 없이 많았다.

7월 말과 8월 초 이미 적 진영이 되었을 것으로 보이는 경북 북부 지역에서 전투가 있었다.

7월 31일 안동 풍산읍 상리리에서 국군 수도사단과 경찰 중대가 300여 명의 무리를 공격하여 40여 명을 사살했다고 한다. 이들은 경계도 없이 밀집 대형으로 진지에 다가왔다. 같은 유형의 사건이 8월 7일 안동 일직면 명진리에서도 발생했다. 당시 국군 8사단 21연대가 인민군 700명을 공격하여 해체시켰다고 했다. 그러나 증거는 없었다. 8월 3일에는 국군 1사단 12연대와 미 공군이 상주 낙동면 낙동리에서 인민군 패잔병을 공격한다며 낙동리 마을을 폭격했다. 소개 시도도 없었으므로 주민들 피해가 컸을 것이다.

낙동강 서부 지역에 해당하는 경남 지역에서도 주민들이 큰 피해를 입었을 것으로 보이는 전투가 발견된다.

8월 2일 마산 진전면 고사리에서는 인민군 6사단 13연대가 다가오자 대응 전투를 준비하던 국군 해병대가 고사리 주민 중 첩자가 있다며 진지를 이동했다. 주민 중 첩자라면 국민보도연맹원이었을 것이고 그는 무사하지 못했을 것이다.

8월 3일에는 창녕 월곡재실(죽림제)에서 국군 17연대의 공격을 받아 정체가 분명하지 않은 수십 명이 목숨을 잃었다. 국군은 사살된 자들이 인민군 정규군이라고 했다가 유격대 또는 지방 좌익이라고 하여 일관성이 없었다. 전투에 참여했던 한 군인은 피살자 중에는 12살 어린이도 있었다고까지 증언했다.

8월 11일 마산 진전면 곡안리에서는 미 5해병연대 3대대가 인민군 6사단 13연대를 상대로 전투를 벌였는데 당시 곡안리 이씨 재실에서 피란하던 86명 주민들이 미군과 국군의 공격으로 사망했다. 피란민들인지 이미 알고 있는 상태에서 벌어진 대량 학살이었다.

9월 2일에도 피란민과 뒤섞인 전투가 벌어졌던 것으로 보인다. 창녕 영산면 함박산에 주둔하던 미군과 인민군이 전투를 벌였다고 하는데 당시 인민군이 피란민을 가장한 채 전차와 함께 공격했다고 한다. 피란민 피해를 합리화한 것으로 의심된다.

인천상륙작전이 진행되던 9월 중순에도 반격이 시작된 낙동강 전선 지역에서 인민군인지 불분명한 무리를 공격한 사건들이 있었다. 9월 12일 대구 도덕산 매골에서 국군 1사단 15연대 연대지휘소를 침투하려던 인민군 특공대가 전멸되었다고 한다. 매골은 인민군에게 점령당한 적이 없는 후방이었다. 9월 16일 영천 고경면 창상리 등에는 아직 인민군이 활동하던 시기였는데 인민군 패잔병이라며 각 지역 경찰서에 의해 사살당한 사람들이 있었다. 이들이 인민군들이 아니었다면 부역혐의를 받았던 주민들로 보인다.

경계도 하지 않고 몰려다니는 무리를 공격하다

_1950년 7월 31일 안동 상리리

수도사단(사단장 김석원 준장)의 지휘를 받던 경찰 혼성 1개 중대가 7월 31일 안동 풍산읍 상리리에서 300여 명의 무리를 공격하여 40여 명을 사살했다고 한다.* 그런데 이들 무리는 경계도 하지 않고 밀집대형으로 다가와 피해를 크게 입었다고 했다. 『한국전쟁사』는 이들을 "적"이라고 주장했지만 저항도 못한 이들이 적이었다는 증거는 전혀 제시되지 않았다.

40명의 적을 사살한 전투

1950년 7월 29일 국군은 안동 지역의 방어 능력을 높이기 위해 병력을 이동했는데 당시 안동 풍산읍에는 수도사단 1연대(연대장 윤춘근 중령)와 안동경찰서 풍산지서 15명의 경찰관이 남아 있었다.

 7월 30일 당시 1연대의 역할은 예천과 안동을 잇는 34번 국도를 상리

---

* 국방부 군사편찬위원회, 『한국전쟁사』 제2권, 649~650쪽.

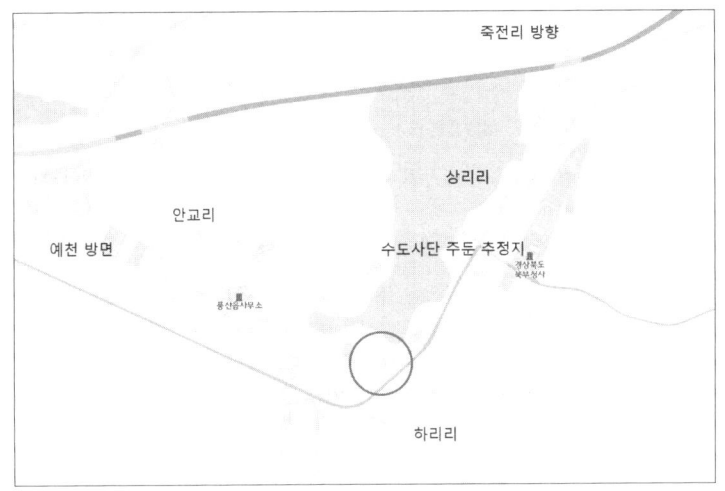

수도사단 경찰 중대가 예천 방면에서 다가오던 무리를 공격하여 40여 명을 사살했다. 몰려다닌 것으로 보아 군인들은 아닌 것으로 보였다.

리에서 차단하며 인민군 8사단의 우회에 대비하는 것이었다고 한다.* 이는 풍산읍이 아직 전투 지역과 상당한 거리가 떨어져 있었음을 의미했다. 같은 날 국군 1개 중대가 상리리 위 죽전리를 수색했으나 아무것도 발견하지 못하고 복귀했다.

 1950년 7월 31일 오전 10시 수도사단 부사단장 김응조 중령이 직접 지휘하는 경찰 혼성 1개 중대가 안동 풍산읍 상리리에 도착했다.

 읍내에 주둔하던 국군 1연대는 이들에게 주둔지를 넘기고 안동 북쪽으로 이동하였고 경찰 중대는 풍산지서에 남아있던 15명의 경찰을 흡수하여 통합했다. 김응조 중령은 1946년 전북도경에서 경찰로 근무하면서 남원 인민위원회를 공격하다 권총을 빼앗긴 장본인이다.

 국군 1연대의 진지를 인수하여 상리리에 주둔하던 중 경찰 중대는 같은 날 저녁 7시 30분 예천 쪽에서 다가오는 1개 대대 규모의 무리를 발

---

* 국방부 군사편찬위원회, 앞의 책 제2권, 646쪽.

> 대규모의 敵이 別다른 警戒태세도 갖추지 않은채 密集隊形으로 接近하자 至近距離로 誘引하여 同伴한 57mm 對戰砲와 迫擊砲, 그리고 기관총사격을 一齊히 퍼부어 一擊에 擊退하였다. 이때 魂飛魄散한 敵은 제대로운 抵抗도 하지못하고 敵屍 40具를 遺棄한채 潰散하자 砲擊을 逐次 延伸하면서 계속 强打하였다.

『한국전쟁사』 제2권 650쪽. 대규모의 인민군이 경계도 없이 뭉쳐다녔다고 했다. 과연 이들을 군인으로 볼 수 있을까?

견했다. 이들이 별다른 경계 태세도 없이 몰려다니며 진지 앞까지 다가오자 숨어있던 경찰중대가 즉시 박격포와 기관총 사격을 퍼부었다. 무리는 별다른 저항도 하지 못하고 40구의 시체를 남긴 채 흩어졌다고 한다.

『한국전쟁사』는 이에 대해 "1개 대대 규모의 적이 별다른 경계태세도 갖추지 않은 채 밀집대형으로 접근하자 지근거리로 유인하여 동반한 57mm 대전포와 박격포, 그리고 기관총 사격을 일제히 퍼부어 일격에 격퇴하였다. 이때 혼비백산한 적은 제대로 저항도 하지 못하고 적시 40구를 유기한 채 유산하자 포격을 축차 연신하면서 계속 강타하였다."라고 묘사했다.

수도사단 1연대가 주둔했다는 풍산읍사무소. 읍사무소는 안교리에 있지만 사진 오른 쪽 안동시청을 향하는 읍내 도로 끝 부분이 상리리에 걸쳐있다. 2019년 11월 12일 조사.

피란민이 아니었을까?

국방부는 "비록 1개 중대에 지나지 않는, 그것도 혼성 중대였지만 부사단장이 지휘에 나서고 초전에 승전고를 드높이 울리자 병사들의 사기는 하늘을 찌를 듯이 높았는데 ……."라고 평가했다. 천여 명의 인민군이 백여 명의 경찰부대에게 당한 전투라고 믿기지 않기도 하지만 이 전투에서 인민군들이 했다는 대응을 보면 군인이라기보다는 피란민에 가까워 보인다. 당시 수도사단은 사단장 김석원의 무능 때문이었는지 예하에 있던 17연대는 미24사단으로, 18연대는 2군단으로 배속이 바뀌고 1연대만 남아 있는 상황이어서 전선에서 멀리 떨어져 후방 도로를 차단하는 중인 1연대가 전투 성과를 조작했을 가능성도 있어 보인다.

전투 장소를 확인하고자 2019년 11월 12일 풍산읍사무소와 풍산지서, 상리리를 방문했다. 상리리는 풍산지서 바로 뒤의 마을로 이 마을을 중심으로 보아 예천 방면은 곧 풍산읍사무소 방면을 말한다. 따라서 40명이 사망한 장소는 상리리에서 풍산읍사무소로 이어지는 도로로 현재 풍산과

풍산지서가 있던 자리에 파출소가 있다. 그 앞 도로가 예천에서 오는 방면의 도로로 풍산읍사무소를 지나야 한다. 사진 오른 쪽이 상리리이다. 2019년 11월 12일 조사.

출소 앞으로 추정할 수 있다. 그렇다면 당시 경찰 중대는 풍산지서 바로 뒤 마을에 주둔하면서 마을 앞 도로를 통해 예천 방면에서 다가오는 어떤 집단을 공격했던 것으로 짐작할 수 있다. 이를 두고 "상리리에 주둔 중"이라거나 "지근거리로 유인"했다는 표현이 적절하지 않음을 알 수 있으며 이렇게 가까운 곳에서 대전차포와 박격포까지 사용했다는 주장은 믿기 힘들다. 더군다나 공격한 시간이 저녁 7시 30분이었다고 하니 적군인지 피란민인지 식별도 쉽지 않은 시간이었을 것으로 보인다.

기습을 당했으므로 제대로 저항하지 못했음을 이해할 수 있겠지만 40명 이상의 사람들이 경계 태세도 없이, 그것도 몰려서 다가왔다는 것은 군사적 측면에서 본다면 상식적이지 못하다. 특히 아군 피해도 보고된 바가 없으며 획득한 전리품 없이 40여 구의 시체만 있었다는 것을 보면 사망자들이 민간인들이었을 가능성이 더 높다.

8월 1일 안동이 인민군에게 점령당했으며 이 지역을 방어하던 국군에게 낙동강 전선으로 후퇴하라는 명령이 내려졌다. 후퇴 명령을 전달받지

상리리에서 본 풍산읍내 도로. 예천에서 오는 도로로 무리 중 40명이 사살당한 곳으로 추정된다.

못한 경찰 혼성 중대는 아침 8시 안동 지역에 미 공군의 폭격이 시작되자 철수를 시작했다고 한다.

라주바예프에 따르면, 인민군 12사단(사단장 최충국 소장)이 7월 28일 오후 안동 부근에 진출했다고 한다.*

후퇴하던 국군은 직전에 피란민에 대한 소개명령을 내렸을 것이고 이후 후퇴한 지역에서 방어하던 국군은 이들 피란민과 인민군을 구별하지 않았을 가능성이 높다.

---

* 라주바예프, 『라주바예프의 6·25전쟁 보고서』 제1권, 207쪽.

주민 가운데에서 첩자를 발견하다니

_1950년 8월 2일 마산 고사리

진주에서 철수한 해병대(부대장 김성은 중령)은 1950년 8월 1일 밤 마산 진전면 고사리 지서에 지휘소를 설치했다. 그런데 부대장은 8월 2일 낮 주민들 가운데 적의 첩자가 있음을 발견하고 진지의 위치가 인민군에게 드러났을 것을 우려하여 이를 변경했다고 한다.* 주민 가운데 첩자가 있었다고 판단했다면 그 주민은 국민보도연맹원을 의미하는 것은 아니었을까?

진지를 변경한 이유

7월 30일 진주를 점령한 인민군 6사단은 마산을 향해 진군을 준비하고 있었다. 인민군 6사단 13연대가 이용할 도로는 진주 사봉면 무촌리에서 마산 봉암리를 거쳐 곡안리로 향하는 도로였고 고사리 지서는 이 도로에서 북쪽으로 2km 떨어져 있는 곳이었다.

『한국전쟁사』는 이때 "김 부대장은 2일 낮에 이곳 주민들 가운데 적의

---

* 국방부 군사편찬위원회, 『한국전쟁사』 제3권, 260~261쪽.

자기 지역 주민들을 믿지 못하는, 그리고 군사 작전이 민간인에게 드러난 책임을 자신보다 주민들에게 돌리려는 국군 고급장교의 태도가 심각했다.

첩자가 있음을 발견한 결과 날이 어두워지기를 기다려서 진지를 변경하려고 제2중대를 서북산 남쪽 2km 지점의 부현(봉)으로, 그리고 제3중대를 제7중대의 북쪽에 있는 428고지의 서쪽 능선에 각각 이동 배치토록 하였으니 이는 우리 진지가 적에게 폭로되었을지도 모르기 때문이었다."라고 서술했다.

적의 첩자라던 주민은 어떻게 되었을까?
이 책은 적의 첩자라던 주민의 행방은 기록하지 않았다. 국군이 주둔한 상황에서 적의 첩자로 의심을 받은 주민이 있었다면 국민보도연맹사건 사례로 보아 무사하지 못했을 것이 분명하다. 그리고 서술 내용으로 봐선 지휘소도 이동했을 텐데 고사리 지서에서 어디로 옮겼는지에 대한 설명은 없다. 각 중대 역시 "첩자" 주민 때문에 옮긴 것처럼 쓰고 있는데 어디에서 어디로 옮긴 것인지에 대한 설명 역시 없어 당시 얼마나 시급한 상황이었는지 짐작하기 어렵다.

> 宋 부대장은 2일 낮에 이곳 주민들 가운데 적의 첩자가 있음을 발견한 결과 날이 어두어지기를 기다려서 진지를 변경하려고 제2중대를 西北山 南쪽 2km 지점의 天眼으로 그리고 제3중대를 제7중대의 北쪽에 있는 428高地의 西쪽 능선에 각각 이동 배치토록 하였으니 이는 우리 진지가 적에게 폭로 되었을 지도 모르기 때문이었다.

『한국전쟁사』제3권 261쪽. 적의 첩자가 주민이었다면 그는 무사하지 못했을 것이다.

2019년 4월 12일 진전면 고사리 입구의 거락마을과 원산마을을 조사했다. 원산마을에는 면사무소가 있었고 2층 규모의 초등학교 건물이 남아 있었다. 커다란 양곡창고도 있었으니 옛날 진전면의 중심지였음을 보여준다. 지금은 면사무소가 오서리에 있다.

두 마을에서 면담한 주민들은 옛 지서가 있었던 건물 정도는 기억했지만 한국전쟁 전후 시기에 벌어진 사건을 알 만한 분이 계시는지 문자 '뭐 그런 걸 이제 와서 알려하느냐?'는 표정이 역력했다. 이제 이 시대의 사건을 증언해 줄 주민은 만날 수 없었다.

고사리가 진전면사무소가 있었던 곳이긴 하지만 제법 높은 산들로 둘

진전면사무소 쪽에서 본 고사리 마을 입구. 좌우로 높은 산에 둘러싸여 있어 공격당하기 쉬워 보인다. 2019년 4월 29일 조사.

진전지서가 있었던 건물이라고 한다. 길 건너 편에 면사무소가 있었다. 2019년 4월 29일 조사.

러싸여 있어 군 부대 지휘소가 위치하기에는 적합해 보이지 않았다. 국민보도연맹사건에서 살아남은 주민이 있었을 수 있고, 위치 판단을 잘못한 지휘관의 책임을 피하기 위해 이동할 핑계거리를 만드는 과정일 수 있어 보였다. "적의 첩자"로 보였다는 주민의 운명은 이번 조사에서 알 수 없었다.

마을까지 폭격하다

_1950년 8월 3일 상주 낙동리

낙동강 전선이 형성되기 시작하던 8월 초 인민군이 낙동강을 건너자 이를 공격하던 미 공군과 군군이 마을과 피란민까지 공격했다.* 네이팜탄 공격을 당한 강변의 무리들이 마을로 피신하자 마을까지 공격했던 것이다. 인민군이 마을에 숨었다고 생각하고 폭격했다고 하니 피란하지 못한 낙동마을 주민들의 피해도 컸을 것으로 보인다.

마을까지 폭격하다

1950년 8월 3일 오전, 국군 1사단 12연대는 낙동강을 건너 강변을 공격할 수 있는 가까운 고지에 진지를 구축했다. 3대대는 낙동리 강변이 직접 보이는 의성군 단밀면 낙정리 167고지와 103고지에, 2대대는 선산(현 구미) 도개면 궁기리와 연산진 등에, 연대지휘소와 2대대는 도개면 도개리

---

* 국방부 군사편찬위원회, 『한국전쟁사』 제3권, 129쪽.

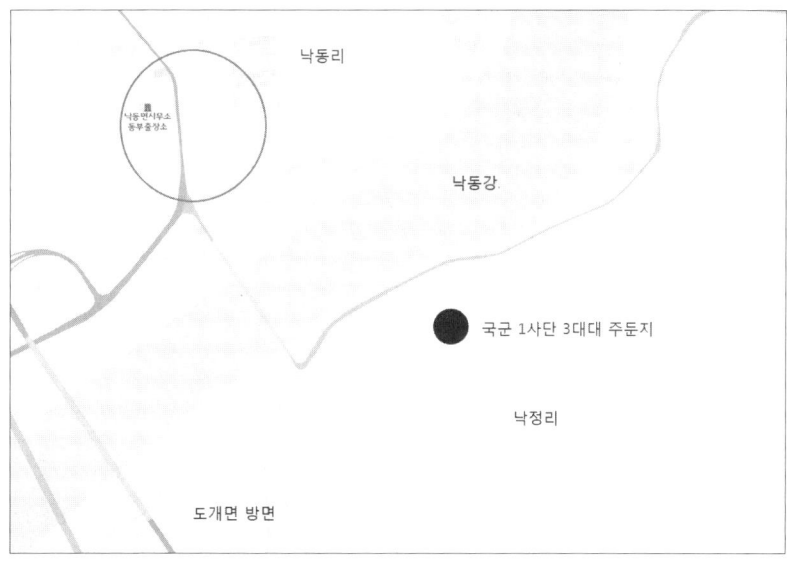

높은 지역인 의성 단밀면 낙정리에서 보면 상주 낙동마을에는 몸을 숨길 만한 곳이 없어 보인다.

에 주둔했다. 같은 날 오후 5시 1개 연대 규모로 추정되는 인민군이 낙동면 낙동리 낙동강을 건너기 시작하자 이를 막기 위해 낙정리에 주둔한 3대대와 전투가 벌어졌다.

이때 미 전투폭격기 1개 편대가 인민군을 발견하고 네이팜탄과 기총소사로 20여 분간 공격했다. 『한국전쟁사』는 이 모습에 대해 "우왕좌왕하는 적을 통쾌하게 무찔렀는데 마치 개미떼가 불을 만나 타 죽은 것과 같이 즐비하게 널려져 있었다."라고 했다. 이어 공격을 피하기 위해 인민군이 마을로 숨자 미 전폭기들이 마을까지 공격했다.

주민 또는 피란민 피해

이 공격으로 인민군 2개 대대 규모의 병력이 전멸되었을 것으로 추정되었다고 했는데 2개 대대 규모라면 1천여 명에 달했을 것이다.

제6장 군인과 민간인이 뒤섞인 낙동강 전선   291

> 과 같이 즐비하게 널려져 있었다. 일부의 적은 부락으로 숨어 들었으나 이를 놓지지 않고 공격하는 바람에 적어도 2개대대 병력은 이곳에서 전멸되었을 것으로 추정되었다.

『한국전쟁사』 제3권 129쪽. 부락에 숨어든 적을 공격했다고 한다. 민가를 모두 태웠을 것이다.

이 과정에서 드러나는 심각한 문제는 인민군이 숨었다고 판단되는 마을까지 공격했다는 것에 있었다. 마을 주민들의 피해가 어느 정도였는지 확인되어야 했지만 오늘날 만난 주민들의 증언만으로는 이를 파악하기 쉽지 않았다.

한편 피해 규모로 보아 인민군 외에 피란민이 뒤섞였을 가능성이 있어 보인다. 당시 낙동강 강변에는 집안에 있을 경우 전투기의 폭격을 당하는 경우가 많았으므로 집을 피해서 몰려나온 각 마을 피란민들이 강변에 모여서 생활하는 경우가 많았다.

국군 1사단 12연대도 낙동리 모래사장의 집단을 공격했다. 이 때문인지 알 수 없으나 12연대장 김점곤의 증언에 따르면, 당시 12연대는 사단장의 명령에 따라 그 시간에 장자봉(의성군 단밀면 용곡리)에 배치되었어야 하

당시 국군 1사단 12연대 3대대가 주둔했던 낙정리 167고지 모습. 2019년 10월 15일 조사.

의성 단밀면 낙정리 167고지 방면에서 본 낙동리 강변 모래사장과 마을 모습. 1천 여명의 인민군과 함께 마을 주민들이 폭격에 희생되었다는 곳이다. 왼쪽에 낙단교가 있으며 오른쪽에 낙단보가 있다. 2019년 10월 15일 조사.

는데 낙동강변에 부대를 배치하여 말이 많았다고 한다. 말이 많았던 원인은 아직 파악되지 않지만 장자봉은 안동 방면에서 내려오는 인민군 방어에 필요한 진지로 보이므로 후방 공격을 막아야 하는 임무를 방기한 것으로 파악할 수 있다.

열두 살 어린이가 인민군이라니

_1950년 8월 3일 창녕 월곡재실

국군 17연대 2대대 7중대는 1950년 8월 3일 12시 창녕군 대합면 십이리에서 활동하는 인민군 유격대를 공격하러 왔다가 월곡재실이라고도 부르는 죽림재에서 휴식을 취하는 무리를 공격하여 40명을 사살했다고 한다.[*]

고령에서 출발했다는 이들은 50정의 소총이 있었음에도 저항이 없었다. 게다가 어린이까지 있었다는 이들이 깊은 잠에 빠져 있던 시간은 낮 12시였다.

『한국전쟁사』는 이들을 유격대라고 했다가 지방 공비라고 말을 바꾸기도 했다. 그리고 여기에 그치지 않고 또 한 번 사로잡힌 포로들의 증언이라며 인민군 4사단 선발대라고 하기도 했다.

피살자들의 정체를 둘러싼 주장에 일관성이 없는 것으로 보아 어떤 주장들은 사실이 아닐 것은 분명했다.

---

[*] 국방부 군사편찬위원회, 앞의 책 제2권, 815~817쪽.

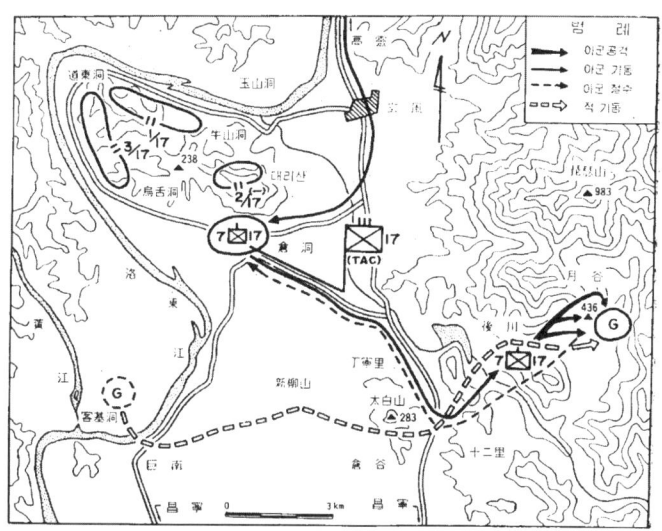

『한국전쟁사』 제2권 816쪽의 "월곡유격대 섬멸전" 지도. 사살당한 무리가 출발한 곳은 고령 우곡면 객기리였으며 희생자 중에는 12살 된 어린이도 있었다고 했다.

고령 우곡면 객기리

월곡재실에서 사살당한 한 무리의 사람들이 출발했다는 곳은 고령군 우곡면 객기리였다. 『한국전쟁사』는 이들을 인민군 유격대 또는 지방 공비라고 주장하고 있는데 하필 객기리는 고령 국민보도연맹사건의 희생자가 많은 곳이기도 했다.

진실화해위원회는 고령경찰서 유치장에 감금되었던 국민보도연맹원들이 국군 17연대에게 운수면 화암리 금굴, 고령읍 금산재와 회천교 백사장(현재 고령군 대가야읍 장기리 또는 헌문리)에서 총살당했다고 보고했다. 경찰관 등 증언에 따르면 회천교(금천교) 강변에서는 3개 구덩이에서 100여 명이, 고령읍 금산재에서 97명이, 운수면 화암리 금굴에서 30여 명이 희생되었다.*

* 진실화해위원회, 「경북 고령·성주·칠곡군 국민보도연맹사건」, 『2009년 하반기 조사보고서』 제4권, 682~688쪽.

> 이로서 미처 對抗할 겨를도 없이 奇襲을 받은 敵을 대부분 射殺하고 말았다.
> 그런데 이들은 전날 洛東江을 건널때물에 젖은 옷을 말리느라, 全員이 內衣만 걸치고 있었으며 戰鬪經驗마저 없는 地方共匪들이므로 아무런 경계방책도 세우지 않고 그대로 깊은 잠에 빠져있다가 我軍에게 一網打盡된 것이다.

『한국전쟁사』 제2권 817쪽. 유격대라고 공격했는데 알고 보니 전투 경험도 없는 지방 공비들이었다고 했다.

이 사건으로 우곡면 객기리에서만 최병학 등 9명의 죽음이 확인되었는데, 진실화해위원회는 이들이 희생된 시기를 7월 말과 8월이라고 했을 뿐 구체적인 날짜를 조사하지 못했다. 17연대가 고령에 주둔했으므로 학살은 이들의 후퇴 직전인 8월 초까지 벌어졌을 것이다.

피란민이 가득 찬 대합면과 성산면

인민군 4사단이 창녕에 인접한 합천을 점령한 날은 7월 31일이었으며 국군 17연대가 낙동강을 넘어 창녕으로 후퇴한 날은 8월 2일이었다. 이때를 전후하여 낙동강을 넘어 피란하려던 고령 지역 주민들의 모여들었음을 짐작할 수 있다. 당시 고령 등에서 창녕으로 진입한 피란민은 수천 명에 이르렀다고 한다.

대합면 주매리에 살던 강도석(당시 20세)은 8월 3일 마을에 들어온 미군들이 빨리 피란을 나가라고 하여 10여 명의 일가족이 피란길을 떠났다고 기억했다. 당시 마을 앞길에는 마을 서쪽 낙동강가인 합천과 창녕 방면에서 오는 피란민으로 가득했다.* 같은 시기에 대합면 십이리에 인접한 대구 유가면 금동리 곽병윤의 증언은 당시 피란 상황을 잘 묘사하고 있다.

> 이전부터 피란민들이 마을에 들려 간장과 된장을 얻어가려고 드나들어 물

---
* 창녕문화원, 『창녕이 겪은 6·25전쟁』 제1권, 2018, 382쪽.

월곡재실은 깊은 산 중에 자리잡고 있었다. 이 문화재의 공식 명칭은 "창녕 대산리 죽림재"로 2019년 4월 12일 조사 당시 대문채를 보수하는 공사 중이었다.

어보니 충청도 사람들이라고 했다. 오늘따라 더 많은 피란민이 몰려오고 그 중에는 고령 사람도 많이 섞여 있었다. 아니나 다를까 얼마 후에 반장이 집집마다 다니면서 우리도 마을을 떠나라는 명령이 내려왔다고 하면서 이평목 골짜기로 가라고 했다. 올 것이 왔구나 싶어 마을 사람들이 피란 떠날 준비에 분주하였고 우리 가족은 부모님, 그리고 나, 여동생 2명 등 5인 가족으로 준비해둔 미숫가루며 양식, 옷 보따리 등을 이고지고 소 등에 싣고 떠났고 나는 가족들이 펴고 지낼 돗자리를 멜빵으로 지고 소를 몰았다. …(중략)… 이틀째 날 낮에 군인 3, 4명이 닥치면서 총을 쏘는 등 공포 분위기에 빠졌다. 당황해하는 피란민을 향해 빨리 하산하라고 야단을 쳤다.*

얼마 뒤 곽 씨 일가족이 도착한 성산면사무소 인근 곽천마을 냇가에는 피란민이 인산인해를 이루고 있었고 피란 중 소먹이를 맡았던 어린 곽 씨는 꼴을 먹이려고 산기슭이라도 오르려 하면 군인들로부터 야단을 맞았

---

* 창녕문화원, 앞의 책 제1권, 384쪽.

다고 한다.

　피란민이 많을 수밖에 없었던 사정은 이북의 전쟁사 문헌에서도 찾을 수 있다. 이북의 역사학자 허종호는 "미제침략자들은 인민군대의 강행도하를 막아보려고 갖은 만행을 다하면서 락동강 좌안에서 방어를 강화하였다. 적들은 이 일대에 방어진을 구축하기 위하여 수많은 주민들을 강제로 철거시켰다. 미 24보병사단이 차지하고 있던 창녕, 녕산 계선에서만도 놈들은 명령한 지역으로부터 철거하지 않으면 '적으로 인정하고 총살한다'는 포고문을 내걸고 락동강 대안으로부터 8키로메터 이내에 사는 주민들을 모두 강제로 철거시켰는데 그 수는 무려 30만 명에 달하였다."라고 했다.*

사건의 시작

죽림재 사건은 대합면 십이리에서 지방공비가 활동한다는 소문에서 시작되었다. 『한국전쟁사』는 이 소문의 근거가 무엇이었는지 소개하지 않고 있는데 이와 관련된 증언을 창녕문화원 구술자료집에서 찾을 수 있다.

　대합면 십이리의 북쪽에 있는 성산면 대견리 주민 서영호는 친구들과 함께 모깃불을 피우던 중 어둠 속에서 나타난 두 명의 무장 인민군을 만나 유가면 가태리로 끌려가다가 도망쳐 집으로 돌아왔다고 한다. 이 소식이 알려졌는지 다음날 아침에 국군이 와서 조사했는데 이때 목격한 내용을 이야기 했고 이어 죽림재 사건이 발생했다고 한다.** 서 씨를 끌고 갔다는 두 명의 인민군이 이동한 경로는 죽림재에서 사살당한 무리의 이동 경로와 크게 다르다. 이로 보아 두 무리가 같은 사람들을 말하는 것은 아

---

* 허종호, 『조선인민의 정의의 조국해방전쟁사』 제1권, 310쪽.
** 창녕문화원, 앞의 책 제1권, 375쪽.

닐 것이고 어린 서 씨로서는 무장 인민군과 유격대, 지방공비, 국군 첩보 부대 등을 구별하지 못했을 것이다. 그럼에도 이 증언은 당시 혼란스러운 상황은 충분히 설명하고 있다.

국군 17연대(연대장 김희준 대령)는 1950년 8월 3일 지방에서 활동하던 지방공비가 은밀히 낙동강을 건너 십이리에서 활동하고 있다는 정보를 얻게 되었다고 한다. 지방공비라면 무장력이 빈약한 민간인 집단을 말할 텐데 당시 낙동강을 건너던 사람들은 대부분 피란민이었다.

상주 화령장 전투를 치렀던 2대대(대대장 송호림 중령)는 당시 국군 17연대의 예비대대가 되어 대구 달성군 구지면 창리에 주둔하면서 부대를 정비하던 중 연대장으로부터 십이리 일대에서 활동하는 지방공비 무리를 "적발하라"는 명령을 받았다. 이에 국군 2대대 7중대(중대장 조병학 대위)는 8월 3일 아침 5대의 트럭을 이용하여 주둔지인 창리(대구 달성군 구지면)를 출발하여 오전 10시 십이리에 도착했다. 이때 7중대 중대장은 수천 명의 피란민이 창녕읍 방향으로 남하하고 있는 모습을 목격했으며 이들 피란민 중에서 지방공비를 색출하는 것이 불가능하다고 판단했다고 한다. 그

월곡재실 "죽림재" 입구는 지금도 대나무 숲이다. 2019년 4월 12일 조사.

래서 택한 방법은 먼저 십이리 주변의 주민 대표를 소집하여 지방공비 색출에 협조하라고 요구하는 것이었다. 이 자리에서 주민들은 "지금 십이리 일대에는 피란민뿐이며 지방공비들은 이미 아침 일찍 비슬산으로 올라갔고 이곳 피란민 가운데에는 그들에게 붙잡혀 갔다가 돌아 온 사람도 있다."라고 알려주었다.

월곡재실의 무리

검문을 통해 피란민 중에서 지방공비를 색출하려던 계획을 포기한 국군은 십이리 외곽의 포위망을 풀고 주민들을 앞세워 비슬산을 향하던 중 성산면 후천리에서 만난 주민을 통해 한 무리가 창녕군 성산면 대산리 하용호, 이장 하동탁 등의 집에서 밥을 얻어먹고 월곡 뒷산 대나무밭 부근 재실에서 낮잠을 자고 있다는 정보를 얻게 되었다.

이에 대해 대산리 주민 하용호는 8월 3일 새벽에 마을 앞 도로를 지나 마령재를 향해 가는 20여 명의 군인을 보고 국군인 줄 알고 아침밥이라도 먹여 보내겠다며 불러 세워 이장댁으로 안내한 뒤 여러 집에 분산시켜 밥을 먹게 했다고 한다. 그가 목격한 군인들은 장총과 다발총, 수류탄으로 무장한 수준이었다고 했다. 그는 한 병사가 수류탄을 매단 채 탄띠를 마을 할머니에게 꿰매달라고 했다가 선임자로 보이는 병사에게 꾸중을 듣는 모습을 기억한다고 했다. 이들이 죽림재로 떠난 직후 자신을 비롯해 마을 주민들은 모두 마령재를 넘어 풍각면 금곡리로 피란을 떠났다.* 이 증언을 통해 죽림재가 공격당하던 때인 12시 대산마을에는 주민들이 없었음을 짐작할 수 있다. 그렇다면 이 사건을 직접 목격한 마을 사람은 없었을 것이다.

* 창녕문화원, 앞의 책 제1권, 379~380쪽.

중대장은 대한청년단장과 함께 평복으로 옷을 갈아입혀 보낸 병사 3명 등 모두 4명의 정찰대를 통해 이 주민의 말을 확인했다고 한다. 대산리 월곡 뒷산은 후천리로부터 5km 가량 떨어진 곳이었으니 그리 가깝다고 할 수 없었고 따라서 적지 않은 시간이 걸렸을 것이다.

낮 12시 국군은 지방공비 집단을 공격하기 위해 재실을 포위하려고 접근하던 중 사람의 모습을 보고 일제히 사격을 가했다. 하지만 더 이상 아무런 움직임이 없었다. 잘못 본 것이었다고 했다. 엄청난 총소리가 난 뒤였지만 정작 인민군이 잠입했다는 재실 방향에서도 아무런 반응이 없었다. 이상한 일이었다.

월곡재실에 접근한 국군은 문이 닫힌 재실 안에 누가 있는지 보이지 않았지만 먼저 일제히 총을 쏘고 수류탄으로 대문을 부순 뒤 재실로 뛰어들며 다시 총을 쏘았다. 재실에 사람들이 있는지, 있으면 이들이 피란민인지 유격대인지 확인하지도 않고 무작정 공격을 가했던 것이다. 저항할 겨를이 없었던 것인지 이 무리 대부분은 그 자리에서 사살되었다. 30분에 걸친 공격으로 40명을 사살하고 6명을 포로로 잡았으며 노획한 소총은 50정이었다고 한다. 아군의 피해는 1명도 없었다.

한편, 창녕문화원의 기록은 이와 약간 달랐다.『창녕이 겪은 6·25전쟁』은 사살된 적은 40명이 아니라 20여 명이었으며 대장 외에는 모두 허름한 삼베옷을 입었다고 했다. 당시 이들을 이장의 집으로 안내하고 아침밥을 제공한 하용호는 인민군이 20명이었다고 증언했다.*

한편, 같은 책 다른 부분에서 주민 윤치수의 주장은 또 달랐다. 그는 합천군 청덕면(고령 객기리와 가깝다)에서 낙동강을 건넌 인민군 1개 소대 42명이 새벽 4시 경 대산마을에 도착한 뒤 이장 집에서 밥을 얻어먹은 뒤 죽

---

* 창녕문화원, 앞의 책 제1권, 51쪽, 380쪽.

림재에서 자다가 200명의 국군에게 공격을 받아 37명은 즉사하고 3명은 생포, 2명은 행방불명되었다고 증언했다. 37구의 시체는 국군이 차에 싣고 어디론가 갔다고 했다. 윤 씨는 낙동강 전선에 놓인 대합면 사람들이 당시 죽림재가 있던 성산면 대산마을에 와서 방앗간이나 마구간 등에서 피란 생활을 하고 있었다고 했다. 국군의 공격이 있던 날 주민들은 성덕초등학교에서 피란하면서 총소리를 들었으며 이틀 뒤 풍각면 금곡리로 다시 피란했다고 한다.* 증언의 내용이 구체적이었지만 직접 목격한 것은 아니었고 들은 이야기가 나중에 재구성된 것으로 보였다.

전투 경험 없는 지방공비?
『한국전쟁사』는 당시 전투 상황에 대하여 "이들은 전날 낙동강을 건널 때 물에 젖은 옷을 말리느라 전원이 내의만 걸치고 있었으며 전투경험마저 없는 지방 공비들이므로 아무런 경계방책도 세우지 않고 그대로 깊은 잠에 빠져 있다가 아군에게 일망타진된 것이다."라고 기록하였다. 그리고 6명 포로의 진술이라며 "(인민군) 4사단의 선발대로서 피란민을 가장하여 먼저 낙동강을 건넌 다음 적에게 도하지점을 유도할 수 있도록 비슬산 정상에서 봉화를 올리기로 되어 있었다."라고 설명하면서 이들의 신분은 인민군 4사단 선발대로 모두 군인이었으며 이들이 맡았던 주요 임무는 봉화였다고 밝혔다.

    그런데 1978년에 있었던 국군 7중대장 조경학 대위의 증언은 이와 달랐다. 당시 연대장 김희준 대령과 대대장 송호림 중령은 십이리 일대에 원을 그리면서 "이 일대의 빨갱이를 모조리 소탕하라"라고 지시했다고 한다. 이는 민간인까지 모두 사살하라는 명령과 다름이 없었다. 조 대위는

---
* 창녕문화원, 앞의 책 제1권, 289~290쪽.

월곡재실 내부 모습. 수류탄을 터트리며 국군이 진입한 대문은 오른쪽에 있다. 2019년 4월 12일 조사.

피살자들의 신분이 인민군 4사단 선발대라고 주장하면서도 스스로 모순된 주장을 했다. 그는 지방공비 40명을 사살하고 6명을 포로로 잡았는데 포로 중에는 여순사건 14연대 소속 소대장 1명과 12살된 어린 아이도 있었다고 했기 때문이다. 이러한 사람들이 인민군 4사단 정규 군인이라는 주장은 상식에 맞지 않아 보인다.

창녕문화원 발간 구술자료집에는 이들의 수에 대해 20여 명이라고 밝힌 점도 고려해야 할 것 같다. 50여 명과의 차이가 뭐가 있을까 의아스럽지만 군사조직이라고 강조하기 위해서는 1개 소대 규모인 50명 정도가 적당하다고 판단하고 과장한 것은 아니었을까?

소총으로 무장한 50여 명의 무장유격대의 임무가 자신들이 건너온 도하 지점을 알리기 위해 비슬산 정상에서 봉화를 올리는 것이었다는 주장도 납득하기 어렵다. 도하 지점을 알리기 위해 봉화를 올리려 했으면 대산마을에 도착한 새벽 4시 이전에 이미 어디에선가 올렸을 것으로 보이기 때문이다.

피란민의 처지

사건 당시인 8월 3일 십이리 길 위에는 이미 수천 명의 피란민이 이동하고 있었다는 점을 주목해야 한다. 대구-마산 사이 도로의 서쪽에 있던 대합면 주매리 주민들이 미군의 피란 명령에 따라 도로의 동쪽으로 마을을 떠난 날이 8월 3일이었다.*

『한국전쟁사』는 피란민이 남쪽을 향했다고 하지만 피란민들은 실제 청도와 밀양 방향을 향해 가고 있었으므로 동쪽을 향하고 있었다. 당시 청도 매전면 등에는 피란민 수용소가 있었으므로 피살자들 역시 정말 피란길을 가던 중일 수 있어 보이지만 어쩌면 대산마을이 비슬산 산골짜기 끝에 있었으므로 이곳이 이들의 최종 피란처였을 가능성도 있어 보인다.

진실화해위원회 조사결과에 따르면 피란민에 대한 이런 유형의 공격은 미군에 의해서도 저질러졌다. 대표적인 사건이 남지읍 대곡리, 도천면 논리에서 발생했다. 국군이 위 십이리에서 피란민 공격을 하던 같은 날인 1950년 8월 3일, 남지읍 대곡리에 미군의 소개 지시가 내려져 마을 주민들이 피란을 떠났으나 몸이 불편하여 이들을 쫓아가지 못한 노인 2명이 미군에 의해 학살당했다.

8월 9일과 10일에는 마을을 떠나라는 미 24사단의 지시에 따라 도천면 일대 천여 명의 주민들이 피란하기에 적당한 골짜기가 있는 어만리로 모여들었다. 그런데 다음 날인 8월 11일 아침 국군이 와서 다시 마을을 떠나라고 했다. 주민들은 어쩔 수 없이 전선에서 떨어진 밀양 방면으로 이동하기 위해 낙동강변으로 떠났다. 하지만 오전 10시 강변에 도착하기 전 도천면 논리 니미리둘 도랑과 정자나무 아래에서 아침을 먹으려던 피란민들에게 미 공군의 폭격이 가해졌다. 처음에는 폭격기 4대가 날아와

---

* 강도석 증언, 창녕문화원, 앞의 책 제1권, 382쪽.

둑 위에 2개의 폭탄을 떨어뜨렸다. 이를 피하려 피란민들이 흩어지자 이들을 쫓아가며 30분 동안 기총사격을 가했다. 이 공격은 미 공군 8폭격대대의 폭격 기록과 일치한다.

한편, 피란민에 대한 공격은 미 공군에 의해서만 저질러진 것은 아니었다. 근처 도로에 있던 미군과 국군이 이들을 향해 포격을 가하기도 했다. 이 사건으로 수십 명의 주민들이 사망했는데 주로 남지면, 장마면, 도천면, 의령의 사람들이 많았고 논리의 한 집안 식구 일곱 명이 몰살당해 2013년 추모비를 세웠다. 근처에 있던 인민군은 전혀 피해를 입지 않았다고 한다.

피란 중에도 국민보도연맹사건과 관련되어 고통을 당한 사례가 있었다.

고암면에서는 국민보도연맹원을 아들로 두었다는 이유로 끌려가 학살당할 뻔한 사례가 있었다. 국민보도연맹원이었던 노 씨는 1950년 7월 중순 모내기를 하던 중 3명의 경찰관에게 끌려간 뒤 돌아오지 못했다. 얼마 지나지 않아 대합면과 대지면 등에서 온 피란민들이 고암면을 차지했고 이들은 다시 초가집에 불을 지르며 총을 쏘는 미군들에 의해 밀양을 향해 감골재를 넘어야 했다. 노 씨의 가족이 고개에 도착하자 노 씨를 연행했던 경찰이 그의 부친에게 "아들이 빨갱이인데 영감도 빨갱이지?"하면서 때린 뒤 포승줄로 묶어 끌고 가려 했다. 가족들의 애원으로 결국 풀어줬지만 생존자들에게는 학살에 더해 또 다른 깊은 상처를 남겼다.* 대합면에서는 피란에서 돌아왔음에도 국민보도연맹원이었다는 밀고로 대합지서로 끌려가 혹독한 고문을 받고 풀려났다고 한다.**

---

* 노원열 증언, 창녕문화원, 앞의 책 제1권, 365~366쪽.
** 김용정 증언, 창녕문화원 앞의 책 제1권, 392쪽.

주민들이 마을에서 소개되었다고 판단한 미군과 국군은 마을을 불태웠다. 이 과정에서 미처 피란하지 못한 주민들이 목숨을 잃었으며 불타는 집에서 뛰쳐나오던 주민들이 사살당하기도 했다. 마을을 소각할 때에는 미 공군의 네이팜탄 폭격이 있기도 했다.

죽림재가 있던 대산리 아래 연당리에서도 주민들이 피란짐을 싸고 있던 중에 빨리 피란하라며 군인들이 마을에 불을 질렀다고 한다.[*] 고암면 우천리 상월마을에 살았던 한 주민은 "펑" 소리와 함께 100여 호나 되는 마을이 한 채도 남김없이 모두 불에 타는 모습에 놀랐으며 이때 다리가 아파 걷지 못했던 주민들이 주방 밑으로 굴을 파고 숨어 있다가 목숨을 잃었다고 증언했다.[**]

유어면에서는 연세 많은 부모를 집에 두고 피란길을 떠나던 한 주민이 부모를 모시기 위해 마을로 다시 돌아가다가 미군의 총에 목숨을 잃었다.[***]

전선의 상황이 미군에게 유리해지면서 인민군이 주둔하던 지역이 수복된 경우에도 주민들이 소개되었다. 이방면 현창리에서는 인민군이 물러간 뒤 마을에 진입한 미군이 주민들을 모두 손들고 나오게 한 뒤 배와 차를 이용하여 밀양 수용소로 보냈다고 한다. 손을 들게 한 것으로 보아 주민들을 포로로 취급했던 것인데, 손을 들고 마을에서 끌려나왔으므로 피란 짐이 전혀 없어 고생이 심했다고 한다.[****] 이외에 피란하던 주민들이 식량을 구하기 위해 원래 살던 마을로 들어갔다가 사살당하는 일도 발생

---

[*] 강삼함 증언, 창녕문화원, 앞의 책 제1권, 373쪽.
[**] 손윤태 증언, 창녕문화원, 앞의 책 제1권, 370쪽.
[***] 성을생 증언, 창녕문화원, 앞의 책 제1권, 443쪽.
[****] 손내석 증언, 창녕문화원, 앞의 책 제1권, 414쪽.

했다.*

 당시 인민군이 피란민과 접촉했다는 증언은 많았다. 피란민 속에 숨어들어가 밥을 얻어먹기도 했고 피란민들에게 "왔다 갔다 하면 죽으니 가만히 있으라" 하거나 피란을 어디로 가야 살 수 있는지 알려주기도 했다고 한다. 이방면 현창리에서는 밤이면 인민군이 마을로 내려와 소, 돼지를 잡아 삶아주고 밥도 해주면서 한 달 가까이 함께 살기도 했다고 한다. 현창리가 낙동강변이어서 그럴 수 있어 보였다. 밀양으로 넘어가는 피란길인 감골재에서는 인민군이 피란민 속을 헤집고 다녀 인민군 보는 일이 일상이 되어 무신경해지기까지 했다고 한다.** 밀양 청도면 조천리에서는 피란민과 인민군이 반반 섞여 지내기도 했다고 한다.***

 피란민들은 피란민들 속으로 숨어들어온 인민군이 국군이나 미군을 향해 총을 쏘는 경우를 본 적은 없었다고 증언했다. 증언의 대부분은 피란민 속에 인민군이 숨어있다며 사격을 가해 피란민이 총상을 입거나 총살당하는 경우였다. 피란민들의 기억 속에 국군이나 미군은 마을 주민들을 소개시킨다며 주민들에게 총을 쏘거나 불을 질렀고 폭격을 가하는 존재였다. 반면 인민군은 길을 묻거나 밥을 얻어먹는데 그쳤다. 인민군에게 사살당한 피란민이 있었던 경우는 아직까지 확인되지 않는다.

 피란을 가는 중 또는 피란지에 도착하여 생활하던 중에도 17세 이상 40세 이하의 청장년들이 입대하거나 보급부대에 동원되었다. 주로 경찰이나 청년방위대원들이 강제로 잡아갔다. 이를 피하기 위해 낮이면 산에서 숨어 지내고 밤이면 마을로 내려오는 생활을 반복했는데 산에 있다가 국

---

* 최수길 증언, 창녕문화원, 앞의 책 제2권 149쪽.
** 김석호 증언, 창녕문화원, 앞의 책 제1권, 449쪽.
*** 성낙원 증언, 창녕문화원, 앞의 책 제1권, 460쪽.

군이나 미군에게 들킬 경우 인민군이라며 총살당하는 일도 많았다. 미군에게 끌려간 한 16살 소년은 이방면 현창리 적교 근방의 수박밭에서 이틀 동안 독극물을 수박에 넣는 부역을 하기도 했고 그의 형 둘은 모두 군대에 끌려갔다.* 창녕에서 미군의 보급대원으로 끌려간 한 주민은 전투에서 사상당한 미군들을 나르는 일을 했는데 당시 동원된 보급대원은 40여 명이었다고 했다.**

피란 중에 경찰과 청년방위대의 폭행도 극심했다. 이들은 피란민 일행에게 대나무 몽둥이로 때렸는데 어찌나 때리던지 정신을 잃기도 했다고 한다.*** 개를 데리고 온 피란민이 있었는데 개가 짖기 시작하면 미군의 총알이 날아온다고 해서 개의 주인을 빨갱이라며 욕을 했다.****

피란민이 아니었을까?

월곡재실의 경우에는 도착에 앞서 국군이 사람의 그림자를 잘못 보고 집중 사격을 가했음에도 재실에선 아무런 반응이 없었다는 점이나 50여 정의 소총으로 무장한 유격대라고 하면서도 "전투 경험마저 없는 지방공비로 아무런 경계 방책도 세우지 않고 깊은 잠에 빠져 있었다."는 모습은 역시 이들이 피란민일 수 있음을 설명한다.

필자는 이 전투의 가장 심각한 문제점은 재실에서 낮잠을 자고 있는 사람들이 적이라는 아무런 증거 없이 일단 공격부터 하고 봤다는 것이라고 생각한다. 『한국전쟁사』를 통해 민간인 공격을 반성하는 전투는 단 한 건도 찾을 수 없는 반면, 진실화해위원회의 조사보고서에는 민간인을 공격

---

* 임주섭 증언, 창녕문화원, 앞의 책 제1권, 423쪽.
** 양희보 증언, 창녕문화원, 앞의 책 제1권, 444쪽.
*** 구경우 증언, 창녕문화원, 앞의 책 제1권 542쪽.
**** 창녕문화원, 앞의 책 제2권, 389쪽.

하고도 적이라고 보고하면 그만이었다는 군인들의 증언은 많이 찾을 수 있다. 피란민을 공격하고도 피란민 속에 인민군이 있었다거나 빨갱이가 있었다고 하면 더 이상 책임을 묻지 않았던 것이다.

필자는 2019년 4월 29일 월곡마을을 방문했다. 주민들은 이북 사람들이 이 마을에 와서 많이 죽었다는 말을 들었다고 했는데 이들이 인민군인지는 알지 못했으며 이 과정에서 마을 사람들이 피해를 당하지는 않았다고 했다. 재실 안에 시체가 많이 있었을 테지만 이에 대해 기억하는 주민들을 만날 수 없었다.

700명의 적을 섬멸했다는데

_1950년 8월 7일 안동 명진리

후퇴하던 국군 8사단* 21연대 소속 1개 중대가 안동 일직면 명진리에서 무려 700명을 사살했다는 믿기지 않는 전투가 벌어졌다.** 심지어 연대장조차 이 사실을 믿지 않자 대대장이 생생한 증거를 제시하여 설득했다고 한다. 하지만 일방적인 주장만 있을 뿐 구체적인 사실 증거는 보이지 않았다.

안동 소개령

안동 읍내에 군경 가족과 공무원, 대한청년단 등에게 소개령이 내려진 때는 7월 29일이었다. 이때 안동형무소에 수감되었던 200여 명의 정치범들과 국민보도연맹원들이 남후면 한티재 청못 부근 등에서 총살당했다. 안동 지역의 서후면에서는 7월 22일, 와룡면에서은 7월 28일 주민들이

---

* 8월 4일 이후 사단장은 이정일에서 최덕신으로 바뀌었다.
** 국방부 군사편찬위원회, 앞의 책 제3권, 54쪽.

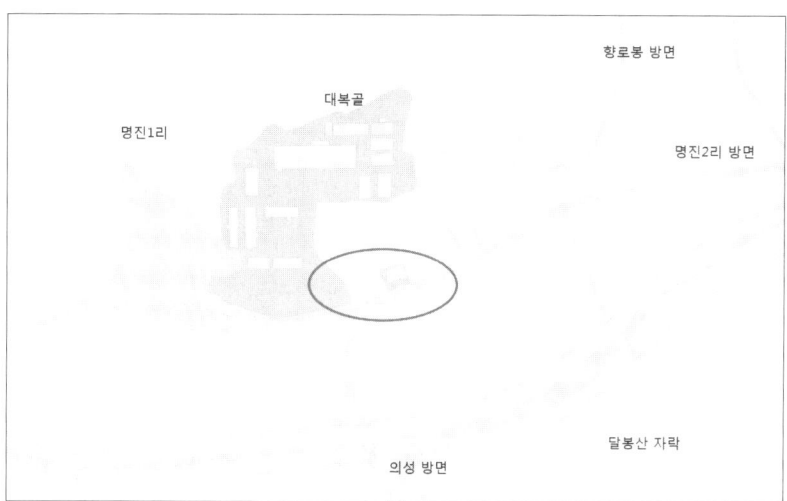

국군은 북쪽에서 명진리로 내려오는 인민군을 공격했다고 했다. 이 길은 북쪽인 원리 향로봉에서 자신들이 후퇴해 온 경로이기도 하다. 명진리에서 대규모 인원이 체계적으로 이동할 수 있는 유일한 도로는 마을 앞에 있었다.

희생되었다. 안동형무소 재소자들은 8월 1일 전후에 희생되었다. 진실화해위원회가 조사한 안동 국민보도연맹사건의 가해자는 국군 8사단 25연대(또는 21연대), 백골부대(3사단을 지칭함), 경찰이었다.*

1개 중대가 1개 대대를 물리쳤다고 하나

안동 인도교는 8월 1일 폭파되었고 폭격과 함께 전투가 시작되었다. 인민군이 8월 3일 읍내에 진입하자 폭격은 더욱 심해졌고 전선은 서서히 남하했다.

 1950년 8월 7일 새벽 4시 국군 8사단 21연대 2대대의 진지가 인민군에게 돌파되자 3대대와 1대대 역시 연쇄적으로 진지를 후퇴하게 되었다. 이때 1대대 2중대는 향로봉(안동시 일직면 원리)에서 후퇴하여 대복골(명진리)

---

* 진실화해위원회,「안동 국민보도연맹사건」,『2009년 하반기 조사보고서』제6권, 2010. 3, 103~107쪽.

> 전히 격퇴시키고 말았다. 이렇게 하여 적을 격파하여 버린 중대장은 즉시 연대에 이 사
> 실을 보고하였으나 상부에서는 칭찬은커녕 오히려 이 사실을 믿으려 하지도 않았으므로
> 결국 대대장(林益淳 중령)이 직접 생생한 증거를 제시함으로서 비로소 전과를 확인 받았
> 는데 이 때 적의 손실은 700명이나 되었다고 한다. 이와 같이 1개 중대가 분전 끝에 이룩

『한국전쟁사』 3권 54쪽. 임익순 중령은 국군 1개 중대가 1개 대대 병력이 넘는 인민군 700명을 전멸시 켰다는 전과를 직접 생생하게 증거를 제시했다고 한다. 당시 국군은 후퇴하는 상황이었다.

에 주둔하던 중 어둠 속 북쪽에서 나타나 명진리로 이동하는 1개 대대 병력을 발견하고 공격했다. 1개 중대의 공격에 불과했지만 이를 예상하지 못했던 것인지 1개 대대 규모의 인민군이 황급히 물러났다고 한다. 완전히 격퇴되었다고 판단한 중대장이 즉시 연대에 이를 보고했으나 사단장 등은 이 사실을 믿으려하지 않았다. 하지만 대대장이 다시 보고하여 전과로 확인받았다고 한다.

전투의 성과를 확인하는 과정에 대해 『한국전쟁사』는 "이렇게 적을 격파하여 버린 중대장은 즉시 연대에 이 사실을 보고하였으나 상부에서는 칭찬은커녕 오히려 이 사실을 믿으려 하지도 않았으므로 결국 대대장(임익순 중령)이 직접 생생한 증거를 제시함으로서 비로소 전과를 확인받았

명진리 전경. 마을 뒤 골짜기를 대복골이라고 불렀다. 2019년 11월 12일 조사.

공격당한 무리가 지났을 명진리 앞 도로. 2019년 11월 12일 조사.

데 이때 적의 손실은 700명이나 되었다고 한다."라고 하면서 전공을 인정하지 않은 이유가 상급 지휘관의 마음에 여유가 없었기 때문이라고 했다. 말도 되지 않는 추정이었다.

전공을 인정받았을까?

전투 중대의 주장을 요약하자면, 국군 8사단 21연대 1대대 2중대가 1950년 8월 7일 새벽 안동시 일직면 명진리로 이동하는 인민군 1개 대대를 발견하고 기습하여 700명을 사살했다는 것이다. 당시 전투에 참여한 군인이 1개 중대 병력이면 200여 명이었을 것이다. 인민군 측의 손실이 700명이었다고 하니 이는 600여 명의 인민군을 무찔렀다는 상주 화령장 전투나 1천 여 명을 전멸시켰다는 충주 동락리 전투에 맞먹는 전공이었다. 하지만 대단한 승전이었음에도 아군의 피해 여부, 인민군의 대응 사격 여부, 인민군 측 피해에 대한 증명 방법, 노획물 등에 대한 설명이 전혀 없었다.

인민군이 주둔했다고 알려진 달봉산 자락. 2019년 11월 12일 조사.

상부에서 믿지 못하게 된 경위도 확인해야 하지만 이를 다시 인정받게 되었다는 주장도 사실인지 의문이 아닐 수 없다. 8월 7일 일직면 명진리 등에 진입한 인민군이 있었는지, 어느 부대였는지도 확인해야 한다.

안동 일직면 명진리에서는 국군 수복 직후인 9월 20일 국군 8사단 21연대에 의해 이홍복 등 두 명의 청년이 사살당했다.*

2019년 11월 12일 인터뷰한 마을 주민은 마을 앞산인 달봉산 자락에 주둔한 인민군과 대복골에 주둔한 국군 사이에 심한 전투가 있었다며 인민군인지 국군인지 알 수 없지만 많은 유골이 나와 약에 쓴다며 이를 주워가는 사람들이 많았다고 했다.

---

* 진실화해위원회, 「안동 부역혐의 희생사건」, 『2008 하반기조사보고서』 제3권, 432쪽.

적을 격파했다는 날 피란민들이 몰살당하다

_1950년 8월 11일 마산 곡안리

1950년 8월 11일 미 킨 특수임무부대 5해병연대 3대대는 "적의 야습을 받고 난 **뒤처리**(저자 강조)로 오전을 소비하였고 오후에는 무촌리로 진출하려고 하였으나 연대의 사방에서는 적의 복병들이 저격을 하여 왔다."라고 했다. 이들은 8월 12일 낮 1시에 되돌아와서 4시에 함재기와 협동공격으로 마산 진전면 곡안리의 적을 격파했다고 한다.*

하지만 같은 날 같은 장소인 진전면 곡안리 이씨 재실에서는 이곳에서 피란하던 곡안리와 임곡리 주민 150여 명 중 86명이 미군의 공격으로 사망했다.**

"뒤처리"의 진실

인민군 4사단은 거창을 점령하고 미군과 대치하고 있었으며 진주를 점령

---

* 국방부 군사편찬위원회, 앞의 책 제3권, 274~276쪽.
** 진실화해위원회, 「미 지상군 관련 희생 사건」, 『2010년 상반기 조사보고서』 7권, 754~763쪽.

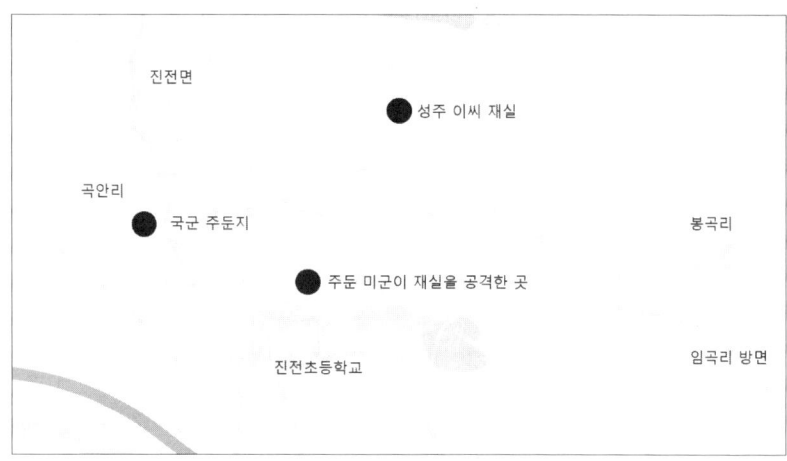

진전초등학교 뒤에 주둔하던 미군은 이미 피란민들이 생활하고 지내던 성주 이씨 재실을 공격하면서 함포와 전폭기의 폭격을 동시에 퍼부었다.

한 인민군 6사단은 마산을 공격하며 미군의 병참선을 차단하려는 작전을 펼치고 있었다고 한다. 인민군 6사단 13연대는 패방산에 주둔하였고, 인민군 14연대는 서북산으로 진출하는 중이었다. 예비연대였다는 15연대는 야반산에 있었다고 한다.*

8월 10일 경 인민군 6사단의 처지는 해로가 막힌 데다 육로 역시 미 공군의 폭격으로 보급이 끊긴 상황이어서 대부분 굶고 있었다고 했다.** 마산에 투입된 미군은 미 25사단이었다.

필자는 현장조사 중 만난 이일하 등 주민들에게 전날은 물론 다음날인 8월 12일에도 곡안리 마을에 격파할 인민군 부대는 없었고 전투도 없었다는 증언을 들었다. 그렇다면 여기서 미군이 말하는 "뒤처리"는 무엇이

---

* 당시 인민군으로 참전한 정세우는 "1950년 8월 내가 속해 있던 제6보병사단 15연대는 …… 거제도가 한 눈에 바라보이는 야반산은 험한 계곡을 끼고 련련히 이어진 산들 가운데서 제일 높은 봉우리였다."라고 했다.(정세우, 「물러설 한 치의 땅도 없다」, 『조국해방전쟁참가자들의 회상기』 제2권, 조선로동당출판사, 2016, 141쪽)

** 최태환, 『젊은 혁명가의 초상』, 149쪽, 157쪽.

> **(5) 美 제5연대 전투단의 불행**
>
> 美 제5연대는(제3대대결) 적의 야습을 받고 난 뒷처리로 오전을 소비하였고 오후에는 武村里로 진출하려고 하였으나 연대의 사방에서는 적의 복병들이 저격을 하여 왔다. 제5연대장은 제1대대장 후임으로 전에 대대장 경력이 있는 정보주임장교(Roelofs중령)를 임명하고 제1대대로 하여금 鈴㐃 고개를 점령시킨 뒤 해가 진 뒤에 이곳을 통과하려고 하였다.

국방부, 『한국전쟁사』 3권, 274쪽. 8월 11일 오전을 야습 뒤처리로 소비했다고 서술했다.

며 이미 "격파한" 인민군을 다음날 다시 격파했다는 주장은 또 무엇을 의미하는 것인지 의문이 아닐 수 없었다.

재실에 있으면 인민군으로 오해 받지 않았다

성주 이씨 집성촌으로 170여 가구가 모여 사는 마을인 곡안리에 7월 말부터 진전초등학교 등 마을 주변이 폭격을 당하면서 8월 초부터 마을 주민들이 폭사당하는 일이 발생하기 시작했다. 마을에서 4km 떨어진 바다에 정박한 군함도 마을을 향해 함포 사격을 가했다.

폭격 피해가 발생하자 마을 주민들의 피란이 시작되었다. 주민들은 급한 대로 성주 이씨 재실로 피란하거나 마을 뒤 산이나 개울로 피란했지만 함포가 산으로 떨어지자 얼마 뒤 자기 집에서 지내던 일부를 제외한 주민 대부분이 재실에서 지내게 되었다. 그런데 얼마 뒤 집에서 개별적으로 피란하던 주민들이 미군에 의해 사살당하는 사건이 발생했다. 이제 주민들로서는 재실에 모여 지내는 것이 인민군으로 오해받지 않기 위한 유일한 자구책이었다. 인민군들이라면 저렇게 마을 한 복판에 자리하고 있는 공공연한 장소에 숨어있지 않을 것이라고 믿어주길 바랬을 것이다. 재실에 있던 150여 명의 피란민들은 임곡리 주민 황 씨 외에는 모두 곡안리 주민들이었다고 한다.

곡안리 마을 안쪽 깊숙이 자리잡은 성주 이씨 재실. 한국전쟁 당시 재실에서 피란하던 86명이 미군의 공격으로 사망했다. 2019년 4월 12일 조사.

8월 4일 대포를 보유한 1개 대대 또는 1개 중대 규모의 미군이 진전초등학교와 마을 옆 능선에 주둔했다. 학교는 이씨 재실에서 300미터 떨어져 있었고 이따금 마을에 폭격이나 총격이 가해졌지만 재실에는 폭격이 가해지지 않았다.

그렇게 지내던 8월 10일 저녁, 통역병과 함께 재실을 찾아온 미군들은 주민들에게 즉시 재실을 떠나라고 했다. 피란길을 떠나기에 너무 늦었기도 했지만 또 다른 미군이 피란길을 막았으므로 주민들은 어쩔 수 없이 재실에서 하룻밤을 지낸 뒤 다음 날 떠나기로 했다.

재실을 공격한 미군

8월 11일 아침 8시 주민들이 피란길을 떠나려 준비할 때 미군의 공격이 시작되었다. 재실 마당에 있던 주민들이 쓰러졌고 생존자들은 구들장이나 아궁이, 개골창 심지어 화장실에도 숨어야 했다. 미군의 공격이 가

이씨 재실에서 본 미군 주둔지. 미군은 사진 중앙의 진전초등학교 뒤 숲에서 포격과 사격을 가했다. 거리는 300미터였다. 함재기의 폭격과 함께 사진 왼쪽의 진해 바다에서는 함포 사격이 있었다. 2019년 4월 12일 조사.

장 심했던 시간은 정오였다고 하며 오후 4시까지 계속된 공격에는 함포와 비행기의 공격도 있었다. 이날 공격으로 모두 86명이 목숨을 잃었다.

다음날인 8월 12일 생존자들은 거제도로, 부상자는 마산도립병원으로 보내졌으며, 인민군 저지 임무에 실패한 킨 특수임무부대는 8월 16일 해체되었다. 진실화해위원회는 가해 부대를 미 5연대 전투단이라고 추정했지만 부대 소속에 대한 조금 더 정확한 표현은 미 5해병연대 3대대였다. 8월 11일 진전면 곡안리에서 벌어진 사건에 대해 미군이 말하는 "뒤처리"는 민간인학살을 은폐하려는 또 다른 완곡어법 표현에 불과했다.

전차 옆 민간인 복장 무리를 공격하다

_1950년 9월 2일 창녕 영산면

창녕 영산면에서 1950년 9월 2일 피란민을 가장한 1개 대대 규모의 인민군이 탱크와 함께 미군이 주둔한 함박산을 공격했다고 한다.* 1개 대대, 즉 300여 명의 인민군이 민간인 복장을 하고 4대의 탱크 옆에서 총을 쏘는 모습은 상식적이지 못하다. 이들이 정말 인민군이었을까?

영산면의 전투

창녕 영산면 부근에서는 1950년 8월 5일부터 18일까지 미 24사단이 전투를 치렀으며, 8월 31일부터 9월 9일까지 미 2사단이 전투를 치렀다. 이 지역은 8월 24일 이후로 미 2사단 9연대가 인민군 9사단의 공격으로부터 방어를 담당했는데 이 전투가 벌어지던 9월 2일에는 미 2사단 공병대대가 1개 대대 규모의 인민군을 맞아 전투를 치렀다.

『한국전쟁사』는 이때 "모두 흰 옷을 입고 피란민을 가장한 약 1개 대대

---

* 국방부 군사편찬위원회, 앞의 책 제3권, 506쪽.

영산면 작약산에서 피란민 복장의 인민군과 미군 사이에 전투가 벌어졌다고 했다. 하지만 비슷한 시기에 창녕읍 여초리와 도천면 논리에서 피란민들이 희생되는 사건이 발생했다.

의 북괴군은 T-34 전차 4대의 지원을 받으면서 영산시내를 지나 동쪽 작약산의 미 제2야전공병대대를 급습하였다."라고 했다. 여기서 말하는 작약산은 오늘날의 함박산을 말한다.

위 책은 이어 "미 공병대대는 11:00까지 야포와 박격포의 지원도 받지 못하면서 역전에 또 역전을 계속하였는데, 좌측의 미 제72전차대대와 협동이 잘 되어 비록 커다란 손해를 입기는 하였으나 능히 북괴군의 공격을 막아내어 진지를 고수하는 데 성공하였다."라고 하면서 "이 전투에서 미군 12명이 전사하고 18명이 부상을 당하였으나 북괴군은 보다 크게 피해를 입었고 영산 교외의 남쪽 고지의 비탈은 북괴군의 시체와 파괴된 장비로 가득 차 있었다."라고 했다.

영산지구 전적비문에는 "제2차 전투(1950. 8. 31.~9. 5.), 제1차 영산 공격에서 북괴군 제4사단이 대패하자 이번에는 제9사단이 8월 31일 심야에 훨씬 큰 규모의 공세로서 영산 정면을 방어하던 미 제2사단 제9연대를

> 모두 흰 옷을 입고 피난민을 가장한 약 1개 대대의 북괴군은 T-34전차 4대의 지원을 받으면서 靈山시내를 지나 東쪽 均藥山의 美 제2야전공병대대를 급습(急襲)하였다. 美

『한국전쟁사』 3권 506쪽. 피란민을 가장한 3백여 명의 인민군이 4대의 전차와 함께 공격하는 모습을 상상하는 것은 피란민을 앞세워 노근리 지뢰지대를 통과하는 전차만큼이나 상상하기 어렵다.

물리치고 일거에 영산으로 육박해 들어왔다. 이때 미 제2사단은 사단 전역(영산, 창녕, 현동)이 북괴군의 각각 다른 사단에 의하여 동시에 공격을 받게 된 상황이라 그 위기는 제1차 때보다 더욱 심각했다. 그러나 영산 사수의 결의로 뭉친 사단은 공병 대대를 위시한 지원 부대까지 출동, 용감히 싸워 적의 남진을 저지했고, 마침내 미 제5해병연대의 배속을 받은 사단은 9월 3일에 총반격을 개시하여 3일간 계속된 공방전 끝에 모두 실지를 회복했다."라고 적혀 있다.

흰 옷을 입은 사람들

위 책의 주장처럼 무리를 지은 사람들이 피란민이었다면 흰 옷을 입었다는 것과 무관하게 겉으로 보아 무장을 하지 않았다는 것을 의미할 것이다. 따라서 이들이 4대의 인민군 전차와 함께 미군을 공격했다는 것은 있을 수 없는 일이었다. 위 전적비문 등 각종 자료에는 민간인 복장의 인민군에 대한 이야기는 전혀 소개되지 않고 있다.

그런데 당시 민간 피란민이 영산면에 널리 퍼져 생활했던 것은 사실이었다. 창녕의 전 지역이 전쟁터가 되던 9월 2일 창녕읍을 비롯해 창녕군 전체에 주민 소개령이 내려져 전 주민이 피란길을 떠났다고 한다.* 주로 밀양이나 청도를 향했지만 일부는 하천 변에서 생활하며 전쟁을 견디고 있었다.

---

* 창녕문화원, 『창녕이 겪은 6·25전쟁』 제1권, 2018, 86쪽.

남산에서 본 영산면 모습. 인민군과 미군 사이에 치열한 전투가 벌어졌고 주민들 피해 역시 컸다. 2019년 4월 29일 조사.

한편, 민간인 복장을 한 수백 명의 청장년들이 이동하는 모습을 목격한 주민이 있었다. 창녕 대지면 용소리에 살던 윤삼용은 8월 말 무장 없이 민간인 복장을 한 수백 명의 장정들이 낙동강 쪽에서 창녕 읍내로 가는 모습을 보았는데 그들은 자신들을 "보급대 꾼"으로 소개했으며, 이들이 지나간 뒤인 8월 25일 여초리 민간인학살사건이 발생했다고 한다.*
보급대라고 했으므로 이들이 국군 또는 인민군 군인이 아니라 군인들이 쓸 포탄이나 식량을 나르는 사람들이었을 것이다. 윤 씨는 이들의 정체가 늘 궁금했다고 하는데 당시 인민군이 아직 창녕에 들어오지 않았을 때였으므로 인민군의 보급대일 리가 없어 보인다. 인민군보다 선발로 도착한 유격대로 보는 관점이 아니라면 오히려 국군의 보급대로 보는 것이 더 타당해 보인다.

당시 전투 장면을 직접 목격한 주민들의 증언도 확인된다. 영산면 성내리 유재준(당시 23세) 씨는 1950년 8월 26일 미군 보급대로 선발되어 실

---

* 창녕문화원, 앞의 책 제1권, 285쪽.

탄 나르는 일을 하면서 남산에서 미군이 인민군과 격전을 벌이는 모습을 목격했다. 그의 증언에서 공격하는 인민군이 민간인 복장을 했다는 사실은 나타나지 않는다.*

증언을 종합하면, 당시 미군은 피란하는 3백여 명의 민간인 집단과 이와 별도로 인민군이 4대 전차의 지원을 받아 미군을 공격하던 모습을 목격했을 것인데, 별개의 두 모습을 하나로 묶다 보니 저런 설명이 나온 것으로 보인다.

가장한 것이 아니라 정말 피란민이 아니었을까?
인민군 측 피해를 정확하게 밝히지 못하고 있지만 전사자들 상당수는 정말 피란민일 수 있었다.

진실화해위원회 조사결과에 따르면, 8월 25일 새벽 창녕읍 여초리 초막골에 모여 있던 피란민과 주민들이 1시간 반 동안 미군의 기관총과 소총 공격을 받아 70여 명이 사망한 사건이 발생했다. 사건 후 미군은 주민들을 모아 당장 마을을 떠나라고 한 후 집집마다 불을 질렀다.

그런데 주민들에게는 이 사건에 대해 미군이 피란민을 공격한 것이 아니라 빨갱이가 나타났기 때문에 피란민이 죽게 되었다는 소문이 돌았다고 한다.** 이는 학살 사건에 대한 미군의 직접 책임을 인민군의 간접 책임으로 전가하는 왜곡이었다. 그런데 주민들 중에는 초막골 학살 사건을 두고 심지어 '초막골 전투'라고 기억하는 경우도 있었다.*** 여기서 더 나아가 어떤 이는 여초리의 희생자들이 인민군의 포탄에 의해 죽은 것이라는 주

---

* 창녕문화원, 앞의 책 제1권, 179~180쪽.
** 윤삼용 증언, 창녕문화원, 앞의 책 제1권, 286쪽.
*** 창녕문화원, 앞의 책 제1권, 279쪽.

함박산 자락인 남산 정상에 두 명의 미군을 형상화한 영산지구 전적비가 1979년 4월 30일 건립되었다. 2019년 4월 29일 조사.

장도 하고 있었다.* 학살자들의 전쟁 범죄에 대해 책임을 직접 묻지 못하고 전혀 엉뚱한 방향으로 합리화하고 있는 것이었다. 하지만 현장에 있었던 주민의 목격담은 당시 무슨 일이 있었는지 정확하게 알려준다.

그는 늦은 밤에 조명탄과 함께 요란한 총소리가 들린 뒤 마을 앞에 있던 가옥 여러 채에서 불이 붙었고 이를 피하기 위해 마을 앞으로 뛰쳐나간 사람들에게 미군이 총을 쏘았다고 증언했다. 그는 오인사격이었을 것이라고 믿고 있었지만 이와 무관하게 그의 증언은 누가 직접 가해자인지 명확히 확인시켜주었다. 아침이 밝아오자 피란민의 시체는 물론 총상을 당해 움직이지 못했지만 아직 목숨이 붙어 있는 사람들도 많이 볼 수 있었다. 군에서는 살아남은 주민들에게 가구당 백미 한 가마니씩을 나누어 주었다고 했다.**

또 다른 생존자의 증언은 훨씬 구체적이었다. 피란민이 있던 마을 뒷산

---

* 김윤규 증언, 창녕문화원, 앞의 책 제2권, 102쪽.
** 김희칠 증언, 창녕문화원, 앞의 책 제1권, 360~361쪽.

에서 인민군이 미군을 향해 총을 쏘자 미군은 총소리가 난 곳을 향해 집중사격을 가하기 시작했다. 이를 피하려던 북쪽 피란민들은 개골로 내려갔지만 나머지는 미군이 있는 곳으로 가야한다며 산에서 내려와 미군에게 다가갔다. 미군은 처음에는 공포를 쐈지만 나중에는 점점 다가오는 피란민들을 조준하여 사격했다. 증언자는 미군에게 다가갔기 때문에 피해가 더 컸던 것이라고 했다.*

9월 17일에는 성산면 방리 무태재 골짜기에서 피란하던 주민들 중 일부가 식량을 가지러 나갔다가 돌아온 후 이를 추격해 쫓아온 미군들에게 3명이 총살당했다.

영산면 서리마을에서 필자가 만난 노인들은 피란민 복장의 인민군이 전투하는 모습을 기억하지 못했다. 증언에 따르면, 당시 전투지역 안에 있었던 주민들은 낙동강변으로 피란을 갔지만 그 곳에서도 인민군과 뒤섞여 미 전투기의 공격을 받았다고 한다. 이 때문에 피란민들도 많이 목숨을 잃었지만 피란하지 못하고 마을에 남아있던 주민들도 피해가 컸다.

피란민들이 목격한 인민군은 피란민에게 직접적인 피해를 주지 않았다고 한다. 피란지에서 집으로 다녀오던 주민들은 인민군을 마주쳐도 별 문제가 없었다. 인민군은 피란민을 크게 의식하지 않았으며 민간인에게 무관심했다고 한다.**

이상을 종합하면, 사망자들이 "모두 흰 옷을 입고 피란민을 가장"했던 것이 아니라 실제 피란민들이었고 미군은 이들을 공격했을 가능성이 높았다고 판단된다.

---

* 이승일 증언, 창녕문화원, 앞의 책 제1권, 293쪽.
** 창녕문화원, 앞의 책 제1권 297쪽, 321쪽.

국군 지휘소에 침투한 인민군 특공대의 정체
_1950년 9월 12일 대구 도덕산 매골

『한국전쟁사』는 1950년 9월 12일 국군 1사단 15연대가 도덕산 매골(팔공산 서남쪽)에서 인민군을 기습하여 전멸시켰다고 한다.* 그런데 연대 지휘소가 있던 도덕산 매골은 당시 전선에서 멀리 떨어진 후방이어서 전멸당한 사람들이 인민군이 아니라 피란민일 가능성이 있었다.

연대지휘소에서 50여 명을 전멸시키다

1950년 8월 왜관과 군위가 인민군에게 점령당했으며 같은 달 중순에는 군위 방면에서 내려온 인민군이 팔공산까지 진입하여 쏜 3발의 박격포가 태평로2가에 떨어지기도 했다고 한다.** 주민들 증언에 따르면 이들이 진입했다는 팔공산의 정확한 지점은 칠곡 가산면 가산리를 말한다고 한다.

8월 30일까지 팔공산 서쪽 다부리(칠곡 가산면)에서 전투 중이던 국군 1

---

* 국방부 군사편찬위원회, 앞의 책 제3권, 536쪽.
** 대구시사편찬위원회, 『대구시사』 제1권, 1208쪽.

인민군 특공대를 물리쳤다는 매골은 국군 1사단 15연대의 전방지휘소가 있는 곳이었다.

사단이 8월 31일 미 1기병사단에게 방어 임무를 인계한 뒤 국군 6사단이 방어하고 있는 팔공산 북쪽인 영천 신녕 지역의 방어력을 강화하기 위해 이동 배치되었다.

9월 5일 국군 8사단의 영천 방어선이 인민군 15사단에게 돌파되었으며 국군 6사단에 배속되었던 15연대가 다시 국군 1사단으로 복귀되었다. 9월 6일 새벽 2시 가산에 있던 인민군 1사단이 중리(현 중대동 팔공산입구)를 향해 남하를 시작했고 같은 날 아침 국군 1사단 15연대가 중리에 도착하여 9월 8일까지 인민군과 대치했다고 한다.

9월 9일 저녁 7시 인민군의 공격이 시작되자 15연대는 중리에 있던 지휘소를 2km 아래에 있는 매골 부근으로 이동했다. 이때 도덕산을 점령한 인민군 1사단이 9월 10일 대구 점령을 목표로 공격을 시작했다지만 오히려 반격한 국군이 도덕산을 수복했고 이후 며칠 동안 비교적 평온을 유지하고 있었다.

> 으나 12일 道德山 부근에서는 적의 특공대로 인정되는 소대 병력이 제15연대 지휘소가 위치하고 있던 "매골" 서북쪽으로 침투하여 오는 것을 정찰대가 발견하게 되고 곧 이 사실을 제15연대에 알려왔으므로 연대 직할대는 적의 진입로(進入路)에 미리 매복하고 있다가

『한국전쟁사』 3권 536쪽. "적의 특공대로 인정되는" 경우가 전투에서 있을 수 있을까?

이틀 뒤인 9월 12일 국군 15연대는 낮 12시 지휘소가 있던 도덕산 매골로 침투하는 소대 규모의 인민군을 발견하고 매복 기습하여 전멸시켰다고 한다. 이에 대해 위 책은 "(9월) 11일 제1사단 전선은 하루 종일 평온하여 적의 이렇다 할 사항은 없었으나 12일 도덕산 부근에서는 **적의 특공대로 인정되는**(저자 강조) 소대 병력이 제15연대 지휘소가 위치하고 있던 '매골' 서북쪽으로 침투하여 오는 것을 정찰대가 발견하게 되고 곧 이 사실을 제15연대에 알려왔으므로 연대 직할대는 적의 진입로에 미리 매복하고 있다가 적이 나타나자마자 즉시 일제사격을 퍼부어 12:00에 완전히 적의 전 병력을 무찌르고 모든 화기를 노획함으로써 개가를 높이 올리게 되었다."고 서술했다.

1개 소대 규모의 인민군이 전멸했다는 매골 골짜기. 전쟁이 계속되는 동안 인민군은 이곳까지 내려온 적이 없었다. 2019년 10월 15일 조사.

매골입구. 전투를 했을 당시 연대 지휘소가 이곳에 있었을 것이다. 주민 증언에 따르면 사람들이 죽은 곳은 사진 왼쪽에 있는 골짜기였다. 2019년 10월 15일 조사.

"적으로 인정된다"라고?

연대지휘소가 있던 매골이 도덕산으로 침투하는 소대 규모의 인민군을 "적의 특공대로 인정되는"이라고 표현하고 있어 의문이다. 정체가 확인되지 않았기 때문이었을 것인데, 이때 연대 지휘소라면 비교적 후방에 있었을 것으로 보인다.

 2019년 10월 15일 조사 중 만난 주민들은 매골 골짜기에서 인민군이 많이 죽었다고 했다. 필자는 인민군이 여기까지 왔다고 볼 수 있는 거냐고 묻자, "잘 모르겠다. 하여튼 그렇게 소문이 났다"면서 위치를 알려주었다. 군 주둔지가 있었을 집을 정면으로 보아 오른쪽 등산로가 아니라 왼쪽 과수나무 밭의 골짜기가 희생지였다. 매골은 매가 많아서 그렇게 불렀다고 하였다.

 또 다른 주민은 전쟁 초기 인민군 일부가 팔공산 가산리에 와서 대구 시내를 향해 박격포를 쐈었다는 소문이 있었지만 인민군이 중대동 이곳

많은 사람들이 죽었다는 장소에는 구절초와 갈대가 자라고 있었다. 2019년 10월 15일 조사.

까지 들어온 적은 없다며 인민군이 죽은지는 모르겠고 정확한 시기는 기억나지 않지만 군인들이 간첩이라며 주민 한 사람을 끌고 와 매골 골짜기에서 총살한 적이 있었던 것은 사실이라고 했다.

국군 1사단 15연대는 지난 진실화해위원회의 조사를 통해 1950년 10월 1일과 2일 인민군 패잔병을 소탕한다면서 보은군 회인면 중앙리, 죽암리, 거교리 등에서 30여 명의 주민들을 학살한 부대였다.[*]

---

[*] 진실화해위원회, 「충북지역 군경에 의한 민간인 희생 사건」, 『2010년 상반기 조사보고서』 제3권, 135~138쪽.

인민군 패잔병을 격퇴하다

_1950년 9월 16일 영천 고경면 창상리 등

『한국전쟁사』에 따르면, 영천경찰서는 1950년 9월 16일 영천군 석경면 창상리 마을(현 고경면 창상리)에서 인민군 15사단 패잔병 1개 소대를 공격하여 11명을 사살했으며 9월 21일에는 도덕산(고경면 오룡리) 중턱에서 패잔병 10명을 공격하여 9명을 사살하고 1명을 생포했다고 한다.*

그러나 이때는 전국 각 도 경찰국이 수복하면서 각 경찰서장이 상부 명령 없이 독립적으로 지휘권을 행사하여 후방의 토벌, 부역혐의 주민 색출과 처형까지 자행하고 있었다. 사살당했다는 사람들 중에는 부역의 의심을 받은 주민들이 있을 수 있었다.

영천이 수복되기까지

보현산 일대에 진입한 인민군 15사단은 9월 2일 국군 8사단을 공격하기 시작하여 6일 영천을 점령하게 되었고 남으로 계속 진출하려 했으나 9

---

* 국방부 군사편찬위원회, 앞의 책 제4권, 733쪽.

9월 중순이며 고경면 창상리와 오룡리의 인민군은 이미 후퇴에 들어갔을 시기였을 것이다.

월 8일 경주시 서면 아화리 북쪽에서 차단당했다. 이후 9월 10일까지 영천시 북안면 임포리 부근에서 국군 8사단과 7사단, 인민군 15사단이 치열한 전투를 벌였으며 국군은 9월 13일 영천 구전리와 자천리까지 수복하였다.

수복 후 피해

영천경찰서 등 경북 지역의 경찰서가 수복 전후 시기에 인민군 패잔병 등을 공격하였다고 하지만 피해자 상당수는 경찰의 체포를 피하던 비무장 민간인이었다.

  영천경찰서가 고경면 창상리 등에서 인민군 패잔병을 공격했다는 시기인 9월 16일은 아직 인민군이 후퇴할 시기로 볼 수 없어 패잔병이라는 표현이 적절한지 의문이다. 그런데 이와 비슷하게 모순된 설명이 다른 지역에서도 있어 주목된다.

> 9월 16일 2,300, 永川郡 石鏡面 倉士里 마을에 敵 제15사단 패잔병 약 1개 소대가 惡天候와 험한 地形을 이용하여 侵襲하였으나, 朴定勳경사가 지휘하는 야간매복소대와 충돌하여 2시간여에 걸친 격전 끝에 마침내 격퇴 당하고 말았는데, 이때 경찰측의 피해는 없었다.

『한국전쟁사』 제4권 733쪽. 1950년 9월 16일 영천에서 50여 명의 인민군 패잔병이 활동했다고 보기 어렵다.

봉화경찰서는 9월 24일 10시 춘양면 문수산에 숨어있던 패잔병 등 120명을 공격하여 45명을 사살, 영주경찰서는 9월 22일부터 10월 22일까지 부석사(부석면 북지리) 인근 산악지대에 있던 패잔병 등 200여 명을 10여 차례에 걸쳐 공격하여 123명을 사살, 문경경찰서는 9월 26일부터 10월 26일까지 속리산과 조령 산악지대 300며 명을 18회 공격하여 78명을 사살, 상주경찰서는 9월 26일부터 10월 26일까지 속리산 지구 300여 명과 10여 차 공격하여 145명을 사살했다고 한다.* 이 설명은 해당 지역 경찰서가 수복하던 시기를 기점으로 삼았던 것으로 보이지만 9월 24일 봉화, 9월 22일 영주, 9월 26일 문경, 9월 26일 상주의 상황과 일치하는 지 검토할 필요가 있다.

---

* 국방부 군사편찬위원회, 앞의 책 제4권, 733~736쪽.

제7장

"적" 없는 상륙작전

인민군을 포위 섬멸하겠다는 구상은 1950년 6월 29일 수원비행장에 내린 미 극동군 사령관 맥아더가 한강 전선을 시찰하면서 구상했다고 알려졌다. 인민군이 남쪽으로 내려올수록 보급선이 길어질 것이고 이때 후방을 공격하면 인민군 주력부대를 섬멸할 수 있다는 계산이었다.

하지만 이 계획의 최초 입안자는 맥아더가 아니라 미 국방부 관료 도널드 맥비커티스(Donald McB. Curtis)였다. 그는 전쟁 발발 이전인 6월 19일 이미 '인민군이 공격할 경우 낙동강까지 후퇴해 방어선을 구축한 뒤 상륙작전을 통해 반격한다'는 내용의 "우발 계획 에스엘-17"이라는 전쟁 시나리오를 미 국방부에 제출했다. 전쟁 발발 직후 맥아더 사령부가 이 계획의 사본을 요청하여 7월 4일부터 상륙작전을 추진했던 것인데, 최초의 인천상륙작전 계획 "블루 하트(Blue Heart)"는 수원에 전선이 형성될 경우를 가정하여 7월 20일 인천에 상륙하려 했지만 예상보다 일찍 전선이 남하하면서 상륙지가 포항으로 변경되어 마치 인천상륙작전의 예행 연습처럼 시행되었다.

이후 낙동강에 전선이 교착되기 시작한 8월 12일 새로운 인천상륙작전 계획 "크로마이트(Chromite)"가 추진되었다. 이 작전의 일환으로 미군 첩보부대는 먼저 서해안 주요 도서를 먼저 확보해야 했다. 미 해군 96.7함대 사령관 루시(Michael J. Luosey) 중령은 1950년 8월 15일 극동해군사령부에 정보 수집을 위해 서해안의 주요 도서를 먼저 수복하겠다는 건의를 했고 이 건의가 승인되자 한국 해군본부에서는 8월 16일 702함(함장 이희정 중령)을 지휘함(기함, 旗艦)으로 삼고 이희정 중령의 성을 따서 이(李) 작전이라고 불렀다. 이 작전의 목표는 덕적군도를 비롯하여 자월면, 영흥도를 수복하는 것이었다.

하지만 인천상륙작전의 성공을 위한 첩보 활동은 군사적인 활동보다는 섬의 주민들을 소개(疏開 evacation)하는 방식의 작전이었으니 이들 군인들의 눈으로 보아 비협조적이라고 판단된 주민들 상당수가 학살당하는 결과를 낳았다.

서해안 지역에서 인천상륙작전을 준비한다며 인천 앞바다 덕적군도 일대에서 해군의 상륙작전과 첩보 작전이 벌어지던 시기에 남해안에서도 비슷한 전투와 민간인학살사건들이 발생하고 있었다.

인천상륙작전을 준비하던 해군 육전대가 1950년 8월 16일부터 서해안 지역에서 이(李) 작전이 벌어질 당시 8월 17일 경남 통영에서는 해병대가 최초의 상륙작전을 벌였다. 서해안 지역과 달리 통영에는 국군 해병대가 진입하는 같은 날 600여 명의 인민군이 진입했다고 한다. 인민군은 8월 17일 새벽에, 국군 해병대는 같은 날 저녁 통영에 진입했다. 국군 측은 이들을 공격하면서 400여 명의 적들을 사살했다고 했지만 당시 눈에 띄는 전투 행위는 없었고 피살자의 수는 과장된 것으로 보였다.

한편, 전남 남해안 지역은 인천 옹진 지역과 마찬가지로 점령한 인민군이 낙동강 전선에 집중했기 때문인지 각 섬까지 진입하지 않고 있었다. 육지는 인민군이 점령했지만 그 지배력에 섬까지 미치지는 못했으므로 후퇴하던 전남 지역 경찰서원들이 8월 1일부터 9월 20일경까지 완도를 중심으로 인민군 측과 대치하게 되었다. 그 사이에 있던 주민들이 큰 피해를 입을 것은 뻔한 이치였다.

인민군이 완도에 진입한 날은 9월 16일 또는 9월 18일이었다고 한다. 하지만 그전에 이미 완도에 진입한 인민군과 전투를 벌여 수백 명의 "적"을 사살했다는 주장이 있다. 지난 국가 기관의 조사결과 이 주장의 구체적인 증거는 찾을 수 없고 주민들이 학살당한 사실만 확인된다.

해병대 창설 이래 최초의 성공적 상륙작전이었다는 8월 17일 통영의 전투 역시 미심쩍다. 600여 명의 인민군이 진입했다고 하지만 이들과 벌였다는 전투에 대한 『한국전쟁사』의 설명은 전투라기보다는 패잔 인민군을 색출하기 위한 토벌작전에 가까웠으니 민간인 피해를 피할 수 없었을 것으로 보였다. 역시 패잔 인민군을 사살하거나 포로로 사로잡았다고 했지만 이때는 이미 인민군 주력 대부분이 후퇴한 뒤였고 치열한 전투 역시 없었다. 피해자 대부분이 해병대가 적으로 여긴 주민들이었을 것이 의심된다.

701함, 인민군 없는 섬들을 공격하다
_1950년 8월 10일 덕적도

『한국전쟁사』는 "701정(백두산함, 450톤)은 8월 10일 덕적도를 공격하여 적 병력 70여 명을 포착 격멸하였고"라고 하여 마치 덕적도에 주둔했던 인민군을 공격한 것처럼 서술했다.* 하지만 덕적도에 인민군이 주둔한 적이 없었으니 이들의 공격은 주민들을 향한 것일 수밖에 없었다. 701함은 6월 25일 대한해협에서 전투를 치렀다는 함정이다.

서해안의 전쟁이란
6·25전쟁 중 국군 후퇴 시기에 국민보도연맹사건과 무관하게 민간인을 체계적으로 공격한 사례는 대부분의 해안가에서 나타났다. 8월에 진입하면서 전쟁 초기 민간 선박에 대한 공격을 넘어서 섬에 거주하는 주민들에 대한 공격으로 진화했다.

 6월 25일 전쟁이 시작되면서 인민군의 동해안 삼척 등 상륙 이래 한

---
* 국방부 군사편찬위원회, 『한국전쟁사』 제3권, 334쪽.

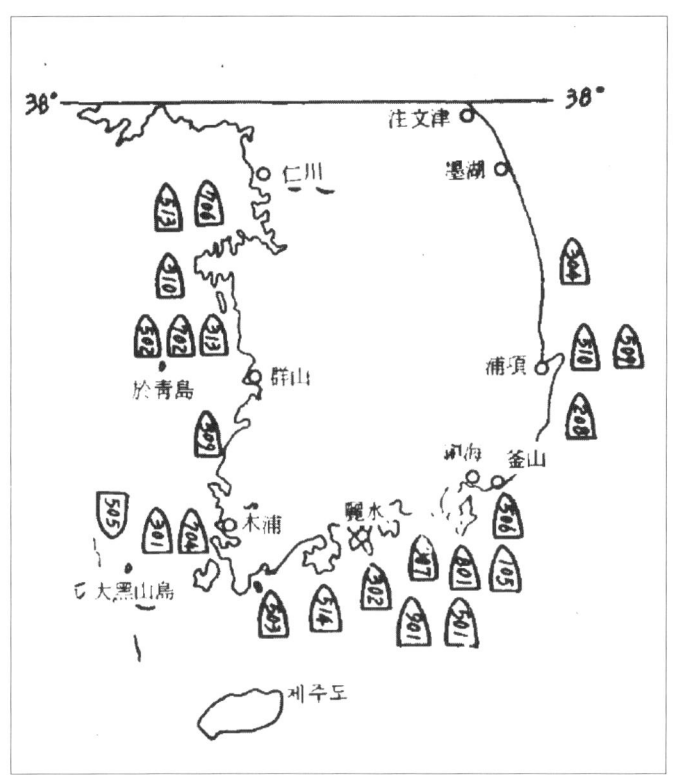

전쟁 초기를 제외하면 하늘은 물론 바다 역시 인민군의 활동은 거의 없었다. 그러다 보니 해상에서 당한 민간 어선의 피해는 모두 유엔군이나 대한민국 해군에 의한 것일 수밖에 없었다. 민간의 어업이나 수송 행위가 허가된 적이 없었으니 공격 후 적의 것이었다고 주장하면 그만이었다. 출처, 국방부, 『한국전쟁사』 제3권, 334쪽.

국 해군과 유엔군이 해상에서 주도권을 갖고 있었으므로 인민군의 해상 활동은 불가능했다. 서해안에서는 인민군 6사단 13연대가 7월 4일 인천을 점령하고 남하함에 따라 강화, 인천, 아산만 등의 해안을 경비하던 해군은 군산까지 해안 봉쇄 활동의 범위를 넓혀야 했다고 한다. 7월 5일부터 7월 15일까지 701함을 기함으로 302정 등 모두 9척이 동원되어 서해안을 봉쇄했다.

이들의 주요 임무가 어선과 범선을 이용하여 남하하는 피란민 중 좌익을 색출하는 것이었다고 하니 이 과정에서도 끔찍한 민간인 피해가 있었

> 격파하였다. 701정은 8월 10일 德積島를 공격하여 적 병력 70여 명을 포착 격멸하였고 704정

『한국전쟁사』 제3권 334쪽.
인민군이 주둔하지 않았는데 덕적도에 주둔했다는 70명이 넘는 적 병력은 누구 말하는 것일까?

음을 짐작케 한다. 701함만으로도 이 기간 11일 동안 무려 62척의 선박을 조사했다고 하는데 여기에 민간 선박을 공격하는 행위가 포함되었을 것으로 추정된다.

해군에게 통제를 벗어난 모든 선박은 적의 것이었다

해군은 7월 24일 서해안 경비 활동을 강화하라는 명령을 내렸다. 이제 민간인 선박에 대한 공격 행위가 적에 대한 공격으로 합리화될 수 있는 상황이 되었다. 7월 27일 덕적도 근해를 경비하던 702함과 703함이 50톤급 범선 12척을 "밀정"으로 판단하고 모두 격침시켰다고 한다.*

8월 8일 해군 본부는 인천해상 봉쇄를 강화하고 인민군 수송 선단을 공격하라는 명령을 내렸다. 하지만 해군은 이전인 8월 6일과 7일 이미 공격을 시작하고 있었다. 8월 6일 509정은 인천 근해에서 발동선 60톤급 1척과 범선 5척을 공격 침몰시켰으며, 8월 7일 인천 근해에서 활동하던 301, 502, 505정은 발동선 1척을 비롯하여 화물선 2척, 범선 13척을 침몰시켰다. 이작도 등의 주민들도 8월 7일부터 해군의 공격이 시작되었다고 기억했다.

8월 10일 덕적도 공격

『한국전쟁사』에 따르면 해군 701함은 1950년 8월 10일 덕적도를 공격

---

* 임성채 등, 『6·25전쟁과 한국해군작전』, 해군역사기록관리단, 148쪽.

소이작 2리 마을 모습. 마을 앞에 보이는 섬이 대이작도이다. 한 달 남짓했던 인민군 점령 시기 동안 두 섬 사이를 경계로 인민군과 해군이 드나들었다고 한다. 2018년 12월 19일 조사.

하여 인민군 70여 명을 포착했고 이를 격멸했다고 한다. 『6·25전쟁과 한국해군작전』 역시 같은 날 덕적도에 집결한 적진영에 함포 사격을 가해 적 70여 명을 사살했다고 적고 있다.

702정(금강산호)은 8월 12일에도 자정 무렵 덕적도 근해를 초계 중 양곡을 만재한 적선을 공격하여 침몰시켰으며, 8월 14일에는 덕적도 부근 해상에서 311정(『6·25전쟁과 한국해군작전』, 205쪽에는 313정으로 되어 있다)이 소형의 연락선을 발견하고 공격하여 침몰시켰으며 4명을 사살했다고 한다.

당시 작전에 대해 JMS-309정 부장이었던 서덕균 소위는 이때 상황에 대해 다음처럼 증언했다.*

출동을 한 뒤 쭉 바다에 떠서 주로 덕적도 부근을 중심으로 군산 앞바다까지 경비를 했다. 또 경우에 따라서 육상에 올라가서 소탕 작전도 했다. 당시에는 해병대 인원이 적어서 육전대를 편성하여 싸웠다. 지방 폭도 중에는 양민을 학살한 놈들이 많았다. 그래서 소탕 작전을 한 뒤 모두 붙잡고

* 임성채 등, 앞의 책, 205쪽.

지방 유지 노인들에게 우리는 이곳 실정을 모르니 흑백을 가려달라고 부탁했다. 지서가 있었지만 모두 도망갔고 그중 순경 한 명이 남아 흑백을 가린 후 양민을 학살한 사람 30명 가량을 잡았다. 이러한 작전 중에 우리 대원 한 사람이 죽기도 했다.

실정도 모르는 소탕 작전

서 씨가 말하는 소탕 작전은 그 전개 과정부터 모순된다. "실정도 모르는" 해군 육전대가 소탕 작전을 통해 먼저 주민들을 무차별 소집한 뒤, "실정을 아는" 지방 유지들(실제 사례로 든 사람은 경찰이었다)에게 처형 대상을 선별하게 하여 30명 정도를 체포했다는 것이다. 덕적도의 사례로 보아 육전대에 체포된 30명은 총살당했을 것이다.(이는 해군 육전대가 서해 앞바다에서 벌인 민간인학살의 전형에 해당한다)

　덕적도를 비롯해 영흥도, 자월도에서도 인민군 점령기인 7월 초부터 8월 중순까지 한 달 반 사이에 벌어진 민간인학살사건은 확인되지 않는다. 양민을 학살한 지방 폭도는 학살의 명분일 것이다. 한편, "우리 대원 한

덕적도 서포1리 해변의 모습. 2018년 12월 10일 조사.

사람이 죽기도 했다"는 사례는 1950년 8월 20일 영흥도 해안 상륙 작전을 말할 것으로 보인다.

그런데 문제는 덕적도에는 인민군이 주둔한 적이 없었다는 것에 있었다. 작전 지역 내 선박은 민간인 여부를 가리지 않고 모두 공격했다는 증언들로 보아 이 선박들이 모두 인민군이 이용한 것으로 볼 수 없다. 더군다나 덕적도에는 당시 인민군이 주둔하지 않았으므로 70여 명의 적 병력 또는 적선은 누구를 말하는 것인지 의문이 아닐 수 없다. 이들은 덕적군도와 인근 지역의 주민들이었을 것이다.

어선들이 공격당한 사례

2018년과 2019년 조사를 통해 백령도, 덕적도, 대이작도 등 서해안 인천 앞바다에서 어선들이 공격을 당한 사례를 찾을 수 있었다.

먼저 이 시기에 자월면의 주민들도 피해를 입었음이 확인된다. 대이작의 강왈선 씨는 1950년 8월 7일 삼촌과 함께 배를 타고 충남 서산 걸매라는 곳으로 갈치를 팔러갔다가 미 공군의 폭격으로 큰 피해를 입었다. 같은 배에 있던 삼촌과 사촌형이 목숨을 잃었다. 이웃에 있었던 최 씨네 배에서도 두 사람이 목숨을 건졌지만 나머지 세 사람이 사망했다고 한다. 해군의 승인을 받지 않고 움직이는 배는 무조건 폭격하라는 명령이 내려왔을 때에 입은 피해였다. 문헌에서 확인되는 해군의 명령은 8월 8일 내려왔는데 실제 공격은 이전부터 시작되었음을 알 수 있다.

조사 중 만난 덕적도 서포2리 벗개마을 김 씨 증언에 따르면, 서포1리의 주민들 중에도 배를 가지고 나갔다가 폭격을 맞아서 사망한 사람들이 있었다.

이(李) 작전의 시작

_1950년 8월 18일 덕적도

진실화해위원회는 1950년 8월 18일 함포 사격의 지원을 받은 해군육전대 1개 중대가 덕적도를 공격하여 주민 26명을 사살한 사실의 진실을 규명했다. 그런데 『한국전쟁사』는 이 희생자들을 "적"이라고 기록하였다.*

덕적도의 주민들이 "적"이 되다

『한국전쟁사』는 "상륙 중대는 진리 남방 외주음(外注音)을 상륙 점령하고 제3소대는 도석(濤石) 남안(南岸)으로 상륙하여 즉시 진격하였을 때에는 이미 적은 진리를 포기하고 산악 고지로 도주하였다. 적은 아군의 진격을 저지시키기 위하여 비조봉과 북부 고지로부터 중기와 소총으로 집중 공격하여 왔으나 적은 아군의 함포 사격으로 인하여 진지를 포기하고 다시 서

---

* 진실화해위원회, 「서울·인천지역 군경에 의한 민간인희생사건」, 『2010년 상반기 조사보고서』 제3권, 513~516쪽: 국방부 군사편찬위원회, 『한국전쟁사』 제3권, 642~644쪽.

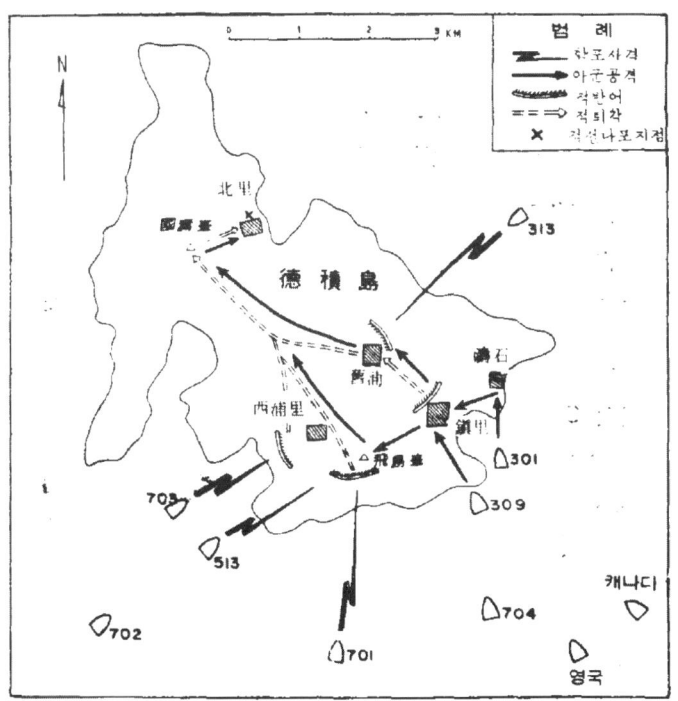

인민군이 주둔하지 않았던 덕적도에 상륙한 해군은 주민들을 사냥하듯 토벌의 대상으로 삼았다.(출처, 국방부『한국전쟁사』제3권, 643쪽)

북방 국수봉으로 후퇴하여 완강히 저항하였으나 함정의 지원 사격을 얻어 다시 추격하게 되자 적은 드디어 발동선 1척을 잡아타고 북리로부터 탈출하려고 꾀하였으나 아군은 이를 공격하여 나포하고 동 14:00에 덕적도를 완전히 탈환하였다."라고 했다. 여기서 말하고 있는 외주음은 밧지름, 도석 남안은 진리항 북쪽 해안을 말한다.

이어 "아군은 진리의 인민위원회와 분주소에서 문서를 압수한 다음 중대본부를 구포국민학교에 두고 도내의 잔적 섬멸작전을 실시한 결과 적 사살 26명과 포로 7명, 그리고 감금된 도민 구출 9명과 기타 많은 노획 무기를 얻는 전과를 올리게 되었다."라고 적었다. 당시 덕적도에 주둔하

> 문서를 압수한 다음 중대본부를 舊浦국민학교에 두고 도내의 잔적 섬멸작전을 실시한 결과 적사살 **26명**과 포로 **7명** 그리고 감금된 도민 **구출 9명**과 기타 많은 노획무기를 얻는 전과를 올리게되었다. 이렇게하여 이 도서내의 적을 모조리 섬멸한 우리 상륙중대는 부락민으로부터 뜨거운 환영을 받으며 다음 작전을 위해 도내의 청년들로 하여금 대한청년

『한국전쟁사』 제3권 644쪽. 사살당했다는 26명은 덕적의 주민들이었으니 육전대가 뜨거운 환영을 받았다는 말은 사실이 아니었다.

던 인민군은 없었으니 피살자들은 마을 주민 등 민간인일 수밖에 없었다.

인천상륙작전과 X-Ray 작전, 그리고 이 작전의 시작

『한국전쟁사』는 덕적군도를 인천상륙작전의 교두보였다고 표현했다. 미군 첩보부대에게 있어 인천항 조사에서 가장 도움이 되었던 것은 1945년 이미 미군이 조사했던 브리테인 보고서였다고 한다. 미군은 이 정보 내용을 확인하고 인천에 주둔한 인민군 현황을 파악하기 위해 먼저 서해안 주요 도서를 확보해야 했다.

손원일 해군총참모장은 8월 12일 미 극동군 사령부로부터 인천상륙작전을 위해 정보를 수집하라는 명령을 받고 8월 13일 정보국장 함명수 소령을 불러 작전을 지시했다고 한다. 이 작전의 이름이 "X-Ray 작전"이었다.

명령에 따라 정보국장 함 소령은 해군정보국 산하 해양공사팀의 김순기 중위, 임병래 소위, 장정택 소위에게 각각 5~6명의 요원을 선발하라고 지시했고 8월 16일 모든 준비가 끝났다. 첩보대장은 함명수였고 정보장교는 김순기, 장정택, 임병래, 요원들은 해군정보국에서 활동하던 김남규, 정성원, 박원풍, 차성환, 한유만, 홍시욱 병조장과 7명의 군무원으로 구성되었다. 모두 17명이었다.

첩보부대의 활동을 보장하기 위해 먼저 해군 육전대가 서해안 주요 도

서를 확보해야 했다. 미 해군 96.7함대 사령관 루시(Michael J. Luosey) 중령은 1950년 8월 15일 극동해군사령부에 정보 수집을 위해 서해안의 주요 도서를 먼저 수복하겠다는 건의를 했고 이 건의가 승인되자 한국 해군본부에서는 8월 16일 702함(함장 이희정 중령)을 지휘함(기함 旗艦)으로 삼고 701(백두산), 704(지리산), 513, 301, 307, 309, 313정(제1충무공호)이 작전에 참가했다. 해군은 이를 이(李)작전이라고 불렀다. 이희정 중령의 성을 땄던 것이다. 이 작전에 대해 라주바예프 역시 "(미군은) 인천 지역에 대한 세밀한 해상 및 항공정찰을 마친 후 상륙 예정 지점에 대한 공격을 개시했다."라고 평가했다.*

문갑도에서 시작하다

이(李) 작전(Operation Lee)은 1950년 8월 16일 문갑도 상륙에서 시작되었다. 『6·25전쟁과 한국해군작전』은 "덕적도 탈환 작전에 앞서 8월 16일 오후에는 513정의 상륙반이 문갑도에 상륙해 인민위원회를 습격하고 간부들을 생포하여 덕적도에 관한 정보를 수집했다."라고 서술했다.

구성이나 되었는지도 불분명하지만 구성되었다고 해도 고작 보름정도 지났으면 다행이었을 인민위원회였다. 무슨 대단한 작전이라도 한 것처럼 이를 습격하고 그 간부들을 생포했다고 했지만 정작 주민들은 상륙하는 해군에게 저항은커녕 섬에 갇혀 도망하기도 어려웠다.

YMS-513정의 갑판정 김규조 일등병조는 1966년 4월 이렇게 증언했다.

덕적도 밑에 가면 문갑도라고 있다. 그 주변에 우리 배가 있었는데 육지에

---

* 라주바예프, 『6·25전쟁 보고서』 제1권, 국방부 군사편찬연구소, 2001, 380쪽.

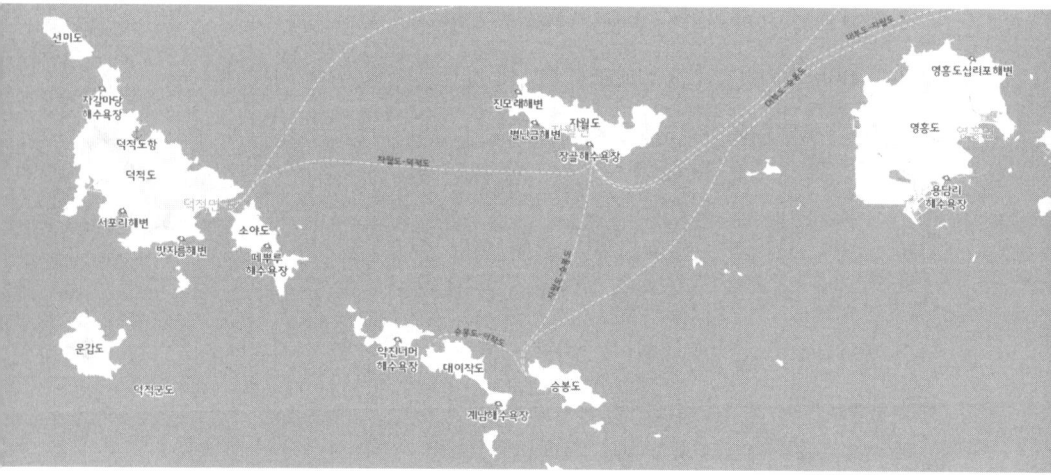

인천상륙작전은 전초 작전인 이 작전과 X-ray 작전의 과정에서 작전 지역의 섬주민들을 순차적으로 학살하는 결과를 낳았다. 8월 16일 문갑도, 8월 18일 덕적도, 8월 20일 대이작도와 영흥도에서 포격과 상륙 작전, 그리고 민간인학살사건 등 피해가 있었다.

있던 북한군 내무서원들이 문갑도에 올라와서 행패를 부리고 있다는 정보를 들었다. 그래서 513정장과 부장이 이들을 토벌하기 위해 연구를 했다. 그리고 정장님의 명령에 따라 나를 비롯한 10여 명의 대원들이 구명대를 타고 상륙했다. 그 섬에서 어떤 아주머니를 만났는데 빨갱이들이 덕적도와 영흥도에 있다고 알려줬다. 그래서 배로 돌아와 정장께 보고했더니 우리 정장님이 모두를 갑판에 집합시킨 뒤 상륙전에 참가할 대원을 모집한다고 했다. 우리 배에는 나를 포함해 12명이 참가했고, 각 배마다 병력이 차출 돼 약 100명 정도의 중대 병력이 단양호 갑판에 모였다. 그때 지휘를 맡은 중대장이 장근섭 중위였다. 덕적도에 상륙해서 보니 적들이 없었다.(필자 강조) 그래서 영흥도로 다시 상륙해 지방 빨갱이들인 내무서원들과 교전을 벌여 상당수를 사살하고 생포도 많이 했다.*

지금 문갑도에 생존한 주민들 중 누가 언제 문갑도에 상륙했는지 정확

---

* 임성채 등 , 『6·25전쟁과 한국해군작전』, 해군본부, 242쪽.

히 기억하는 주민은 없었다. 이 자료를 통해 문갑도에 상륙한 해군은 513정의 상륙반원들이었으며 그 날짜는 8월 16일이었음이 확인된다.

그리고 문갑도 주민들의 증언은 해군에서 말하는 인민위원회 습격이나 간부 생포와 완전히 다르다.

해군 함정이 문갑도 앞 해변에 정박하자 마을 주민들은 크게 긴장했다. 청년들은 함포의 방향이 어디를 향하는지 살펴보면서 경계를 했다. 함정이 다가오자 망을 보던 청년들이 "군함 와요!"라고 큰 소리를 외쳐 이 사실을 주민들에게 알렸다. 이 소리를 들은 주민들은 산의 방공호나 포격을 피할 수 있는 큰 바위 틈으로 들어갔다. 해군은 청년들이 주민들을 위해 망을 보던 곳을 "자위대의 해상감시 초소"라고 보았다.

513정이 항구로 진입하면서 주민들을 향해 한동안 포격을 가했다. 마을에 인민군이 없으니 포격을 하지 말아달라고 요청하기 위해 머리에 태극기를 두른 청년 김근중이 노 젓는 배를 타고 군함에게 다가가려 했지만 곧 사격을 받고 쓰러졌다. 복부를 관통당하는 치명상을 입었지만 덕적도에 살던 한 의사의 도움으로 간신히 목숨은 건질 수 있었다.

문갑도에 상륙한 해군은 산에 숨어있던 주민 등 30여 명을 학교 운동장에 모은 뒤 노동당에 가입했다는 주민을 색출했다. 이때 학교 교실에 숨겨두었던 인민위원회 간부 등의 명부가 발견되었고 이제 마을 주민들이 모두 죽게 되었다 생각했다고 한다. 이때 한 주민이 나서서 자신이 다 한 일이라면서 다른 주민들은 아무것도 모르고 가입만 했던 것이라고 설명했다. 설득이 통했는지 해군은 이 사람만 잡아가 무인도인 먹염 해상에서 총살했다.

자신의 죽음으로 마을 주민들을 구한 주민의 이름은 김종철이었다. 20대 후반이었던 그는 문갑국민학교에서 교사로 활동했었고 몸이 아픈 주

구명대로 옮겨 탄 해군 10여 명이 문갑도에 상륙했다고 한다. 마을 앞 해변을 통해 진입했을 것이다.

민들에게 주사를 놓기도 했다고 한다. 주민들은 그를 위해 공덕비라도 하나 세웠으면 좋겠다고 말하고 있다.

이번에는 덕적도

문갑도에 상륙한 해군은 이제 덕적도 상륙을 준비했다. 해군은 문갑도 주민들을 통해 덕적도 상황에 대해 들을 수 있었는데 덕적도에는 "1개 소대 약 30명의 적 병력이 주둔하면서 인천에 배치되어 있는 인민군과 통신을 유지하고 있었으며, 마을에는 좌익 청년으로 조직된 자위대가 해상 감시 초소를 설치하여 운용하고 있었다."고 판단했다고 한다. 하지만 이는 사실과 거리가 멀었다.

서포리의 감투바위에 오른 덕적도의 청년들도 문갑도처럼 함대의 동태를 지켜봐야 했다. 함포가 서포리를 향하면 "서포리 쪽로 됐다", 진리를 향하면 "진리 쪽으로 됐다"고 마을에 소리를 쳤다. 그러면 서포리 사람들, 진리 사람들은 미리 산에 만들어 놓은 방공호로 가서 몸을 피했다. 해군은 문갑도와 마찬가지로 이 청년들이 있던 곳을 해상감시초소라고 했던 것이다.

문갑도에 상륙군을 보낸 해군은 같은 날인 8월 16일 덕적군도 확보를 위해 각 함정에서 선발한 111명으로 상륙을 위한 육전대 1개 중대를 편성했다. 중대장은 702함의 항해장인 장경근 중위였으며 1소대장은 오윤경 소위, 2소대장은 이계호 소위, 3소대장은 서영일 소위였다. 이들 육전대는 99식 소총, M-2 카빈, 수류탄 정도로 무장했으며 실탄도 부족하여 한 사람당 5~8발을 지급하는데 그쳤다고 한다. 이들 상륙 중대원들은 육상 전투에 대한 경험이나 별도의 훈련도 받지 않았다. 이들의 훈련 정도나 무장 정도로 보아서 상륙 후 큰 전투가 벌어질 것으로 여기지 않았음을 짐작할 수 있으며, 인민군 정규군이 주둔하지 않고 있다는 사실을 이미 알고 있었을 것으로 보인다.

예상 상륙 지점은 두 곳이었다. 제1상륙지점은 밧지름 해안이었으며 제2상륙지점은 진리 해안이었다. 당시 밧지름 마을에 살던 주민들은 10호도 되지 않았으므로 만약 해군들이 상륙한다면 밧지름 해안이 아니라 진리항으로 올 것이라 믿었다고 한다.

함대가 섬으로 들어오는 모습을 보자 마을에 있던 인민위원회 관계자들은 대부분 섬을 빠져나가 피신했다. 증언에 따르면 덕적에는 용유도 출신으로 의용군에 나갔다가 돌아온 사람 하나만 남아있었다고 한다. 유일하게 일본제 99식 소총을 갖고 있었던 그는 청년들을 동원하여 마을을 경비하게 했고, 산에 있던 청년들이 "함대가 온다"고 하면 그도 주민들과 함께 산으로 도망 다녔다. 한 주민은 외지인을 중심으로 내무서가 움직였는데 이 정보가 잘못 들어가서 해군 상륙 후 주민들 피해가 많았던 것이라고 했다. 이 외지인은 앞서 말한 사람과 같은 사람이었을 것이다.

주민들 증언에 따르면 덕적도에 대한 함포 사격은 8월 18일 상륙이 있기 전부터 있었다고 한다. 진리 주민들은 해군 상륙 며칠 전부터 산에서 함정을 감시하던 청년들이 보내온 신호에 따라 산으로 피란했다가 집으로 다시 돌아오는 일을 반복했다.

서포2리 익포 주민들은 새우젓 창고와 밭에 있는 방공호로 피신했는데 함정들이 주로 새우젓 창고로 포를 쏘았으므로 주민들 대부분은 밭 방공호로 피신했다. 서포2리 벗개마을 주민들은 함포가 날아가는 반대 방향의 산으로 피신했는데 주로 순안골로 피란했다고 한다.

육전대의 상륙에 앞서 덕적도 남쪽 바다에는 영국 순양함 케냐(Kenya)호와 캐나다 구축함 아타바스칸(Athabaskan)호, 한국 해군의 702함, 704함이 정박하여 함포로 사격했다. 이들 네 함정의 목표물은 육전대 상륙지점의 후방이었다. 그리고 이들 네 함정 외에도 513, 307, 701함이 덕적도 서포리 비조봉을, 313정이 구포를 향해 함포 사격을 가했다. 비조봉 등 산 능선에는 미리 파놓은 방공호에 마을 주민들이 피신하고 있었다. 밧지름 해안에서는 함포 사격을 가하는 함정의 모습을 직접 볼 수 없었다. 먹염 뒤 문갑도 방면에 정박하면서 포를 쐈기 때문이었다.

아침 시간 함포 사격이 가해지던 중 301정과 309정 두 대의 함정에 승선한 육전대가 예정했던 두 곳에 상륙했다. 먼저 301정 육전대가 밧지름 해안으로 상륙했으며 이후 아침 7시경 309정 육전대가 진리항 북쪽 해

먹염 앞바다 반도골에서 희생당한 시신이 문갑도 한월리 해변으로도 떠밀려 내려왔다. 물놀이하던 어린이들도 시신을 목격했다. 2018년 12월 31일 조사.

안으로 상륙했다.

그런데 주민들의 증언은 밧지름 외에 상륙 지점에 대해 서포리라고 증언하여 국방부의 기록과 차이가 있었다. 하지만 밧지름에 상륙한 국군이 서포리에서 소탕 작전을 했다고 하므로 서포리 주민들로서는 이들을 보고 서포리에 상륙한 것으로 기억했을 수 있었다. 이후 국방부의 관련 문헌들은 "적의 저항 없이" 또는 "적은 진리를 포기하고 북서부 산악지대로 도주했는지 보이지 않았다"고 서술했지만 당시 덕적도에 인민군이 없었으니 여기서 말하는 적은 함포 사격을 피하기 위한 피란민을 말하는 것이었다. 적의 저항이란 처음부터 있을 수 없는 상황이었다.

밧지름 해안 상륙

송인호 씨 등 주민들은 밧지름 해안가에서 당시 해군 육전대의 상륙을 직접 겪었다. 주민들의 경험담은 해군 측의 기록과 전혀 달랐다.

제7장 "적" 없는 상륙 작전 355

8월 18일 새벽 4시 함포 사격을 가한 뒤 6시 진리 해안으로 해군 육전대가 상륙하면서 민가에 무차별 사격을 가했다. 진리 마을 주민들은 함포 사격을 피해 야산으로 피신했지만 출산을 앞 둔 산모 한상열(28세)은 산통으로 산까지 피신하지 못하고 딸 김종해와 함께 집 근처 밧지름 모래구덩이에 숨어 있었다. 이들로부터 100미터 정도 떨어진 솔밭에는 한상열의 오빠 한상익, 한상협, 임배영, 송은호 등이 숨어 있었다.

이들 네 명이 다가오는 해군 육전대를 보고 두 손을 들고 나오자 해군은 이들에게 마을을 안내하라고 시켰다. 마을을 수색하던 해군은 장독이나 집을 향해 거침없이 총을 쏘았다.

해안에 상륙한 해군은 인기척만으로도 민간인 여부를 확인하지 않고 무차별 사격을 가하여 한 씨는 즉사하고 딸 김 씨는 팔에 관통상을 입었다. 산에서 이 장면을 목격한 시어머니가 비명을 지르며 밧지름으로 달려 와 "나도 죽이라"며 군인들에게 항의했다.

밧지름을 지난 군인들은 면사무소로 넘어가는 고개 나무단에 숨어있던 홍노마, 김현식, 고경기가 빨리 나오지 않는다며 총을 쏘아 그 자리에서 살해했다. 이 현장 가까이 있던 움막에는 김주안이 딸 김성자 등 3명과 함께 숨어 있었는데 이 곳에도 군인들이 총을 난사하여 김주안이 다리에 관통상을 입었다.

인윤배(당시 30세)의 증언에 따르면 함께 밧지름 구덩이에 숨어있던 김현식이 상륙 해군에게 총살당했다. 자신은 함포 사격이 시작되자 피신하여 살 수 있었다고 했다. 홍노마는 진1리 해변에서, 고경기는 밧지름 너머 고개에서 총살되었다.

이를 정리하면 밧지름 해안에서만 해군 상륙 당시 고경기, 김현식, 한상열, 홍노마 등 4명이 그 자리에서 사살당했으며 김종해와 김주안은 총상을 입었음을 알 수 있다.

덕적도를 소탕하라

해군 육전대는 이후 낮 2시까지 덕적도의 주민들을 적이라며 소탕 작전을 벌였다.

『6·25전쟁과 한국해군작전』은 "적은 아군의 진격을 저지하기 위해 서포리 비조봉과 북부 고지에서 중기관총과 소총으로 맹렬히 사격하며 저항했으나 아군의 함포 사격으로 인해 진지를 포기하고 다시 북서쪽의 국수봉을 향해 도주했다. 아군이 다시 추격하자 적은 발동선 1척으로 북리에서 탈출을 기도했으나 아군은 이를 나포하고 이날 오후 2시경에 덕적도를 완전히 점령했다."라고 했다. 하지만 덕적도에는 중기관총과 소총이 없었고, 해군의 추격을 피해 달아나던 사람들 역시 사살당하지 않기 위해 피신하던 덕적도의 평범한 주민들이었다.

상륙한 해군 육전대 군인들의 피해는 없었다. 내무서에서 일하던 사람이 99식 총을 하나 가지고 있는 것이 전부였기 때문이었고 그 역시 총을 버리고 산으로 도망을 다니고 있었다. 『한국전쟁사』는 해군 육전대의 덕적도 상륙을 "점령"이라고 표현했지만 이들의 행위는 마치 "사냥"처럼 보였다.

비조봉 능선에 자리잡은 진2리 마을에 살았던 배 씨가 해군의 작전 모습을 기억하고 있었다. 망을 보던 마을 청년들은 주민들에게 "피란 가요! 피란 가요!" 하면서 군인들의 진입 사실을 주민들에게 알렸다. 배 씨를 비롯해 주민들은 산 밑으로 달려갔다. 대장처럼 보이는 군인이 바위 위에서 병사들을 왼쪽과 오른쪽으로 나누어 보내는 모습을 볼 수 있었다. 마을에 남아 있었다면 그 즉시 죽었을 것이라고 했다. 이튿날 군인들은 주민들을 남자와 여자를 구분해서 앉히고 부역한 주민들을 색출했다. 이때 배씨 집안에서는 배인섭이 끌려가 희생되었다고 한다. 배인섭은 2010년 진실화해위원회의 조사보고서에서 희생자로 확인된다.

서포리에 진입한 해군은 마을 주민들을 모래사장으로 집합시켰다. 50여 명의 주민들이 모였고 해군은 노동당에 가입한 명단에 있다며 이들 중 두 사람을 끌어내 죽이려고 했다. 마을 사람들은 인민군 측이 일방적으로 명단을 올린 것이지 그들에게 동조한 사람들이 아니라고 주장했지만 결국 총살을 막지 못했다. 주민들은 희생자들의 이름이 박희경, 이대근이라고 기억하고 있었다.

상륙한 해군은 10시 30분 구포초등학교(현재 덕적초등학교)에 중대본부를 설치함과 동시에 청년들을 모아 대한청년단을 재조직했다. 이들은 즉시 마을마다 수색하며 부역 활동이 의심되는 주민들을 색출하여 면사무소 창고에 감금했다. 당시 창고에는 30~40명의 주민들이 감금되어 있었다.

해양공사의 등장과 X-Ray작전, 그리고 민간인학살

이른바 이(㈜)작전을 통해 덕적도를 완전히 소탕했다고 판단한 해군은 체포된 주민들을 "해양공사"라고 불린 해군 첩보부대에게 인계하고 8월 19일 밤 9시 영흥도로 떠났다. 이제 인천상륙작전을 위해 정보를 수집하는 것이 임무인 X-Ray 작전과 클라크 정보 부대의 활동이 시작될 차례였다.

그런데 "해양공사"는 첩보부대의 역할보다 민간인학살 활동에 주력했던 것으로 보였다. 해양공사는 창고에 감금되었던 주민들을 밧지름 마을 앞 무인도인 먹염으로 끌고 가 모두 총살했다. 이때 희생된 것으로 진실화해위원회가 확인한 주민은 김기운, 김성복, 김종수, 김종우, 김종철, 배인섭, 변안성, 손영창, 손영창의 처, 안완식, 인현배, 장기찬, 장기천, 정두산 등 14명이었다. 이중 정두산, 인현배는 승봉도 사람이었다. 19일 이후 해양공사에 희생당했으므로 이 14명의 희생자들은 18일과 19일 사이 사살당했다는 26명의 덕적도민에 포함되지 않았을 것으로 보인다.

오빠 인현배를 먹염에서 잃었던 인현애(당시 20세)는 덕적국민학교에 갇혀 있던 희생자에게 일주일 동안 도시락을 날랐던 기억을 하고 있다. 그는 도시락을 나르던 1950년 8월 30일 행정선을 운전하는 사람으로부터 인현배 등 20여 명의 사람들이 해양공사 사람들에 의해 무인도로 끌려가 살해당했다는 말을 들었다. 군인들이 "죽기 전에 할 말이 있느냐?"고 물으니 인현배가 일어나 "나는 억울하게 죽는 것이니 노래를 불러도 좋은가?" 묻고 구슬프게 노래를 불렀다는 이야기를 들었다.

죽기 전 인현배가 부르던 노래 소리는 밧지름 해안까지 들렸다. 밧지름 해안 집마당 평상에 있던 송은호와 임배영은 먹염 너머에서 "아 세월은 잘 간다"라는 외국 노래를 부르는 인현배의 노래소리를 들었다고 한다. 노래가 그치고 얼마 뒤 총소리가 났다.

덕적에 무장한 "적"은 없었다

당시 분명한 것은 덕적에 주둔하던 인민군은 없었다는 사실이었다. 해군 육전대가 가장 먼저 공격한 덕적군도는 문갑도였음을 앞에서 확인했다. 문갑도에 인민군은 없었다. 해군은 이어 인민군 점령 지역을 공격하는 작전을 벌였지만 전쟁 발발 후 덕적도에 진입하거나 주둔한 인민군은 전혀 없었다.

『한국전쟁사』는 고작 한 달 반 점령지였던 덕적도를 인민군의 진지로 묘사했으며 그해 8월 18일 벌어진 상륙작전을 해군들의 거창한 전투로 각색했다. "상륙중대는 진리 남방 …(중략)… 제3소대는 …(중략)… 남안으

덕적도와 이작도 사이의 수로에서 해군 함정들이 선상에서 덕적도와 이작도, 문갑도 등 인근 지역 주민들을 총살했다. 서수로라고 불린 물길에 있는 이 무인도는 먹염, 먹도라고 불렸고 지도상에는 흑도로 표시되어 있다.

로 상륙하여 즉지 진격하였을 때에는 이미 적은 진리를 포기하고 산악고지로 도주하였다."라고.

그런데 주민들의 말은 이와 전혀 달랐다. 근본적인 차이는 덕적도에 주둔하던 인민군이 전혀 없었다는 데 있었다. 인민위원장이나 인민위원, 내무서원 정도가 있었을 뿐이었고 이들이 무장한 무기라고는 일본제 99식 소총 1개뿐이었다고 하는데 그것도 도망하면서 버려졌다. 이러한 사정을 볼 때 당시 분명한 사실은 무장한 적이 없었다는 것이다.

덕적도 산 정상에 함포를 수십 발 쏜 뒤 해군 육전대 111명이 밧지름 해안과 진리 해안으로 상륙했다. 서포리에 진입한 군인들은 주민들을 모아놓고 부역했다는 사람을 끌어내 죽도록 때렸다. 마을 사람들의 청으로 사람을 죽이지는 않았다고 했다.

하지만 밧지름의 경우는 달랐다. 송은호 구술인 목격에 따르면 상륙하던 해군이 해안 모래둔덕에 숨어있던 임산부 한상열과 그의 딸에게 총을 쐈다. 누가 봐도 민간인이고 여성이고 임산부이고 어린이였음을 알 수 있는 상황이었다. 송 씨 일행 4명은 먼저 군인들에게 나서서 목숨은 건졌지만 고개나 마을에서 숨어있다 발견된 사람들은 모두 사살당했다.

학살은 여기에서 그치지 않았다. X-Ray 작전을 한다며 수협 건물에 주둔한 해군 첩보대 "해양공사"는 인민위원회와 내무서 등에서 발견된 문서를 근거로 마을 주민들을 잡아들이기 시작했고 "먹염"이라고 부르던 무인도에 행정선으로 끌고나가 총살했다. 주민들은 전쟁이 끝난 후에도 먹염 해변에 사람의 뼈가 많이 굴러다녔다고 증언했다.

해군은 덕적도 상륙작전에서 적 26명을 사살했으며 7명을 사로잡았고 구금되었던 주민 9명을 구출했다고 주장했지만 주민들의 증언에 의해 확인된 민간인 사망자만 18명에 이르며 추정되는 전체 피해자 수는 30명에서 40명에 이른다. 기타 무기도 많이 노획했다고 하지만 대응 사격에 의한 아군 피해는 전혀 없었다. 무기를 가진 사람도 없었다고 하니 아군의 피해가 없는 것은 당연한 일이었을 것이다.

해군 313정의 대이작도 공격

_1950년 8월 20일 이작도

1950년 8위 18일 덕적도를 공격한 해군 육전대 일부가 이틀 뒤인 8월 20일 대이작도에서 7명을 사살했으며 다음 날 1명을 생매장했다. 대이작도에도 역시 주둔하던 인민군은 없었다.

   이 사건에 대해 『한국전쟁사』는 "20일 08:30에 313정은 선갑도와 이작도 및 선미도 해상을 초계 중 소이작도에서 적을 발견하게 되자 급히 황정연 소위 외 8명으로 육전대를 조직한 다음 함포의 엄호사격 하에 곧 상륙을 실시하여 의용군 24명을 사로잡았고 또한 끝까지 저항하는 적 7명을 사살하는 전과를 올리고 다음날 21일 01:00 이 섬을 완전히 탈환하였다."라고 서술했다.*

지금의 소이작도는 당시 "큰 해적"이라는 뜻을 가진 대이작도로 불렸으며 지금의 대이작도는 당시 소이작도로 불렸다. 2012년 국방부가 간행한 『6·25전쟁과 한국해군작전』은 같은 사건이 벌어진 장소를 대이작도

---

* 국방부 군사편찬위원회, 『한국전쟁사』 제3권, 644쪽.

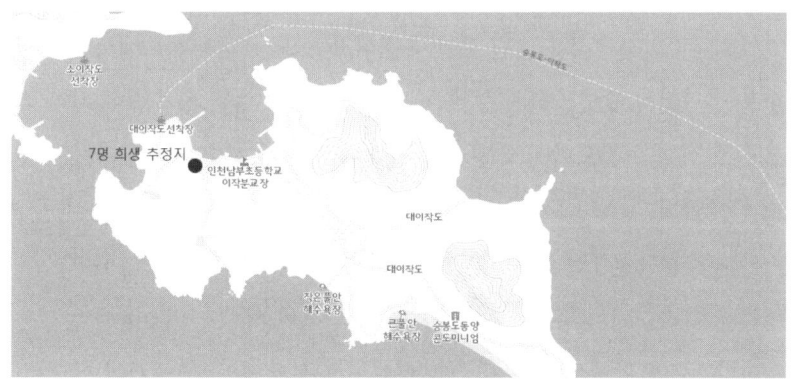

대이작도(옛 소이작도)의 마을은 백사장을 중심으로 한 곳에 모여 있다.

라고 서술했다.

이작도에는 마을 청년들만 있었다

주민들 증언에 따르면 영흥도와 덕적도에도 주둔하던 인민군이나 의용군은 전혀 없었으니 영흥면에 속한 작은 섬들에 인민군이 주둔했다는 주장을 믿기 힘들다. 이것만으로도 "사살당한 7명의 적"이나 "24명의 의용군"이 사실이 아님을 의심할 수 있었다. 먼저 해군이 어떻게 이작도의 적

제7장 "적" 없는 상륙 작전   363

> 20일 08.30에 313정은 仙甲島와 伊作島 및 善尾島 해상을 초계중 小伊作島에서 적을 발견하게 되자 급히 黃汀淵 소위외 8명으로 육전대를 조직한 다음 함포의 엄호사격하에 곧 상륙을 실시하여 의용군 24명을 사로잡았고 또한 끝까지 저항하는 적 7명을 사살하는 전과를 올리고 다음날 21일 01.00 이 섬을 완전히 탈환하였다.

『한국전쟁사』제3권 644쪽. "끝까지 저항하는 적 7명"은 마을 뒷산으로 피신한 이작도 주민 7명이었다.

을 발견했는지부터 의문이었다.

해군 313정은 8월 20일 선갑도와 이작도, 선미도 해상을 초계 중 소이작도(현 대이작도)에서 적을 발견했다고 한다. 하지만 이미 앞에서 살펴봤듯이 해군 513정 군인들이 8월 16일 문갑도에 상륙하여 토벌작전을 벌였고, 각 함정에서 선별된 해군 육전대가 8월 18일 덕적도에서 상륙작전을 벌이면서 주민들을 학살했다. 『한국전쟁사』는 마치 우연히 앞의 작전과 별개로 이작도에서 인민군을 발견한 것처럼 서술했지만 이는 사실이 아니었다.

이들 해군육전대는 문갑도와 덕적도의 주민들로부터 당시 영흥면 소속이었던 이작도에 영흥면 인민위원회의 영향력이 미치고 있었음을 알았을 것이다. 주민 강왈선 씨는 해군의 함대에 승봉도 출신 경찰관이 타고 있었는데 그가 대이작의 부역 주민에 대한 정보를 주었다고 증언했다. 섬에 상륙한 해군은 이미 남로당에 가입했다는 사람들의 명단을 갖고 있었다는 증언은 강 씨의 증언이 공연한 것이 아님을 뒷받침한다.

주민들의 기억

해군 313정은 대이작도를 소탕한다며 9명의 육전대(대장 황정연 소위)를 조직했다. 이들은 1950년 8월 20일 아침 8시 30분 함포의 엄호사격 아래 대이작도에 상륙하여 의용군 24명을 사로잡고 적 7명을 사살했다고 한

대이작 주민들이 끌려왔던 학교 운동장 모습. 일단 학교로 모였던 주민들은 빨간 헝겊을 가슴에 달아 조사받았다는 표시를 했다.

다. 주민들은 해군의 상륙이 칠월칠석에 있었다고 기억했다. 양력으로 1950년 8월 20일이었으니 『한국전쟁사』의 기록과 정확히 일치했다. 하지만 주민들이 기억하는 해군의 상륙작전의 내용은 이와 전혀 달랐다.

함포 사격 후 상륙한 해군은 의용군을 사로잡은 것이 아니라 집집마다 총을 쏘며 수색하여 집에서 끌어낸 주민들을 학교 운동장으로 모은 것이었다. 확인한 주민들과 그렇지 못한 주민들을 구별하기 위해 해군은 주민을 확인할 때마다 가슴에 빨간 헝겊을 표식으로 달도록 했다.

빨간 표식을 달고 주민들이 운동장에 모이자 해군은 이들 중 이미 준비한 명단을 불러 20명 정도의 주민을 앞으로 나오게 했다. 해군은 이들을 앞세워 아직도 산에 숨어서 내려오지 않고 있는 주민들을 찾아 나섰으며, 모두 여덟 명을 체포하여 마을로 끌고 내려왔다. 해군은 이미 선별한 20여 명과 여덟 명을 모두 총살하려 했지만 이때 마을 대표가 해군과 협상을 통해 모두 죽이지는 않겠다는 약속을 받았다고 한다. 그런데 그날 밤 산에서 잡힌 한 청년이 도망하는 일이 발생했다. 해군은 그 자리에서 일곱

비닐하우스가 있는 언덕에서 해군에게 색출된 주민 7명이 학살당했다. 시신은 수습되지 못하고 방치되어 있었다고 한다. 지금은 아무런 흔적도 남아있지 않다. 2018년 12월 18일.

명을 끌고 가 마을과 부두 사이 골짜기에서 총살했으며, 도망친 청년은 다음 날 잡혀 작은포에서 생매장당했다. 모두 여덟 명이 희생된 것이었다.

전투는 없고 학살만 있었다

이작도에 상륙한 해군은 소집된 주민 중 24명을 의용군 포로라고 했으며 사살당한 주민 7명을 적이라고 했다. 의용군과 구분한 것으로 보아 여기서 말하는 "적"은 인민군을 지칭한 것으로 보아야 한다. 하지만 당시 인민군이 대이작도에 주둔하지 않았으니 사살당한 7명이 인민군이 될 수 없었다. 주민들을 학살해놓고 인민군이라고는 할 수 없었던 것인지 막연하게 "적"이라고 서술했던 것으로 보인다. 주민들의 증언에 따르면 희생자의 이름까지 확인하지 못했지만 해군이 주장하는 사살당한 적 7명, 포로가 된 24명이 주민들이었음은 분명했다.

2012년 발간된 『6·25전쟁과 한국해군작전』 239쪽 역시 "이튿날 8월

20일에는 313정이 인근 도서 대이작도를 공격해 인민의용군 24명을 생포하고 끝까지 저항하는 적 7명을 사살하는 전과를 거두고 8월 21일 새벽에 이작도를 완전히 탈환했다."라고 서술하고 있다. 이것만 보면 여전히 무장한 인민군과 전투한 것으로 보인다. 하지만 이는 거짓이었다. 전투는 없었다.

해군 육전대의 영흥 공격과 이(李) 작전의 끝
_1950년 8월 20일 영흥도

덕적도를 출발한 해군 육전대가 1950년 8월 20일 영흥도에 상륙하여 6명을 사살하고 33명을 생포했다고 한다. 하지만 당시 영흥도에도 주둔하던 인민군이 없었다. 『한국전쟁사』는 이를 영흥도 탈환작전이라며 "함포 사격의 지원 아래 과감한 상륙을 감행하였다."라고 했으며, "20일과 21일 양일 간에 걸쳐 이 섬에 잠복하고 있던 적을 색출하여 완전히 섬멸"했다고 적었다.*

불과 한 달하고 보름 동안의 점령 통치 기간에 마을 주민들은 모두 국가의 적이 되고 말았던 것이다.

인천상륙작전의 거점 영흥도
해군은 덕적도와 인천의 교량이 될 수 있었으므로 영흥도를 인천상륙작전의 중요한 거점으로 여겼다고 했다. 그런데 이때는 대한민국이 영흥에

---
* 국방부 군사편찬위원회, 『한국전쟁사』 제3권, 644~646쪽.

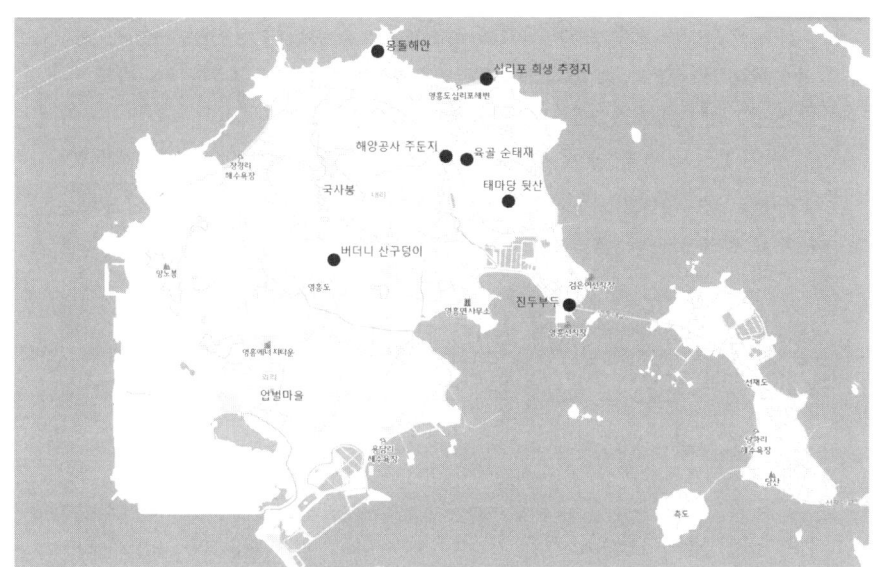

영흥도는 선재대교와 영흥대교로 육지와 연결되어 있다.

서 물러난 지 불과 한 달 조금 지났을 때였으니 이는 해군의 시각이라기보다는 맥아더의 시각이었을 것이다.

해군은 당시 영흥도의 상황에 대해 "적은 여기에 정규 병력 약 30명 내외를 기간으로 하여 좌익 계열 청년들을 동원한 다음 M1, 99식, 칼빙, 38식 등 여러 가지의 소총으로 경무장을 갖추고 주로 내리 일구와 이구로부터 어성리 일대를 근거로 삼고 주둔 중이었다."고 판단했다. 중무장한 인민군 30명이 영흥도에 있었으며 이들의 지휘 아래 소총으로 경무장한 청년들이 활동하고 있다는 것이었다. 이들이 내1리와 내2리, 어성리 즉 외리 업벌 마을에서 활동을 했다면 이는 마치 영흥도 전체를 말하는 것과 다를 바 없었다.

그런데 이는 사실이 아니었다. 주민들 증언에 따르면, 당시 인민군은 대부도와 선재도에 주둔하고 있었을 뿐으로 영흥도에는 주둔하지 않고

제7장 "적" 없는 상륙 작전 369

> 적은 여기에 정규병력 약 30명 내외를 기간(基幹)으로 하여 좌익계열청년들을 동원한 다음 M1식, 99식, 칼빙, 38식 등 여러 가지의 소총으로 경(輕)무장을 갖추고 주로 內里 一구와 二구로부터 魚城里 일대를 근거로 삼고 주둔 중이었다. 德積島를 확보하는데 있어서 지상전투의 경험을 가진 우리 육전중대는 사기왕성하며 靈

『한국전쟁사』 제3권 644쪽. 이 책은 30여 명의 인민군이 주둔한 영흥도에는 마을 청년들 여럿이 소총으로 무장했다고 적었다. 그런데 영흥도에는 주둔한 인민군이 없었으며 청년들이 무장할 수 있는 소총도 없었다고 한다.

있었다. 이 사실은 인민군의 문서에서도 확인된다. 당시 경기 지역 경비를 담당했다는 인민군 107연대의 8월 21일자 전투 명령에는 다음과 같이 적혀 있었다.

> 적은 50. 8. 20. 6:00 영흥도, 대부도에 함포 사격 엄호 하에 미군과 국군 패잔병 약 1개 중대가 상륙하였으나 영흥도를 경비하는 내무원들과 의용군에 의하여 일부 역량이 소멸되었다. 계속 함포 사격을 가하면서 상륙을 기도하고 있다. …(중략)… 1개 중대는 대부도와 영흥도에 완강한 해안 방어를 조직할 것*

이 문서를 통해 당시 영흥도에 내무서원과 의용군이 경비하고 있었으며, 해군의 상륙작전 이후에 인민군 107연대 32대대 소속 1개 중대가 영흥도에 인접한 대부도에 배치되었음을 짐작할 수 있다.

여기서 말하는 의용군은 인민군 정규군에 소속된 군인이 아니라 내무서 활동을 지원하던 자위대원을 말할 것이다. 이는 영흥도에 인민군 정규군은 주둔하지 않았다는 주민들의 증언과 모순되지 않는다. 그런데 이 보고는 이후 "계속 상륙을 기도하고 있다"는 내용으로 보아 국군의 영흥도 상륙이 20일 종결된 사실을 모르고 있었음을 알 수 있다. 영흥도나 대

---

* 박명림, 『한국 1950 전쟁과 평화』, 나남출판, 2003, 405쪽.

해군 육전대가 상륙했던 영흥 십리포 모습. 인천상륙작전을 준비하던 클라크 첩보부대가 주둔했던 곳이지만 30여 명의 주민들이 학살당한 곳이기도 했다. 오른쪽 둔덕 위인 집단희생지 바로 옆에 "인천상륙작전 전초기지비"가 세워져 있다. 2018년 11월 13일 조사.

부도에 107연대 소속의 인민군이 없었으므로 정확한 정보를 얻을 수 없었기 때문일 것이다.

  해군 역시 인민군이 없었다는 사실을 모르지 않았을 것이지만 적의 점령지 주민들 역시 적의 일부라고 판단했던 모양이었다. 어성리 일대는 당시 서울시 인민위원장 이승엽의 고향으로 그의 동생 등 친인척이 살고 있었다.

민간인학살을 지상 전투라고 생각하다

덕적을 점령한 뒤 해군 육전대는 영흥도에 상륙할 부대를 새롭게 꾸렸다. 대이작도에 상륙할 9명과 덕적도에 남을 10여 명을 제외하니 덕적도에 상륙할 때보다 규모가 줄어 90명으로 구성되었다. 중대장은 덕적 상륙과 마찬가지로 장근섭 중위였다. 하지만 이번에는 영국 함정 케냐함에서 빌린 기관단총 30정으로 무장했다. 이제 육전대의 무기는 훨씬 강력해졌다. 덕적도와 달리 영흥도는 인민군이 주둔하던 대부도와 근접했으므로 저항이 더 강력할 것으로 짐작했던 모양이었다.

『한국전쟁사』는 "덕적도를 확보하는 데 있어서 지상 전투의 경험을 가진 우리 육전 중대는 사기왕성"했다고 서술했다. 덕적도는 물론 직전 영흥도에서 있었던 민간인학살을 "지상 전투의 경험"으로 인식하고 있음을 잘 보여준다.

영흥에 상륙 함정이 나타나다

20일 새벽 6시 해군 육전대가 상륙하기 전 함정에서 함포 사격을 가하려는 모습을 목격한 주민들은 근처 방공호나 집 아궁이로 숨었다. 문갑도와 덕적도의 피해에 대해 이미 소문이 돌았을 것이다. 당시 마을 근처에 있던 방공호는 겨울을 나기 위해 무우를 묻을 때처럼 만든 구덩이 위로 소나무 가지를 성기게 덮었으니 해군의 함포를 막아줄 것 같지 않았다고 했다. 당시 다섯 살이었던 내1리 임관순 구술인은 방공호에 어린이가 들어갈 자리가 없었으므로 언니와 함께 초가집의 아궁이에 숨어야 했다고 한다.

1950년 8월 20일 새벽 6시 함포 사격이 시작되었다. 주민들의 증언에 따르면 해군들의 함포 사격은 덕적도와 마찬가지로 주민들이 피신해 있을 만한 산등성이나 해안가 마을에 가해졌는데 『한국전쟁사』에는 덕적도와 달리 영흥도의 경우 함포 사격에 대한 설명이 전혀 없었다. 해군의 포격은 국사봉 중턱은 물론 주택가에도 피해를 입혔다.

내1리 주민 최 씨와 임 씨의 증언에 따르면, 상륙 해군 함정의 함포 사격으로 한 어린이가 목숨을 잃었다. 아궁이에서 포가 터지면서 모기장 안에서 잠을 자고 있던 정화 동생 임숙희가 발을 크게 다쳤다. 다친 아이를 해군 함정으로 데려가 치료했지만 출혈이 심해 목숨을 구하지 못했다. 임

씨는 같은 마을 화순 언니가 다리 잘린 아기를 업고 집에서 나오던 모습을 기억하고 있었다. 아이의 다리에서 피가 흘러내렸지만 폭격에 놀란 화순 언니는 이를 의식하지 못했다고 한다. 또 다른 주민 강 씨는 포탄이 떨어진 곳이 마치 고구마 알이 터진 것처럼 갈라져 있었다고 했다.

육전대의 영흥 상륙

해군 703함의 함포 사격 지원 아래 주력인 1소대와 2소대가 중대장의 지휘 아래 영흥도 내리 십리포에 상륙했으며 3소대는 내리 몽돌 해안에 상륙했다. 얼마 뒤 702함에서도 12명이 상륙하여 이미 상륙한 육전대의 활동을 지원했다.

『6·25전쟁과 한국해군작전』은 아군 상륙 중대가 "적의 큰 저항 없이 상륙"했다고 서술했다.(240쪽) 글쓴이는 이들의 저항이 없었다는 사실에 대해 아무런 의심을 품지 않고 있지만 조금 전까지 앞에서는 스스로 영흥도에 30명의 인민군 정규군과 이들을 돕는 청년들이 있었다고 주장했었다는 사실을 잊은 모양이었다. 진실은 인민군 정규군은커녕 경무장한 청년들도 없었으니 저항이 없었던 것은 당연했다.

십리포 해안에 상륙한 주력 부대와 몽돌 해안에 상륙한 부대는 내1리를 공격한 뒤 내3리를 향했다. 낮 11시 30분이었다. 이어 국사봉을 공격한 뒤 1소대는 남쪽 해안을 따라, 2소대와 3소대는 중부 내륙을 따라 이동하여 엄벌 마을을 공격했으며, 피란민들이 숨어있던 현 영흥초등학교 뒷산을 거쳐 태마당 뒷산까지 공격했다.

북쪽 몽돌 해안가로 상륙한 3소대는 동에서 서로 이동하면서 주민들의 거주지를 공격했으며 최종 도착지는 진두 선착장이었다. 당시 대부도에 주둔하던 인민군이 이동하여 있었던 선재도 포구를 견제하기 위한 것

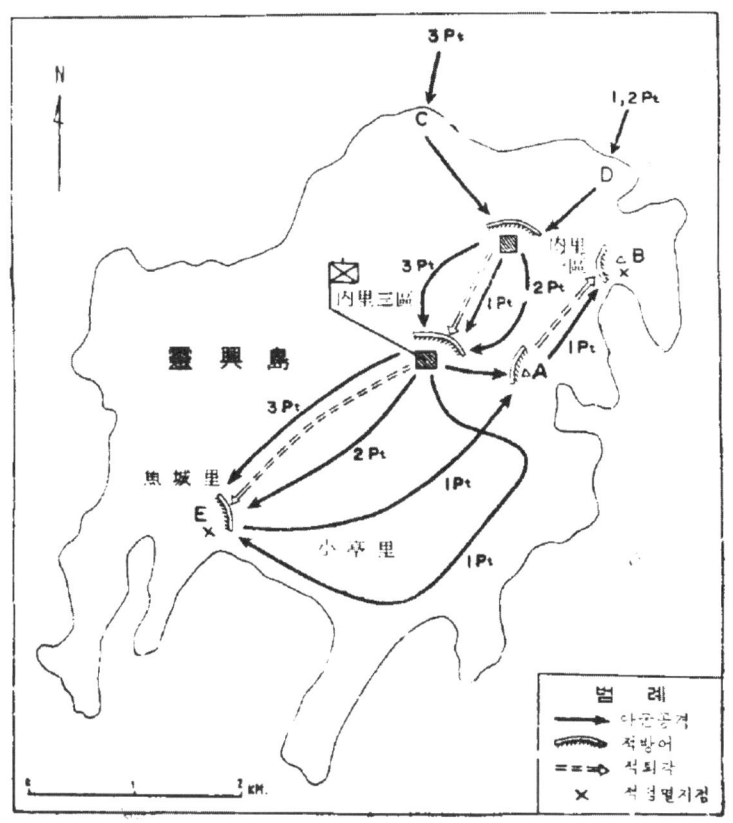

영흥도 작전에 대한 『한국전쟁사』의 설명은 토벌작전에 집중되어 있다. 함포 사격을 가한 함정들의 활동은 설명하지 않았다. 주민들을 죽음으로 몰아갔기 때문이었을 것이다.(출처, 국방부, 『한국전쟁사』 제1권, 645쪽)

으로 보였다.

  해군은 내3리에서 "적의 분주소에 감금되어 있던 아군의 육군 병사 4명을 구출시킨 다음 적 2명을 생포하고 어성리에 집결하고 있는 적을 공격차 진격하였다."로 적었다. 하지만 이는 사실과 전혀 달랐다. 당시 해군의 상륙을 목격한 청장년들은 아이들을 데리고 마을 뒷산인 국사봉으로, 산에 오르지 못한 노인과 어린 아이들은 집 아궁이나 마루 밑으로 숨어야 했다. 적지에 상륙한다고 생각한 해군에게는 주민들이 모두 적이었다. 집집마다 산골짜기마다 수색하여 청장년들을 끌어냈다.

주민들은 분주소에 감금되었다는 네 명의 육군 병사를 기억하지 못했다. 군인이었던 청년들이 피란와서 숨어 있다가 내무서원이나 자위대원에게 체포되었을 수 있지만 이 경우에는 누구를 말하는지 알 수 없었다. 해군이 말하는 생포된 2명의 적은 지역 주민들이었음이 분명했다.

702함으로부터 12명을 추가로 확보한 해군 육전대는 20일과 21일 이틀에 걸쳐 영흥도에서 토벌작전을 벌였고 그 결과 6명을 사살하고 33명의 포로를 체포했으며 각종 무기 28정과 탄약 1천여 발 등 전과를 냈다고 한다. 한편 해군 역시 4명이 전사하고 7명이 경상을 당했다고 했다. 포로 중에는 인민군 중위까지 있었다는데 당시 상황을 종합하면 이 주장은 터무니없어 보인다.

주민들 증언에 따르면 인민군도 없었고 무기도 없었다는데 해군 4명이 어떻게 전사할 수 있는지 의문이다. 육전대의 전사 사실에 대하여 『한국

해군 첩보부대인 "해양공사"가 주둔했던 옛 영흥국민학교. 리모델링되었지만 옛 모습을 그대로 간직하고 있다. 2018년 11월 23일 조사.

제7장 "적" 없는 상륙 작전　375

전쟁사』는 "내리 3구를 탈출한 약 20명의 적이 A고지(내리 국사봉)에 잠복하고 있다는 정보에 의하여 중대 지휘반과 제1소대는 이를 포위하고 육박하였으나 적은 B고지(태마당 뒷산)로 도망하는 것을 추격하여 한 농가에 숨어있는 것을 아군의 분대장 박동진 중사는 수류탄을 가지고 적과의 거리 3m까지 돌진하다가 적탄에 쓰러지고 이어 부분대장 이삼재 하사도 적에 돌진하다가 쓰러지고 말았으나 적은 아군의 집중사격으로 포로 2명과 수기의 시체를 남긴 채 해안선으로 도망하고 말았다."고 했다.

이와 관련하여 『6·25전쟁과 한국해군작전』에는 2010년 1월 오윤경 제독의 증언이라며 1소대원이었던 박동진 이등병조(지금의 하사) 등 2명이 선재도 방면에서 M1총을 들고 접근하던 적과 교전을 벌이다 전사했다고 소개했다.

무기가 없었던 피란민들이 어떻게 당시 육전대를 공격할 수 있었는지 알 수 없다. 위 서술로 봐서는 육전대원 2명이 전사한 것처럼 보이지만 당시 내리에서 군인이 사망할 정도의 교전이 있었다는 증언은 찾을 수 없었다.

당시 인민군이 주둔하지 않았으므로 해군을 공격할 수 있는 조직은 내무서였을 것인데 이와 관련되었을 것으로 보이는 내용이 지난 진실화해위원회의 조사보고서에 남아있다. 해군이 영흥도에 상륙하던 날 이승엽의 동생 이승태가 해군에게 총을 쏴 1명이 사망했다고 하는데 해군은 이승태를 끌고 가 총살했으며, 3일 뒤 이승태 집에 불을 질렀고 이를 피해 밖으로 나온 딸 둘을 함대로 끌고 갔다. 두 딸의 시신은 십리포 해안에서 발견되어 주민들이 수습했다고 한다.

이와 별개로 이승태의 죽음으로 보이는 증언이 있다. 당시 작전 사령관이었던 해군 중령 이희정의 것이다. 그는 "영흥도에서 잡은 포로와 부역자들을 당시 배에 태우니 승조원보다 많아 폭동이라도 날까 봐 언청이 인민위원장을 시범으로 처치했다."라고 했다. 여기서 말하는 언청이 인민위원장이 이승태를 말하는데 영흥면 인민위원장이었던 그의 코가 약간 찌그러져서 언청이라는 별명이 있었다.

그런데 이 증언은 이승태가 해군 1명을 총으로 쏘아 죽였다는 주장과 모순된다. 만약 그가 해군을 총으로 쏘아 죽였다면 분명히 그는 그 자리에서 사살당했을 것이기 때문이다. 이승태를 비롯해 배에 태워진 사람들은 영흥면 사무소 창고에 감금되어 고문을 당하다가 선별되어 끌려나온 사람들이었다. 당시 영흥면사무소는 영흥국민학교 운동장 입구 부근에 있었는데 현재는 공터로 남아있다.

영흥의 X-Ray 작전

해군이 덕적도에 이어 자월도와 영흥도까지 진입하자 정보 부대 "해양공

십리포 집단희생지 옆에 "인천상륙작전전초기지비"가 세워졌다. 학살을 기억하자는 주민들의 뜻이 담겨있었던 것일까? 2018년 11월 13일 조사.

사"의 "X-Ray작전"이 시작됐다. 8월 24일 해군 육전대는 한봉규 병조장을 책임자로 하여 LST-단양호의 목포경비부 대원이 주축인 20여 명의 경비원을 남기고 8월 24일 702함으로 복귀했다고 한다. 이어 해군 정보부대인 "해양공사"가 영흥도에 상륙했다. 이들이 벌일 X-Ray 작전은 인천상륙작전을 준비하기 위한 정보수집이 목표였다.

지난 8월 12일 미 극동군사령부의 명령에서 시작된 이 작전은 손원일 해군총참모장, 8월 13일 정보국장 함명수 소령을 거쳐 구성되기 시작했으며 8월 16일 함명수를 첩보대장으로 하여 모두 17명으로 구성되었다. 이들은 8월 18일 어선을 타고 부산에서 출발하여 덕적도를 거쳐 8월 24일 새벽 1시 30분 십리포 해안에 상륙했다. 이들의 주둔지는 지금 서울시 향교재단 연수원이 있는 옛 영흥국민학교 교실이었다. 주민들은 해군 첩보부대 "해양공사"를 기억했다.

해군과 해군 정보 부대가 영흥도에 상륙하자 이번에는 미 극동군사령부 정보국 소속의 클라크(E. F. Clark) 대위를 대장으로 혼(F. C. Horn) 소령, 포스터(John Foster) 중위, 계인주 대령, 연정 중령과 20여명의 켈로대원으로 구성된 한미 정보 부대가 8월 26일 정보 수집 임무를 부여받고 8월 31일 영국 구축함을 타고 일본 사세보항을 출발했으며 서해에서 해군 703함에 옮겨 탄 뒤 9월 1일 오후에 십리포에 상륙했다. 이들의 주둔지는 십리포 앞바다였다.

해군과 국민방위대원들의 죽음

그런데 해군은 이(㈜) 작전과 X-Ray 작전 과정에서 4명이 전사했고 7명이 경상을 당했다고 주장하고 있다. 전투가 없었는데 어떻게 전사자가 생겼을까? 해군 영흥도 전적비에는 중위 임병래, 일등병조 박동진, 이등병

정보 부대에 동원되었던 내리 강태원 구술인은 주민들이 십리포 해안 구덩이에서 총살당하던 모습을 목격했다. 지금은 햇빛을 피하는 시설이 되었다. 2018년 11월 23일 조사.

조 홍시욱, 이삼재, 삼등병조 김재경, 홍희표, 탁형각, 김용주 등 8명의 해군과 강태원, 강대원, 박준석, 김상식, 김성옥, 노재후 등 6명의 대한청년단 방위대원이 전사한 것으로 기록되어 있다.

해군 중 임병래, 홍시욱은 1950년 9월 14일 영흥도에 진입한 인민군과 전투 중 자살했다고 하며, 나머지 영흥 청년 6명은 이들 해군을 도와 경비를 서던 중 같은 날 인민군에게 사살당했다고 한다. 이들 마을 청년들이 갖고 있던 무기라고는 나무 방망이에 불과한 목총뿐이었다.

이날의 사건에 대해 굴든은 "인천 공략이 시작되기 전날 밤 클라크와 그 일행은 살며시 영흥도를 빠져 나와 팔미도로 갔다. 영흥도에서는 클라크 부대가 빠져나가자마자 인민군이 들어와 클라크 부대를 도왔던 한국 청년 50여 명을 한 줄로 세워 놓고 모두 총살했다."라고 했다. 마치 클라크 일행이 팔미도로 떠난 뒤 인민군이 공격한 것처럼 서술했지만 실제 목격한 주민들의 증언을 통해 선재도의 인민군이 영흥도에 진입한 시간은 밤

또 다른 집단희생지인 육골 순태재 계곡이 집 뒤편에 있었다. 2018년 11월 23일 조사.

이 아니라 아침이었던 것으로 확인되었다. 영흥에 들어왔던 인민군은 그날로 빠져나갔다고 하니 클라크 부대 일행이 영흥을 떠나고 인민군이 들어온 것이 아니라 영흥 진두 부두에 진입하는 인민군의 모습을 보고 클라크 일행이 팔미도로 피신했다고 보는 것이 합리적이다.

위 굴든에 따르면, 클라크는 9월 11일 팔미도 등대를 답사했고 이를 안내등으로 쓸 것인지 맥아더 사령부에 문의했고 그러겠다는 답이 오자 불을 켜 놓았던 것이라고 했다. 이때가 되면 이미 미 해군 함재기의 월미도 폭격이 시작되었고 영흥도 앞바다에는 많은 군함이 공격을 기다리고 있는 상태였다.

해군이 영흥에 상륙한 뒤 해군 정보대에서 학도병으로 활동한 내1리 주민 최 씨는 9월 14일 날이 밝으면서 빨치산이 들어오자 "이거 틀렸다. 내빼자"며 해군들이 먼저 도망가기 시작했고 자신은 활동 내용이 기록된 서류를 들고 해군들과 함께 덕적도와 자월도로 피신했다가 9월 28일 이후 돌아왔다고 했다.

8월 16일 문갑도에서 시작된 이(☆) 작전은 해군 육전대가 영흥을 떠나 함정으로 복귀하는 8월 24일 끝났던 것이고, 8월 13일 시작된 X-Ray 작전은 인민군의 영흥도 공격에 의해 해군 첩보부대와 클라크 첩보부대가 섬을 빠져나간 9월 14일 모두 끝이 났던 것이다.

민간인학살은 첩보 활동이 아니다

해군 정보 부대인 "해양공사"와 미 극동군 정보부대인 "클라크부대"의 첩보활동 뒤에는 영흥도 주민들의 죽음이 가려져 있었다. 진실화해위원회의 조사는 물론 주민 면담을 통해서 당시 해군 육전대와 해군 첩보대 등에 의해 총살당한 주민들의 실체가 확인되었다.

해군 육전대는 상륙 즉시 부역자라며 주민들을 연행하여 내리 영흥국민학교에 감금했으며 면사무소에서 조사한 뒤 해군 첩보대로 넘겼다. 해군 첩보대는 덕적도나 거제도로 이송한다면서 끌고 나가 총살했다. 목격 증언에 따르면 영흥도에서 희생된 주민의 수는 100명을 넘는다.

해군의 영흥 상륙 후 해군 첩보대 지원 활동에 참여했던 최 씨는 십리포 해수욕장 수문 끝에서 해군이 민간인 7~8명을 총살하는 모습을 직접 목격했다. 희생자들은 처음 보는 사람들이어서 영흥 사람이 아니라 수원 쪽 사람일 것이라고 생각했다고 한다. 해군은 해변에 둥그렇게 판 모래사장에서 주민들을 앉힌 뒤 총을 쏘아 살해했다. 총살자 중 최 씨가 이름을 알고 있는 해군은 홍만수였다. 홍만수는 화성 사람으로 경찰이 없는 동안 영흥의 치안을 담당했던 것이라고 했다.

내1리 김 씨와 최 씨는 아군이 수복한 후 인민군을 도왔다면서 주민들을 살해한 사실이 있다고 했다. 주민들이 알고 있는 사건 장소는 진여뿌리 가기 전 십리포 해안 중간 즈음이었다. 내1리 주민들은 희생자의 이름

해군영흥도전적비. 십리포 해안에 세우려 했으나 주민들이 협조하지 않아 영흥 면사무소 앞에 세워졌다고 한다. 2018년 11월 13일 조사.

을 기억하지 못했지만 가족 관계나 당시 직업 등은 알고 있었다. 이들은 당시 희생된 주민들로 병태 아버지, 천황동 도리 모는 사람, 성만 오빠네 작은 아버지, 영흥초등학교 교장 부부, 성곤이 아버지, 이승엽의 일가족 등이 십리포 해안과 새꼴 고랑 등에서 학살당했다고 했다. 교장 부부의 유골은 후손들이 발굴하여 수습했다. 당시 영흥초등학교 소사로 있었던 강태원 구술인은 당시 교장의 이름이 박재홍이라고 기억했다.

강 씨는 면사무소 뒤에 육골로 넘어가는 고개 순태재에서 일곱 명이 희생되었다는 사실을 추가로 증언했다. 희생자들은 면사무소 창고에 갇혔던 주민들이었고 가해자는 해군이었다. 면사무소에 주둔하고 있던 해군들이 인민군에게 협력했다고 판단한 주민들을 창고에 가두어두었다가 마을 사람들에게 육골 고개에 구덩이를 파게 한 뒤 여기에 이들을 몰아넣고 총살해서 죽인 것이었다.

진실화해위원회는 영흥도에서 23명의 희생자 신원을 확인했다. 진실규명 결정된 희생자는 이화선, 이승화, 백덕환, 이승태, 이일수, 이정희,

이영희, 이종선, 이경택, 이정숙, 이정옥, 박재봉, 이영례, 박윤옥, 장경도, 최학수, 최학수 동생, 박준영, 오재미, 김정섭, 김동진, 임병선, 임성배였다.

　가해자에 대해서는 "1950년 8월 18일부터 9월 30일 사이에 덕적도, 영흥도에 상륙했던 해군 육전대와 해군 첩보대에 의해 군의 이동 경로 및 주둔지에서 비무장 민간인들이 희생되었음을 확인하였다. 당시 작전에 참여했던 해군 선○○, 강○○은 "극동군사령부의 명령을 받은 해군 육전대 기지대장이 각 도서의 부역자를 정리한 후 해군 G-2가 정보를 수집하기 위해 해당 도서로 들어갔으며, 도내 안전이 확보된 후 미군 정보 부대 요원 클라크 대위가 영흥도에 들어왔다."라고 하였다. 당시 작전의 총괄 책임자는 이희정 중령이었다.

영흥에 "인민군은 없었다"

진실화해위원회의 보고서 내용에 따르면 이희정 중령은 평남 용곡 출신으로 일본군 보병으로 근무했다. 1946년 3월 3일 입대하여 1949년 5월 1일부터 1950년 10월 1일까지 해군 작전국에서 근무했다. 1950년 10월 1일 인천경비대 사령관, 1951년 1월 20일부터 같은 해 4월 1일까지 백령도 주둔대장이었고, 함대사령부 훈련지휘관으로 있다가 1961년 3월 27일 해군 소장으로 예편했다.

　영흥도에서 벌어진 작전에 대해 그는 "당시 덕적도와 영흥도에 올라가보니 북한 공산군은 없고 내무서원만 있었다."며 영흥도에 상륙했을 때 주민들이 악질 부역자들을 잡아다 인계했고 영흥도에서 잡은 주민들을 모두 실어 거제 수용소까지 이송했다고 주장했다. 당시 배에서 폭동이 날까봐 언청이 인민위원장을 시범으로 총살했다고 증언했다.* 증언들에 따르면 여기서 말하는 "거제 수용소 이송"은 인천 앞바다 수장을 의미했으니 함장조차도 민간인학살 범죄 은폐를 당연하게 여기고 있었음이 드러난다.

『한국전쟁사』는 죽음도 억울한데 죽은 이들은 아군에 의해 사살된 "적"으로 왜곡했다. 이 중령이나 주민들 증언을 종합하면 당시 영흥도에도 주둔하던 인민군은 없었음이 확인된다. 영흥도 상륙 작전의 총괄책임자였던 이희정 중령도 인민군이 없었다는 사실을 인정했다. 증언자들은 내무서 근무자들과 주민들로 구성된 자위대의 활동은 있었지만 무장은 거의 없었다고 했다.

이상을 종합하면 덕적군도나 자월도 등에서와 마찬가지로 영흥도에서도 사살당했다는 6명이나 포로 33명은 인민군이 아니라 마을 주민들이었음을 알 수 있다. 해군이 획득했다는 각종 무기 28정과 탄약 1천여 발은 학살을 합리화하기 위한 거짓이다.

수많은 주민들의 죽음에도 불구하고 영흥도는 여전히 전쟁만을 기억하는 섬으로 남아있다. 이제라도 영흥도 민간인들의 억울한 죽음을 기억해야 한다.

---

* 출처. 진실화해위원회, 『2010년 상반기 조사보고서』 제3권 , 2010, 517쪽.

민간인 거주지만 폭격한 전투

_1950년 9월 10일 월미도

인천상륙작전 직전인 1950년 9월 10일 미 함재기들이 월미도를 폭격했다.* 무슨 이유 때문이었는지 인천상륙작전을 위한 폭격이었다고 하면서도 민간인 거주 지역에만 폭격이 집중되어 주민들만 희생되었다. 이날의 폭격으로 피해를 입은 인민군은 없었다고 한다. 그런데 전투 관련 문헌에는 상륙작전을 위한 폭격은 9월 12일부터 있었다고 기록되어 있을 뿐, 10일 폭격에 대해서는 다루지 않고 있다.

400명의 인민군 규모가 1,000명이 되다

폭격 당시 월미도에 거주하는 인구는 모두 1천여 명이었다. 월미도를 점령한 인민군 400명은 서쪽에 요새를 구축했으며 주민을 포함한 민간인 600명은 모두 동쪽에 거주하고 있었다. 그런데 이러한 사실을 쉽게 알고 있었을 미군 산하 정보기관들은 서로 다르게 보고하고 있었다고 한다.

---

* 국방부 군사편찬위원회, 『한국전쟁사』 제3권, 658~659쪽.

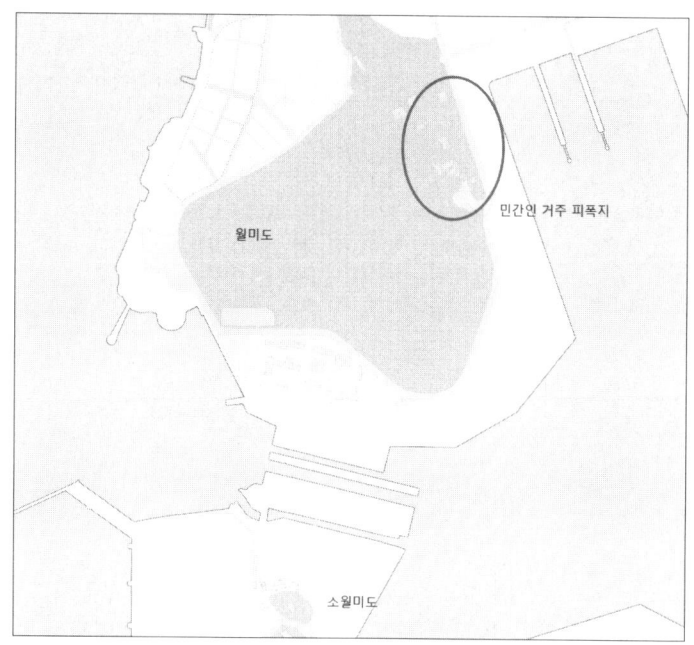

월미도 거주 주민들이 피해를 입은 곳이 지금은 월미전통정원이 되었다.

클라크 첩보부대는 맥아더 사령부에게 월미도에 주둔한 인민군은 1천 명이라고 보고했다. 반면 해군 첩보대(대장 함명수 소령)는 400명으로 보고했다.*

경인지역에 대한 인민군 측의 지원을 막기 위한 미군의 작전은 9월 4일부터 시작되었다. 인천을 중심으로 50km이내의 도로와 다리, 터널 등은 모두 파괴하는 것이 목표였다. 미군은 9월 9일부터 B-29를 동원하여 도로와 교량, 철도를 폭격했다. 702함장 이희정 중령 증언에 따르면 같은 날 유엔군 구축함 6척이 인천수로로 들어가서 월미도를 공격하기도 했다.** 인천상륙작전 전날에도 4척의 미 구축함이 함포 사격을 가하다가 인

---

* 강변구, 『그 섬이 들려준 평화 이야기』, 242쪽.
** 국방부 군사편찬위원회, 앞의 책, 675쪽.

> 9월 10일 해병대의 전투기들은 月尾島를 공격하였는데 VMF(해병비행대대)—323의 6대와 VMF—214의 8대가 이 공격을 담당하게 되고 12일부터는 제77기동함대의 해군기들이 月尾島를 공격하였고 제90.6기동함대는 힉긴스(Higgins)소장의 지휘 하에 13일 07.00 목표에 도착하여 月尾島전방 800야드까지 진격하여 정박하였다.

『한국전쟁사』 제3권 659쪽. 9월 10일 월미도 폭격 사실이 확인된다. 전쟁사가들은 월미도 폭격을 설명하면서 9월 10일 폭격을 제외했다.

민군 진지로부터 포격을 받기도 했다. 9월 10일의 월미도 폭격 이전에는 민간인이 거주하는 동쪽 지역에는 공격이 없었다고 한다.

라주바예프 보고서에 따르면 "월미도에는 독립육전연대 예하 2개 중대" 등이 방어 임무를 수행하고 있었다.* 2개 중대라면 2백 명에서 3백 명을 의미한다.

민간인만을 공격하다

9월 10일 미 해병대의 전투기들이 월미도의 민간인 거주 지역만 공격하였다. 이날의 공격에 대해 『한국전쟁사』는 해병비행대대인 VMF-323 6대, VMF-214 8대 등 모두 14대의 전투기가 가담했다고 했다.

1950년 9월 10일 새벽 6시 항공모함 시실리호에서 이륙한 콜세르 폭격기 8대와 항공모함 바딩 스트레이트에서 이륙한 같은 기종 폭격기 6대가 편대를 이루어 월미도 동쪽 지역을 집중 폭격했다. 폭격은 3차에 걸쳐 이루어졌다. 6시 14대, 7시 15대, 8시 8대(239쪽) 95발의 네이팜 탄이 투하되었고 100여 명이 사망한 것으로 추정되고 있다.(강변구, 앞의 책, 245쪽)

이날의 폭격은 이전과 이후의 폭격과 성격이 달랐다. 1950년 9월 10일 미 해병대 소속의 전투기들이 인천상륙작전을 앞두고 월미도 지역을 무력화시킬 목적이라면서 민간인 주거 지역임을 알았음에도 동쪽에 3차

* 라주바예프, 앞의 책 제1권, 228쪽.

월미공원 전통 정원에서 제69주기 월미도 위령제가 열리고 있다. 이곳에서부터 그 뒤로 당시 주민들이 거주하던 곳이었다. 2019년 9월 8일 조사.

레의 무차별 폭격을 가했다. 이로 인해 100여 명의 주민들이 사망했는데, 피해자 중에는 폭격을 피하기 어려웠던 여성과 어린이가 많았다. 가옥은 기둥 하나 남김없이 모두 불에 타 사라졌지만 이 폭격으로 인민군들이 피해를 입은 사실은 확인되지 않는다.

10일 폭격은 무엇이었을까?

태풍 때문인지 아니면 원래 계획 때문인지 다음 날인 11일에는 폭격이 없었다. 하지만 12일과 13일에는 폭격이 계속되었다. 이제부터는 인민군 주거 지역과 민간인 주거 지역을 구분하지 않는 폭격이었다. 13일에는 인민군 요새에 대한 함포 사격으로 요새에 있던 인민군 400명 중 100명이 사망했다고 한다.

이에 대해 이북 역사학자 허종호는 "9월 10일부터는 준비 폭격과 함포 사격을 집중적으로 퍼부었다."라고 하면서도 "가렬 처절하기로 세계전쟁력사에서 그 류례가 드문 월미도에서의 격전은 9월 13일부터 벌어졌

당시 폭격을 당했던 주민들 거주 지역은 전통체험마을로 조성되어 초가집과 기와집이 새로 지어졌다. 2019년 9월 8일 조사.

다."라고 했다. 폭격이 9월 10일 시작된 것을 확인하면서도 미군과 인민군의 월미도 격전은 9월 13일부터 시작되었다고 구분하고 있는 것이다.

한편 월미도 폭격이 9월 12일부터 계획되었다는 주장이 있다. 미 7합동기동함대 사령관 스트러블(Struble) 중장은 9월 12일부터 월미도 공격을 계획하고 진행했다고 한다. 12일에는 네이팜탄으로 공격하고 13일과 14일에도 계속 폭격을 가했다는 것으로 정작 본격적인 월미도 공격은 9월 12일부터 진행되었다는 설명이다.

인천상륙작전에 대해 굴든 역시 9월 13일부터 월미도 폭격이 시작된 것으로 설명했다. 그는 "인천 공격 2일 전(9월 13일이다)에는 상황이 급변했다. 해병대의 콜세르 전폭기들이 콘테이너에 네이팜탄 95,000파운드를 싣고 월미도 상공에 나타나 뜨거운 불로 월미도를 초토화했다."라고 했다.

이상의 주장을 종합해 본다면, 민간인 거주 지역만을 대상으로 삼았던 9월 10일의 폭격은 인천상륙작전과 관련이 없었다고 볼 수 있다. 본격적인 상륙작전을 앞두고 민간인이 입게 될 "부수적 피해"에 대한 책임을 원천적으로 없애기 위한 것이었을까?

적군 없는 전투가 남해안에서도 벌어지다

_1950년 8월 1일~9월 20일 완도

완도군 청산도 등에 주둔했던 완도경찰서, 장흥경찰서 등 전남경찰부대가 1950년 8월 1일 조직을 정비하고 8월 5일 강진경찰서의 장흥 마량 공격을 시작으로 9월 20일까지 완도, 장흥, 강진 등을 공격했다.*

경찰부대는 인민군복을 입고 주민들을 기만하기도 했는데 당시 섬에 주둔하던 인민군이 없었으니 경찰부대가 말하는 적은 주민들을 말하는 것에 다름 아니었을 것이다.

해안지역이 전선이 되다

국방부가 지연전투 시기라고 부른 1950년 7월부터 9월까지 육지는 인민군이 점령했더라도 바다는 유엔군이 장악하고 있었으므로 그 사이에 있던 서해안과 남해안의 섬들이 곧 전선이 되었다.

1950년 7월 19일 군산을 점령한 인민군 6사단 13연대가 서해와 남해

---

* 국방부 군사편찬위원회, 『한국전쟁사』 제2권, 950~952쪽.

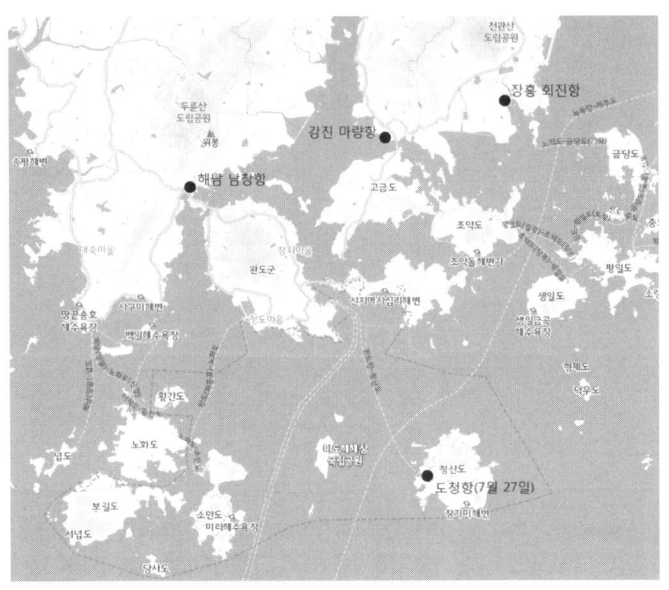

7월 말 인민군은 해남 남창, 강진 마량, 장흥 회진까지 진입했지만 완도군 일대에는 미치지 못했다.

의 해안 지역을 순차적으로 점령하자 전남경찰 일부는 순천을 거쳐 7월 25일 여수, 7월 26일 부산으로 후퇴했으나 서남부 지역 경찰은 부산으로 향하는 후퇴로가 막힘에 따라 서남해의 도서 지역으로 후퇴한 뒤 게릴라전을 한다며 인민군 점령지를 공격했다. 하지만 두 전투 세력 사이에서 죽어가는 사람들은 그 지역 주민들이었다.

1950년 7월 25일부터 29일 사이 후퇴하던 나주경찰서와 완도경찰서 경찰이 전남 해남, 완도 등에서 인민군이라고 기만하면서 지역 주민을 학살한 "나주경찰부대사건"이 발생했다. 특히 완도 청산면에서는 7월 27일 청산면 도청항에 상륙한 7~8명의 경찰은 인민군이 오는 줄 알고 항구에 모여 있던 주민들에게 총을 무차별로 난사했으며 항구에 모인 주민들을 청산국민학교로 집합시킨 뒤 30여 명의 청년들을 체포한 뒤 완도읍 방면으로 가다가 바다에 모두 빠뜨려 살해했다. 이는 국민보도연맹사건으로 경찰에게 생긴 적개심을 역으로 이용한 참혹한 악마적 사건이었다.

> 이어서 8일 07.00에는 長興署部隊에서 40명의 精銳隊員으로 海上特攻隊를 편성하여 金塘島(長興 東南쪽 32km) 부근에서 敵船舶 1척을 격침시켰으며, 10일 11.00에는 冠山支署(長興 南쪽 16km)에 기습상륙하여 敵 8명을 사살하고 良民 5명을 구출하였으며 쌍안경 1점을 노획하였다.

『한국전쟁사』 제2권 951쪽. 작전 구역의 선박은 적의 것으로 보고 공격했다고 하니 여기서 말하는 격침당한 1척의 적 선박이나 사살당한 8명의 적은 주민들이거나 어선일 수 있었다.

이어 8월 1일부터는 장흥경찰서 서장 심재순 총경이 전남경찰을 총 지휘하였다. 그는 아침 7시 완도에서 작전회의를 열고 완도를 중심으로 부근 도서를 방어한다는 결정을 내렸다. 당시 완도에는 200명의 완도경찰서(서장 김두천 경감) 경찰관들과 100명의 청년단원이 있었고 여기에 나주와 화순, 영암, 무안, 강진경찰서에서 후퇴한 경찰관들이 후퇴해 있었다. 이 회의에서 완도경찰서부대 300명, 나주경찰서부대 270명, 화순경찰서부대 60명을 완도와 청산도에 배치하여 지휘부 방어와 각 도서 방어의 임무를 맡겼으며, 강진경찰서부대와 장흥경찰서부대는 이전처럼 인민군의 동태를 파악하기로 결정했다. 영광경찰서부대 40명, 무안경찰서부대 90명은 부산으로 후퇴시켰다.

완도군으로 진입하는 바닷길인 해남 북평면 남창항, 강진 마량면 마량항, 장흥 회진면 회진항에는 인민군이 주둔하면서 이들 경찰부대와 전투가 벌어졌다고 하니 이 지역이 곧 전선이 되었다고 볼 수 있었다. 과연 이들 항구에 인민군이 주둔하고 있었는지 확인해야 한다.

완도군 곳곳에서 활동하던 이들 경찰부대가 완도 청산도와 여수 거문도로 후퇴한 날은 9월 14일이었다. 이날 해남 북평면 남창항에서 배를 타고 진입한 인민군이 완도읍에 진주했으며 같은 날 장흥군에 있던 인민군이 약산면에, 다음날 강진군의 인민군이 고금면에 진주했다. 이들은 9월 30일 후퇴했다.

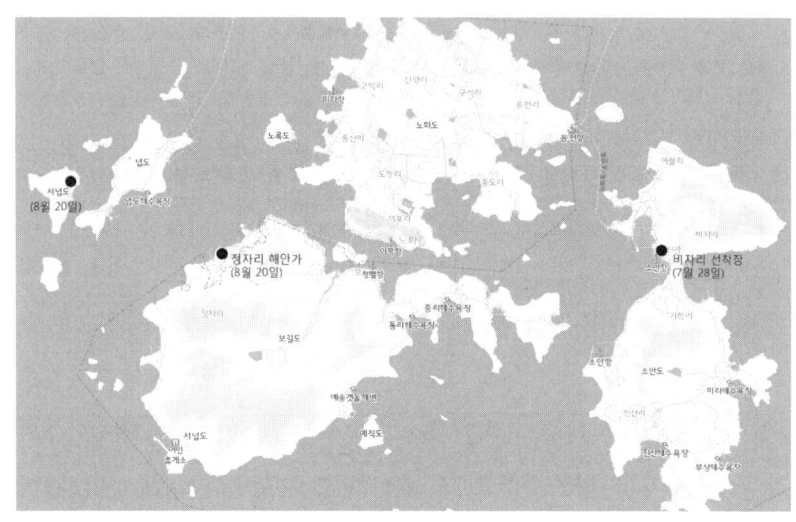

노화, 소안, 보길에서 확인된 민간인학살사건 발생지

전투인가 학살인가

『한국전쟁사』에 따라 완도에서 벌어진 전남경찰부대의 전투 활동을 정리할 수 있는데 여기에는 전투의 대상으로 단지 "적"을 사살했다고 표현하는데 그치고 있어 그 "적"이 인민군인지 민간인인지 분명히 서술하지 않고 있다. 진실화해위원회의 완도 지역 민간인 집단희생사건 보고서에 따르면 전투라고 주장하는 지역 대부분에서 민간인학살 사실이 확인되고 있다. 비슷한 시기에 벌어진 전투와 민간인학살사건을 비교하여 정리할 수 있다.*

인민군이 완도와 고금도, 약산면에 진입한 날이 9월 14일이었다면 이는 그 전까지 완도 등에 인민군이 주둔하지 않았다는 것을 알 수 있다. 인민군이 진입한 9월 14일부터 30일 사이를 벗어난 시기에 이들 지역에서 벌어졌다는 전투는 민간인학살사건일 가능성을 의심해야 한다.

* 진실화해위원회, 「완도군 민간인 희생사건」, 『2009년 상반기 조사보고서』 제3권, 567~635쪽.

노화면, 소안면, 보길면

『한국전쟁사』를 통해 노화면, 소안면, 보길면에서 발생한 전투를 정리할 수 있다. 8월 7일 노화도에 인민군 50명이 침입하자 장흥경찰서부대 180명이 노화도, 소안도, 보길도에 상륙하여 10명을 사살하고 납치된 330명을 구출하여 50명을 청산도에, 나머지를 완도에 소개했다고 한다. 그런데 노화도나 소화도, 보길도는 해남 아래 쪽에 있지만 당시 인민군이 진입하지 못했던 완도보다 남쪽으로 멀리 떨어져 있다. 여기서 말하는 "인민군 50명"이 주민들을 말할 수 있다.

진실화해위원회는 같은 시기에 이 섬들에서 발생한 민간인학살사건을 조사했다.

소안면 소안도 비자리에서는 7월 28일 비자리 선착장에 경찰 10여 명이 상륙하자 놀란 주민들이 마을 뒷산으로 도망쳤다. 경찰은 주민들을 쫓아가면서 사살했다.

노화면 서넙도에서는 8월 20일 경찰병력이 총을 쏘면서 진입하자 이에 놀란 주민들이 동네 야산으로 피신했다. 경찰은 3일간 서넙도를 수색했는데 8월 23일 경찰은 하산한 주민들과 집에서 불려 나온 주민들 중 8명을 학살했다. 같은 시기에 이렇게 희생된 노화읍 주민들은 30여 명에 달했다.

보길면 보길도 정자리에서는 9월 10일 오전 10시 경찰 10여 명이 마을에 진입하여 주민들을 마을 입구로 집합시킨 뒤 4명을 정자리 앞 해안가로 끌고 가서 주민들이 보는 앞에서 사살하였다.

조사보고서에 당시 노화도, 보길도, 소안도에 인민군이 주둔했다는 흔적은 어디에도 남아있지 않았다.

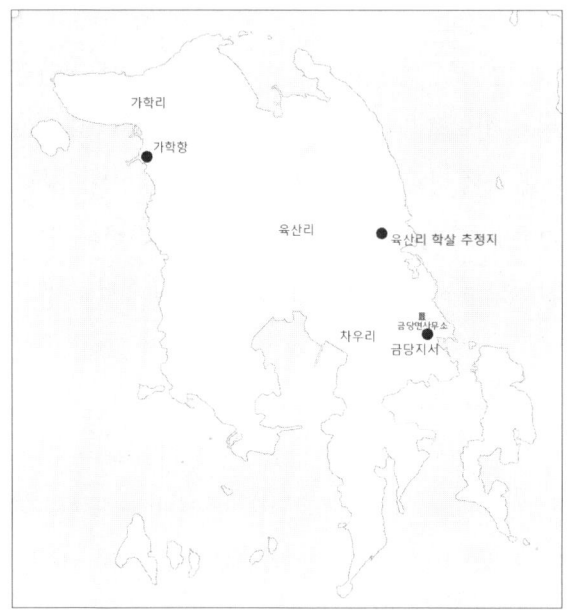

금당면 사건 발생지

금당면

『한국전쟁사』는 금당면에서 8월 8일 아침 7시 장흥경찰서부대원 40명으로 구성된 해상특공대가 금당도 부근에서 선박 1척을 격침시켰으며, 8월 15일에는 금당도를 다시 공격하여 5명을 사살했다고 서술했다. 하지만 진실화해위원회의 조사는 같은 시기 민간인학살 피해 사실을 보고했다.

금당면에서는 차우리 금당지서에 갇혔던 주민들이 8월 16일과 9월 1일 육산리 야산에서 경찰에게 총살당했다. 9월 6일 아침에는 인민군으로 위장한 경찰 50여 명이 장흥군 회진 항에서 금당면 가학항으로 상륙하였다. 놀란 가학리 주민들은 인민군이 상륙한 줄 알고 마을 뒷산과 바다쪽으로 도망쳤는데 바닷가로 피신하던 주민이 총살당했다. 가학리 주민들을 쫓던 경찰이 금당면 육산리에 도착하자 총소리에 놀란 육산리 청년들도 가학리 주민처럼 울포 금당지서가 있는 쪽으로 도망쳤다. 경찰은 이들을 계속 추격했다. 금당면 차우리에서 3명을 사살했다. 증언에 따르면, 당시 경찰은 "우리는 인민군이다. 놀라지 마라!"고 했다 한다.

이 조사결과 중 인민군으로 위장한 경찰을 보고 도망쳤다는 내용으로 보아 9월 6일까지도 금당면에는 인민군이 진입하지 않았음을 짐작할 수 있다. 이로 보아 『한국전쟁사』가 말하는 8월 8일, 8월 15일 공격의 피살자들은 인민군이라고 볼 수 없다.

금일읍 등

『한국전쟁사』는 금일읍에서 8월 18일 인민군 90명이 점령한 평일도를 공격하여 탈환했으며 같은 날 소도를 습격하여 3명을 사살했다고 했다. 하지만 진실화해위원회 조사에 따르면, 금일읍에서는 8월 15일 평일도 척치리 마을에 경찰 5명이 총을 쏘며 진입하자 이에 놀란 주민들이 산으로 도망갔으나 내려온 직후 경찰에 체포되어 마을 앞에서 총살당한 사실이 조사되었다.

이외에 진실화해위원회에서 조사한 사건을 간단히 정리하면 다음과 같다.*

- 완도읍에 가까운 섬인 신지도(신지면)에서 8월 18일과 31일 월양리 주민들이, 9월 12일 동고리 주민이 경찰에게 끌려가 독구재 등에서 사살당했다.
- 9월 2일 고금면 세동리 주민이 경찰에게 연행된 후 행방불명되었다.
- 강진 마량면의 인민군과 대치해 있던 약산면 조약도에서 7월 28일 주민들이 경찰에 의해 장용리 약산중학교 뒷산 등에서 총살당했다. 8월

---

* 진실화해위원회, 「완도군 민간인 희생사건」, 『2009년 상반기 조사보고서』 제3권, 564~635쪽.

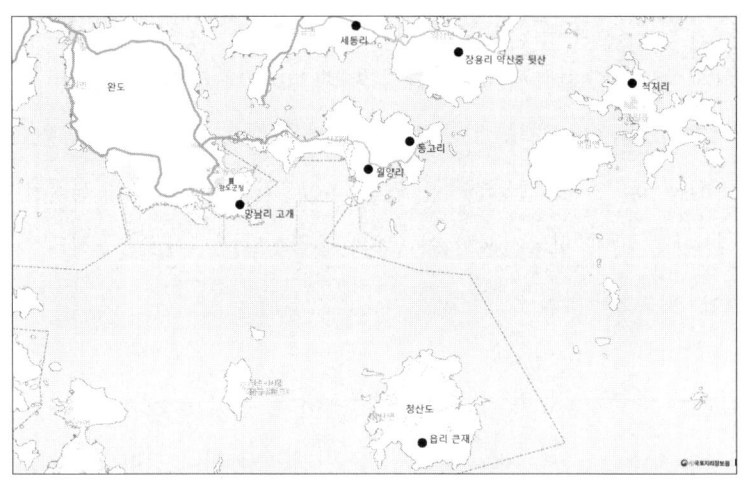
완도읍, 청산도, 금일읍 등 주민희생지

12일에는 지서에 감금되었던 주민이 사살당했으며 8월 중순에는 득암리에 진입하여 주민들을 색출하던 경찰에 의해 끌려간 주민이 고금면 초완도 인근 해상에서 총살당했다.

- 청산면에서는 9월 13일과 15일 청산지서로 끌려가던 주민들이 읍리 뒤편 큰재 등에서 사살되었다. 9월 15일에는 청산면 주민 10명이 추자도 대서리 공동묘지에서 총살당했다.
- 경찰이 주둔했던 완도읍에서는 전투와 무관하게 주민들이 끌려가 총살당하는 일이 발생했다. 8월 4일, 8월 17일, 8월 21일, 8월 29일경 완도읍 망남리 고개 등에서도 민간인학살사건이 발생했다. 완도경찰서로 연행되었던 죽청리 주민들은 인민군이 완도를 점령하기 며칠 전인 9월 3일 완도읍 군내리의 망남리 마을에서 총살당했다. 9월 10일에는 완도읍 죽청리 야산에서 5명이 총살당했다.

한편 『한국전쟁사』를 통해 민간인학살로 의심되는 사건들을 정리하면 다음과 같다.

- 9월 15일 새벽 5시 남면도에 주둔하던 영암경찰서부대는 100명을 사살하고 부산으로 철수했다.
- 여수 삼산면 거문도에서는 9월 15일 고흥경찰서 거문도지서 경찰관이 고흥 부근 도서에서 52명을 사살했다.
- 8월 3일 강진경찰서부대 150명은 강진 마량면 마량포구에 집결한 인민군을 견제하기 위해 마량면 맞은편에 있는 고금도에 주둔했으며, 8월 5일 마량포구에 상륙하여 10명을 사살했다. 3명이 전사하고 1명이 부상을 입었다. 8월 7일 다시 20명의 특공대를 상륙시켰다.
- 8월 10일 오전 11시 경찰부대가 관산읍에 상륙하여 장흥군 관산지서(분주소)를 공격, 8명을 사살하고 5명을 구출했다.
- 8월 25일 진도경찰서는 해남 문내면 서상리 우수영에 주둔하던 인민군 1천여 명의 공격을 받고 25명을 사살했으나 결국 진도에서 철수하게 되었다.
- 월 18일 인민군 1천 명과 지방공비 400명이 완도에 상륙했다. 완도경찰서가 완도에서, 강진경찰서는 고금도에서, 화순경찰서는 소지도에서 각각 후퇴했다. 9월 20일 장흥경찰서부대와 완도경찰서부대는 완도와 조약도 주변에서 미처 후퇴하지 못한 낙오경찰을 구출했다.

1일 점령지 주민들이 색출할 적이었다

_1950년 8월 17일 통영

1950년 8월 17일 해군이 해병대의 통영 상륙을 지원하면서 통영읍내를 포격했으며 이어 상륙한 해병대는 18일까지 시가지를 수색하면서 적을 색출하여 사살했다고 한다.* 이때 사살당한 적은 무려 469명에 달했다. 하지만 이런 정도의 인민군이 시내에 없었다면 이때 색출되었다는 "적"은 통영에 거주하던 주민들이었음을 의심할 수 있다.

국민보도연맹원 학살로 시작된 통영 지역의 전쟁
호남 지역을 점령한 인민군 6사단이 영남 지역으로 진입을 시작하던 7월 25일, 통영경찰서를 비롯하여 특무대, 해군 정보대, 헌병대 등이 통영의 국민보도연맹원들을 연행하기 시작하여 7월 26일 원문고개 너머 광도면 안정리 무지기고개 등에서 학살했다.
　인민군이 진주를 점령한 날은 7월 31일이었으며 남쪽 통영 방면으로

---

* 국방부 군사편찬위원회, 『한국전쟁사』 제3권, 288~295쪽.

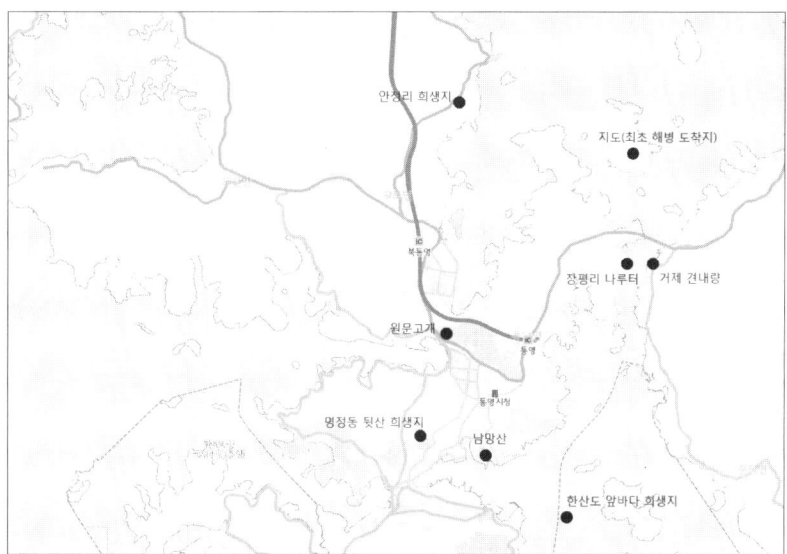

인민군이 통영에 다가오자 안정리와 명정동, 한산도 앞바다에서 국민보도연맹원들이 학살당했으며, 이후 지도에 있던 해병대가 장평리 나루터로 상륙하여 읍내로 진입했다. 이때 해병대가 인민군과 전투를 벌였다고 주장하고 있다.

인접한 고성을 점령한 날은 8월 16일이었다. 하지만 인민군 6사단 사단 사령부가 고성 지역에 자리잡은 때는 8월 10일 경이었다고 한다. 이는 통영과 거제보다는 부산 방면으로 진출하기 위해 마산과 김해를 공격하는 것이 주요 관심이었기 때문이었을 것이다.

미군은 1950년 8월 인민군의 진격을 막기 위해 킨 특수임무부대를 만들어 대응했지만 역부족이었다. 여기에 속해 있던 미 5해병연대가 8월 12일 사천까지 진출했다가 마산으로 되돌아오게 되었다. 인민군 6사단 13연대의 마산 진동리 공격에 의해 후방이 차단당할 것을 우려했을 것이다.

이에 따라 고성과 통영 사이에 있던 미군의 방어선이 뚫리게 되었고 이곳을 통해 바로 인민군 7사단 등이 진입하게 되었다고 한다. 『한국전쟁

> 진지를 제압하고서야 시내에 돌입할 수가 있었다. 그런데 시내에 있는 적들은 퇴로를 잃게 되었으므로 그 저항도 경미하였고 지휘관들이 대부분 희생되거나 도망을 쳤기 때문에 병사들은 저마다 서로 무장을 버리면서 집안으로 뛰어 들어 민간복을 강탈하여 이로써 변장한 다음 탈출구를 찾기에 혈안이 되고 있었다.
> 시내의 적들은 대부분이 179高地 뒷쪽인 大浦里로 몰리게 되었는데 이들은 여기에서 지방동조분자(地方同調分子)들의 안내로 배를 구하려고 하였으나 거기에는 3~4명이 겨우 탈 수있는 전마선(傳馬船) 2~3척이 있었을 뿐이었다.

『한국전쟁사』 제3권 294쪽. 서술 내용만으로는 650명의 인민군과 전투한 것으로 보기 힘들다. "저항이 경미"했다거나 도주하던 배 세 척에 타고 있던 인민군은 10여 명에 불과했다는 것으로 보아 이들이 정규군이었는지도 의심스럽다.

사』는 통영 전투의 적군을 인민군 7사단 51연대 혹은 104치안연대라고 밝혔지만 내용을 보면 국방부 연구자들조차 이 인민군 부대의 소속에 대하여 "소속을 알 수 없는"이라고 표현하는 등 확신이 없음이 드러난다.

『한국전쟁사』의 전투 기록에 따르면 예비 부대였던 인민군 7사단은 전쟁 발발 초기 홍천 방면에 투입된 후 마산에 이르기까지 어떠한 전투에도 참여한 적이 없었던 것으로 나타난다. 이들이 1950년 8월 중순에 통영에 처음 나타났다는 주장은 인민군 7사단 51연대와 52연대가 인민군 6사단에 이어 8월 31일 마산 지역 전투에 참여한 사실에서 추론된 것으로 보인다. 인민군 7사단은 1950년 9월 마산, 1950년 12월 흥남 철수 시기 이후 강원도 부근 전투에서 새로 편성된 인민군 8군단 또는 5군단 산하에서 활동한 것이 확인된다.

인민군의 공격을 눈앞에 둔 통영경찰서와 한남동 멸치창고에 주둔하던 해군 첩보대는 또 다시 후퇴를 앞두고 8월 16일 창고에 가두어두었던 국민보도연맹원 등을 명정동 뒷산과 한산도 바다에서 총살했다. 김철호를 비롯해 한산면 김상관 등 형제들은 인민군이 점령하기 직전인 8월 16일 총살당했는데, 당시 헌병대 수석문관으로 근무했던 이양조는 한산도로 피신하면서 해상방위대 등이 48명의 주민들을 바다에서 총살했다고 2001년 증언했다. 민간인학살은 인민군이 다가오면서 이미 시작되고 있었던 것이다.

통영을 1일 점령한 인민군은 몇 명이었을까?

인민군은 1950년 8월 16일 고성을 점령하고 통영을 향하여 같은 날 오후 5시 원문고개에 이르게 되었다고 한다. 통영의 관문인 원문고개를 방어하고 있던 100여 명의 경찰과 해군 파견대는 인민군의 공격을 감당할 수 없다고 판단하고 이들이 도착하기도 전 한산도로 미리 후퇴했다. 국군이 후퇴한 이유에 대해 국방부는 인민군의 화력이 우세했기 때문이었다고 했지만 해병대의 상륙을 앞두고 멀리 한산도까지 후퇴한 것은 지나쳐 보였다.

원문고개에 통영해병대상륙기념관이 건립되었다. 상륙한 해병대와 해군 헌병대에 의해 학살당한 주민들을 기억하는 시설은 아직까지 통영에 한 곳도 없다. 2019년 4월 12일 조사.

방어 국군에 해군 파견대가 함께 있었으므로 이들은 곧 이어질 해병대의 상륙 작전 계획을 알았을 것이고 그렇다면 바로 반격으로 전환할 수 있는 위치로 후퇴해야 했다. 하지만 전투도 없이 멀리 후퇴했던 것을 보면 해병대의 상륙 작전 계획을 몰랐던가 아니면 곧 닥칠 함포 사격을 피했던 것일 수도 있어 보인다.

『한국전쟁사』는 아무런 저항 없이 원문고개를 통과한 인민군이 8월 17일 새벽 1시 통영읍에 진입했다고 기록했다. 하지만 이때까지 이들이 몇 명이나 되는지 설명이 없다. 이날 인민군 측이 광도면과 도산면, 통영읍 내 대부분 지역을 점령했으니 이제 전선은 이 지역과 산양면, 한산면, 용남면 사이에 형성되었어야 마땅하지만 통영을 점령한 인민군은 이들 방어선에 아랑곳하지 않았다.

한 쪽에서는 후퇴하고 다른 쪽에서는 상륙하고

한편, 미군의 방어선이 열림에 따라 인민군이 다가오고 있다는 정보를 입수한 해군은 이들의 "통영 진입을 막기 위해" 해병대에게 8월 16일 "거제도"로 상륙할 것을 명령했다고 한다. 거제도는 당시는 물론 전쟁 기간 내내 인민군에게 점령당한 적이 없는 후방 기지였다. 인민군의 통영 진입을 막으려 했다면 거제도가 아니라 통영에 상륙하는 것이 마땅했을 터였다. 해병대가 몇 시간만 서둘러 증원했더라도 원문고개의 방어선을 지킬 수 있었을 것이다.

상식적으로 판단한다면 해군 지휘부가 당시 거제도로 상륙하라는 결정을 내린 이유는 출동한 해병대가 통영에 도착할 때면 이미 인민군의 방어진지가 구축된 뒤라고 판단했던 것으로 볼 수 있다. 하지만 해군 지휘부가 원문고개 현황에 대해 파악하고 있었다고 본다면 인민군의 통영 진

해병대가 장평리 해안에 상륙하면서 사용했다는 무동력 어선이 공원에 전시되어 있다. 여러 차례 함정과 해안을 오갔다고 한다. 『한국전쟁사』는 이와 달리 상륙작전에 두 척의 발동선을 사용했다고 썼으니 사실과 거리가 있어 보인다. 2019년 4월 12일.

입 관련 정보나 해군 지휘부의 거제 상륙 명령은 사실과 다를 수도 있어 보인다. 처음부터 거제 상륙 명령이 없었던 것인지도 모른다는 말이다.

하여튼 명령에 따라 8월 16일 밤 10시 1개 대대 규모의 해병대원을 태우고 진해를 떠난 512정과 평택호는 8월 17일 새벽 3시 통영읍 동북방에 있는 섬인 "지도"에 도착하여 통영 동쪽 해안인 용남면 장평리 나루터와 그 맞은편인 거제 사등면 견내량을 정찰했다.

정찰 결과 대대 병력으로 추산되는 인민군이 통영읍내에 머물고 있을 뿐 상륙 예정지인 장평리에 인민군이 없음을 확인했으며, 통영에 진입한 인민군을 고립시킴과 동시에 퇴로를 막기 위해 통영읍 북쪽 병목에 해당하는 원문고개를 차단하기로 결정했다고 한다. 원문고개에는 전날인 16일까지 아군이 방어하고 있었던 곳이었으니 새로운 전술도 아니었다. 해병대는 거제도에 상륙하는 것보다 통영에 상륙하는 방법을 해군 지휘부에 제안하여 수정안이 채택된 것이라고 주장했지만 당시 전황으로 보아

제7장 "적" 없는 상륙 작전

거제에는 상륙작전을 할 이유가 없었던 것으로 보인다.

결국 분명한 것은 8월 16일 저녁 통영 원문고개를 지키던 해군 파견대는 후퇴하고 이어 8월 17일 새벽 해병대가 통영 북쪽인 용남면 지도에 도착했다는 것이었다. 당시 해군이 정박한 지도는 거제와 통영 사이에 있었고 거제보다는 통영에 훨씬 가까이 있었다. 이로 보아 해군이 지도까지 온 것은 처음부터 통영 상륙을 염두에 둔 판단이었던 것으로 보인다.

650명이 인민군이었을까?

해군은 통영 앞바다에 있던 함정을 통해 8월 17일 새벽 통영읍내에 진입한 인민군이 부두에 집결 중인 모습을 보았다고 한다. 그 규모는 약 650명으로 1개 대대 병력으로 평가했지만 소속이 어디인지는 알 수 없었다고 했다. 인민군이 부두에 모인 이유는 배를 이용하여 거제로 진입하려던 것으로 보았다고 하는데 기껏해야 노를 젓는 어선을 구할 수 있었을 인민군이 바다의 함정을 보았을 것이므로 이렇게 판단하는 것은 객관적이지 못하다. 당시 통영경찰서 등은 이미 후퇴했으므로 이들이 인민군의 통영 부두 이용을 막기 위해 공격을 하지 못했지만 바다에 있던 해군은 지상의 인민군들에게 함포 사격을 가할 수 있는 상황이었다.

실제 해군의 보고 내용 역시 이와 달랐다. 8월 17일 낮 12시 해군 PC703함 함장 이성호 중령은 "해안선 일대와 시가지 북쪽의 고지"에 방어 진지를 구축하고 있는 인민군의 모습을 목격하고 이를 해군에 알렸다고 한다. 통영에 진입한 인민군이 배를 타고 거제도를 공격하려는 것이 아니라 통영을 지키기 위해 방어 진지를 구축했다는 것이다. 인민군이 부두에 집결했다는 주장과 남망산에 진지를 구축했다는 주장은 모순되지만 더 모순이 되는 것은 이 두 정보가 같은 함정에서 나온 것이라는 점이었다. 통영에 진입한 인민군이 650명이었다는 주장이나 이들이 거제를 공격하려 했다는 주장을 어디까지 믿을 수 있을지 의문이 아닐 수 없다.

이들 인민군이 선발 부대였다면 주력 부대로 보이는 인민군이 뒤늦게 보이기 시작했다. 같은 날인 8월 17일 오후 5시 진해비행장에 있던 한국 공군 연습기 4대가 정찰 비행 중 고성과 통영 상공에서 남진하는 포병부대를 발견했고 연락을 받은 미 전폭기 3대가 이들을 공격했다고 한다. 고성과 경계였다면 국민보도연맹사건이 발생했던 통영의 광도면 안정리 부근을 말할 것인데 이곳은 이후 전선이 형성되어 격전이 벌어질 원문고개에서 고성 방면으로 9km가량 떨어진 곳이다.

경미하게 저항한 650명의 인민군

해군은 8월 17일 오후 6시 여러 대의 무동력 전마선(또는 두 대의 발동선)을 이용하여 인민군이 없는 통영 장평리 해안에 해병대를 상륙시키기 시작하였고 오후 7시에 상륙을 모두 마쳤다고 했다.

같은 날 저녁 703, 901, 312, 504, 302, 307, 평택호 등 해군 함정은 해병대의 통영 용남면 장평리 상륙을 지원하면서 통영읍 망일봉과 남성산 부두를 포격했다. 『한국전쟁사』는 "이 불시의 일제 포격은 적으로 하여금 매우 당황케 하였음인지 고지에 배치되어 있던 적들이 급히 안전 지대를 찾아서 헤매게 되었고, 시가지의 적들도 또한 혼란을 일으키게 된 것을 바라볼 수 있었다."고 적었다. 함포 사격은 민가에도 떨어졌을 것이니 여기서 말하는 적들이 꼭 인민군만을 말하는 것은 아닐 것이다.

703함의 포술장이었던 고경영 중위의 증언에 따르면 함정이 준비했던 포탄 150발이 모자라 진해에서 두 번이나 재보급을 받았다고 했다. 이는 적어도 400발 이상을 쏘았다는 뜻으로 읽힌다. 이를 두고 기념공원의 안내판에는 "시가지 남쪽 해안으로 상륙하는 것처럼 가장하기 위해 그 일대에 포화를 집중시키고 기습적인 상륙 작전을 감행"했다고 주장하지만 이는 집결한 인민군을 공격했다는 앞의 설명과 모순된다.

이 전투에는 공군의 지원도 있었다고 하면서 T-6 정찰기 4대와 F-51D 무스탕 전투기 3대가 원문고개로 이동하는 인민군을 정찰하고 공격했다고 한다. 하지만 이 내용은 통영읍내에 대한 상륙작전 지원이 아니라 광도면을 지나는 인민군 포병부대를 공격한 것과 일치한다.

일곱 대의 함정과 일곱 대의 전투기 지원을 받은 전투 결과 국군은 인민군에게 점령당한 통영을 하루 만에 수복했다고 한다.

인민군이 통영읍내에 진입한 때가 8월 17일 새벽이었고 같은 날 저녁 해병대가 공격을 시작했다. 통영에 상륙한 해병대 2중대는 8월 18일 아침 7시 30분 원문고개를 확보했으며, 같은 날 정오까지 해군 함정 703정, 307정, 302정이 남망산 등에 포격을 퍼부었다. 이 포격이 멈추고 3중대와 7중대가 시가지 공격을 시작했다.

국방부는 "시내에 있는 적들은 퇴로를 잃게 되었으므로 그 저항도 경미하였고 지휘관들이 대부분 희생되거나 도망을 쳤기 때문에 병사들은 저마다 서로 무장을 버리면서 집안으로 뛰어 들어 민간복을 강탈하여 이로써 변장한 다음 탈출"을 시도했다고 서술했다.

650명의 인민군들을 상대로 8월 17일에서 8월 18일 불과 하루 사이의 전투에서 벌어진 일이었다.

1일 점령에 처단된 부역혐의 주민들과 사살당한 적 469명의 관계는?

통영읍내에 대한 토벌작전이 끝날 무렵 인민군인지 민간인인지 분명하지 않은 어선을 공격한 사건이 있었다. 『6·25전쟁과 한국해군전투』231쪽에 따르면, "해병대의 적극적인 소탕 작전에 전의를 상실하고 퇴로를 차단당한 적은 목선 3척을 이용해 해상으로 도주하려 했다. 그러나 해상을 봉쇄하고 있던 504정과 512정이 이 목선을 발견하여 격침시켰다."고 했다. 여기서 말하는 "적"이 인민군이었는지도 분명하지 않지만 앞의 설명에 따르면 이 배에는 서너 명이 탈 수 있는 작은 어선이었으니 도주하려던 자들은 10여 명에 불과했음을 알 수 있다.

인민군 점령 불과 하루 만에 수복된 통영에서도 해병대에 의한 부역자 처단이 있었다. 『한국전쟁사』는 "점령당한지 3일 만에 신속하게 통영을 탈환하게 됨으로써 무엇보다도 무고한 읍민들이 적의 만행에서 벗어날 수 있었다는 것은 천만다행한 일이었다."라고 했다. 3일 만에 탈환했다는 것조차 사실이 아니었지만 통영의 주민들에게 전투의 혼란이 없었던 시간이 불과 서너 시간에 지나지 않았다는 사실로 본다면 해서는 안 될 말이었다.

『6·25전쟁과 한국해군전투』 62쪽도 비슷한 표현이 있다. 당시 해병대는 "부역자는 경찰에 인계한다", "포로는 죽이지 않는다", "해병대는 전투에만 전념한다"는 등의 원칙을 세웠다고 한다. 하지만 인민군 점령 하루도 지나지 않아 부역자가 생길 수 있다고 믿는다면 이는 할 수 있는 상상이 아니다.

통영상륙작전과 원문고개 방어전에서 적 사살 469명, 포로 83명의 전과를 올렸으며 이에 비해 피해는 전사 15명, 부상 47명에 그쳤다고 한다. 하지만 지난 진실화해위원회의 조사에 따르면, 여기서 말하는 469명의 "적" 속에는 상당수의 민간인이 포함된 것이 분명했다.

해병대의 수복 직후인 8월 20일부터 인민군 점령 하루 동안 이들에게 협력했다는 이유로 주민들이 해군 헌병대가 주둔해 있던 항남동 멸치창고로 끌려가기 시작했다. 그런데 연행된 주민들 대부분은 인민군의 점령과 해병대의 수복이 있기 전부터 이미 통영경찰서 사찰계의 감시를 받던 주민들이었다. 이들은 8월 20일부터 9월 23일까지 항남동 멸치창고에 갇혔다가 계엄사령관 박태진, 헌병대장 오덕선 등에게 취조를 받은 뒤 70여 명이 명정동 뒷산 절골에서, 150여 명이 한산도 앞바다에서 총살당했다. 이들의 죽음은 원문고개를 방어하는 해군과 경찰이 하루만 버텼어도 발생하지 않았을지도 모른다.

해병대와 전투했다는 인민군 선발대의 정체는?
8월 17일 새벽 통영에 진입한 인민군의 규모를 650명이라고 했지만 이들이 전선을 형성해서 해병대와 전투를 벌였다는 기록은 없다. 서술된 전투의 형태는 해병대가 민가에 잠입한 패잔병을 색출하여 사살하는 것이었다. 이러한 전투 형태는 이후 벌어질 원문고개 전투의 사망자를 포함하여 국군 전사자가 15명에 그쳤다는 사실과도 일치한다. 하지만 이러한 전투 형태에는 민간인들의 피해는 피할 수 없었을 것이다. 이들이 해병대에게 사살당했다는 "적" 469명에 민간 주민들이 포함된 것이 아닌지 검토해야 한다.

먼저 통영에 인민군이 들어왔는지, 들어왔다면 과연 몇 명이나 들어왔는지 판단할 필요가 있다.

통영읍내에 진입한 인민군의 규모를 1개 대대 병력, 즉 300~500명으로 추산하고 있는데 실제 8월 17일은 통영읍내에 인민군 진입이 이루어지지 않았거나 소수였던 것으로 보인다. 본 부대는 아직 원문고개에 이르지 못하고 있었으니 통영에 진입한 인민군의 규모에 대해서도 국방부의 주장이 과장되었을 것으로 보인다. 이후 전선이 원문고개에서 형성된

통영 원문고개에 거대한 충혼탑이 건립되어 있다. 2019년 4월 12일 조사.

것은 사실이다.

민간인 옷으로 변복한 인민군 패잔병을 색출했다는 주장 역시 민간인들이 받은 피해를 합리화하기 위한 것일 가능성이 높다. 해군의 포격에 당황한 사람들 중 대부분은 주민들이었을 것이다. 통영 시가지에 인민군이 들어오지 않았다면 수색 과정에서 체포된 청년들은 인민군이 아니라 주민들로 봐야 한다. 해병대의 인민군 패잔병 색출 작전은 토벌작전에 다름없었을 것이다.

인민군 포로들이 있었음에도 『한국전쟁사』는 이들의 소속이 인민군 7사단 혹은 104치안연대라고 하여 아직까지도 이들의 소속을 분명하게 밝히지 않고 있다. 이 점 역시 큰 의문이 아닐 수 없다.

통영읍내와 바다가 한 눈에 보이는 원문고개에는 해병대 통영상륙작전 기념관이 건립되어 운영되고 있다.

주민들의 피해로 의심되는 전투가 계속되다

8월 19일 원문고개에서 전선이 형성된 후 인민군 점령지로 최전방이 되어버린 통영 도산면 주민들이 해군과 해병대의 공격으로 직접적인 큰 피해를 입었다. 바다에 머물던 해군은 마을에 인기척만 보이면 총격을 가하였고 청년들이 보이기만 하면 상륙하여 모두 잡아갔다고 했다.

지난 진실화해위원회 조사결과에 따르면 1950년 8월 20일경부터 도산면 해안가에 상륙한 해군 육전대 또는 해병대에 의해 용호리와 법송리, 수월리, 저산리 주민들이 끌려가 학살당하는 일들이 빈번하게 일어났다. 당시 봉화산에 주둔한 인민군들은 주민들을 강제하여 방공호를 파거나 식량을 얻어가기도 했으므로 해안가에 상륙한 해병대는 인민군에게 부역했다는 책임을 물어 주민들을 끌고가 총살한 것이었다. 진실화해위원회가 조사한 경우는 저산리 1구와 2구 구장, 용호리 박철진, 법송리 박선병 등을 끌고가 이끼섬에서 총살한 사건이었다.*

이와 관련된 것으로 보이는 기록이 『한국전쟁사』에 있었다. 여기에는 "8월 28일 15:30에 부대장은 PC704함을 타고 계속 수월리 방면의 북쪽 고지대에 대한 포격을 직접 지휘하였다. 이를 계기로 하여 청년방위대 전원은 PC704함의 엄호사격을 받으며 범선으로 적전 상륙을 감행하여 중대병력의 적과 교전 끝에 14명을 사살하고 포로 1명을 잡았다."라고 하여 마치 인민군과 청년방위대원들 사이의 전투처럼 서술했다.(『한국전쟁사』, 제3권, 299쪽) 낮이었다면 인민군들은 봉화산 등 진지 속에 몸을 숨기고 있었을 때였으니 사살당했다는 14명은 주민들이었을 가능성이 높다.

---

* 진실화해위원회, 「경남 통영·거제 국민보도연맹원 등 민간인 희생사건」, 『2009년 하반기 조사보고서』 제5권, 202~204쪽.

저항하는 인민군이 있었을까?

_1950년 9월, 10월 남해, 여수, 목포, 고흥

7월 19일 군산에 진입한 인민군 6사단 일부가 목포를 향했다. 7월 23일 광주가 점령당했다는 소식을 들은 목포 시민들은 인근 섬으로 피란을 떠났으며 인민군은 7월 24일 목포 시내에 진입했다.

2개월 뒤 미군과 국군의 북진이 시작되자 해군 역시 기지들을 수복하기 위해 진해방위대의 병력이 움직였다. 이를 두고 『한국전쟁사』는 "우리 해군은 진해기지를 중심으로 남해안 일대의 해안지방과 중요한 항구들을 차례로 탈환하는 해상기동작전을 시작하게 되었다."고 했다.*

당시 삼천포, 여수, 목포 등은 인민군의 수중에 있었다고 판단했던 것이지만 10월 초면 주둔하던 인민군은 모두 떠나고 없었을 때였다.

남해

통영에서 활동하던 해군 진해방위대 1부대 밑의 2개 중대 약 230명이 백

---

* 국방부 군사편찬위원회, 『한국전쟁사』 제4권, 168~171쪽.

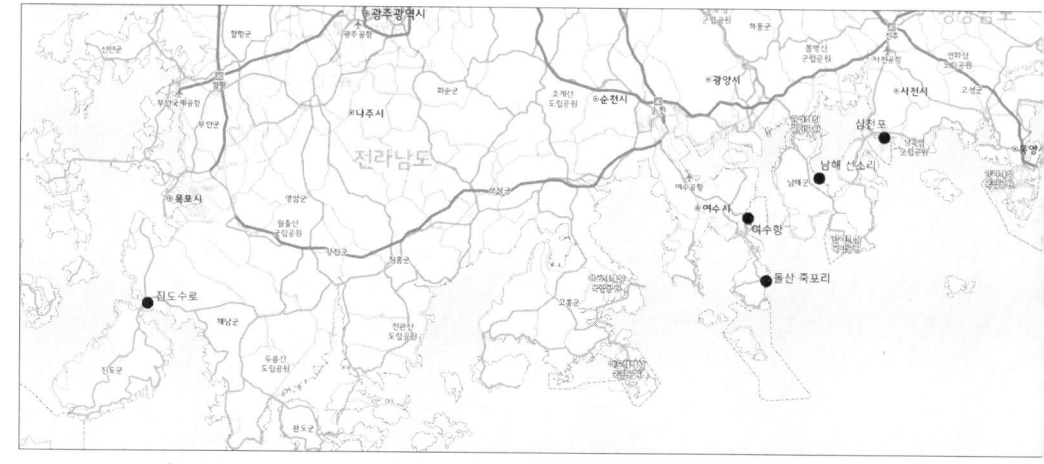

9월 22일경 인민군이 후퇴를 결정하고 이동하기 시작한 뒤인 9월 26일부터 통영에 주둔하던 해군이 남해안 지역을 수복하기 시작했다.

남표 소령의 지휘 아래 9월 26일 새벽 6시 FS-105함을 이용하여 통영항을 출발하여 남해를 향했다. 이들은 아침 7시 목적지인 남해 북단의 남해 선소리 해안에 상륙했다. 이미 1개 중대 규모의 인민군이 후퇴한 뒤였으니 무장 세력의 저항은 없었다.

지난 진실화해위원회는 이와 관련된 민간인학살사건을 조사했다. 조사결과는 9월 26일 남해군 고현면 선소리에 상륙한 해군이 최원오 등 체포한 주민들을 여수 돌산면 죽포리로 끌고가 살해했던 것이다.

이 사실은 해군의 9월 26일자 작전경과보고서에서도 확인된다. 여기에는 "해본작명 갑제170호로 남해군과 여수시를 확보하기 위하여 통제부 육전대 1개 대대를 남해군에 상륙시켜 동 지구를 소탕한 후 여수시를 확보케 함", "적 사살 4명"이라고 기록되어 있다.*

---

* 진실화해위원회, 「전남 동부지역 민간인 희생 사건 (1)」, 『2008 상반기 조사보고서』 제2권, 444~445쪽. 당시 해군에게 사살된 남해 선소리 주민 4명이 "적"으로 둔갑되었던 것이다.

> 10월 3일 : 上陸에 성공한 白南豹중대는 木浦 수산시험장 부근에서 敵 약 2개소대의 저항을 받았으나 즉시 이들 격퇴하였으며, 또한 北橋洞과 南橋洞에 집결한 敵 약 1개중대는 民家에 대한 放火와 良民을 학살하는 만행을 저지르고 있었으며, 이들과 교전하여 30분만에 모두 격파한 다음, 木浦형무소에 收監되어 있던 良民들을 모두 구출하였다. 이로써 수개월

『한국전쟁사』 제4권 171쪽. 10월 3일 과연 목포에 인민군이 남아 있었을까?

삼천포

9월 27일 새벽 5시 선소리를 출항한 해군은 삼천포를 향했다. 이들이 삼천포에 도착했을 때는 2개 중대로 추정되는 인민군들 역시 후퇴한 뒤였으니 전투는 없었다. 하지만 9월 24일 통영 출항 준비부터 9월 27일 삼천포에 이르기까지 이 작전으로 인민군이 30명이 사살되었고 1명이 사로잡혔다고 했다.*

남해처럼 사살당했거나 사로잡혔다는 사람들은 마을 주민들이었을 것으로 의심된다.

여수

9월 29일 새벽 5시 해군 진해방위대는 남해와 삼천포의 경우와 달리 삼천포항에서 2척의 수송선과 함께 YMS-507정, 504정, JMS-307정 등의 호위 아래 여수를 향했다. 당시 해군이 남해와 삼천포와 달리 1개의 함정을 동원하지 않고 함대를 꾸린 것은 여수만큼은 인민군의 저항이 예상되었기 때문이었을 것이다.

함대는 여수항 1마일 떨어진 해상에서 먼저 여수항 주변의 고지에 30여 발의 함포 사격을 가한 뒤 아침 7시 30분 여수항에 상륙했다. 같은 날 여수 상륙을 위해 진해방위대 2부대(대대 병력) 역시 3척의 수송선을 이용

---
* 임성채 등, 앞의 책, 326쪽.

하여 PC-703함(삼각산호)의 호위 아래 여수 앞바다에서 1부대(대대 병력)와 합류했으니 이날 여수에 상륙한 해군 부대는 모두 500여 명 규모였다고 짐작할 수 있다.

해군 상륙 당시 여수 주변에는 1개 중대 규모의 인민군 패잔병이 있었던 것으로 추정되었는데 정작 이들은 별다른 저항 없이 후퇴했다고 한다. 해군은 소탕 작전을 실시하며 치안을 회복했다고 하지만 정작 이에 저항하는 인민군은 없었던 것이다.

JMS-301정 정장이었던 박기정 대위는 이 사실을 확인해 주듯이 "301정에는 선발대 1개 소대가 승선해 여수 항구에 상륙했다. 그때 날씨도 아주 좋았고 적의 저항은 없었다."라고 했다. 이 증언을 통해 당시 인민군이 없었던 사실이 확인됨에도 해군은 9월 27일부터 10월 2일까지 여수 상륙 후 인민군 5명을 사살했다고 한다.[*]

『한국전쟁사』 역시 마찬가지로 서술했다. "진해방위대는 여수항 남쪽에 산재한 돌산도, 금오도, 소리도 등에 있는 잔적을 몰아내고 다시 고흥반도에 상륙하여 반도 전역과 반도 부근에 산재한 나로도, 소룡도, 거금도, 반월도, 초도, 고금도, 청산도, 길도 등의 남해안 중부 일대의 많은 도서의 잔적을 구축함으로써 치안을 완전히 회복시켰다."고 적고 있다.

"잔적" 즉 잔류한 적은 없었음에도 이렇게 말하는 것은 주민들에 대한 적대적 표현이었을 것이다. 수복 직후 마을 주민들의 부역혐의 피해를 짐작케 한다.

목포

이후 진해방위대 2부대는 한 달 동안 여수 부근 도서에 주둔하였고 1부

---

[*] 해국역사기록관리단, 앞의 책, 326쪽.

대인 백남표 부대는 10월 1일 새벽 4시 55분 다시 목포를 향해 출발했다. 목포에서도 인민군 측의 저항을 예상했던 탓인지 이날도 FS-105정, PC-703함, JMS-301정, YMS-504정 등의 호위가 있었다.

이들이 진도 수로를 지나는 동안 몇 명인지 알 수 없지만 인민군의 사격이 있었으며 504정이 기뢰 폭발로 좌초되는 사건을 겪었다. 목포에 도착한 10월 2일 새벽 4시, 해군은 목포항 주변 언덕에서 사격을 가해오는 규모를 알 수 없는 인민군에게 함포 사격을 집중한 뒤 상륙했다.

10월 3일 오후 5시 해군은 목포 수산시험장 부근에서 인민군 2개 소대, 북교동과 남교동에서 인민군 1개 중대와 교전하여 30분 만에 물리치고 목포형무소에 수감되었던 민간인들을 풀어줬다고 한다.

목포경찰서에 부대본부를 설치한 해군은 이어 시내 치안을 확보하였다. 부역주민 처단이 시작되었을 것이다. 10월 5일 목포경찰서를 나온 해군은 옛 신한공사 건물에 목포경비부를 설치했으며 10월 18일 46명의 인민군을 사로잡아 목포경찰서에 인계했다고 한다.*

고흥

『6·25전쟁과 한국해군작전』에 따르면, 여수와 인접한 고흥에서 10월 5일부터 10월 12일까지 해군이 소탕 작전을 벌였다고 한다. 목포를 향했던 해군이 고흥을 거치지 않았다가 뒤늦게 공격한 것이었다. 당시 고흥에서 해군에 의해 인민군 192명이 사살되었고, 42명이 사로잡혔으며, 이때 자수한 주민이 600명이나 되었다고 한다. 이외에도 대형범선을 2척 격파했고 박격포 1문, 기관단총 2정, 99식 소총 1정, 백미 10섬을 노획했다고 한다. 노획물을 보면 800여 명의 인민군이 보유했을 장비로서는 지

---

* 임성채 등, 앞의 책, 330쪽.

나치게 빈약해 보인다. 피살자들은 인민군이 아니라 민간인들이었을 가능성이 훨씬 높아 보인다.

고흥 지역에는 아직까지 해군에 의한 피해는 없고 고흥경찰서에 의한 학살 피해만 알려져 있다.

목포 등 남해안에 인민군이 남아 있었나?
목포에 주둔하던 해군은 10월 19일 상륙한 해병대 2대대와 임무를 교대했다. 이들 해병대는 목포 산정국민학교에 본부를 설치했다. 이제 목포와 영암, 나주 등 인근 지역의 토벌작전이 해병대에 의해 본격화되기 시작했다.

10월 초 목포 등 남해안 지역에 인민군이 남아있었는지, 민간인 피해는 없었는지 확인할 필요가 있다. 진실화해위원회 조사에 따르면, 목포에 해군과 해병대가 주둔하던 시기 부역혐의를 받던 주민들을 색출당해 피해를 입었다. 양동과 사산동에 살던 허한수 등 4명이 목포경찰서로 연행되어 어디선가 희생당했음을 확인했다. 당시 인민군이 남아 있었다는 기록은 아직까지 확인되지 않는다.

제8장

적으로 취급된 국민들

이승만 정부는 인민군 점령에서 수복된 모든 지역의 주민들에게 부역혐의가 있다고 보았다. 점령 통치에 협력했을 것이라고 생각했던 것인데, 이는 대통령 스스로조차 전쟁 전에 자신이 국민들에게 원한질 만한 어떤 짓을 저질렀음을 깨닫고 있었다는 사실을 역설적으로 증명한다.

9월 중순 수복을 앞두고 이승만 스스로 "부역자라면 부모 형제도 용서하지 말라"는 담화를 발표했다. 특히 인민위원장, 인민위원회 서기장, 민청위원장, 여성동맹위원장, 농민위원장 등 간부들은 예외없이 부역 처단 대상에 올랐다. 이런 상황에서 이들이 선택할 수 있는 길은 처음부터 깊은 산 속으로 도피하는 것 이외에는 달리 방도가 없었다.

한편 수복 직후 복귀한 경찰에게는 주민들을 상대하는 세 가지 대응방식이 있었다. 나름대로 가장 이성적인 방식은 체포 후 군검경 합동수사본부에 인계하는 것이었다. 비록 단심 재판이었지만 그래도 살아남을 수 있는 가능성이 있었다. 두 번째 방식은 즉결 처분이었다. 체포 후 며칠간 형식적인 조사를 거친 뒤 총살했다. 마지막 방식은 민간인 신분인 의용경찰대를 충원한 경찰토벌대 운영이었다. 이들은 군인도 아니면서 군대의 지휘를 받거나 독자적으로 군사작전을 하듯이 주민들을 공격했다.

앞에서 보았듯이 수복하는 군인들에 의한 민간인 피해는 수복 작전과 동시에 발생하기 시작했지만 이후 과정에서도 계속 발생했다. 인천상륙작전 직후의 인천을 비롯해 김포, 강화, 서울, 양평 등 곳곳에서 수복과 동시에 민간인들이 부역혐의로 학살당했다. 불과 3개월 전 자기 국민을 지키지 못하고 떠나야 했던 국군이 수복했다면서 저지른 만행이었다.

수복 작전 중 당한 민간인 피해는 낙동강 전선에서 올라오는 미군과 국군에 의해서도 저질러졌다. 인민군이 후퇴한 뒤 미 1군단에 배속된 국군 1사단은 9월 24일부터 북진을 시작했다. 그런데 이들의 북진은 후퇴하는 인민군을 추격하는 것이 아니라 괴산과 청주, 보은, 상주 등 속리산 부근에 있는 마을들을 공격하기 시작한 것이었다.

후퇴하지 못한 인민군 대부분은 지리산 인근과 태백산 인근에 머물고 있었으므로 이들의 공격은 실제 인민군에게 타격을 가하는 군사적인 중요성을 갖지 못했던 것으로 보인다. 하지만 그 조차도 토벌 공격을 당하던 지역의 주민들에게는 심각한 타격이 아닐 수 없었다. 이들의 공격은 10월 4일이 되어서야 중단되었다. 국군 1사단은 그때가 되어서야 북진을 시작했기 때문이었다.

하지만 그 뒤를 이어 10월 5일부터 미9군단 산하에 있던 11사단이 영호남 토벌작전을 준비하고 있었다. 국군 11사단은 11월 8일 미 9군단 소속에서 벗어나 국군 3군단에 배속되었다. 미 9군단이나 국군 3군단 모두 미8군 소속이었으므로 결국 모두 미군의 지휘를 받고 있었다.

유엔군 사령부는 1950년 10월 16일 후방 토벌작전을 위해 3군단을 창설했다. 군단 산하에는 국군 2사단, 5사단, 9사단, 11사단이 있었다. 국군 2사단은 철원과 화천에서, 국군 5사단은 충청, 국군 9사단은 태백산맥, 국군 11사단은 지리산 일대에서 토벌작전을 벌였다. 이후 지역마다 새로운 사단과 교체하며 토벌작전은 계속되었고 그때마다 많은 민간인들이 피해를 입었지만 공비나 유격대라며 민간인 공격이 합리화되었다. 희생자들은 살아도 "빨치산"이었고 죽어서도 "빨치산"이었으므로 전쟁 중 한번 찍혔던 낙인에서 벗어날 수 있는 방법은 없었다. 지난 진실화해위원회의 조사는 1950년 10월부터 1951년 4월 사이 국군 11사단의 토벌작전과 이후 8사단의 토벌작전의 피해를 확인하는데 집중되었다. 같은 기간 그 외 3개 사단의 활동 피해와 그 후의 피해 조사는 거의 이루어지지 않았다. 『한국전쟁사』를 통해 나머지 피해의 일부나마 단서를 확인할 수 있다.

국군 11사단에 의한 토벌작전이 전개되던 시기에 영호남 일부 지역에서는 해군에 이어 해병대에 의해 발생한 토벌작전 피해가 있었다. 앞의 제7장에서 보았듯이 1950년 9월과 10월 해군은 남해안 각 기역에 진주했다. 같은 시기에 인민군 대부분은 후퇴하고 없었지만 해군은 누군가와 전투를 치렀다고 했다.

해군에 이어 해병대가 이미 수복된 후방 지역의 토벌작전에 투입된 사례가 적지 않다. 육군의 경우 후방 토벌작전의 임무는 예비사단으로서 병력이나 장비가 부족하여 정비 중인 부대나 신설된 부대에게 주어졌다. 전투 상대가 강한 화력을 갖춘 정규군이 아니므로 약한 군대라도 능히 승리할 수 있다고 보았을 것이다. 창설 직후인 1949년 8월 해병대에게 부여된 첫 임무가 진주 지역 토벌이었다는 사실도 이런 평가를 뒷받침한다.

한국전쟁 중 전투를 거쳐 수복하던 과정이 끝난 뒤에도 치안을 확보한다면서 민간인들을 부역혐의로 무단 처형하는 일이 발생했다. 복귀한 경찰 역시 피신한 이들 주민들을 체포하여 재판을 거치지 않고 처형했다. 인민군 패잔병을 색출한다는 국군에 비해 이들 경찰의 행위는 일주일 정도의 조사를 마친 후 임의로 처형했으므로 이는 국제법이 심각한 범죄로 규정하고 금지하고 있는 "인륜에 반하는 범죄"에 해당했다.

인민공화국 만세를 불렀다고 사살하다

_1950년 9월 16일 인천

인천에 상륙한 해병대 1연대 3대대(대대장 김윤근 소령)는 1950년 9월 16일 인천 시내를 수색하여 잔적 300명을 사살하고 181명의 포로를 잡았다고 한다. 9월 16일까지 사살된 자는 모두 1,350명에 달했다.[*]

하지만 당시 인천에 주둔하던 인민군 2천 명 대부분은 이미 퇴각하고 없었다니 사살된 상당수는 부역의 의심만으로 희생된 민간인들일 수 있었다.

인천상륙작전과 서울수복작전 중 학살

9월 15일 미 해병대가 인천에 상륙을 시작했고 여기에 배속되었던 국군 해병대는 다음 날인 9월 16일 인천에 상륙했다. 미 해병대가 인민군을 공격하고 추격했다면 국군 해병대는 남아 마을에 남아있던 인민군 패잔병이나 부역 의심을 받던 주민들을 색출하고 공격했다. 국군은 이를 잔적

---
[*] 국방부 군사편찬위원회, 『한국전쟁사』 제3권, 705쪽, 727~728쪽.

인천 북쪽 해안으로 상륙한 해병대가 시내에 진입하면서 잔적을 사살했다고 주장했다. 하지만 당시 인민군은 이미 퇴각한 뒤였으니 이들이 말하는 잔적은 민간인이었을 것이다.

토벌이라고 했지만 인민군은 이미 김포 방면으로 후퇴했으니 피해자 대부분은 민간인이었을 것이다. 이들이 무장을 했을 리 없었고 따라서 국군은 저항을 거의 받지 않았다.

 인천에 진입한 미 해병대가 9월 18일 김포를 거쳐 9월 20일 행주나루를 건너 서울로 진격했다. 하지만 후퇴한 것으로 믿었던 인민군이 9월 21일 일시적이나마 김포와 강화를 점령하는 일이 발생했는데 이때 다시 민간인들의 피해가 크게 발생했다. 『한국전쟁사』는 김포에 대해서는 인민군을 공격했던 반면 강화에서는 별다른 일이 없었다고 했다. 하지만 김포에서는 국군에 의해 민간인들이 학살당하는 일이 발생했고 강화에서는 이와 반대로 인민군 측에 의해 민간인들이 학살당하는 사건이 발생했으므로 이 국가 기록은 믿을 수 없었다.

 이해할 수 없는 이런 식의 서술은 9월 24일 수색과 인천에서 다시 반복되었다.

 이미 수복된 지역인 수색에서는 있을 수 없거나 있지도 않았던 인민군

> 京仁가도를 중심으로 하여 南北으로 나눈 전투지경을 따라 약간의 적의 저항을 받으면서 전진하였다. 06.25초기작전 때 해병대의 첫 출동부대장인 高吉勳소령이 지휘하는 제1대대는 거의 접적없이 9.16일 11.00시내 54高地일대 까지 진출하여 본부본부를 瑞林국민학교에 설치하였다.

『한국전쟁사』 제3권 705쪽. 상륙 후 인천에 진입한 국군 해병대 1대대는 인민군을 만나지 않았다.

을 수색하여 사살했다고 하며, 역시 이미 인천상륙작전으로 수복된 같은 인천 지역에서 9월 24일 30여 명의 인민군이 사살당하는 일이 발생했다. 비록 부상병들이었다고 했지만 이런 일이 어떻게 가능할 수 있었는지 의문을 품지 않는 것이 오히려 이상하다.

인천상륙작전과 민간인 피해

국군 수복이 이루어지던 1950년 9월 15일 1개 미 해병사단과 미 해병대에 배속된 국군 해병대 1개 연대가 인천상륙작전에 참가했다. 먼저 새벽 6시 30분 미 해병 5연대 3대대가 녹색해안으로 이름 붙인 월미도를 공격하여 수비하던 인민군 400여 명 중 108명을 사살했으며 136명을 사로잡았고, 다른 100여 명은 동굴에서 사망했다고 한다. 이들을 포함하여 당시 인천을 방위하던 인민군은 모두 2,000명이었다고 한다.

미 10군단 해병1사단에 배속된 한국 해병 1연대(연대장 신현준 대령)는 물이 다시 차기 시작하자 9월 15일 오후 6시 적색 해안(인천 북쪽)에 상륙을 시작하였다. 5시 30분 먼저 상륙한 미 해병 5연대가 인민군의 공격을 받았으나 곧 제압되었고, 국군 해병대 1대대부터 시작된 상륙은 밤 9시 30분까지 계속되었다. 그 사이에 인민군의 공격은 더 이상 없었다. 국군 해병대의 임무는 인천시내 패잔병 수색과 후방의 치안 확보였으니 민간인과 접촉을 피할 수 없었다. 1대대의 수색은 밤 10시까지 진행되었으나 시내에서 전투는 없었다. 인천 시가를 경비하던 인민군 22연대는 15일 밤 이미 서울로 퇴각했다고 한다.*

해병대의 부역자 색출

인천에 상륙한 국군 해병연대가 미 10군단으로부터 받은 임무는 인천시내의 잔적 섬멸이었다고 한다.** 그런데 당시 미군이나 국군이 적으로 여겼던 집단에는 인민군같은 무장 군인뿐 아니라 인민위원회처럼 비무장 민간 행정조직의 성원들도 포함되어 있었으니 비극은 이미 예정되어 있었다.

9월 16일 아침 8시 인천 시내에서 패잔병과 부역자 색출이 본격적으로 시작되었다. 경인가도를 중심으로 북측은 1대대가, 남측은 3대대가 담당했는데, 이에 대해 『한국전쟁사』는 "부여된 시가지의 섬멸작전을 시작하였다. 노숙을 한 다음 날인데도 해병대의 사기는 충천하였고 이들은 국군 중에서 선발되어 이 감격적인 작전에 참가함을 오직 영예로 여기고 있었다."라고 표현했다.

상륙한 국군 해병대는 전투 없이 전진하여 오전 11시 1대대가 본부를 서림(瑞林)국민학교에 설치하였고, 2대대는 사령부를 인천상업학교(현 인천고등학교)에 두었다. 해병대는 숨어 있는 패잔병과 부역자를 색출하기 위해 많은 피란민을 조사했다고 한다.

『한국전쟁사』는 경인가도 남쪽을 담당했던 3대대가 해병대의 상륙을 반기는 인파를 만났는데 그 중에는 "감격과 흥분에 젖은 나머지 위험을 무릅쓰고 전진하는 해병대에게 한 소녀가 적 치하 속에서 입에 젖은 인민

---

* 국방부 군사편찬위원회, 앞의 책 제3권, 703쪽.
** 국방부 군사편찬위원회, 앞의 책 제3권, 703쪽, 717쪽.

공화국 만세를 부르는 웃지 못할 일도 있었다."라고 했다. 이 사건에 대해 인천상륙작전에 참여한 국군 해병대 3대대 11중대 상사 강 씨의 증언은 훨씬 구체적이다. 그는 "인천상륙작전에서 제일 기억에 나는 것은 시가지에 돌입해서 경동지구 즈음에 어여쁜 여자가 반가움에 넘쳐서 대한민국 만세를 부른다는 것이 인민공화국 만세를 불러서 눈물을 머금고 사살시킨 일이었다."라고 했다.*

『한국전쟁사』는 "웃지 못할 일"이라며 희화화시켰지만 이 소녀는 끔찍한 죽음을 맞았던 것이다. 비극을 은폐하는 역사 왜곡에 다름 아니었다. 3대대만 300명을 사살하고 181명을 사로잡았다고 했으니 이 사례는 이렇게 억울하게 죽어간 인천 시민들이 얼마나 많았는지 짐작케 한다.

피살자가 인민군일까 민간인일까

인천에 주둔하던 인민군은 2,000명이었다고 한다. 라주바예프는 "(월미도를 방어하던) 독립육전연대 예하 대대는 전원 전사, 인천 동북방 연안을 방어하던 107경비연대는 뿔뿔이 흩어졌다."라고 했다.

인천상륙작전 직후 월미도를 방어하던 인민군은 모두 전사했고 인천을 방어하던 인민군은 대부분 후퇴했으니 인천 시내에 있던 잔적의 상당수는 인민군이 아니라 민간인이었을 것이다. 그럼에도 사살자가 1,350명에 달했다는 것은 이 죽음의 대부분이 민간인들이었음을 알려준다.

『한국전쟁사』에는 인천에 상륙한 해병대가 9월 16일 민간인들을 학살했다는 사실을 인정하는 증언이 확인된다. 해병 3대대 11중대 2소대장 신현옥 소위는 "민간인들은 상륙 당일과 그 밤에는 거리에 나오지 않았으

---

* 진실화해위원회, 「서울·인천 지역 군경에 의한 민간인 희생 사건」, 『2010년 상반기 조사보고서』 제3권, 511쪽.

나 16일 아침부터 시가지에 나오기 시작했다. 그때 민간인이 학살된 것이 많이 있었으며"라고 증언했다.

인천상륙과정에서 무차별적인 부역자 색출과 즉결처형이 저질러졌다. 수복 당시 만세 한 번 잘못 외친 것이 총살당해야 할 이유였다는 사실과 총살에 가담한 병사 역시 이에 대해 "눈물을 머금은 것" 외에 범죄 의식은 조금도 찾아볼 수 없는 비극적 상황을 보여준다.

공격한 인민군보다 더 많이 체포당한 "적"

_1950년 9월 21일 김포

1950년 9월 18일 국군 해병대 3대대가 김포를 수복했으나 9월 20일 인민군의 반격으로 피해를 입었다. 다음 날 해병대가 인민군을 다시 반격하여 300명을 포로로 잡았다고 한다.* 당시 반격에 가담한 인민군은 150명이었다는 주장을 보면 나머지 150명의 사람들은 주민들이었음을 의심할 수 있다.

수복을 하긴 했는데
9월 15일 인천에 상륙한 미 해병대가 9월 18일 아침 8시 김포공항을 확보했으며 곧 김포를 수복했다. 『한국전쟁사』는 이 과정에서 심각한 전투는 발생하지 않았지만 밀려난 인민군들이 강화와 통진 방면에 밀려나 있었으므로 역습을 당할 우려가 있었다고 한다. 하지만 인천상륙작전이 벌어질 당시 강화에는 인민군 107연대 31대대가, 김포에는 32대대가 연대

---
* 국방부 군사편찬위원회, 『한국전쟁사』 제3권, 718~719쪽.

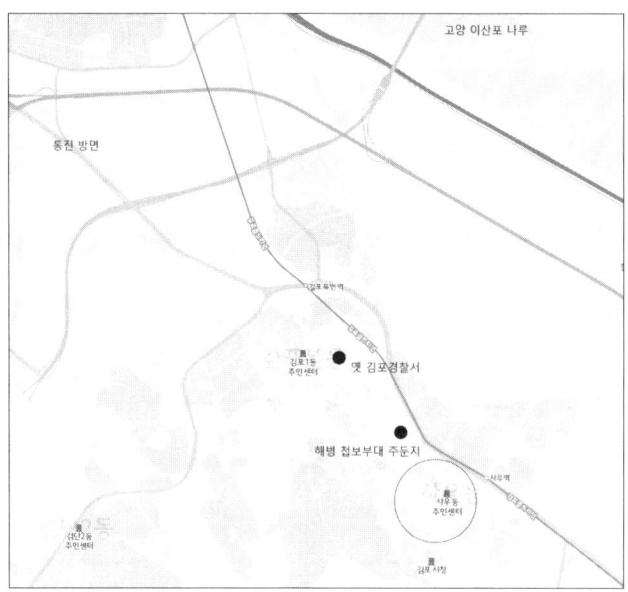

김포에 주둔한 해병대 첩보부대가 강화까지 활동하는 사이 통진과 고양으로 후퇴했던 인민군의 반격이 있었다.

본부와 함께 주둔하고 있었다고 하므로 김포에서 밀려난 인민군 부대는 32대대였을 것이다. 이들은 전투를 하지 않았으므로 퇴각한 전투력을 그대로 유지했다고 보아야 한다.

  김포 수복 직후 한국 해병대 3대대는 미 해병 5연대 배속이 해제되어 독립적으로 김포와 부평 사이 지역을 경비하고 인민군 패잔병 등을 색출하여 제거하는 임무를 맡게 되었다고 한다. 하지만 실제 이들의 활동은 패잔병이 아니라 부역 주민에 대한 보복으로 나타났다. 진실화해위원회는 증언을 통해 같은 날 100여 명의 주민들이 치안대에 의해 연행당한 사실을 확인했는데 민간 치안대의 활동도 이날부터 시작되었던 것이다. 김경모, 유연종의 증언에 따르면, 이때 경찰서 유치장에 잡혀 있던 주민은 40여 명 또는 130명이었는데 인민군의 기습으로 모두 풀려났으나 해병

> 러나 첩보부대는 잔적을 섬멸하면서 적정을 살피던 중 갑자기 약 150명으로 추산되는 적
> 으로부터 기습을 받게 되었는데 이 기습으로 말미암아 아군은 첩보부대장을 비롯하여 4

『한국전쟁사』 제3권 718쪽. 수복한 줄 알고 있던 국군은 1950년 9월 20일 후퇴한 인민군 150여 명의 반격을 받았다. 이후 재반격 과정에서 300여 명의 적병을 사로잡았다고 했다.

대가 복귀한 뒤 다시 잡혀와 경찰에게 모두 총살당했다.*

이후 해병대 3대대는 오후 5시에 박촌리까지 진출했다. 해병대 사령부는 9월 19일 오후 인민군의 상황을 파악하기 위해 정보참모부 산하에 있던 첩보부대를 김포에 보냈다. 이들은 김포읍내를 완전히 수복했다고 생각하고 9월 20일 70명을 김포에 주둔시켜 김포읍내 우체국 건너편에 있는 한 음식점(김포약국 터)에 본부를 설치하고 김포와 강화 지역에서 활동을 시작했다. 민경철 김포유족회장은 당시 김포우체국은 지금 있는 우체국과 같은 자리에 있었는데 그 건너편에는 한옥 건물들이 있었다고 했다.

기습했다는 인민군은 누구일까?

70명의 해병대 첩보부대가 부역주민을 처단하는 활동을 하던 중 9월 20일 오후 해병대의 공격을 피해 후퇴한 인민군 중 150명이 갑자기 다시 김포읍내를 공격했다. 그런데 후퇴했다가 김포로 돌아온 인민군이 어디에서 왔는지에 대한 설명이 서로 다르다.

『한국전쟁사』는 후퇴한 인민군 일부는 한강을 넘어갔지만 나머지 인민군 500여 명이 김포반도에 남아 반격을 준비하고 있었는데 이들 중 일부가 인민군 본부대의 퇴로를 확보하기 위해 공격을 벌인 것으로 설명했다. 이 말대로라면 김포반도 북쪽인 통진 방면에 모였던 인민군 부대가 김포읍내를 공격했을 것으로 보인다. 하지만 이미 70여 명의 해병대 첩보부

---

* 김진수 등, 『김포 6·25전쟁 비사』, 52쪽, 77쪽.

우체국앞사거리. 오른쪽에 김포우체국이 있다. 2019년 2월 27일 조사.

대가 양촌, 통진을 넘어 강화까지 오갔다고 하므로 이들이 반격을 준비하는 2개 대대 규모의 인민군의 동향을 파악하지 못했다는 것은 의문이 아닐 수 없다. 김포반도에 남아 있던 인민군들은 김포 북부 지역인 월곶면과 하성면, 강화 북부를 통해 개성 방면으로 후퇴할 수 있었다. 이 경로는 지난 6월 25일 공격하던 인민군 6사단이 퇴각하는 국군 1사단 12연대의 뒤를 따라 강화와 김포에 진입한 것과 같다.

공식화되어있는 또 다른 설명은 이들이 한강하류 나루터로 도하한 인민군 부대였다는 설명이다. 이에 따르면 이들이 도착한 나루터가 어디를 말하는지 분명하지 않지만 당시 고양의 이산포 나루 맞은 편에는 김포 운양동 감암포나루가 있었다. 9월 19일과 20일은 미 해병대가 행주나루를 향하다가 좌절과 공격을 반복하던 중이었으므로 후퇴하던 인민군이 이용했을 가능성이 있는 나루터는 이산포가 유일했을 것이다. 아직까지 이산포 나루가 있는 고양 송포면에 9월 20일 전후 대대 규모의 인민군이 후퇴했었다는 증언이나 기록은 확인되지 않았다. 지금은 일산대교가 양쪽 나

옛 김포경찰서가 있던 자리. 2014년 9월 23일 조사.

루터 역할을 대신하고 있다.

인민군의 기습과 퇴각

인민군이 김포읍내를 장악하자 지난 8월 18일 이후 부역혐의로 김포경찰서 유치장 등에 감금되었던 주민들이 탈출하게 되었다. 하지만 해병대가 복귀한 9월 21일 대부분 다시 체포되었다고 한다. 이때 김포읍내에 주둔한 해병대 첩보부대 부대장을 비롯해 4명이 전사했다.

당시를 목격한 김경모 등 주민 증언에 따르면 이때 수복한 해병대를 돕던 김포 호국군, 대한청년단원 등 12명이 인민군에게 잡혀 고양 지역 송포로 끌려가 총살당했다고 한다. 김 씨에 따르면 선발대로 들어온 해병대원들이 호국군 출신 등 청년들이 무장하고 있던 소총을 모두 빼앗아 갔기 때문에 대응하지 못해 죽게 된 것이라고 했다.* 희생자 명단이 충혼탑에 새겨져 있었는데 북변리에 있던 충혼탑은 현재 마산리 공원으로 옮겨

---

* 김진수 등, 앞의 책, 49~50쪽.

졌다고 한다.

첩보부대가 인민군의 공격을 받았다는 소식을 들은 해병대 3대대는 이들을 구출하기 위해 주둔지인 박촌리(현 인천시 계양구 박촌동)를 떠나 9월 20일 밤 김포에 도착했다.

당시 상황과 관련된 내용이 인민군 5656부대의 보고서에서도 확인된다. 5656부대는 1950년 8월 14일 새로 편성된 107연대(연대장 최한, 『한국전쟁사』에는 연대장을 한치한으로 기록하였다.)의 참모부대를 말한다고 한다.* 이에 따르면 반격 명령을 받은 부대는 107연대 32대대였으며 이들은 9월 21일 새벽 2시 30분 극소수의 국군을 물리치고 김포읍내를 점령했지만 아침이 되면서 반격을 받고 강화도 방면으로 퇴각했다고 한다. 이들 32대대가 31대대가 있던 통진에 집결하였을 때는 같은 날 저녁 6시였고 대대장의 행방조차 알 수 없었다. 이 보고의 인용문은 다음과 같다.

> 21일 4:00까지 김포비행장을 해방시킬 임무를 받은 32대대는 21일 오전 2시 30분에 김포시를 완전히 해방시켰음. 김포시의 적병력은 극소수였음. 날이 밝기 시작하였을 때 급격히 사격을 받기 시작하였음. 은폐를 준비 중 불의의 공격을 받은 우리 부대들에게 전투개시 명령을 하달하였으나 포사격이 심하고 부대(원)들이 '신병'인 관계로 대원들은 분산되기 시작하였음. 각 지휘관들은 이를 수습하기에 노력하였지만 불가능하였고 개별적 지휘관들은 퇴각명령을 내리웠음. 통진에 오후 6시에 도착하여 31대대를 만났으나 우리 부대들의 손실 인원 및 대대장의 행방도 모르고 있었음.**

이 보고서를 통해 9월 20일 오후에 김포에 진입한 인민군은 21일 새벽

---

* 박명림, 『한국 1950 전쟁과 평화』, 나남출판, 2003, 401쪽.
** 박명림, 앞의 책, 428쪽, 5656부대 참모부 상급보고서철 재인용.

2시 30분 김포읍내에 들어왔다가 새벽에 국군의 공격을 받았지만 저항하지 못하고 물러났음을 알 수 있다. 이 보고서에서도 이들이 어느 방면으로 후퇴했다가 반격했는지 확인되지 않지만 다시 후퇴한 곳은 31대대가 있던 통진이었음은 확인된다. 해병대 첩보부대와 함께 희생되었다는 12명의 청년들이 총살당한 곳이 고양 송포면이었다는 주장을 보면 인민군 32대대 일부는 송포로 다시 후퇴했음을 짐작할 수 있다.

사로잡힌 인민군의 수

다음 날인 9월 21일 새벽에 김포읍내로 진입한 해병대는 인민군이 주둔하던 신리(현 김포 사우동) 일대를 공격하여 300명을 사로잡았다고 한다. 앞의 인민군 보고서에는 "날이 밝기 시작하였을 때" 공격을 당했다고 했으니 이는 "아침식사를 준비하려던 참"이었다는 주장과 일치한다. 공격을 당해 흩어진 인민군들은 미 공군기의 공격으로 섬멸되었다고 한다.

 이날의 전투에 대하여 『한국전쟁사』는 다음과 같이 기술했다.

> 제3대대는 적의 기선을 제압하기 위하여 적이 집결하고 있는 신리 일대에 81mm와 60mm 박격포의 일제 사격을 가하여 2개 중대로 포위를 하는 동시에 제9중대로써 적진에 돌격케하여 백병전을 전개하게 되었다. 적은 때마침 아침식사를 준비하려던 참이었는데 불의에 박격포 세례와 해병들의 과감한 육박전에 몰리는 바 되어 문자 그대로 혼비백산되지 않을 수 없었다. 이 싸움에서 적 120명을 사로잡았으며 저항하는 많은 적을 사살하는 큰 전과를 거두게 되었다.

 해병대는 이후에도 김포읍내에서 180명의 포로를 더 생포했다고 했다. 기습했던 인민군이 150명이었고 사살한 인민군도 많았던 반면 이날 하루에 생포된 포로만 모두 300명에 이른다는 주장이었다. 사살자의 수를 밝히지 않고 있어 정확한 판단이 어렵지만 사로잡힌 인민군 수로만 보아도 인천상륙작전 후 패배하여 후퇴하던 인민군 107연대 32대대원 이상의 인원이 전멸 또는 생포되었다는 것이다. 이들 중에는 민간인들이 포함되었을 것이다.

선언에 그친 수복

_1950년 9월 21일 강화

김포 통진까지 수복한 해병대 3대대가 9월 21일 강화를 수복했다고 한다.* 하지만 해병대가 한 일은 박격포를 쏘아 국군의 진주 사실을 알린 것 외에 없었다. 정작 강화는 무법천지의 무정부 상태에 빠졌다.

"박격포"발사가 수복의 방법?

김포읍내를 수복한 해병대 3대대는 김포읍 북쪽 지역과 한강 남안 지역을 넘어 강화도까지 치안 활동을 확대했다. 대대장 김윤근은 9월 21일 대대본부를 통진초등학교로 옮기고 문수산이 있는 김포 월곶면 성동리 부근까지 인민군 패잔병 등을 수색하여 사살했다.

김포를 장악한 뒤 해병대 3대대는 9월 21일 11중대 1소대(소대장 목동욱 소위)를 보내 강화읍을 수복했다. 배를 타고 강화도에 도착한 해병대 1개 소대가 한 일은 읍내 고지에서 박격포를 쏘아 국군의 진주 사실을 알

---

* 국방부 군사편찬위원회, 『한국전쟁사』 제3권, 719~720쪽.

9월 21일 강화 지역이 수복되었다지만 9월 28일 인화리에서 38명의 우익 인사가 학살당하는 사건이 발생했다.

리는 것에 그쳤다.

이에 대해 『한국전쟁사』는 "이리하여 목 소위는 소대를 이끌고 민간 범선을 이용하여 강화도에 도착하였으며 이들은 인근 고지에 박격포 사격을 가하므로써 국군이 진주한 사실을 도민에게 널리 알리는 한편 아직도 숨어 있을 적에게 위협을 가하였던 것이다. 이 소대는 진주를 반겨 환호하는 도민들에게 선무공작을 아울러 실시하고 이미 활동을 전개하고 있는 치안대 업무를 지도한 다음 당일로 원대로 복귀하였다."라고 했다.

해병대가 강화도를 수복했다면서 한 일은 하루 사이에 고작 박격포를 쏘거나 치안대 업무를 지도한 일이었다. 이미 치안대가 활동하고 있었다는 내용이 주목되며 불과 하루도 있지 않고 당일에 김포로 복귀했다고 한다. 하지만 해병대의 수복 이후 첩보부대 요원이 간간이 출입하면서 적색분자의 활동을 적발 분쇄했고 이후 "별다른 치안상의 괴로운 일은 없게

> 중에서도 陸東植소위 지휘 하에 11중대 1소대를 江華邑에 파견하게 되었다. 이리하여 陸소위는 소대를 이끌고 민간범선을 이용하여 江華島에 도착하였으며 이들은 인근 고지에 박격포사격을 가하므로써 국군의 진주한 사실을 도민에게 널리 알리는 한편 아직도 숨어 있을 적에게 위협을 가하였던 것이다. 이 소대는 진주를 반겨 환호하는 도민들에게 선무

『한국전쟁사』 제3권 719쪽. 수복했다는 해병대는 가까운 산에 박격포를 쏘고 그날로 돌아갔으니 이건 수복이 아니라 무정부 상태를 의미했다. 간간이 출입하던 첩보부대원들이 치안대를 지휘하는 사이에 강화도 전 지역에서 강화읍으로 끌려온 주민들이 9월 28일 인화리에서 학살당하는 사건이 발생했다. 가해자가 내무서원 등이었다고 단정짓지만 실제 첩보부대 또는 치안대가 아니었는지 의심해야 한다.

되었다"라고 주장했다. 그런데 이는 사실이 아니었다. 결국 이러한 상황은 인화리에서 인민군 측에 의한 대량 학살 사건으로 나타나기도 했는데 어디까지가 사실인지 분명하지 않다.

수복 후 활동을 시작한 강화의 우익 단체
강화에서는 수복 후 일민주의청년단, 대한정의단, 민주청년반공돌격대 등이 통합하여 강화군 치안대를 결성했으며, 이후 이들 중 핵심 간부들이 강화향토방위특공대까지 발족시켰다고 한다.*

일민주의청년단은 인민군의 강화 점령 직후인 1950년 7월 2일 이승만의 일민주의를 따라 만들어진 반공지하단체였다고 한다.** 대한정의단은 1950년 8월 20일 강화에서 결성되어 활동한 반공지하단체로 11월 5일까지 활동했다고 한다.***

수복 후 발생한 인민군 측에 의한 학살 사건
진실화해위원회 조사에 의하면 당시 인화리에서 발생한 인민군 측에 의

---

* 2007년 상반기 조사보고서, 330쪽.
** 2008년 상반기 조사보고서 제2권, 617쪽~618쪽.
*** 2008년 상반기 조사보고서 제2권, 618쪽, KWC #1268.

한 민간인학살사건은 다음과 같다.

국군 해병대가 곧 강화에 들어올 것으로 예상한 인민군 측 인사들이 9월 18일 양사면 인화리포구와 철산포구 등을 통해 이북으로 후퇴했다. 하지만 9월 21일 들어왔던 해병대가 그날로 강화에서 철수하자 9월 22일 다시 들어와 강화 선원면 등 7개 면의 우익인사 38명을 강화읍 산업조합창고로 연행했다가 28일 인화리 강령뫼 산기슭 해변가 구덩이에서 집단 학살했다.*

이때 희생된 주민들은 9월 22일부터 28일 사이에 강화읍 등에서 연행되었다고 하므로 『한국전쟁사』가 말하듯이 이 기간 동안 "별 다른 치안상의 괴로움이 없었다"는 말은 사실이 아니었다. 이러한 상태를 두고 수복했다고 말할 수 없다는 것은 분명할 텐데 이러한 사건이 벌어졌다는 사실을 가장 잘 알고 있었을 국방부 연구자들의 주장이므로 또 다른 진실이 은폐되어 있는 것은 아닌지 매우 의심스럽다.

진실화해위원회의 조사는 이 학살 사건의 가해자로 9월 22일 복귀한 인민군, 내무서원, 지방 좌익을 지목했다. 9월 21일 강화도가 수복된 후 국군 첩보부대가 드나들었다는 주장은 사실일 것이다. 그리고 이 첩보부대가 이들을 가만히 두었을 리 없었다는 것도 분명했다. 이들이 9월 28일 이후 어떻게 되었는지 설명하지 않고 있는데, 고양의 "타공결사대"의 사례를 본다면, 가해자들인 이들이 "이미 활동하고 있는" 치안대였을 가능성도 검토해야 한다. 이들과 국군 첩보부대의 전투 여부, 첩보부대가 지도했다는 "이미 활동하고 있는" 치안대와 관계가 규명되어야 조금 더 진실에 다가설 수 있을 것이다.

---

* 진실화해위원회, 『2008 하반기 조사보고서』 제1권, 716쪽.

국군 1사단의 속리산 토벌작전 학살 1

_1950년 9월 25일 상주

낙동강 전선에서 북진하던 국군 1사단 12연대가 북진을 중단하고 9월 26일 상주에 주둔하면서 인민군 패잔병을 소탕했다고 한다. 이에 대해 『한국전쟁사』는 "이날 가을을 재촉하는 비가 내리는 가운데 사단은 계속 잔적을 격파하면서 전진하였다."라고 했다.*

하지만 "잔적을 격파하면서 전진"한 것이 아니라 10여 일에 걸쳐 머물면서 토벌작전을 계속했던 것이고 더군다나 이때 살해당한 잔적은 인민군이 아니라 지역 주민들이었음이 확인되었다.

수복인가 재점령인가

고전하던 낙동강 전선을 돌파해 북진하던 국군은 주둔한 지역에서 수복 군대가 아니라 점령 군대처럼 행동했다. 마을에 남아있던 주민들을 적의 억압 속에 살아남은 존재가 아니라 적에게 협력한 반역자들로 보고 색출

---

* 국방부 군사편찬위원회, 『한국전쟁사』 제4권, 158쪽.

1950년 9월 말, 미처 1주일을 넘지 않는 사이에 국군 1사단 12연대에 의해 상주에서만 18개 지역에서 100여 명이 학살당했다.

하고 처단하는 활동을 주로 했다.

　이 시기에 벌어진 민간인학살사건 중『한국전쟁사』를 통해 확인되는 사건들은 국군 1사단과 국군 8사단의 활동이었다. 특히 칠곡 가산면 다부리에서 출발한 국군 1사단은 상주, 청주, 괴산, 보은에 주둔하면서 토벌작전을 벌이면서 메서커라고 불리는 민간인 대량 학살 사건을 일으켰다.

　미 1군단에 배속되었던 국군 1사단은 9월 16일 상주로 진격하라는 명령을 받았으나 인민군의 강한 저항 때문에 진격하지 못하고 있었다. 9월 23일 큰 전투는 없었으며 24일이 되어서야 낙동강 도하 준비를 완료할 수 있었다. 하지만 미 1기병사단은 이미 낙동강을 넘어 상주에서 북진을 시작하고 있었다. 이는 미 10군단장이 미 기병사단을 앞세워 낙동강을 건너 북진을 시작하면서 국군 1사단을 예비사단으로 정하고 속리산에서

444 전쟁의 그늘

> 9月 26日 : 이날 가을을 재촉하는 비가 내리는 가운데 사단은 계속 殘敵을 격파하면서 前進하였다. 제11연대(장, 金東斌대령)는 많은 戰果를 올리면서 前進을 계속하였고, 연대 본부는 牟東面 梨洞까지 진출하였으며, 아직 渡河하지 않고 있던 제12대본부도 01.00에 上林洞을 출발하여 24.00 尙州 靑里面 佳川里에 이동완료하였다. 그리고 사단 사령부는 尙州 功城面 玉山洞으로 약진하였는데, 한편 군단 最先頭로 北進하던 美 제1기병사단의 先鋒支隊

『한국전쟁사』 제4권 158쪽. "잔적을 격파"했다고 하지만 이들이 만난 잔적은 상주의 주민들이었다. 진실화해위원회는 같은 시기에 청리면 가천리와 공성면 옥산리에서 국군 1사단 소속 국군들에게 학살당한 민간인들 피해 사실을 확인했다.

인민군 패잔병을 소탕하도록 했기 때문이었다.

국군 1사단의 북진

칠곡군 가산면 다부리 전선에서 교착 상태에 있던 국군 1사단은 1950년 9월 25일이 되어서야 낙동강을 건너 선산을 지나 상주에 도착할 수 있었다. 유엔군에게 북진하라는 명령은 인천상륙작전의 실행과 함께 내려졌지만 열흘이 지나서야 이 명령을 이행할 수 있었던 것이었다. 그런데 이 시기는 이미 인민군에게 후퇴 명령이 내려진 뒤였으니 국군이나 유엔군의 북진은 전체 전선의 변화에 따른 것에 불과한 것으로 인민군 주력 부대에게는 큰 타격을 입히지 못했다는 평가가 있었다.

그런데 『한국전쟁사』에 따르면 이날 국군 1사단은 사령부 본부를 선산읍(구미시) 내에 두었으며, 11연대는 본부를 선산(구미) 무을면 안곡리에 두고 2대대를 조치원 방면으로 전진시켰으며, 15연대는 본부를 김천 개령면에 두었다고 했다. 이들은 선산 지역의 인민군 패잔병 토벌을 했다고 하는데, 9월 26일 11연대는 토벌작전을 전개하면서 전진하여 연대 본부가 상주 모동면 이동리까지 진출했다. 하지만 상주 주민들의 기억과 비교하면 이들의 북진 일정에 대한 기록은 대략 하루씩 늦어진 것으로 보인다.

상주 주둔 12연대의 민간인학살

9월 26일 새벽 1시에 상림리(현 구미시 장천면 상림리, 낙동강 안쪽)를 출발한 12연대는 자정에 상주 청리면 가천리에 도착했으며 사단 사령부는 상주 공성면 옥산리에 주둔했다. 이들이 주둔하는 동안 상주 공성면 산현2리에서는 주민들이 주둔 군인들에게 강간, 학살당하는 사건이 발생했다.

진실화해위원회는 9월 25일 밤 12시 공성면 산현2리에 주둔한 군인들이 백봉원 등 8명을 주민들을 재실 앞 냇가에서, 9월 26일 새벽 백명월 등 6명을 콩밭고랑에서, 같은 날 청리면 가천리에서 10여 명의 주민들이 마을 너머 하천에서 살해당한 사실을 규명했다. 산현리에서 희생당한 14명 중 4명의 여성은 강간 후 학살당한 것이었는데 두 사람은 임산부였다.*

『한국전쟁사』에 의하면, 이 사건 외에도 국군 수복 후 상주경찰서가 9월 26일부터 10월 26일까지 145명을 사살하고 133명을 생포했다고 하니 이곳 주민들이 당한 피해는 국군 1사단이 말하는 "잔적 토벌", "전과"의 하나였던 것으로 의심할 수 있다. 그리고 이런 의심이 사실이었다는 것을 1960년 국회보고서 내 양민피살자신고서에서 확인할 수 있다. 신고된 날짜는 대부분 1960년 6월 10일~15일이었다.

이를 근거로 1950년 9월과 10월 상주에서 수복하던 국군에게 피살당한 주민들의 명단과 사유를 정리할 수 있다.

이안면

상주 북부 문경에 접해있던 이안면에서는 흑암리 이규○(남, 27)이 9월 16일 양범리에서 아군 선발대에게 총살당했다.

---

* 진실화해위원회, 「구미 김천 상주 영덕 포항지역 민간인 희생 사건」, 『2010년 상반기 조사보고서』 제4권, 704~705쪽.

함창면

이안면과 문경에 접해있던 함창면(현재 함창읍)에서는 윤직리 조명선(31세)이 9월 20일 마을 뒷산에서 타살당했다. 오동리 이재오(25세)는 시기는 정확히 알 수 없으나 태봉리 뒷산에서 아군 선발대에게 총살당한 것으로 보아 9월 20일 경이었을 것이다. 구향리 김한면(19세)는 9월 10일 구향리 4구에서 군인 선발대에게 피살되었다고 한다. 사건 발생 일자는 착오로 보이나 실제 전선이 명확히 구분되지 않는 경우도 많이 있는 것으로 보아 가능성은 열어두어야 할 듯하다.

화서면

화서면은 지난 7월 화령장 전투가 벌어졌다는 곳이다. 봉촌리 윤학순(25세)는 9월 26일 모서면 모서초등학교 뒤에서 피살되었다. 모서면은 화서면의 남쪽에 있었으며 모서초등학교는 모서면 삼포리에 있었다.

모서면

화서면과 화동면 남쪽에 있는 모서면에서는 모서국민학교 교장이었던 삼포리 이광세(35세)가 9월 28일 국군 수복 후 모서지서로 끌려가 가막리 뒷산에서 총살당했다. 가막리 노병열(19세)과 삼포리 황묘증(44세)은 10월 3일 가막리 내 모서면과 화동면 경계에서 육군 9연대에게 피살되었다. 9연대라면 국군 11사단 소속인데, 국군 11사단은 북진하는 국군 1사단과 교체되었는데 이 신고서에 따르면 9연대는 10월 3일 이미 상주에 도착하여 국군 1사단과 교대했음을 짐작케 한다. 국군 11사단 9연대는 이후 거창 민간인학살사건을 일으킨 것으로 악명 높은 부대였다.

모동면

화동면 남쪽에 있는 모동면에서 반계리 이종수(34세)는 9월 20일 모동면 신천리에서, 신천리 김홍배(27세), 양재운(20세), 정수봉(26세), 유동하(30세)는 9월 27일 모서면 가막리 못둑에서, 신천리 이인환(23세), 전덕희(23세), 김우현(35세), 김용덕(35세), 김효용(52세)은 9월 26일 신천리 1구 앞에서 국군에게 총살당했다.

내서면

화서면에 접해있는 내서면에서는 서원리 권학록(37세), 지장수(30세)는 "9월 10일 북진 선발대 통과 시 총살. 부대 미상"이라고 기록되어 있다. 희생 일자는 착오로 보이며 총살한 부대는 국군 1사단일 것이다.

외남면

내서면 아래에 접해 있는 외남면에서 지사리 차인식(26세)은 9월 22일 상주읍 개운리에서 국군에게 피살되었는데, 그의 희생 경위에 대해 "제11단 제2지대 제1편대 제2구대 제4,5소대장으로 근무하다가 6·25동란으로 인하여 대구까지 철수하여 교육대에 근무하다가 아군 복귀로 인하여 1950년 9월 20일 원대 복귀 후 1950년 9월 22일 상주군 상주읍 개운리

피살당시	본적	경북 상주군 모서면 가막리 189					
	주소	상동					
	직업	농업	성명	노병열	성별	남	생년월일	1932. 6. 15.
	피살연월일	1950. 10. 3.	피살장소		상주군 모서면 화동면 경계		
		육군 9연대					

모서면 가막리 희생자 노병열은 10월 3일 국군 9연대에게 희생되었다고 했다. 9연대라면 국군 11사단 소속이었다.

김원겸 가(피살자 처가) 방문한 후 오후 7시경 아군 부대명 미상 사병 3명에 의하여 복부 3발 관통으로 인하여 피살당하였음."이라고 적혀 있다. 청년 방위군 소위였던 희생자도 국군 1사단의 토벌작전에 희생되었던 것이다.

공성면

외남면 남쪽에 접해 있는 공성면에서는 금계리 서윤욱(29세)이 9월 25일 마을에서 국군에게 피살되었는데 피살 경의에 대해 "서윤욱은 6·25당시에 부역도 전무하온대 음 8월 14일 아군 선발대 지난 후 음 8월 20일 부팔수를 데리고 와 불향하고 두다리고 양인을 데리고 가서 재전 개월에서 동일 동시에 피살을 시켰습니다."라고 적었다.

이와 관련하여 금계리 부팔수(22세)의 양민피살자신고서에는 부 씨가 9월 29일 금계리에서 피살된 경위에 대해서 첨부되어 있는 별지에 "부팔수 본인은 6·25 당시 인민군에 부역 행위도 전무하고 단순한 원인은 이웃에 사는 김우석이라는 자와 사소한 일로 언쟁 끝에 수일 후 아군선발대가 들어오자 김우석은 흥분한 마음을 맘지 못하여 자기에 장남 김한배가 국방방위 장교로서 거대한 힘을 이용하여 자부인 서귀자를 시켜서 허위 빨갱이라 보고서를 작성하여 김우석이가 보고한 동시에 김우석 장남 김

피살당시	본 적	경북 상주군 모동면 신천리 146					
	주 소	상 동					
	직 업	농업	성 명	이인환	성별	남	생년월일 1928. 9. 16.
	피살연월일	1950. 8. 15.		피살장소	상주군 모동면 신천리 1구 동앞		
	군	1950년 8월 15일 오후 0시경 본 구민을 피살당한 사실 내용은 오길영과 개인 사감으로 조작하여 공비 운운하여 아군에 연락 결과로 동네 앞에서 피살당하였단 사실이 있다 함을 보고함					

모동면 신천리 이인환의 신고서이다. 8월 15일은 음력일 것이므로 희생일은 9월 26일이다.

한배가 귀가한 동시에 부팔수 본인은 반갑다 하여 인사차로 갔다가 반갑다 하여 손목을 잡으니 '이놈이 너는 빨갱이가 아니냐' 하며 손을 뿌리치기로 하도무로 하여 선는 도중에 즉시 아군이 들어와서 'ㅇㅇㅇ답소' 하고 총대로 때리고 몽둥이로 때려서 초죽음을 시켜서 가지고 가서 구덩이에 두 사람을 다 죽였습니다. 미련하온 미약한 사람을 죽었사오니 현명하온 법관께서 세세히 명찰하여 주시옵기 앙원하나이다."라고 적혀 있다.

두 신고서로 보아 당시 국군 1사단 군인들이 부팔수와 서윤욱 두 사람을 같은 날 같은 구덩이에서 총살했음을 알 수 있다.

같은 마을 박오성(45세) 역시 9월 25일 마을에서 희생되었는데 그의 희생 경위에 대해 "1948년부터 신병이 있어서 6·25 당시 후퇴도 불능하고 있다가 국군 선발대가 들어와서 군인 동원을 요구하자 자기는 신병이 있어서 노무가 불능하다고 말하자 국군이 총을 발사하여 두부를 관통하여 사망하였음."이라고 적혀 있다. 국군 1사단이 보급부대로 희생자를 동원하려다가 이에 응하지 않자 사살했다는 것이었다.

우하리에서는 김삼식(35세), 김정식(24세), 여종구(29세)은 9월 19일과 20일 마을에서 국군에게 총살당했다. 양민피살자신고서는 이들의 희생 경위에 대해 "아군 수복 당시 육군 제15연대 선발부대에 상기자는 수도 작업 중 전기 부대를 발견 공포에 떨어 당황 중 월주하다가 동 선발 대장의 발사로 총살당하였음."이라고 적혀 있다. 국군 1사단 15연대에 의해 사살당했다는 것이다.

영오리에서는 박우년(여, 23세) 9월 23일 오후 5시 친척 집에 가는 도중 금계리에서 군인에게 총살당했다.

산현리에서는 김용득(42세), 임재수(36세), 백봉원(44세), 백완규(27세), 백명규(17세), 백명월(여, 16세), 현용선(32세), 백상기(20세), 석학기(22세)가 9

피 살 당 시	본 적	경북 상주군 공성면 우하리 199					
	주 소	상 동					
	직 업	농업	성 명	김삼식	성별	남	생년월일	1916. 9. 10.
	피살 연월일	1950. 9. 19.		피살장소		상주군 공성면 우하리	
	군	아군 수복당시 육군 제 15연대 선발부대에 상기자는 수도작업 중 전기부대를 발견 공포에 떨어 당황 중 월주하다가 동 선발대장의 발사로 총살당하였음					

공성면 우하리 김삼식은 국군 15연대 선발대에 의해 9월 19일 희생되었다고 한다.

월 25일 산현리에서 군인에게 피살되었다. 이들의 희생 경위에 대해 "군인과 민간인 이태봉이 공모하여 피살함"이라고 적혀 있다. 이태봉은 전쟁 전부터 청년방위대에 가입하여 활동하면서 부녀자를 겁탈하는 등 못된 짓을 하였는데 인민군이 점령하자 마을 주민들한테 잡혔으나 미군이 폭격하는 틈에 달아났고 수복 후 다시 나타나 주민들에게 보복을 한 것이었다고 한다.* 같은 마을 백옥심(여, 25세), 송희자(여, 23세), 이복원(28세), 전태봉(여, 20세), 오경근(20세)은 9월 25일 산현리에서 군인에게 피살되었는데 백옥심, 송희자, 전태봉은 10대와 20대 여성으로 1사단 군인들에게 성폭행당한 후 총살당했다.

산현리 김재인(24세)은 9월 25일 국군 선발대에 의해 총살당했다. 희생 경위에 대해 "제1선발대에 의하여 부역행위자라고 운위하면서 무조건 총살당하였음."이라고 적혀 있다. 국군 1사단에 의해 부역자라는 누명을 씌웠음을 알 수 있다.

평천리에서는 이상찬(24세), 서왕석(24세)이 9월 27일(또는 9월 25일) 마을에서, 같은 마을 서희석(27세), 서민석(31세)은 9월 26일 마을 도로에서 군

---

* 진실화해위원회, 「구미 · 김천 · 상주 · 영덕 포항지역 민간인 희생 사건」, 『2010년 상반기 조사보고서』 제4권, 659~660, 706쪽.

피살당시	본적	경북 상주군 공성면 산현리 569					
	주소	상동					
	직업	농업	성명	김용득	성별	남	생년월일 1909. 6. 7.
	피살연월일	1950. 9. 25.	피살장소		상주군 공성면 산현리		
		군인과 민간인 이태봉과 공모하여 피살함					

공성면 산현리에서 벌어진 사건에 대한 신고서이다.

인에게 총살당했다.

장동리에서 조점순(여. 19세), 김옥순(여. 19세)은 9월 25일 금계1구 앞 백사장에서 군인들에게 총살되었다. 당시 19세 여성이었던 이들의 희생 경위에 대해 "6·25사변 전에 국민학교를 졸업하고 사변 전 곧 출가시키려고 문의 중 사변을 당하자 전 부락민과 함께 피란을 갔으나 낙동강 주변까지 가자 인민군과 교전하는 바람에 도강하지 못하고 하는 수 없이 귀가하여 피신 중 피란 못간 탓으로 인민군들에게 잡혀 약 20일간 여성동맹이라는 곳에 가입되어 형식적으로 지내오던 중 아군이 북진하자 이유 불문하고 잡아가자 3, 4일간 가진 욕을 당하고 백사장에 총살당하였음."이라고 적혀 있다. 성폭행 후 살해당했음을 짐작할 수 있다. 채광옥(43세)은 9월 23일 산현리에서 살해당했다.

옥산리 이순선(여. 27세)은 9월 25일 금릉 어매면 구례동에서 살해당했다.

청리면

외남면과 공성면 오른쪽에 인접한 청리면에서는 청하리 정종팔(18세), 최영숙(17세)은 9월 27일 가천리에서 총살당했다. 청소년이었던 이들의 희생 경위에 대해 "아무 이유 무함에도 불구하고 가천 본부까지 좀 가자더니 피살하였음."이라고 적혀 있다. 청리면 가천리에 있던 군 주둔지로 끌려가 희생되었음을 알 수 있다.

수상리에서는 김용식(58세)이 9월 26일 마을에서 총살당했다. 희생 경위에 대해 "음력 8월 15일에 아군이 복귀한다는 소식을 듣고 기분에 넘쳐 음주하여 동민과 같이 시장에 나가 그때 마침 아군의 선발대가 도착하여 동민에게 북한에 정치의 사실 문의를 하였을 때 동민은 공포감에 느끼며 전부 피하여 김용식 씨와 2, 3인이 남아 있다가 대인은 다 피하였고 음주에 만취된 용식씨만은 술에 취한 까닭에 이후 호소조차 못하고 총살당하고 말았다."라고 적혀 있다.

이 사건은 김용식의 죽음에 그치지 않았다. 3일 뒤 장례식을 도왔다는 이유로 마을 주민들이 다시 끌려가 청리면 수상리 피종수(31세)가 희생되는 일이 발생했다. 양민피살자신고서에는 희생 경위에 대해 "음력 8월 18일 동민과 같이 서산공동계 김용식 씨의 장례를 마치고 귀가하는 도중 아 선발대의 경찰관에게 장례를 하러 갔던 월년 전원을 데려 이유없는 고문을 받게 되어 2, 3회 받고 요행이 타인은 귀가하였다 귀가하여 온 사람에게 문의 결과 다음과 같다 종수는 물론 자신은 북한의 가담사실 부역자 신고는 없으나 그려 무슨 이유였는가 종수씨만이 상주경찰서에서 남아 행방불명이 되었다."라고 적혀 있다.

가천리에서는 이태하(25세)가 9월 20일 경 피란하지 않았다는 이유로 연행당한 뒤 총살당했다. 김철원(25세)은 9월 27일(음력 8월 16일) 희생되었다. 희생 경위에 대해 "1950년 9월 인민군 후퇴시 국군 선발대가 3일간 본 부락에 체류 중 총살 매몰시킨 것을 월여 후 발견"되었다고 적혀 있다. 김형우(24세)는 9월 29일(음력 8월 18일) 실종되었다. 신고서에는 "1950년 9월 인민군 후퇴시 아군 선발대가 본 부락에 체류하고 떠날 때 데리고 갔는데 금일까지 행방불명"이라고 적혀 있다. 김형문(25세)은 9월 29일(음력 8월 18일) 실종되었다. 신고서에는 "피살자는 1950년 음 8월 18일 본가에 있는 중 당시 이곳을 통과중이던 국군 11연대(이하불상) 군인에 의하여 불법 체포되어 동일 밤 김천 방면으로 추력에 동승하여 북진도중 총살한 것으로서 장소 등 미상임"이라고 적혀 있다.

마공리에서 김만식(18세), 김의식(22세)은 9월 28일 마을 뒷산에서 총살당했다. 희생 경위에 대해 "위 피살자는 1950년 음 8월 17일 오후 2시경 본가에 있던 중 당시 이곳을 통과 중이던 국군 제12연대 이하불상 군인 3명에 불법 연행되어 동일 오후 3시경 동가의 뒷산에 인치하여 총살한 것임."이라고 적혀 있다. 같은 마을 전○용(25세)에 대해서는 "위 피살자는 1950년 음 8월 17일 오후 1시 불상에 동리 친본가에서 용무를 보던 중 당시 본동을 통과 중이던 국군 12연대 이하불상 군인에 무단히 체포되어 동리 뒷산에 인치되어 피살된 것임."이라고 적혀 있다.

낙동면

청리면과 상주시 오른 쪽에 있는 낙동면에서는 장곡리에서 수복하던 국군과 유엔군에 의해 낙동리에서 사살당한 주민들이 있었다. 김응조(18세), 정도원(45세), 이용달(27세), 이용훈(22세)이 9월 17일 함께 희생된 사실이

피살당시	본 적	경북 상주군 청리면 가천리 388					
	주 소	상 동					
	직 업	학생	성 명	김철원	성별	남	생년월일	1926. 6. 16.
	피살연월일	1950. 8. 16.	피살장소		경북 상주군 청리면 가천리		
	1950년 9월 인민군 후퇴시 국군선발대가 3일간 본 부락에 체류 중 총살 매물시킨 것을 월여 후 발견						

청리면 가천리에서 벌어진 사건에 대한 신고서이다.

신고서에서 확인된다.

상주읍

상주읍에서는 화산리 김서익(29세), 임갑출(27세)이 9월 30일 인민군 식량을 보급했다고 상주 방위대에 자수하러갔다가 9연대 헌병대에게 상주읍 개운리에서 사살당했다.

양촌리에서는 교원이었던 조인하(35세)가 9월 28일(음력 8월 17일) 연행당한 후 1개월 뒤 상주읍 화산리에서 시체로 발견되었다. 위 김서익 등과 함께 희생되었을 것으로 보인다.

신봉리에서는 김성안(24세)이 9월 25일 계산리 2구에서 국군 12연대 헌병에게, 김상진(23세)이 10월 3일(음력 8월 22일) 국군에게 사살당했다.

낙양리에서는 권점분(여, 20세), 김수암(26세), 최이용(20세), 이광성(21세), 박진규(21세) 등이 9월 20일경 상주농고에 주둔하던 군부대로 연행된 후 실종되었다. 상주농고는 현재 상주시 낙양동에 있는 상주공업고등학교로 보인다. 같은 마을 박승곤(남, 25세) 역시 9월 15일경 상주경찰서로 불려간 뒤 실종되었다.

의사였던 성하리 김기석(54세)은 10월 4일(음력 8월 23일) 국군 수복 후 경찰서에 자수하러 간 뒤 화산리에서 총살당했다.

국군 1사단 속리산 토벌작전 학살 2

_1950년 9월 29일 청주 괴산 보은

유엔군이 북진하던 시기인 1950년 9월 29일 국군 1사단 12연대가 상주에서 토벌작전을 벌이는 동안 국군 11연대는 청주와 괴산, 15연대는 보은 등에서 토벌작전을 벌였다.*

앞에서 상주의 토벌작전에 민간인에 대한 집단 학살이었음이 확인되었다. 그렇다면 청주나 괴산, 보은에서는 어땠을까?

인민군 패잔병이 보은을 통과했을까?

보은의 수복은 9월 24일부터 30일 사이에 이루어졌다고 한다.** 이 기간에 보은을 지나간 유엔군은 미 1군단 1기병사단 7기병연대(노근리 사건을 일으킨 부대이다), 국군 6사단과 8사단, 1사단이었다. 특히 미 1군단에 배속되었던 국군 1사단 소속의 부대 중 11연대와 15연대가 보은에 주둔했다.

---

* 국방부 군사편찬위원회, 『한국전쟁사』 제4권, 159쪽.
** 『보은군지』, 308쪽.

1960년 조사된 국군 1사단 12연대의 상주 학살 사례를 보면 청주, 괴산 보은 등에서도 큰 피해가 있었음을 짐작할 수 있지만 아직까지 제대로 알려지지 않고 있다.

국군 1사단 11연대는 상주를 거쳐 9월 27일 보은 마로면 관기리에, 15연대와 사단 사령부는 보은읍에 주둔했다.* 이들이 주둔한 목적은 패잔 인민군이 속리산, 소백산맥을 통해 후퇴하는 길을 막기 위해서였다고 했다.

9월 28일 11연대가 본부를 마로면에서 청주 가덕면 인차리로 이동했다. 1대대와 3대대는 회인 부근에서 인민군 패잔병을 소탕하고 다음 공격을 준비했으며, 2대대는 인민군이 소백산맥의 후퇴로를 확보하기 위해 회인과 청주 사이의 도로를 점령하자 미원면을 지나 저녁 8시 괴산 청천면 청천리에서 인민군의 후퇴로를 다시 차단하였다고 한다.

국군 1사단 15연대도 보은 지역을 중심으로 9월 28일부터 10월 4일까지 토벌작전을 벌였다고 하는데 보은과 경계인 문경까지 이들의 작전 범위였다. 그런데 지난 진실화해위원회의 조사결과, 토벌작전을 벌였다

---

* 국방부 군사편찬위원회, 앞의 책 제4권, 159쪽.

> 9월 28일 : 제11연대 본부는 仁次里에 진출하였으며, 제1대대(장, 金 沼소령)와 제3대대(장, 李茂重중령)는 懷仁부근에서 敗走하는 敵을 격파한 다음, 집결하여 次期추격을 준비하였다. 제2대대(장, 車甲俊중령)는 湖南地區 및 大邱―永川 등 各 戰線에서 후퇴하는 敵이

『한국전쟁사』 제4권 159쪽. 국군 1사단 11연대가 회인에서 토벌작전을 벌였다.

지만 10월 4일까지 주둔 지역의 주민들을 소개하고 학살하는 만행을 저질렀던 것으로 확인되었다. 그리고 같은 피해로 짐작되는 사례가 『한국전쟁사』에서도 확인되었다. 그런데 정말 인민군 패잔병들은 보은을 통해 월북했던 것인지조차 의문이 아닐 수 없다.

『한국전쟁사』

먼저 『한국전쟁사』에 따라 국군 1사단 11연대와 15연대의 활동을 일자별로 정리하면 다음과 같다.*

○ 9월 29일

『한국전쟁사』는 보은 회인면에 주둔하던 국군 1사단 11연대 3대대가 회인에서 괴산 미원으로 이동하여 피반령(회인면 오동리) 일대를 점령한 인민군을 공격했으며, 그 뒤 수장을 지나 송정리(증평 도안면)로 진출했다고 한다. 1대대 역시 피반령과 쌍암리(회인면), 삼일봉 일대를 공격했다고 한다. 15연대는 같은 날 문의면(청주 상당구), 중촌(옥천 안남면 연주리), 선곡리(보은 삼승) 일대에서 토벌작전을 벌여 낮 11시에 상초리(장소가 명확하지 않다. 상초리는 문경읍에 있다)에 집결한 인민군 패잔병 정찰대원 50명을 생포했으며, 12시 40분 주력을 공격했다고 한다. 낮 11시 30분에는 문산리(청주 상당구 문의면) 마을 앞산에 주둔한 500여 명을 공격했다.

---

* 국방부 군사편찬위원회, 앞의 책 제4권, 159~163쪽.

○ 9월 30일

11연대는 연대 지휘소를 미원면에 두고 1대대를 미원면에, 2대대를 청천면에, 3대대를 송정리(증평 도안면)에 두었다. 3대대는 피반령, 두산리(청원 남일면), 굴암리, 송정리에서, 1대대는 미원에서, 2대대는 청천면 청천리, 강평리, 금단리에서 활동했다.

15연대 1대대는 지휘소를 지동에 두고 보은 회인면 동정동(현 수한면 동정리), 죽암리(회인면), 만장리에서 활동했으며, 2대대는 삼성방면으로 진격한 뒤 교전하여 150명을 사살하거나 생포했다고 한다.

○ 10월 1일

11연대는 10월 1일 1대대를 산내리, 문정, 낭성, 창리 일대에, 2대대를 월룡리, 어암리, 송정리 일대에 배치했다. 15연대는 보은 지역 속리산 삼가리, 마로면 관기리, 삼성산에서 활동했다.

○ 10월 2일

11연대는 괴산 증평에 지휘소를 두고 1대대는 진천에서, 2대대는 청천리, 괴산읍에서, 15연대 2대대는 보읍 관기리와 창리에서, 3대대는 장연리에서 활동했다.

○ 10월 3일

11연대 1대대는 계속 진천에서, 3대대는 증평에서, 15연대는 미원에서 활동했다.

○ 10월 4일

11연대는 괴산, 증평, 진천에서, 15연대 역시 담당 구역인 보은 지역에서 활동했다. 상주에 있던 12연대는 이날 11시 상주읍을 출발하여 청주시로 이동했다. 이날로 국군 1사단은 청주와 괴산 지역 일대에서 토벌작전을 마치고 10월 5일 진천으로 집결했다. 그 뒤 토벌작전은 미 24사단에 배속되었던 국군 9연대(이후 국군 11사단에 배속되어 1951년 2월 초 거창 산청 함양 민간인학살사건을 일으킴)가 이었던 것으로 나타난다. 이때 미 24사단이 국군 1사단과 교체되어 예비 사단으로 지정되었다.

이상에서 국군 1사단이 패잔 인민군과 전투한 것으로 보이는 사례는 9월 29일 11연대의 회인면 오동리 피반령 일대 전투와 15연대의 상초리 50명 생포와 문의면 문산리 500명 공격, 9월 30일 15연대의 삼성산 150명 사살 생포 전투로 29일과 30일 양 이틀 외에는 인민군 패잔병과 전투했다는 보고가 없다.

15연대와 보은 지역 민간인학살
9월 28일 보은에 집결한 15연대는 이들은 회인면 신대리와 죽암리에 진입하여 3일 동안 주둔하면서 마을의 부역자를 색출하였다. 이 과정에서 죽암리 양재길, 신대리 양재호 등 5명의 주민들이 회남면 거교리 야산으로 끌려가 희생당했으며, 같은 시기 죽암리 홍선표 등 3명은 죽암리 잔디말랑에서 희생당했다. 10월 1일에는 눌곡리 주민 10여 명이 군인들에 의해 중앙리에 있는 현남지서로 연행되어 중앙리 입구 회인천 개울가에서 20여 명의 주민들과 함께 총살당했다.* 지난 조사결과를 요약하면 다

---

* 진실화해위원회, 「충북지역 군경에 의한 민간인 희생 사건」, 『2010년 상반기 조사보고서』 제3권, 135~138쪽.

회인면 중앙리 회인천 냇가. 눌곡리 박순경 등 20여 명이 희생되었다고 알려졌다. 2019년 7월 5일 조사.

음과 같다.

○ 1950년 10월 1일 회인면 중앙리 박순경
1950년 10월 1일 눌곡리에 진입한 국군은 주민 7~8명을 연행하여 박순경의 집 마당에 잡아 두었다가 박순경과 함께 이들을 중앙리에 있는 지서로 끌고가 인근 회인천 냇가에서 총살당했다. 당시 냇가에는 20여 명의 시신이 버려져 있었다.

○ 1950년 10월 1일~2일 회인면 죽암리 2구 잔디말랑 홍선표 등 3명
죽암리 1구 구장 홍순만은 9월 말 집으로 찾아온 3명의 군인에 의해 연행되었다. 당시 건강 상태가 안 좋아 걷지 못해 마을청년에게 업혀 죽암리 2구 양재면의 집으로 끌려갔다가 10월 1일 죽암리 잔디말랑에서 총살되었다. 10월 2일 홍선표는 죽암리 2구에 사는 큰아버지댁에 다니러 갔다가 군인에게 연행된 뒤, 같은 날 홍순장은 집으로 찾아온 2명의 군

인에 의해 죽암리 2구로 연행되어 죽암리 잔디말랑에서 손이 뒤로 묶인 채 총살되었다.

○ 1950년 10월 2일 회남면 거교리 야산 양재길 등 5명
1950년 9월 28일 수복 이후 회인면 신대리와 죽암리에 국군이 진입하여 신대리에서 가장 큰 집이었던 양을석과 박춘수의 집에 3일간 머물면서 주민들을 색출하여 조사하였다. 이 과정에서 양재길, 양재호, 양재규, 박춘수, 한유득이 집으로 찾아온 국군에 의해 연행되었다가 1950년 10월 2일 신대리 마을 남쪽으로 약 1.5km 거리에 위치한 회남면 거교리 야산 계곡에서 총살되었다. 현장에 끌려간 다섯 명 중 양재길, 양재호, 양재규, 박춘수 등 4명은 현장에서 사망하였고, 한유득은 가슴에 총상을 입고 구사일생으로 살아 돌아왔으나 총상과 정신적 후유증으로 앓다가 사망하였다.

지난 진실화해위원회에 의해 확인된 보은지역 희생자들은 10월 1일과 2일 모두 희생되었다. 『한국전쟁사』가 주장하는 전투일이 9월 29일과 30일이었으므로 이를 사실로 보고 판단한다면 인민군 패잔병들은 9월 29일과 30일 국군 1사단과 전투를 하며 보은지역을 통과하였고, 이후 국군 1사단이 남은 패잔병을 소탕한다며 주민들을 학살했던 것으로 짐작할 수 있다.

11연대와 청주 청원 괴산 지역 민간인학살
지난 진실화해위원회의 조사결과에는 국군 수복 시기에 보은 외에도 괴산과 청주, 청원에서 국군 1사단의 토벌작전 피해가 확인되었다. 보은 지

역 외에서 벌어진 사건에 대한 조사결과를 정리하면 다음과 같다.

청주에는 11연대가 10월 1일 진입했는데 1대대는 청주 낭성면, 3대대는 북이면 송정리 일대에 배치되었으며 2대대는 후평리(괴산 청천면) 고지 일대에 토벌을 시작했다. 10월 2일에도 작전을 계속한 결과 적 486명을 사살했으며 806명을 포로로 생포했다고 한다.

청원에서는 1950년 9월 29일 가덕면에 국군이 진입하여 가덕국민학교에 주둔했다. 그런데 이들의 진입과 동시에 마치 준비하고 있었다는 듯이 구경나온 주민들을 연행하기 시작했으며, 부역 주민들을 색출하는 자리에서 태도가 불량하다며 총살당하는 주민이 생기기도 했다.

같은 날 주둔을 시작하던 국군은 가덕면내 31개 마을과 이웃인 남일면 문주리 등에서 부역혐의를 받던 주민 100여 명을 색출하여 연행한 뒤 병암리에 있던 가덕지서와 가덕국민학교에 감금했다가 지서 동남 방향 앞산 방공호에서 모두 총살했다. 진실화해위원회는 100여 명의 희생자들 중 행정리 주민 9명의 희생 사실을 규명하는 것에 그쳤다.

학살은 10월 2일까지 계속된 것으로 나타난다. 10월 1일 국군에게 가덕지서로 끌려간 남일면 문주리 주민 3명이 10월 2일 새벽 다시 가덕지서 앞산 방공호에서 총살되었다. 시신은 모두 수습되었다고 한다.*

괴산에서는 국군 1사단 11연대가 9월 28일 청천면 청천리에 진입했으며 수복과 함께 인민군 점령 하에서 인민위원회 등에 부역한 주민들을 색출해 즉결처분했다. 진실화해위원회 조사결과 국군이 진입하던 9월 28일 괴산군 연풍면 갈금리 이웃 자택 뒷밭 방공호에서 지내던 25세 청년이 국군의 수색에 발견되어 연행된 뒤 대검으로 살해되었다.**

---

* 진실화해위원회, 앞의 책 제3권, 142~145쪽.
** 진실화해위원회, 앞의 책 제3권, 146~148쪽.

국군 1사단의 북진과 국군 11사단으로 교체

국군이 속리산 부근에서 10일 가까이 토벌작전을 벌이던 시기는 퇴로가 막힌 인민군이 잠시 머물렀을 뿐으로 인민군보다 오히려 주민들 피해가 컸다는 주장이 있다. 이들의 토벌작전에 의해 이 지역 주민들이 얼마나 희생되었는지 아직까지 가늠할 수 없지만 청주에 대한 『한국전쟁사』의 주장과 보은, 괴산, 청원에 대한 진실화해위원회의 조사를 종합하면 피해 민간인의 수는 600명 정도에 이를 것으로 보인다.

미 9군단 소속으로 속리산 토벌작전을 벌이던 국군 1사단은 10월 3일 출발하여 10월 20일 평양에 도착했다. 한편 1950년 8월 27일 육군본부 직할부대로 경북 영천에서 창설된 국군 11사단은 후방의 토벌작전을 준비했다. 『미 8군 정기작전보고 3』, 199쪽, 제263호에 따르면, 9연대(연대장 김희준 대령)는 1950년 10월 6일 미 25사단에 배속되어 10월 8일 상주로 이동했다고 한다.*

---

* 진실화해위원회, 『2009년 하반기 조사보고서』 제7권, 657쪽.

이미 수복된 곳에서 누구와 다시 전투를 벌였을까?

_1950년 10월 2일 양평

국군 8사단은 1950년 10월 2일 양평에 진입하면서 인민군과 전투를 치렀다고 한다.* 하지만 양평에는 10월 1일 이미 국군 6사단이 진입해 전투를 치렀으며, 10월 2일에는 많은 주민들이 부역혐의로 학살당했다. 국군 8사단이 치렀다는 전투는 민간인학살사건이 아니었는지 의심할 수 있다.

국군 8사단과 6사단의 양평 수복

『한국전쟁사』에 따르면 낙동강 전선을 넘어 원주에 돌입한 국군 8사단은 서울로 진격하라는 명령을 받고 양평을 향했다. 당시 양평에는 1개 연대 규모의 인민군이 진지를 구축한 것으로 알려졌으므로 10연대로 퇴로를 차단하고 21연대로 정면을 공격했다고 한다. 우회한 10연대에 비해 정면을 공격한 21연대는 인민군의 완강한 저항에 직면했으니 10월 2일 오후 3시에 시작된 전투는 5시까지 계속되었다고 한다. 이에 사단장은 예

---

* 국방부 군사편찬위원회, 『한국전쟁사』 제4권, 114쪽, 135쪽.

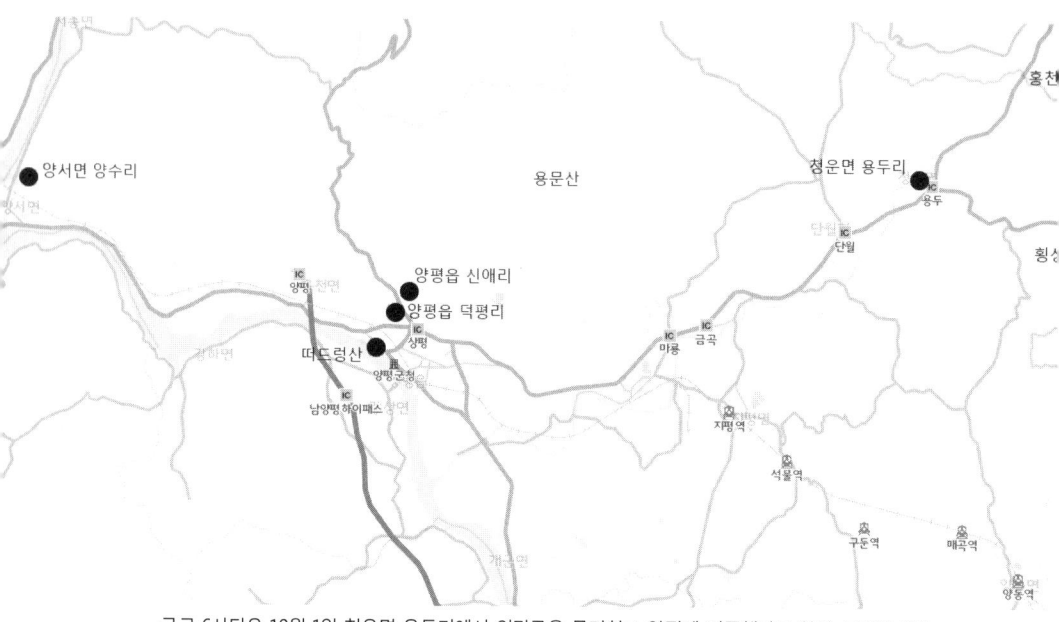

국군 6사단은 10월 1일 청운면 용두리에서 인민군을 물리치고 양평에 진주했다고 한다. 그런데 다음 날인 10월 2일 국군 8사단이 다시 인민군과 전투를 치른 뒤 양평을 수복했다. 객관적 정황으로 보아 국군 8사단의 전투는 민간인학살로 의심된다.

비대인 16연대를 증원하여 공격하게 하자 패배한 인민군들은 용문산으로 후퇴했다고 주장한다. 그런데 이 책을 통해서 양평 어느 곳에서 이러한 완강한 전투가 벌어졌는지 분명하게 확인되지 않아 이 전투 사실이 있었는지 알 수 없다.

한편 양수리 지역에는 10월 1일 국군 해병대가 수복했으며, 같은 날 횡성에서 양평으로 진입하던 국군 6사단 19연대 3대대는 오후 4시 용두리(양평군 청운면)에서 1개 대대 규모의 적으로부터 완강한 저항을 받았다고 한다. 국군은 이들의 저항을 격파하고 양평읍내까지 진격하여 부대를 재정비했다고 한다.*

이상을 종합하면 격렬한 전투를 치른 국군 6사단은 10월 1일에, 또 다시 전투를 치른 국군 8사단은 10월 2일에 양평 읍내 같은 장소를 다시

---

* 국방부, 앞의 책 제4권, 135쪽.

> 이날 15.00에 이르러 제10연대는 東北쪽으로 迂廻하였으나, 제21연대는 敵의 완강한 저항에 부닥쳐 17.00까지 2시간에 걸쳐 피아간 치열한 攻防戰을 展開하고 있었다. 이에

『한국전쟁사』 제4권 114쪽. 국군 8사단 21연대는 1950년 10월 2일 낮 3시부터 5시까지 치열한 전투를 벌였다고 했다.

> 며, 13.30에 龍頭里를 출발하여 16.00 楊平까지 진격하였는데, 이 부근에서 1개 대대규모의 敵으로부터 완강한 저항을 받았다. 대대는 즉시 전투태세를 갖추고 敵陣을 正面으로 돌파하여 아 敵을 分斷, 격파한 다음, 楊平邑內까지 진격하고 四周경계애 임하면서 부대를 재정비하였다. 제2대대(장, 金旭篆소령)는 사단 예비대로서 사단 사령부와 같이 原州에서

『한국전쟁사』 제4권 135쪽. 국군 6사단 19연대 3대대는 1950년 10월 1일 오후 4시 양평에서 인민군의 저항을 격파하고 양평읍내까지 진격했다고 한다. 그렇다면 10월 2일 국군 8사단과 양평에서 전투한 인민군은 또 누구였단 말인가?

수복했다. 같은 장소를 이틀에 걸쳐서 수복했으니 모순이 아닐 수 없다. 즉, 국군 6사단과 8사단은 각각 1개 대대와 1개 연대 규모의 인민군과 양평에서 전투를 치렀다고 하니 수복을 하지 못한 것을 수복했다고 주장하는 것이 아닌 이상 어느 부대인가는 거짓으로 전투 상황을 보고하는 것이었다.

군이 비교하자면 전투 지역이 용두리라고 밝힌 6사단에 비해 8사단의 경우 위 전투가 벌어진 지역이 정확히 드러나 있지 않는다. 6사단에 비해 8사단의 전투 주장이 먼저 의심받을 만하다.

10월 2일의 민간인학살

여기에 진실화해위원회의 조사결과를 살펴보면 의문은 더욱 증폭된다. 이에 따르면, 양평면 덕평리에서는 1950년 10월 2일경 덕평리 노용희와 덕평리에 이웃한 신애리 주민 40여 명이 부역자의 가족이란 이유로 도장굴 공동묘지 입구와 신애리 공회당 부근에서 국군 8사단에 의해 살

용두리에서 본 여물리 모습. 오른쪽 야산에 현충탑이 있다. 이 전투와 관련이 있을 것으로 보이나 비문에는 한국전쟁 중 전사자 명단 외에 관련된 아무런 사연도 소개되어 있지 않다. 2019년 8월 21일 조사.

해당했다.* 신애리는 항일운동가 홍남표의 생가가 있던 마을이어서 피해가 컸다고 한다. 이 민간인학살사건의 가해 주체는 읍내에 주둔하고 있던 국군 8사단이므로 이 전투 이전에 이미 수복이 이루어졌음을 알 수 있다.

양평경찰서 등 양평읍내 곳곳에 국군 6사단과 미군이 10월 1일 진입했다는 사실은 여러 곳에서 확인된다. 심지어는 10월 2일 양평에서 인민군과 전투했다는 국군 8사단 21연대 군수참모 허순오 소령조차 자신들이 10월 1일 양평에 진주했다고 증언하고 있다.** 당시 국군 8사단의 정보참모였던 이세호 소령도 9월 30일 저녁 8시 인민군과 전투 후 10월 1일 오후 5시 양평을 점령했다고 증언했다.***

이 정도 증언이 있다면 국군 8사단이 양평 진입을 마친 날은 분명히 10월 1일이라고 판단할 수 있다. 그리고 대규모 전투가 있었다면 주민 학

---

* 진실화해위원회, 『2009년 상반기 조사보고서』 제3권, 681쪽.
** 진실화해위원회, 「양평지역 적대세력 사건」, 『2007년 상반기 조사보고서』, 176쪽.
*** 이세호, 『한길로 섬겼던 내 조국』, 225쪽.

양섬 쪽에서 본 떠드렁산 희생추정지 모습. 아래 사진으로 보아 촬영자는 이 사진 중앙 아래 부근에 있었고, 학살 장소는 이 사진 떠드렁산 우측 아래에 수몰되었을 것이다. 떠드렁산은 큰 물이 내려야 물이 찼는데 1973년 팔당댐이 만들어진 뒤 물에 잠기기 시작했다. 2020년 9월 22일 조사.

1951년 2월 미군에 의해 떠드렁산 모래사장에서 민간인의 시신이 발견되었다. 미군 조사관의 당시 소견에 따르면 1950년 10월 사망한 사람들이었으니 부역혐의로 수복 국군이나 경찰에 의해 학살당한 사람들로 보인다. 출처, 미 국립문서보관소 KWC33 문서군 RG 153 Records of the Office of the Judge Advocate General(Army).

살이 있기 이전이어야 한다. 10월 2일 당시 마을회관에 갇혀 있던 30여 명의 부역주민의 가족들을 목격한 마을청년 박 씨는 읍내에 주둔한 국군을 이들에게 안내했으며 이후 주민들이 총살당하는 모습을 모두 목격했다. 다음 날까지 다른 마을에서 국군들의 총살이 계속 있었다고 한다. 이로 보아 국군 8사단이 10월 2일 양평에서 치렀다는 전투는 부역혐의를 받았던 주민과 그 가족들을 총살한 사건을 전투로 보고했을 가능성이 높아 보인다.

제9장

제거당하는 잔적은 누구

10월 중순, 전선은 이미 이북 지역으로 넘어가 있었다. 인민군의 남진이 남침이었듯이 국군과 유엔군의 북진은 북침이었지만 우리의 역사는 북침이라는 용어를 절대 쓰지 않는다. 역사를 바라보는데에 있어서도 동일한 잣대를 갖고 있지 못한 것이다.

이번에 살펴 볼 지역들은 이 시기에 이남 지역에서 인민군 패잔병을 토벌한다며 전투가 벌어진 곳들이다. 하지만 영주, 강경, 공주, 영암, 장흥 등 이미 오래 전에 수복된 지역들이었고 인민군이 주둔했거나 조직적으로 후퇴하는 도중에 있는 곳이라고도 할 수 없었다. 이 시기에 실제 사살당한 사람들은 인민군 패잔병이 아니라 군과 경찰의 체포를 피해 깊은 산속으로 피신하여 생활하던 마을 주민들이 대부분이었다. 인민군 패잔병들이 빨치산으로 전환했다고 하지만 인민군 패잔병 출신이 사살당했다는 경우는 민간인들이 학살당한 경우에 비해 상대적으로 드물다.

공주에서는 계룡산에 숨어 지내는 무리를 공격했다고 하는데 당시 계룡산에는 피신한 민간인들이 많았다고 한다. 영암 금정면에서는 1,500여 명의 유격대를 공격했다고 하는데 수십 명 외에는 무장이 없는 상태였다고 했다. 피신하던 무리들이 해병대 매복조에 걸렸다거나 적색분자를 사살했다는 것으로 보아 이들 대부분은 민간인들이었음에 분명했다. 장흥 유치 신월리에서도 빨치산을 공격했다고 하지만 피란민으로 보였다. 영주 부석면 소천리에서는 토벌작전이 끝난 후 다시 나타난 무리를 공격했다. 강경에서는 300명의 부역 주민이 포로가 되었다고 했다. 민간인들이었음이 분명했는데도 포로로 취급했음을 보여준다.

　토벌작전에 의한 민간인학살 피해 역시 같은 맥락에서 이해할 수 있다. 인민군 정규군이 없었으므로 1950년 11월과 12월에 이남 곳곳에서 벌어졌다는 전투는 무장 빨치산 또는 무장 유격대와 벌어졌어야 했다. 만약 그들이 무장 세력이 아니었다면 이는 전투라고 할 수 없는 일방적인 민간인학살에 해당할 것이다. 경기도 가평은 물론 충남 논산 강경이나 단양, 전북 고창, 전남 담양과 보성, 경북 김천, 경남 합천에서 전투가 벌어졌다. 빨치산부대라고 하지만 곡괭이나 들고 있었다고 하거나 꽹과리를 울리면서 공격하기도 했다고 한다. 이를 두고 무장 빨치산이라고 부를 수 있을지 의문이다. 경북 김천의 경우는 체포를 피해 산에 숨어 지내는 부역혐의 주민들을 공격한 뒤 공비라며 학살을 합리화하기도 했다.

　1951년에 접어들면서 다시 전선은 경기 이남 지역까지 내려왔고 전선이 이동하는 전쟁은 여기에서 끝이 났다. 하지만 인민군의 진입이 이루어질 수 없었던 지역에서 토벌작전은 계속되었다. 당시 전북 지역이었던 금산은 물론 전남 영광과 경북 안동, 의성에서도 민간인학살로 의심되거나 확인된 사건들이 있었다. 아군의 피해가 없었고 유격대가 저항 없이 도망만 다녔다고 하니 이들이 정말 무장 유격대인지 의심할 수 있었고, 실제 마을 주민을 사살하고 "적"이라고 한 경우도 확인되었다.

계룡산에 숨어 지내는 무리를 공격하다

_1950년 10월 8일 공주경찰서

『한국전쟁사』는 1950년 10월 8일 10시 공주경찰서(서장 조시원 총경)가 인민군 패잔병 50여 명이 계룡산에서 숨어 지낸다는 정보를 얻고 이를 수색하던 중 산 북쪽 능선에서 한 무리의 사람들을 발견하고 공격한 결과 5명을 사살하고 20명을 생포했다고 한다.[*]

그런데 노획한 소총은 소련제로 2자루에 불과했으니 이들이 과연 인민군 패잔병이었다고 볼 수 있을까? 혹시 당시 체포를 피해 계룡산에서 피신하던 공주 지역의 주민들은 아니었을까?

낙오한 인민군이나 피신 중인 부역 주민이나

공주에는 빨치산 활동을 할 만한 깊은 산이 없었고 좌익 세력도 미약한 지역이었다. 계룡산의 천왕봉 상봉, 마명암, 상신리와 신원사 계곡 등 계룡산에는 낙오한 인민군과 체포를 피하던 주민들이 쫓기고 있었다고 한다.

---

[*] 국방부 군사편찬위원회, 『한국전쟁사』 제4권, 737쪽.

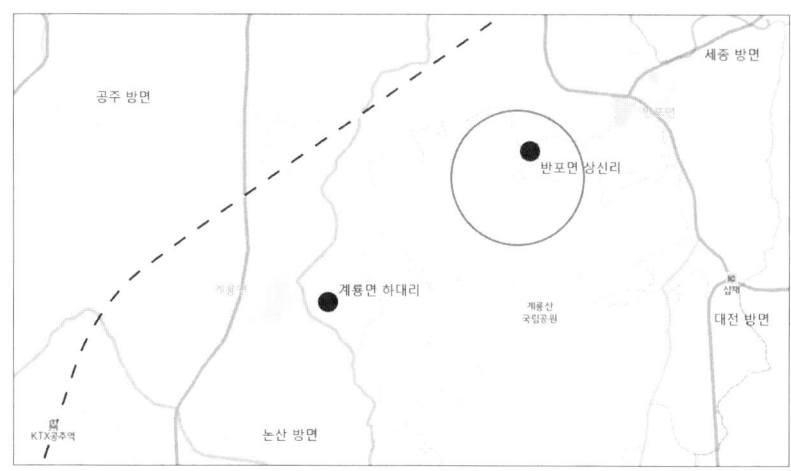

5명이 사살당하고 20명이 생포되었다는 계룡산 북부능선에는 반포면 상신리가 있다.

피해 주민들의 구체적인 규모는 알 수 없다. 다만 신원사 부근에서 20여 명 정도의 인민군 패잔병 또는 빨치산이 은거하다 미군의 진주 후 사라졌다는 주장이 있다.[*]

같은 시기에 공주 지역에서 사람들이 목숨을 잃은 것으로 확인되는 사건들은 인민군 패잔병이 아니라 부역혐의를 받던 민간인들이었다. 당시 발생한 사건을 정리하면 다음과 같다.[**]

· 수복 직후 신풍면 각 리에서 연행된 30여 명의 주민들이 대룡초등학교(대룡리 407-2, 현재 폐교임)에 갇혀 심사를 받았다. 조사 자료에는 이들이 이후 어떻게 되었는지 확인되지 않았지만 상당수는 인근에서 학살당했을 것이다.
· 유구읍 입석리에서는 십여 명의 주민들이 치안대에 의해 학살당했다.

[*] 진실화해위원회, 동아대학교 석당학술원, 『한국전쟁 전후 민간인 집단희생 관련 피해자현황 조사 용역사업 결과보고서』, 2007, 237쪽.
[**] 같은 책, 264~265쪽.

> 10월 8일 : 10.00 趙時元충경이 지휘하는 公州경찰서부대는 鷄龍山에 잠복 중인 敵 패잔병 50여명을 수색 중, 鷄龍山 北部능선에서 발견한 결과, 즉시 공격하여 이를 격퇴하였다.

『한국전쟁사』 제4권 737쪽. 패잔병이라짐 50명을 공격한 전투에서 얻은 적의 소총은 두 자루뿐이었다.

- 장기면 은용리(현재 세종시 장군면 은용리) 이영근 7형제(우성면 동대리에 살았었다)가 학살당했다.
- 우성면 귀산리 박봉래의 두 아들과 며느리 3명이 금강철교 인근 전막에서 희생되었다.
- 계룡면 하대리 변장식, 양화리 신원사 소림원 정일남 스님이 희생되었다.

비무장 1,500여 명의 인민군 유격대

_1950년 10월 13일 영암 금정면 용흥리

1950년 10월 13일 인민군 유격대가 영암경찰서 금정지서와 그 일대를 습격하자 영암경찰서 부대가 즉시 대응하여 격퇴했다고 한다. 유격대의 병력은 1,500명이 넘는 대규모 부대였고 이를 경찰서 부대가 물리친 것이었다.*

이 주장에 따르면 경찰은 87명을 사살하고 1명을 체포했지만 노획한 소총은 7정에 불과했다. 경찰 측의 피해는 부상자 2명에 그쳤으나 경찰을 돕던 민간인 3명이 사살당했다. 경찰을 돕던 민간인이라면 의용경찰대를 말하는 것일 텐데 자기를 지킬 무장도 변변치 않았을 민간인만 목숨을 잃었던 것은 아닌지 의심이 든다.

수복 후 유격대와 전투

1950년 10월 3일 목포에 상륙한 해군은 목포경비부를 복구했다. 이후

---

* 국방부 군사편찬위원회, 『한국전쟁사』 제4권, 739쪽.

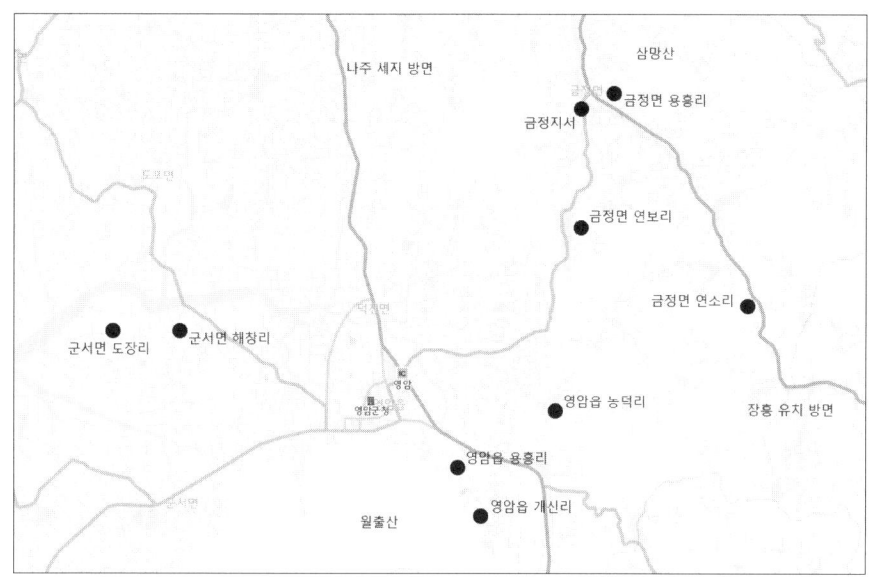

수복 후 금정면에서 확인된 토벌작전 피해 지역을 표시했다. 국민보도연맹사건의 피해도 컸지만 수복 후 피해는 더 심각해 보인다. 인민군 점령 지역의 주민들을 공격 대상으로 보았기 때문일 것이다.

해군과 교대한 해병대가 목포 일대와 월출산, 국사봉 등 영암 지역에서 토벌작전을 벌였다.

영암경찰은 1950년 10월 5일 강진군 해창에 상륙한 뒤 10월 6일 영암경찰서로 복귀하였고 바로 민간인으로 구성된 의용경찰대를 모집하여 경찰토벌부대를 구성했다. 이들이 중심이 되어 부역자 색출과 처단이 진행되었다.

이 과정에서 10월 13일 유격대와 전투가 벌어지기도 했다. 『한국전쟁사』는 이에 대해 "새벽 5시 영암지구 산악지대에 잠복 중이던 적 제3지구 유격대의 무장병력 50명과 비무장병력 1,500명으로 된 지방공비부대는 금정지서와 그 일대를 기습하였다. 이에 이봉하 경감이 지휘하는 영암경찰서부대는 기습하여 온 이 공비를 즉시 공격하여 격퇴시켰으며 아울

제9장 제거당하는 잔적은 누구   479

> 10월 13일 : 05.00 靈巖地區 山岳지대에 잠복 중이던 敵 제3지구 유격대의 무장병력 50명과 비무장병력 1,500명으로 된 지방공비부대는 金井지서와 그 일대를 기습하였다.
> 이에 李鳳洞경감이 지휘하는 靈巖경찰서부대는 기습하여 온 이 공비를 즉시 공격하여 격퇴시켰으며, 아울러 良民 1,200명을 구출하였다.

『한국전쟁사』 제4권 739쪽. 금정지서를 공격한 지방공비부대 중 1,500명이 비무장이었다.

러 양민 1,200명을 구출하였다."라고 했다.*

이 전투에서 금정면 용흥리에 있는 금정지서를 공격한 인민군 측에 대한 설명이 상식적이지 않다. 무장 인원이 50명이었던 반면 비무장 인원이 1,500여 명에 달했으며, 유격대의 피해가 87명에 이를 정도의 큰 전과를 냈던 반면 경찰 피해가 부상 2명에 그쳤다. 그렇다면 이는 이들이 유격대라기 보다는 토벌작전을 피해 다니던 피란민 집단이었음을 보여준다.

진실화해위원회 조사결과와 비교

2007년 진실화해위원회 등 『피해자현황조사 용역사업 결과보고서』에 따르면, 영암 지역 희생자 2,818명 중 금정면이 706명으로 가장 많았다.(689쪽) 토벌작전이 가장 심했던 곳에서 주민들의 피해가 가장 많이 나타났던 것이다.

진실화해위원회는 영암 지역의 민간인 희생사건에 대하여 "1950년 10월 6일부터 1951년 3월 사이에 영암군 주민들이 '빨치산', '부역혐의자' 및 그 가족이라는 이유로 영암 지역 수복·토벌작전을 수행하던 해군·해병대와 영암경찰서 소속의 경찰에게 집단살해된 사건"이라고 정의하며 "작전지역내 거주하던 주민을 빨치산과 동일시하거나 빨치산 협력자로 간주하여 눈에 띄는 대로 총격을 가하였다. 특히 1950년 12월 18일

---
* 국방부, 앞의 책 4권, 739쪽.

군경은 금정면에 대한 군경합동 토벌작전 과정에서 금정면 진입 부분에 있는 연보리(냉천·연산·다보마을)에서 피란 나가지 않고 마을에 남아 있던 주민에 대해 무차별 총격을 가해 노약자가 대부분이었던 주민들을 가족 단위로 몰살시키고 가옥을 불태웠다. 또한 수복된 지역에서도 군경은 주민들을 입산자 가족, 부역혐의자로 몰아 어린 아이를 업은 주부까지 현장에서 사살하였다. 또한 군경에 연행되었거나 경찰서에 자수, 자진 출두한 주민들이 사살·행방불명되었다."라고 설명했다.*

진실화해위원회 조사를 통해 위 금정지서 습격이 벌어지던 10월 13일 전후에 있었던 민간인학살사건을 비교할 수 있다.

강진을 출발하여 1950년 10월 6일 영암읍 개신리에 진입한 경찰에 의해 소집당한 농덕리 주민 30여 명 중 6명이 경찰에게 사살되었다. 이때 참여한 학도병은 "적은 다 피해버린 상태였다. 다만 보초를 서던 주민들이 있었는데 그들은 당황해하면서 떨고 있었다."라고 했다. 도망가던 주민들이나 부역의 의심을 받은 주민들이 그 자리에서 사살되었으며 나머지 주민들은 영암경찰서로 끌려가다가 남풍리에서 일부가 총살당했다. 경찰은 일행을 엎드리게 한 뒤 앞에서부터 한 명씩 일으켜 세우며 총을 쏘았다. 한 주민의 설득으로 중간에 총살이 중단되었고 살아남은 나머지 사람들은 마을로 돌아왔다. 남풍리에서는 이들을 환영 또는 구경하기 위해 나왔던 주민들도 모두 경찰에게 사살당했다. 복귀하던 영암경찰들에게 영암의 주민들은 "적"이었던 것이다.

영암읍 농덕리, 개신리와 영암경찰서 사이에 있던 영암읍 용흥리에는 10월 7일 영암경찰서가 마을에 불을 지를 것이라는 소문이 돌았다. 이를 전해 들은 주민들 일부는 마을 뒷산(월출산 자락)으로 피란했다. 10월 8일

---

* 진실화해위원회, 『2008년 하반기 조사보고서』 제3권, 243쪽.

금정면사무소 소재지인 용흥리 입구. 옛 지서였을 금정치안센터는 사진 왼쪽 우체국 뒷편에 있다. 2019년 8월 17일 조사.

새벽 영암경찰서 기동대 1개 소대 30여 명이 총을 쏘며 용흥리 답동마을에 진입하자 남은 주민들이 뒤늦게 마을 뒷산으로 도망가기 시작했다. 경찰은 수색 과정에서 주민들을 사살했으며, 사로잡힌 30~40명의 주민들을 선별하여 다시 7명을 사살했다. 살아남은 나머지 주민들 대부분은 영암경찰서로 끌려갔다가 또 다시 10월 11일 총살당했다. 이렇게 용흥리에서 피해가 컸던 이유로 세실마을이 당시 전남유격대 사령관 황점택의 고향이었기 때문이라는 말이 있었다.

목포 영산강 건너편인 삼호면에서는 1950년 10월 7일과 10월 10일 삼호면 용당리 선창가에 주둔하던 해군의 토벌작전에 의해 주민들이 희생되었다.*

군서면에서는 1950년 10월 9일 배를 이용해 해창항으로 들어온 경찰에 의해 해창리와 도장리 주민들이 사살당했다. 당시 경찰은 해창리, 도장리, 마산리를 수색하면서 주민들을 마을 앞으로 모이게 한 뒤 청년들

* 진실화해위원회, 앞의 책 제3권, 273~274쪽.

을 골라 살해했다.*

영암 금정면의 국민보도연맹원 등 피해 비교

전쟁이 일어나자 영암경찰서는 지역내 국민보도연맹원들을 영암읍내 마을회관에 감금했다가 인민군이 전남 지역에 진입할 즈음인 7월 15일 금정면 연소리 덤재에서, 7월 22일 금정면 연보리에서 총살했다. 연보리의 희생자들은 다음날 수습되었는데 세 개의 큰 구덩이에 암매장되어 있었다. 희생자 수는 100명에서 300여 명으로 추정되었는데 금정면의 피해가 컸던 것으로 나타난다.**

지난 진실화해위원회에서 영암 금정면에서 발생한 것으로 확인되는 인민군 측에 의한 희생사건은 인민군 점령기에는 없었으며, 모두 수복 후 군경의 토벌작전과 빨치산의 충돌과정에서 발생한 것이다.

수복 직후에는 앞서 보았듯이 수복한 해군과 영암경찰서 토벌대에 의한 피해가 발생했으며 이는 이어지는 해병대의 토벌작전에 의한 피해로 이어졌다.

---

* 진실화해위원회, 앞의 책 제3권, 276~277쪽.
** 진실화해위원회, 『2009년 하반기 조사보고서』 제4권, 284~286쪽.

피신하던 무리들이 해병대 매복조에 걸리다

_1950년 10월 영암 국사봉 등

10월 3일 상륙한 해군과 임무를 교대하며 10월 19일 목포에 상륙한 해병대는 11월 26일 원산으로 떠나기 전까지 목포를 비롯해 영암, 나주 등에서 토벌작전을 벌였다. 특히 10월 30일 영암 금정면 월평리 삼망산 일대를 공격하여 다수를 사살하고 59명을 생포했다는 전투가 주목된다.*
공격을 당한 사람들은 대부분 영암 지역에 거주하던 주민들이었기 때문이다.

해군의 뒤를 이은 해병대의 토벌작전
『한국전쟁사』에 따르면, 국군 해병대 2대대는 1950년 10월 19일 목포에 상륙하여 해군 백남표 부대의 "목포시 치안과 경비" 업무를 인수했다. 2대대는 5, 6, 7, 8중대 등 모두 4개 중대로 구성되었으며 7중대가 예비부대가 되었다고 한다.

* 국방부 군사편찬위원회, 『한국전쟁사』 제4권, 186~188쪽.

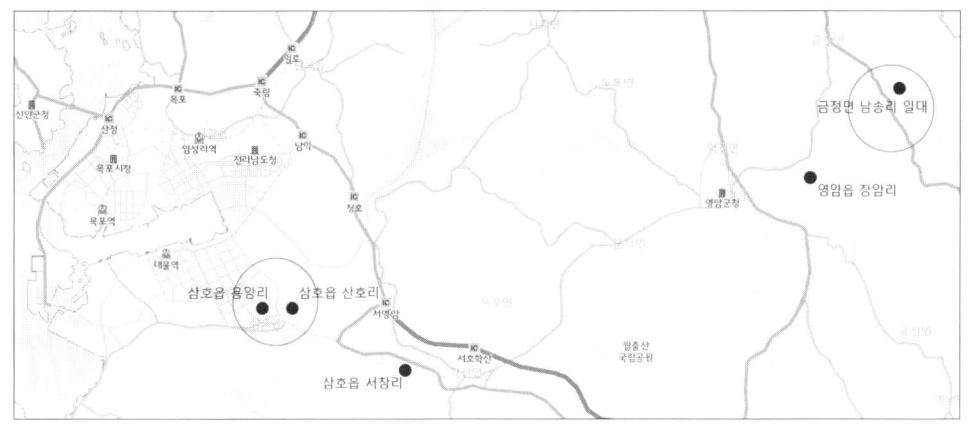
토벌작전을 위해 해군과 교체된 해병대가 목포 인근인 삼호읍과 금정면에서 다시 토벌작전을 벌였다.

이들은 10월 20일 5중대의 2개 분대로 목포시 용강동을, 6중대 1개 소대로 영암을 수색하게 하였다. 얼마 뒤 영암수색대로부터 해남에 주둔하던 인민군 패잔병들이 산악지대를 따라 영암 월출산(영암읍 개신리)과 국사봉(금정면 남송리)으로 이동하고 있다는 정보를 입수하고 토벌작전을 계획했다.

10월 21일 새벽 6시 예비대인 7중대를 제외한 3개 중대가 해남을 향해 출발했지만 해남에는 이미 인민군 패잔병들이 이동하고 사라진 뒤였으므로 별다른 전투 없이 저녁 6시 목포로 되돌아와야 했다.

10월 22일 저녁 해병대 2대대장은 영암 금정면에 100명 정도의 인민군 패잔병과 부역 주민들이 나타났다는 정보를 입수하고, 10월 23일 5중대 2개 소대에게 토벌작전 명령을 내렸다. 같은 날 새벽 5시 목포를 떠난 2개 소대가 영암에 도착하자 이를 목격한 인민군 측이 이미 금정면 국사봉 등 산악지역으로 피신했으나 매복조에 걸려 8명이 사살되고 49명이 생포되었다고 한다.

> 이 명령에 따라 중대장 沈佰學중위는 2개 소대를 인솔하고 05.00경 木浦를 떠나 甕岩으로 향하였으나, 國軍來到를 안 敵들은 魂飛魄散하여 國師峰(△513)등 山岳지대로 뿔뿔이 도주하기 시작하였다.

『한국전쟁사』 제4권 187쪽. 해병대 토벌작전의 방식을 알고 있는 주민들이 국사봉으로 피란길을 떠나야 했을 것이다.

> 이 소대는 그동안 쌓은 殘敵 섬멸의 경험에 입각하여 事前 용의주도한 계획을 수립, 가능한 퇴각로를 차단, 출몰지역을 에워 싸, 敵 다수를 사살하고, 지방 赤色分子 59명을 사로잡는 戰果를 거둘 수가 있었는데, 이들은 다음날까지 부근 일대를 수색, 새로운 敵情을 찾았으나, 별다른 상황을 발견하지 못해 31일, 본대로 귀대하였다.

『한국전쟁사』 제4권 188쪽. 해병대의 토벌작전은 마을 전체를 공격하는 것이었는데 이를 "출몰지역을 에워 싸"라고 표현했다.

10월 말 목포에 주둔하던 해병대가 인민군 패잔병 등이 삼망면 일대에 나타났다는 주민 제보를 받게 되었다. 해병대 5중대는 1950년 10월 30일 1개 소대를 보내 삼망(三望)면에서 토벌작전을 벌였다. 다수를 사살하고 지방적색분자 59명을 생포했다고 하는데 사살당한 사람들의 수와 신분은 밝히지 않았다. 31일까지 수색했으나 더 이상의 패잔병은 발견하지 못하여 복귀했다.

이후에도 영암 일대에 대한 토벌작전이 계속되어 11월 1일에서 5일까지 5중대는 "민간인으로 변장한 패잔병과 악질적인 적색분자 20여 명"을 생포했다고 하며, 11월 6일 7중대 수색정찰대는 나주 고막원(다시면 송촌리 또는 옥당리)에서 27명을 생포했다.

11월 7일 해병대는 영암 북쪽 국사봉과 남쪽 월출봉에 패잔병이 모여 있다는 정보를 듣고 6중대를 다음 날 영암으로 보냈다. 밤 10시 영암에 도착한 해병대 6중대는 국사봉 아래에 진지를 구축했으나 11일까지 아무런 전투도 없었다가 12일 7중대를 제외한 대대 주력부대가 국사봉 공격을 시작했지만 아무런 전과를 내지 못했다. 국사봉에서 활동하던 해병대는 인민군 패잔병 등이 지리산과 화순 등으로 이동했을 것으로 판단하고 11월 13일 토벌작전을 중단하고 하산했다. 이후 해병대 2대대가 완전히 목포를 떠나던 11월 26일까지 해병대의 토벌작전은 더이상 없었다.

왜곡

『한국전쟁사』가 말하는 삼망면은 없는 지명이다. 삼망(三望)산이 있는 영암 금정면 월평리를 말하는 것으로 판단되며 피살자의 숫자나 신원 등을 밝히지 못하는 점으로 보아 자세한 검토가 필요하다.

위 책은 당시 토벌작전에 대해 전투과정은 서술하지 않고 병사들의 목격담을 인용하여 진실을 왜곡한 것으로 보인다. 대표적인 내용으로 "제5중대는 국사봉 산록 모처에서 도망치는 잔적을 기습하여 그중 1명을 사로잡고, 심문에서 얻은 자백에 따라 어느 한 부락을 지나 산 능선에 이르니, 그가 자백한 대로 양민을 손을 묶어 나무에 동여매고 죽창으로 찔러 죽인 시체들이 즐비하였고, 그 중에는 두 살, 세 살, 네 살 등 어린애까지 있는 데는 놀라지 않을 수 없었다."라고 하면서 "어머니의 등에 업혀, 젖을 먹은 어린이를 어머니와 같이 창으로 찔러 죽인 악귀의 소행"이었다며 악의적으로 서술했다. 한편, 이렇게 양민이 인민군 패잔병 대열에 포함된 원인에 대해서는 "포로의 자백에 따르면 잔적들은 산으로 도망칠 때 양민들에게 국군이 들어오면 생명이 위험하니 같이 피하자고 속여 강제 납치하였다는 것이다."*라고 설명하여 비교적 객관적인 서술인 것처럼 가장했다.

그런데 11월 12일에 있었던 위 사건은 국사봉 산록 모처라고만 했을 뿐 구체적인 장소를 밝히지 않고 있다. 진실화해위원회 보고서에는 이와 같

---

* 국방부, 앞의 책 제4권, 190쪽.

은 시기 같은 장소에서 벌어진 것으로 보이는 사건이 확인된다. 이 사건은 군서면 동구림리와 도갑리 주민 6명이 월출산에서 희생된 사건이다.

진실화해위원회 조사결과와 비교

진실화해위원회 조사를 통해 위 월출산 사건이 벌어지던 10월 23일 전후에 있었던 민간인학살사건을 비교할 수 있다.

영암군 읍내에서 금정 국사봉이나 장흥 유치로 가는 길목인 영암읍 장암리에서는 1950년 10월 20일 마을에 진입한 경찰에 의해 주민 3명이 이웃한 대신리 2구 하천변에서 사살당했다.

해군은 지난 10월 7일과 10일 공격에 이어 10월 18일에도 경찰과 합동 작전으로 삼호면에 대한 토벌작전을 벌였다. 목포에서 배를 탄 해군이 삼호면 용앙리로 진입했으며 영암경찰은 학산면 독천리를 경유하여 삼호면 서창리로 진입했다. 이날 토벌작전 결과 삼호면 산호리와 용앙리 주민 70여 명이 사망했다. 이 사건은 세 차례나 반복되었던 토벌 국군과 경찰의 공격 대상이 민간인들이었음을 분명하게 보여준다.*

전투가 벌어졌다는 10월 30일 역시 전후에 있었던 민간인학살사건과 비교할 수 있다.

도포면 영호리에서는 1950년 10월 27일과 30일 낮에 마을 부근에 있는 산으로 피란갔다가 저녁에 집으로 돌아오던 주민들이 경찰에게 사살당했다. 마을 주민들은 경찰이 무고한 사람들을 죽이므로 무서워서 산으로 피란을 다닌 것이었는데 이들에게 총을 쏜 것이라고 했다.**

국사봉 아래 마을인 영암읍 한대리에서는 1950년 12월 한 달 동안 9

---

* 진실화해위원회, 『2008년 하반기 조사보고서』 제3권, 262~269쪽.
** 진실화해위원회, 『2008년 하반기 조사보고서』 제3권, 301~301쪽.

일과 12일, 20일 세 번에 걸쳐 토벌작전이 진행된 것으로 확인된다. 9일과 12일 한대리에 출동한 경찰이 20명 씩 40여 명을 사살했다. 살아남은 청년들은 야산에서 피신 생활을 하고 노인과 여성, 어린이만 마을에 남아 있던 중 20일 오후 마을에 진입한 국군과 경찰이 집에 있던 주민들을 사살했으며 100여 채의 가옥에 불을 질러 집에서 나오지 못한 주민들이 그대로 목숨을 잃었다. 이날도 20여 명이 사망한 것으로 추정된다.*

진실화해위원회의 조사 중 금정면에서 발생한 것으로 확인된 사건은 1950년 12월 18일 연보리와 용흥리 주민 180여 명이 해병대와 경찰의 공격으로 사망한 사건이었다.

연보리에서는 해병대 군인들이 박격포와 기관총을 쏘며 냉천마을에 진입했다. 군인들은 주민들의 행동이 조금만 느려도 총을 쏴서 죽였으며 불에 타서 죽은 주민들도 있었다. 수색 과정에서 끌려나온 주민들에게는 "인민공화국 만세"를 부르게 했으며 남성을 먼저 사살한 뒤 여성을 살해했다. 살아남은 주민들에게는 살려준다고 하면서 냉천마을 앞산으로 데리고 올라갔지만 다시 총을 쏘았다. 당시 냉천마을은 30여 호가 살았는데 27호 130여 명이 희생되었다. 살아남은 주민이 15명에 불과했다고 한다. 같은 날 연산마을에서 10여 명, 다보마을에서 40여 명이, 용흥리에서 5~6명이 사살당했다.**

---

* 진실화해위원회, 앞의 책 제3권, 264~265쪽.
** 진실화해위원회, 앞의 책 제3권, 281~288쪽.

피란민인가 빨치산인가

_1950년 10월 18일 장흥 유치 신월리

장흥군 유치면 신월리에 숨어있던 인민군 유격대 300여 명이 남부경비사령부 민청연대사령관 한월수의 지휘 아래 강진경찰서 습격을 모의하고 있다는 정보를 입수한 장흥경찰서는 1950년 10월 18일 오전 10시 장흥경찰부대 산하 3개 중대를 동원하여 신월리를 공격했다고 한다.* 장흥경찰서는 이 전투로 42명을 사살하고 5명을 사로잡은 반면 경찰 측은 2명이 부상당하는데 그쳤다고 한다.

수복과 토벌작전

국민보도연맹사건을 일으킨 뒤 완도로 후퇴했던 장흥경찰서가 복귀하자 바로 경찰토벌대가 조직되었다. 이들은 각 마을을 수색하여 입산자의 가족이나 부역 의심을 받았던 주민들을 연행하기 시작했다.

위에서 말하는 신월리 토벌작전과 비슷한 시기에 유치면과 인접한 장

---

* 국방부 군사편찬위원회, 『한국전쟁사』 제4권, 744쪽.

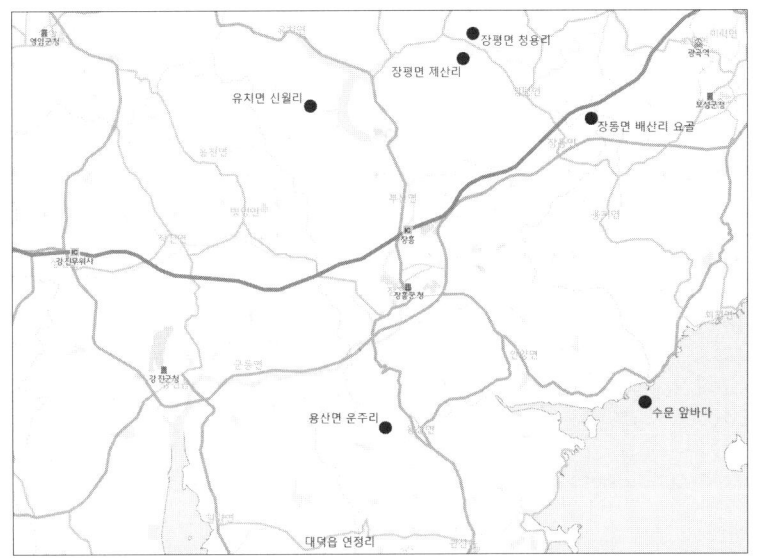

유치면과 장평면, 용산면에서는 수복 후에 민간인들이 경찰의 토벌작전으로 학살당했다. 요골과 수문 앞바다는 국민보도연맹사건이 발생한 곳이다.

평면 등에서 벌어진 경찰의 토벌작전 피해가 조사되었으므로 이와 비교할 수 있다.

경찰토벌부대가 장평면 제산리 이목마을에 진입한 날은 10월 26일이었다. 당시 마을에는 대부분 노인들만 남아 있었는데 마을에 진입한 경찰토벌대는 각 집마다 다니며 불부터 지르면서 마을 주민들을 한 곳으로 모은 뒤 그 중 청년 여섯 명을 마을 앞 냇가에서 총살했다.

11월 27일에도 청용리 마을에 진입한 경찰 토벌대가 마을을 포위하고 총을 난사하여 7~8명을 사살했으며 다음날 새벽 주민들을 마을회관 앞에 모이게 한 후 3명을 사살했다. 이어 주민들을 소개한 뒤 마을을 불태

> 이러한 정보로 입수한 長興경찰서장 張命圭총경은 제1중대장 崔賢堂경위와 제2중대장 龍南眞경사, 그리고 제3중대장 趙貴南경사로 하여금 敵을 先制공격케 하여, 격전 끝에 敵을 격멸하고 康津경찰서 습격을 事前에 방지하는데 공을 세웠다.

『한국전쟁사』 제4권 744쪽. "선제공격", "습격을 사전에 방지"라는 표현을 주목해야 한다. 예방을 목적으로 빨치산을 먼저 공격했다는 뜻이니 마을의 피해를 합리화시키는 논리로 읽힌다.

수몰된 장흥군 유치면 신월리. 2019년 8월 17일 조사.

웠다.

용산면 운주리에서는 10월 27일 경찰토벌대 20여 명이 마을에 진입하였다. 2개 조로 나누어 마을 안과 앞산을 수색하면서 주민들을 강제로 마을 정자나무로 소집한 경찰은 주민 7명을 골라낸 뒤 트럭에 싣고 가다가 이중 5명을 솔치재에서 총살했다.

완도 고금도와 약산도 앞바다 건너편에 있던 대덕면(율) 연정리에서는 11월 1일 천태산을 수색하면서 내려온 경찰이 주민들이 산에서 체포된 피란민과 마을주민들을 마을회관 앞마당과 대나무 밭에서 총살했다.*

장흥에서 벌어진 민간인학살사건

진실화해위원회는 1950년 7월 장흥 지역에서 발생한 국민보도연맹사건으로 수문 앞바다에서 20여 명이 희생되었다고 밝혔다. 유치 출신의 교육자 문연열 씨는 이 외에도 장흥경찰서 유치장에 갇혔던 주민 150명 내

---

* 진실화해위원회, 『2009년 상반기 조사보고서』 제4권, 482~490쪽.

장동면 요골을 사이에 두고 터널 공사가 진행되고 있다. 2019년 12월 29일 조사.

지 200여 명의 주민들이 장동면 요골(배산리 18-1 부근)에서 총살당했다고 했다.*

인민군 측에 의한 피해에 대해 지난 진실화해위원회 조사결과, "지방좌익에 의한 희생사건은 주로 장흥지역이 경찰에 의해 치안이 회복되지 않았던 1950. 10. 초에 대덕읍, 회진면, 관산읍에서 발생하였다. 빨치산에 의한 희생사건은 1950. 11.부터 이듬해인 1951년 사이에 빨치산의 주요 근거지였던 유치면과 인근 지역인 부산면, 장평면에서 발생하였다." 라고 했다.** 확인된 피해로 보아 인민군 측에 의한 피해가 인민군 점령 당시 보다 대부분 인민군이 후퇴하고 난 뒤에 발생했다는 것인데, 그렇다면 이는 앞의 경찰토벌대에 의한 피해와 빨치산에 의한 피해가 같은 시기에 발생했음을 의미한다. 서로 인과 관계가 있을 수밖에 없는 상황에서 희생자들이 대부분이 비무장 민간인들이라는 결과가 나온 것에 대해 신중한 설명이 필요할 것이다.

* 문연열, 『물에 잠기고 세월에 잠긴 유치사람들』, 답게, 2009, 263쪽.
** 진실화해위원회, 『2009년 상반기 조사보고서』 제2권, 677쪽

한때 전차로 무장했던 빨치산이 곡괭이로?

_1950년 11월 17일 고창 흥덕리

고창경찰서(서장 조원춘 경감)가 11월 17일 흥덕리 뒷산의 빨치산을 공격하여 150명을 사살했다고 한다.* 경찰은 강제로 동원되어 곡괭이 등으로 무장한 양민들이 빨치산 중에 있다고 판단했다고 하니 희생자 상당수는 민간인이었음을 알 수 있다.

전차까지 보유했다는 고창유격대
고창경찰서는 패잔병을 중심으로 구성된 인민군 유격대가 10월 초 흥덕면 흥덕리 흥덕지서 뒷산에 거점을 확보하고 있는 것으로 파악했다. 이들의 규모는 무장 병력이 900명, 비무장 병력이 200명으로 추정되었는데 경찰은 이들이 1대의 전차와 직사포까지 보유하고 있다고 보았다.

　전북경찰국장은 고창경찰서에 10월 10일까지 이들을 섬멸하라고 명령했지만 고창경찰서의 인원으로는 상대가 되지 않았다고 한다. 전북경찰

---
* 국방부 군사편찬위원회, 『한국전쟁사』 제4권, 745~746쪽.

흥덕리에서 빨치산과 전투가 벌어졌다는 같은 날 이웃한 신덕리 4개 마을 주민들이 토벌경찰대에게 총살당했다.

국은 같은 날 18전경대대(대장 경감 차일혁)와 고창경찰서의 병력을 정읍에 증원 배치했으며 이후 고창으로 제18전경대대를 투입시켰다. 토벌작전이 본격화된 때는 1950년 11월 10일로 나타난다. 이 시기는 국군 11사단의 토벌작전이 시작된 지 한 달 정도 지난 뒤였다.

전차는커녕 소총도 없어 곡괭이와 삽으로 무장?

정읍을 먼저 수복한 고창경찰서와 18전투대대, 경남부대 경찰은 11월 11일 새벽 5시 흥덕지서 뒷산을 공격했다고 한다. 하지만 전차를 선두로 내세운 인민군 유격대의 반격이 강했으며 여기에 줄포해안으로 상륙한 부안 빨치산부대가 합류했으므로 경찰부대가 오히려 정읍으로 후퇴해야 했다고 한다.

제9장 제거당하는 잔적은 누구 495

> 는 준비를 하고 있으므로, 11월 13일 : 05.00 경찰부대는 109高地를 총공격하여 5시간에 걸친 격전을 전개하였으나, 敵勢는 여전히 완강하여 또다시 次期작전을 위하여 제반조치를 취하게 되었으며, 이로써 제2차 공격에서도 성과를 보지 못하였다.
> 이때 2차에 걸친 타격을 받은 敵은 良民을 강제로 동원하여 竹槍, 곡괭이, 삽등으로 긴

『한국전쟁사』제4권 745쪽. 배풍산의 패잔병들이 두 차례에 걸친 경찰부대의 공격에도 끄떡없었다고 했다.

전차가 있었다든가 부안 빨치산부대가 해안으로 상륙했다든가 하는 주장은 수복 후 당시 상황으로 보아 상식에서 벗어난다. 과장으로 보인다. 11월 13일 경찰부대가 다시 흥덕지서 뒷산을 5시간 동안 공격했으나 이 역시 실패했다고 한다.

『한국전쟁사』는 두 번의 공격을 받은 빨치산들이 "양민을 강제로 동원하여 죽창, 곡괭이, 삽 등으로 긴급 무장케 함으로써 아군의 공격에 대비하여 방비의 확충을 꾀하였다."고 했다. 이 서술대로라면 기관총 등 중화기로 무장한 경찰을 상대한 빨치산의 대응이라고 하기에는 너무 미약하다. 이틀 전까지 전차를 보유하기도 했다고 주장했으니 경찰의 토벌작전

마을 뒷산에 불과해 보이는 흥덕리 배풍산에 수복 후 한 달 이상 지났음에도 1천 명이 넘는 빨치산이 있었다는 주장은 지나쳐 보인다. 2019년 8월 9일 조사.

을 미화하느라 과장이 지나친 서술임을 알 수 있다.

150명을 사살한 전투에서 경찰은 8명 피해에 그치다

경찰부대는 11월 17일 새벽 4시 주력 부대 외에 2개의 보조 부대를 편성하여 세 방면에서 흥덕면을 공격하여 낮 2시에 흥덕읍내를, 이어 저녁 6시에 빨치산 본거지인 흥덕리 뒷산을 장악했다. 경찰 측은 전투 과정에서 150명을 사살했으며 50명을 생포했지만 경찰 측의 피해는 8명 부상에 그쳤다.

 전차까지 보유한 인민군 유격대가 있었다는 주장은 믿기 힘들다. 11월 17일이 되어서야 고창지역을 수복한 것이라는 주장 역시 어떻게 봐야 할 지 의문이다. 이 사건에서 명백한 것은 민간인들이 희생되었다는 사실이었다.

 진실화해위원회와 동아대학교 석당학술원이 조사한 『피해자현황조사 용역사업 결과보고서』 821쪽에 따르면 고창군에서 조사된 전체 사망자

신덕리 하연마을. 2019년 8월 9일 조사.

는 1,880명에 이르렀다. 위 보고서에는 위 전투가 벌어졌다는 11월 17일 흥덕면 신덕리에서 벌어진 민간인학살사건이 담겨있다. 11월 16일 부안 줄포를 공격한 경찰은 다음날 아침 하연마을 등 신덕리의 4개 마을에 진입하여 주민 7명을 사살했는데 희생자들은 논에서 벼를 베고 있다가, 또는 숨어있던 중 수색하는 경찰에게 잡혀 그 자리에서 총살당했다.

비록 신덕리가 흥덕리와 5km정도 떨어진 곳이긴 하나 『한국전쟁사』가 말하는 "경찰과 빨치산의 전투"가 어떤 식으로 진행되었는지 잘 보여주는 사례 중 하나임은 분명하다. 이들 7명은 경찰이 주장하는 사살자 150명에 포함되었을 것이다.

없는 공비도 만들어내는 사찰공작대

_1950년 12월 11일 김천

『한국전쟁사』는 1950년 12월부터 1951년 2월 사이 김천경찰서 사찰공작대가 87명을 사살하고 31명을 사로잡았다면서 구체적인 내용을 다음과 같이 소개했다.*

① 1950년 12월 11일 저녁 7시 금릉군(현 김천시) 부항면 해인리 2구 뒷산에 "금릉군당 및 산하 각 면당 간부와 수 미상의 공비집단이 잠복하고 있다는 정보를 당일 귀순공작에 의하여 귀순한 자로부터 입수하고 사찰공작대장인 사찰계장 임인도 경감은 형사주임 이동덕 경위, 사찰유격대장 박용주 경사와 15명의 경찰대로 하여금 귀순자를 앞세우고 잠복 중인 적을 급습케 하여 부항면당 책 외 1명을 사살하고 공비 14명을 사로잡는 한편 각종 소총 7정을 노획하고 계속 적의 허점을 급습하여 금릉군당 구성면당원 13명, 대덕면당원 4명, 부항면당원 7명, 와산면당원 3명을 사살 혹은 사로잡고 소총 7정을 노획 후 다시 수도산 단지봉에 잠복 중인 금

---
* 국방부 군사편찬위원회, 『한국전쟁사』 제5권, 930~931쪽.

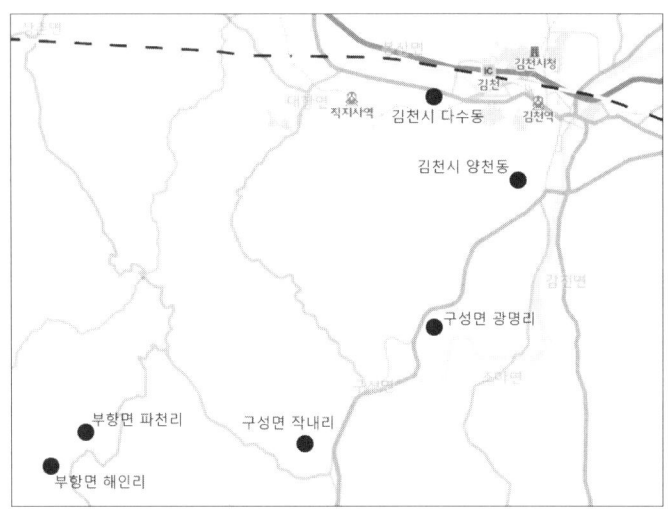

『한국전쟁사』가 말하는 공비 공격 지역. 확인되는 희생자들로 보아 총살당한 상당수는 체포를 피해 숨어다니던 주민들이었을 것이다.

릉군당위원장 박판득 외 27명의 적과 접촉하여 1시간 반의 교전 끝에 이를 섬멸하고 소총 7정을 노획하였다."

② 1951년 1월 7일 새벽 5시에는 "수도산 단지봉에서 임인도 경감은 이동덕 경위, 서우한 경사 부대 및 박용주 경사 부대를 지휘 출동하여 적 57사단 연락 아지트를 급습하여 공비 사살 10명, 적 57사단 제3연대 작전참모 허찬형 북공군 소위 외 간부 4명을 사로잡았다."

③ 1951년 1월 30일 새벽 5시에 "금릉군 구성면 작내리 뒷산에서 조직부 아지트를 급습하여 공비 2명 사살하고 조직부장 서기현 외 2명을 사로잡는 동시에 소총 2정을 노획하였다."

④ 1951년 2월 23일 오후 3시 30분 "금릉군 감천면 양천동에 침입한 금릉군당 간부 1명 사살 군당기획과장 정영수외 1명을 사로잡고 소총 2정을 노획하였다."

⑤ 1951년 2월 25일 새벽 4시 "수도산에서 임인도 경감과 임무교대

> 50. 12. 11 19.00 金陵郡 釜項面 海印里 2區 뒷山에 金陵郡黨 및 傘下 各面黨幹部와 數未詳의 共匪集단이 潛伏하고 있다는 情報를 當日 歸順工作에 의하여 歸順한 者로부터 입수하고 查察工作隊長인 查察係長 林仁道경감은 형사주임 李東德경위, 사찰유격대장 朴龍珠경사와 15명의 경찰대로 하여

『한국전쟁사』 제5권 930쪽. 오늘날의 기준으로 본다면 "수 미상의 공비 집단"은 대부분이 피란 민간인들로 보인다.

한 이인갑 경감은 이동덕 경위, 서우한 경사, 박용주 경사의 사찰유격대를 지휘하여 적 제57사단 아지트 3개소를 급습하여 금릉군당원 1명과 제57사단 패잔병 10명을 사살하고 총기 9정을 노획하였으며 기타 많은 전리품과 적 문서를 압수하였다."라고 서술하였다. 여기서 말하는 적 제57사단은 노동당 경남도당 사단인 '조선인민유격대 남부군단' 제57사단을 말할 것이다.

하지만 진실화해위원회는 사살당한 사람들 중 마을 주민들이 있었음을 확인했다. 피살자 상당수가 김천 지역의 민간인들이었을 것이다.

민간인 희생 사실이 확인된 사건은 모두 1951년 2월에 있었던 사건들이다. 1951년 2월 6일 김천시 다수동 구장이자 마을 유지였던 전주헌은 아들 전시대가 국민보도연맹사건으로 희생되어 이에 대한 보복으로 부역을 했을 것이라는 혐의를 받아 설 제사를 지내던 중 김천경찰서로 연행되어 총살당했다. 희생 장소는 알려지지 않았다.

1951년 2월 14일에는 경찰에게 체포당하면 살아남지 못할 것으로 보았던 구성면 주민들이 피신하던 중 체포되어 구성지서에서 조사받은 후 은신처였던 곳으로 끌려가 폭살당했다. 6·25전쟁 발발 후 인민군이 구성면을 점령하자 인민위원회가 구성되었으며, 여희동 등 광명리 주민들은 인민위원회 선전부 활동을 하였다. 1950년 9월 25일경 국군이 수복하자 이들은 체포될 경우 총살당한다는 소문을 듣고 마을 뒤 꿀재로 피신하게 되었다. 그러던 중 이 사실이 경찰에 의해 발각되자 부항면의 더

깊은 산 중으로 피신하였다. 김천경찰서 사찰계는 이들을 체포하기 위해 형사 3명씩 6명으로 구성된 2개의 체포조를 구성면 일대에 잠복근무하게 하였다. 이들은 먼저 가족들을 감시하였는데, 이를 견디지 못한 정숙경 등 3명이 1950년 10월 20일경 입산하게 되었다. 이때 정원경의 동생 정대경도 가족이라는 이유로 경찰에 끌려가 매를 많이 맞았다. 당시 김용팔 형사의 활동이 두드러져 악명이 높았다고 한다. 이들은 부항면 파천리 뒷산에 숨어 있으면서 불을 피우다 발각되어 경찰의 습격을 받게 되었다. 여희동을 제외한 여환직 등 6명은 경찰에 체포되어 구성지서에 구금당하던 중 1951년 2월 14일 한 때 은신처였던 꿀재에서 총살 또는 폭살되었다. 꿀재 인근에 거주하던 주민들은 한밤 중에 꿀재 방향에서 나는 엄청난 총소리를 들을 수 있었고, 당시 총살현장에 있던 대한청년단장 여성동이 희생자 최춘만의 모친에게 이 사실을 알려주었다. 김천경찰서 사찰계 근무자는 수류탄 2~3개를 터트려 살해한 것이라고 증언했다.

　1950년 12월부터 사살당한 87명은 이렇게 살해된 피란 주민들이었을 것으로 의심된다.

경찰 토벌작전의 대상은 주민들이었다

_1951년 1월 20일 영광 구수산

『한국전쟁사』는 전남경찰서 기동대와 영광경찰서 부대가 1951년 1월 20일 새벽 3시 30분 영광 백수면(읍) 길용리 구수산에 거점을 두고 활동하던 무장 305명, 비무장 1,000명의 빨치산을 포위 공격했으며, 3월 11일 다시 공격하여 422명을 사살하고 117명을 사로잡은 뒤 3월 12일 모든 작전을 종료했다고 한다.* 그런데 이 작전 중 1월 20일의 공격의 피해자는 빨치산이 아니라 주민들이었음이 확인된다.

1950년 12월 24일 토벌작전 피해

영광지역은 불갑산을 제외한다면 국군 11사단보다는 경찰의 토벌작전에 의한 주민 피해가 대부분이었던 것으로 나타난다. 11사단은 10월 30일 하루와 11월부터 1951년 12월 10일까지 주둔했던 것으로 보인다.**

---

* 국방부 군사편찬위원회, 『한국전쟁사』 제5권, 932쪽.
** 진실화해위원회, 『2009 상반기 조사보고서』 제4권, 266쪽.

제9장 제거당하는 잔적은 누구   503

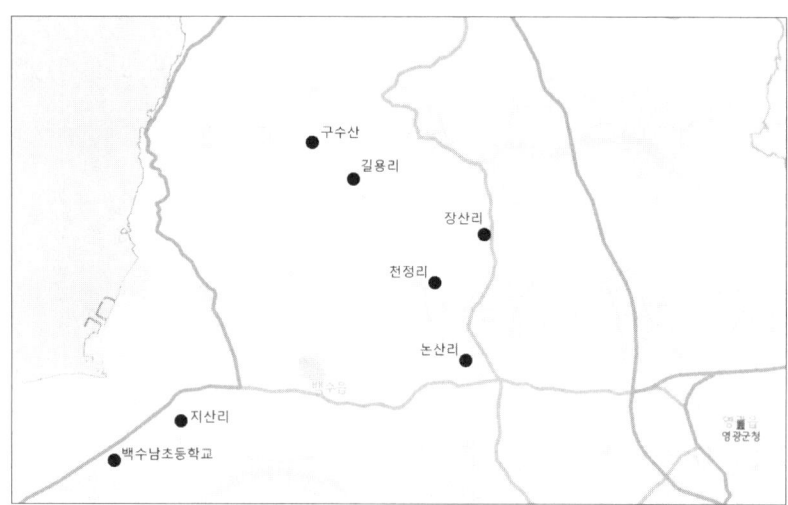

전남경찰서 기동대와 영광경찰서 부대가 구수산에 거점을 두고 활동하는 빨치산을 공격한다며 백수면 일대에서 토벌작전을 벌였다.

　　1950년 12월에 접어들면서 구수산 갓봉을 둘러싼 마을에 대한 경찰부대에 의한 토벌작전이 본격적으로 시작되자 이를 피하기 위해 마을 주민들이 오히려 갓봉으로 피란길을 떠나게 되었다. 그런데 이 사실을 알게 된 경찰부대가 이동 경로에 미리 매복하고 피란민을 공격하여 큰 피해를 일으켰다. 12월 24일과 30일의 피해가 이렇게 발생한 것이었는데, 당시 갓봉을 향하던 피란민들은 경찰의 습격으로 사살되거나 바닷물에 빠져 익사했고 얼어죽기도 했으며, 경찰에 의해 퇴로가 막혀 체포된 주민들은 백수남초등학교로 끌려가 총살당했다. 조사자들이 확인한 희생자들은 상사리 장성진 등 16명이었다.

　　이후 경찰부대는 마을을 돌며 지산리에서 8명, 장산리에서 12명, 논산리에서 2명, 천정리에서 6명 등을 총살했다.*

---

* 전남대학교 사회과학연구소, 『한국전쟁 전후 민간인 희생 관련 2008년 피해자현황조사 연구용역사업 최종결과보고서(전남 영광군)』, 161쪽.

> 全南保安課長 曹在宓총경은 全南機動隊(장, 朱在燾경위) 榮光警무대(장, 李且東경감)를 指揮하여 敵을 포위공격하여 7時間에 걸친 격전을 전개한 결과 敵을 격퇴하고 3월 11일 제차 총공격을 함으로서 敵에게 막대한 타격을주었다. 이 作戰으로 白岫面一帶에서 준동하던 敵은 완전히 擊逐되고 3월 12일 19.00 作戰이 종료되었는데 특히 이 전투에서 敵은 사살되는 자기 동료의 무기를 빼앗아 가지고 我戰鬪部隊에 抗戰하였는데 이러한 事實은 後日에 重要한 敎訓이 되었다.

『한국전쟁사』 제5권 932쪽. "백사면 일대에서 준동하던 적"은 지역 주민의 다른 이름에 불과했다.

장산리에는 충남경찰부대의 중대본부가 설치되어 150명의 경찰이 2개월 주둔하면서 피해가 커졌다. 이들이 진주하는 과정에서 피란하지 못하고 집에 숨어있던 사람들을 수색해 총살했는데 희생자 중에는 어린 아기와 함께 숨어있다가 울음을 그치지 못한 아기와 함께 총살당한 어머니의 사연이 가슴 아프게 남아있다. 같은 날 12명이 학살당했다.*

1951년 1월 20일 토벌작전 피해

1월 20일 있었던 경찰의 공격에 의해 주민들이 피해를 입은 사실은 지난 조사에서도 확인된다. 진실화해위원회는 경찰에게 사살당한 주민 22명의 신원을 확인했다. 같은 날 백수면 장산리에서 어머니를 잃은 신판호는 "1월 20일 새벽 7시경 경찰들이 와서 빨치산에 협조하였다는 이유로 모친을 비롯한 마을 주민 10여 명을 총살하였다. 경찰이 '당신들이 있으면 빨치산들이 밥을 먹고 살지 않느냐, 그러니 당신들은 죽어야 한다.'며 일렬로 세워놓고 총살하였다."라고 증언했다.

총을 맞았지만 다행히 목숨을 건진 김영자(당시 14세)는 "경찰들이 앞에는 어린애, 뒤에는 어른들을 서게 했다. 나는 점숙이를 업은 채 어머니 앞에 서 있었다. 경찰이 눈 감으라고 하고는 바로 총을 쏘았다. 어머니가 총에 맞고 쓰러지면서 나를 덮쳤다. 총알이 왼쪽 손바닥과 오른쪽

---

* 전남대학교 사회과학연구소, 앞의 책, 164쪽.

팔꿈치를 관통하면서 나도 정신을 잃었다. 정신이 들어 '엄마, 빨리 일어나!' 불렀지만 대답이 없고, 점숙이와 경숙이도 등에 업힌 채 죽어 있었다."라고 했다.*

이외에도 전남대학교 사회과학연구소는 1월 20일 아침 10시 천정리 대흥마을에서 대부분이 부녀자와 어린이들인 주민 25명을 집단학살하고 집을 모두 불태웠으며, 장산리에서 9명, 길용리에서 8명을 총살한 사실을 확인했다. 당시 천정리에서 소개작전을 한 자들은 군복과 경찰복, 점퍼 차림을 한 20여 명이었고 이들은 총과 방망이를 휘두르며 집에 있는 주민들을 막거리로 내몰았다. 피란하지 못하고 집에 남아 있던 25명의 주민이 모이자 경찰부대는 아무런 설명 없이 그 자리에서 주민들에게 총을 쏘아댔다.**

토벌작전 대부분이 주민을 공격한 것으로 나타나는 이 전투는 1951년 3월 12일 중단되었다고 하지만 이후에도 주민 색출과 처형은 계속 되었다고 한다. 『한국전쟁사』는 이 전투의 희생자들이 422명의 빨치산이라고 주장했다. 하지만 작전의 전개과정과 전투 결과를 보면 사망자 대부분은 인근에서 소개작전을 피해 마을에서 나온 피란민들로 여성, 어린이, 노약자들이었다.

---

* 진실화해위원회, 「영광지역 민간인희생사건」, 『2010년 상반기 조사보고서』 제4권, 218쪽.
** 전남대학교 사회과학연구소, 앞의 책, 161~165쪽.

아군 피해 없는 해병대의 전투가 계속되다

_1951년 1월 29일 안동 추목리

1951년 1월 29일 새벽 6시 30분 안동 임하면 추목리에 진입한 국군 해병독립 5대대(미 해병 1연대에 배속)가 뒷산을 박격포와 중기관총으로 공격했다. 전투 결과 8명을 사살하고 52명을 부상시켰으며 소총 2정 등을 노획했다고 한다.*

그런데 이들이 비록 무장력이 약하지만 소총으로 무장한 유격대였음에도 해병대는 아무런 피해를 입지 않았다. 당시는 깊은 산 중에 체포를 피해 숨어 다니는 피란민들이 많았을 때였으니 마을 주민들이 피해를 입은 것일 수 있었다.

안동지역의 수복 후 피해

국군 제8사단은 1950년 9월 20일 의성을 거쳐 9월 24일부터 26일까지 안동지역을 수복하였으며 이와 동시에 각 마을에서 부역혐의를 받았던

---

* 국방부 군사편찬위원회, 『한국전쟁사』 제5권, 680~681쪽.

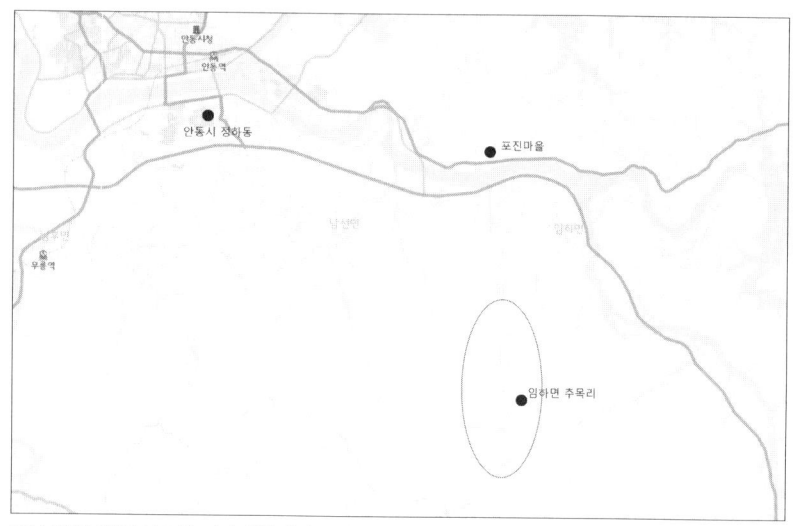

전날 정찰부대의 보고에 따라 해병대의 공격이 있었다. 이들은 200명의 유격대 습격으로 경찰부대가 후퇴했다고 보고했지만, 이번 공격의 결과 피살자들이 이들 유격대원들이었다는 설명은 없다.

주민들을 연행하여 총살했다. 이 과정은 수복 직후 대부분 헌병대가 주도했으며 이후 안동경찰서가 토벌작전을 벌였다.

풍천면에서는 12월 27일 구담리 주민 3명이 끌려 나간 뒤 살해당하기도 했다.* 이 시기 잡히면 살아남지 못할 것으로 여긴 많은 주민들은 토벌작전을 피해 산에서 지내기도 했다.

임하면 토벌작전 피해

1951년 1월 24일 미 해병 1연대의 예비대로 안동에 주둔하게 된 해병 독립 5대대는 1월 26일 높은 산이 많았던 임하면 일대에 1개 연대 규모의 인민군 유격대가 활동한다고 판단하고 수색 정찰을 본격화했다. 1개 연대 규모이면 3천여 명에 해당한다. 며칠 동안의 정찰활동 결과 유격대의 활동을 추적할 수 없었으나 1월 28일 아침 200여 명이 임하면 추목

---

* 진실화해위원회, 「안동 부역혐의 희생사건」, 『2008 하반기조사보고서』 제3권, 443쪽.

> 격포의 第一彈이 불을 뿜었다. 特히 金京泰 三等兵曹는 彈雨를 뚫고 敵陣에 突入하여 敵을 攪亂 하였고, 박격포射手 金貴鉉 三等兵曹는 어두움 속에서도 迅速한 박격포 操作으로 指示되는 目標들을 命中하였으며, 또한 重機射手인 洪大興 三等兵曹도 後退하는 敵에게 命中彈을 퍼부어 50여명의 敵을 射殺하는 殊勳을 세웠다. 이리하여 중대는 反擊을 시작한

『한국전쟁사』 제5권 681쪽. 보이지도 않는 곳에 포탄을 날려놓고도 명중했다고 서술하고 있다. 추목리 마을 뒷산은 주민들이 급하게 피란하던 곳이었을 것이다.

리를 습격하여 이곳을 경계하던 경찰부대가 후퇴했다는 사실을 확인하게 되었다고 한다.

이 보고를 받은 대대장은 1월 29일 새벽 3시 안동 정하동에 주둔하던 21중대에 화기중대 1개 소대를 증원하여 추목리로 출동시켰다고 했다. 미 해병 1연대가 제공한 군용 트럭을 타고 주둔지를 출발한 해병대가 포진에 도착한 시간은 새벽 6시였다. 정하동에서 포진까지 직전 거리는 약 6km에 불과했으므로 이들이 출발한 시간은 빨라도 새벽 5시 30분 이후였을 것으로 본다면 출동 명령이 내려진 뒤 상당 시간이 흐른 뒤 출동했음을 알 수 있다.

반변천 포진에서 포진교 너머 추목리 방면을 보았다. 양쪽 산 사이 깊은 계곡에 있는 마을 추목리는 포진에서 약 6km 떨어져 있었다. 2019년 10월 22일 조사.

낙동강 지류인 반변천에 있는 포진 마을의 모습. 2019년 10월 22일 조사.

이후 도보로 추목리에 진입한 해병대는 새벽 6시 30분 유격대 측의 공격을 받게 되었고 이에 해병대의 반격이 시작되었다고 한다. 포진에서 추목리까지 거리도 약 6km되었는데 6시에 출발한 부대가 6시 30분에 마을에 도착했다면 상당히 빠른 걸음으로 이동했음을 짐작할 수 있다.

이 전투 과정에 대해 『한국전쟁사』는 "어두움이 채 가시지 않아 적을 발견할 수 없었던 중대는 이 사격으로 비로소 적의 위치를 확인하자 반격을 개시"했는데 "단 2분 만에 중기의 화력이 집중되었으며 또한 3분만에 박격포의 제1탄이 불을 뿜었다."고 했다. 잘 보이지도 않는 상황에서 총성이 들렸던 위치를 향해 중기관총과 박격포까지 쏘았던 것이다.

다음의 설명은 더 지나치다. "특히 김경태 삼등병조는 탄우를 뚫고 적진에 돌입하여 적을 교란하였고, 박격포 사수 김귀현 삼등병조는 어두움 속에서도 신속한 박격포 조작으로 지시되는 목표들을 명중하였으며, 또한 중기사수인 홍대홍 삼등병조도 후퇴하는 적에게 명중탄을 퍼부어 50여 명의 적을 사상하는 특훈을 세웠다."라고 했다. 어두움 속에서 어림짐작으로 쏜 총과 포탄이었던 것이므로 이런 주장은 과장된 것이다.

추목리 마을 전경. 뒤로 나즈막한 산이 마을을 부드럽게 내려보고 있다. 해병대가 점령했다는 산이 이를 말할 것이다. 2019년 10월 22일 조사.

반격을 시작한지 40분만에 추목리 뒷산 정상을 점령했고 이어 주변을 수색했는데 이 전투 과정에서 8명을 사살하고 52명을 부상시켰으며 M1 소총 2정, 박격포탄 5발을 노획했다고 한다. 7시 10분이 전투는 종료되었다는 것이다. 그런데 해병대는 피해가 전혀 없었다.

해병대는 다음 날까지 유격대의 후퇴 지역을 수색했으나 더 이상의 흔적을 찾을 수 없었으므로 저녁 6시 안동 정하동으로 복귀했다고 한다.

이날의 전투 결과를 보면 인민군 유격대의 경우 피살자에 비해 부상자가 지나치게 많다. 생포로 표현하지 않은 점이나 부상자들을 어떻게 했는지는 물론 노획한 개인 전투 장비가 M1소총 2정에 그쳤다는 사실도 의문이다. 과장되거나 허위 보고일 가능성이 있고, 피해자들이 마을 주민들이거나 부역혐의를 피해 도망하던 주민일 가능성도 높아 보인다.

이들의 공격은 전날 해병대 정찰부대의 정찰 결과 200명 유격대의 공격으로 마을을 경계하던 경찰부대가 후퇴했다는 보고에 따른 것이었다. 이 보고가 사실이라고 보더라도 유격대의 활동은 1월 28일에 있었던 것이지 다음 날인 1월 29일까지 계속되었다는 증거는 없다. 정말 유격대라면 1월 29일 이미 마을을 떠났을 것으로 판단할 수 있고 그렇다면 이날 공격의 피해자들은 유격대가 아니라 마을 주민들이나 마을에 피란하던 인근 지역 주민들일 수 있다. 이후 더 이상 유격대의 흔적을 찾을 수 없었다는 보고로 보아 처음부터 이들이 유격대가 아니었음을 의심할 수 있다.

2019년 10월 필자가 만난 주민들이 기억하는 사망 피해는 1950년 무더위 속에서 당한 미 공군의 폭격에 의한 것이었다.

저항하지 않고 도망만 다녔다는 인민군 유격대

_1951년 2월 2일 의성 정자리

해병독립 5대대 21중대 3소대가 1951년 2월 2일 의성군 옥산면 정자리 야산을 공격하여 30명을 사살했다고 한다.* 피살자들이 인민군 유격대라고 했지만 저항 없이 도망가기만 했으니 체포를 피해 도피하던 인근 지역 주민들일 수 있었다.

해병대의 공격

1951년 2월 의성에 미 해병 1대대가 주둔하고 있었다. 안동에 주둔하던 해병독립 5대대 21중대는 2월 1일 안동시 정하동을 출발하여 12시 30분에 의성군 점곡면에 도착했다. 이들은 미 해병과 토벌작전을 협의했다.

2월 2일 해병독립 5대대 21중대는 먼저 옥산면 신계리와 정자리를 정찰하기로 했다. 3소대가 같은 날 새벽 6시 30분 출발하여 7시 20분 정자리에 도착한 뒤 1명을 포로로 생포했다. 포로는 250명의 인민군이 야

---

* 국방부, 『한국전쟁사』 제5권, 682쪽.

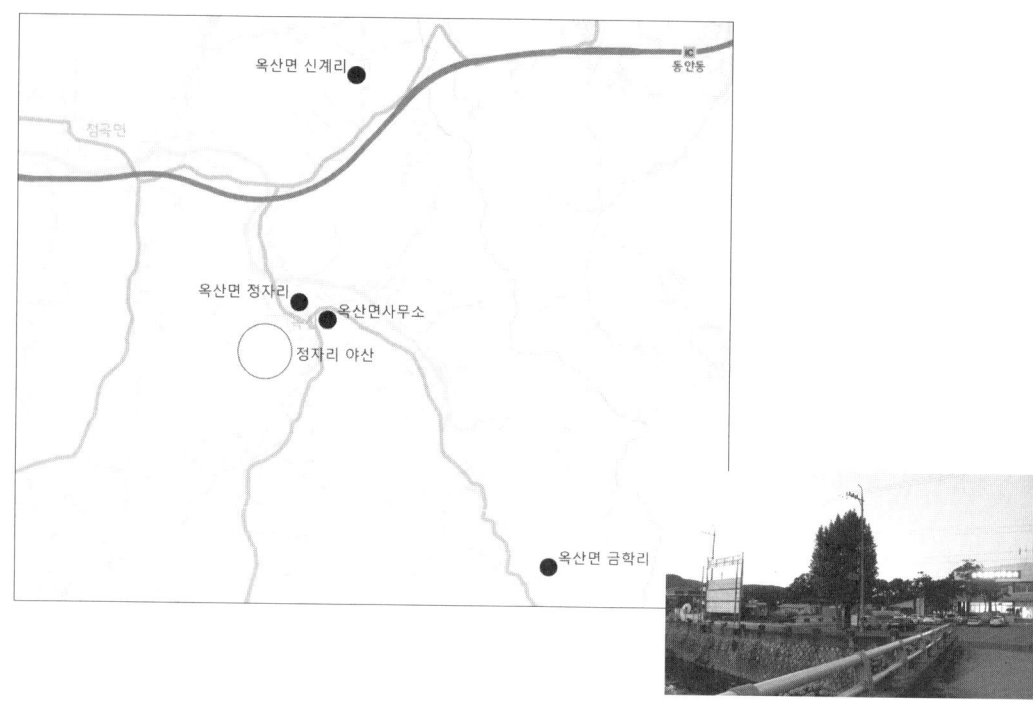

옥산면사무소를 경계로 왼쪽에 바로 정자리가 있다. 토벌작전이 산간 지역에서 이루어졌을 것으로 짐작하지만 실제 대부분의 토벌작전은 읍내를 중심으로 벌어졌다. 2019년 10월 22일 조사.

산에 집결해 있다고 하자 해병대는 야산을 포위하고 공격을 시작했다. 그 결과 30명을 사살하고 11명을 포로로 잡았다. 해병대가 입은 피해는 없었다.

집요한 저항?

이 과정에 대해 『한국전쟁사』는 "드디어 소대장의 신호에 따라 소대는 일제히 공격을 개시하니 수적으로 우세한 적은 처음에는 집요한 저항을 시도하였으나 이미 포위된 상태임을 알게 되자 전의를 잃고 탈출하기에 급급하였다. 소대는 이때를 놓치지 않고 일제히 진지에 돌입하여 마침내 적

> 대는 일제히 공격을 개시하니, 數的으로 優勢한 敵은 처음에는 執拗한 抵抗을 試圖하였
> 으나 이미 包圍된 狀態임을 알게 되자, 戰意를 잃고 脫出하기에 汲汲하였다. 소대는 이때
> 를 놓치지 않고 일제히 敵陣에 突入하여 마침내 敵을 완전히 擊退하고 말았다. 이때 先任

『한국전쟁사』 제5권 682쪽. "집요한 저항"을 한 것도 아니고 "집요한 저항을 시도"했다고 한다. 이는 결국 아무런 저항이 없었다는 것을 의미할 것이다.

을 완전히 격퇴하고 말았다."라고 서술했다.

야산을 완전히 점령한 해병대가 옥산면 금학리로 후퇴하는 유격대의 뒤를 추격했으나 아무도 찾을 수 없었다고 한다. 처음부터 후퇴하는 유격대가 없었는지 모른다.

50명 규모의 1개 소대 병력으로 250명을 공격한 전투였다고 하며, "집요한 저항"이 있었다지만 그다지 강력한 저항은 없었으니 소대는 한 사람의 부상도 없었다고 한다.

정자리 야산은 옥산면사무소 길 건너 맞은 편에 있었다. 유격대가 활동할 수 있는 깊은 산이 아니라 바로 읍내에 있는 산이었던 것이다. 진입하는 국군의 모습을 보고 피란한 주민들로 보인다.

정자리 야산의 모습. 옥산면사무소 앞 미천 건너편에 있다. 2019년 10월 22일 조사.

마을 주민들을 사살하고 "적"이라 하다

_1951년 2월 3일 안동 백자리

안동에서 활동하던 인민군은 1951년 1월 말 평창 이북으로 철수하라는 명령에 따라 북상을 준비하고 있었고, 해병대는 인민군의 북상 경로를 안동 길안천과 청송 용전천 계곡으로 예상했다고 한다. 이에 따라 해병 1연대는 영덕 원전리에 주둔하던 1대대를 청송 용정천 계곡으로, 청송에 주둔하던 3대대를 안동 길안천 계곡 삼거리로 배치했다.

2월 2일 이미 안동 길안면 삼거리에 활동하던 해병 1연대 3대대는 2월 3일 새벽 4시 백자리를 공격하여 16명을 사살하고 5명을 포로로 잡았다. 한편 3대대는 2월 8일에도 삼거리 서남쪽 5km 지점에서 100명 규모의 인민군을 만나 교전했다. 40명을 사살하고 2명을 포로로 잡았다고 한다.*

1960년 보고서

1960년 제4대 국회 「국회양민학살진상조사보고서」에서 이 사건과 관련

---

* 국방부, 『한국전쟁사』 제5권, 690쪽.

> 2월 3일 : 前날 이미 三枝里에 出動하여 敵을 追擊하던 제3대대의 增强된 중대는 夜陰을 무릅쓰고 栢子洞을 目標로 계속 전진한 끝에, 이날 04.00에 栢子洞을 包圍하여 공격한 결과, 敵 16명을 사살하고, 5명을 포로로 하는 전과를 거두었다.

『한국전쟁사』 제5권 687쪽. 밤을 새워 추격한 뒤 적을 만난 곳은 새벽 4시 백자리였다.

된 것으로 보이는 사례를 찾을 수 있다. 아래 자료는 백자리에서 벌어진 민간인학살 사실을 신고한 것으로 피살 경위에 대해 "1950년 1월 4일 당시 적 10사단이 침입하였을 때에 가족을 데리고 피난을 못 가고 있다가 해병대에게 피살되었음"이라고 적었다. 피살 연월일은 "1950년 12월 26일"이었다. 이 신고서는 몇 가지 오류만 정정하면 이 전투와 정확히 일치함을 알 수 있다.

인민군 10사단의 침입은 1950년 1월에 있을 수 없었다. 따라서 이는 1951년 1·4후퇴 시기를 말할 것이다. 피살 연월일 역시 이후를 말할 것이므로 이 문서의 피살 연월일은 음력 표기임을 알 수 있다. 이를 양력으로 환산하면 1951년 2월 2일이다.

양 민 피 살 자 신 고 서

피살당시	본 적	경북 안동군 길안면 백자동 499					
	주 소	상 동					
	직 업	농업	성 명	정승붕	성 별	남	생년월일 1911. 1. 18
	피살연월일	1950. 12. 26	피살장소		안동군 길안면 백자동		
	군관계	1950년 1월 4일 당시 적 10사단이 침입하였을 때에 가족을 데리고 피난을 못가고 있다가 해병대에게 피살되었음					

1960년 국회보고서 안의 양민피살자 신고서에서 1951년 2월 해병대의 공격에 안동 길안면 백자리 주민이 총살당한 사실이 담겨있다. 백자리 마을 전경. 2019년 10월 22일 조사.

게다가 가해자가 해병대라고 특정하고 있는 점도 이러한 판단과 일치된다. 1950년 12월에는 해병대가 안동 길안면 백자리에 있을 이유가 없었고 또한 확인도 되지 않는다.

이상을 종합하면 신고서의 희생자 정승봉은 이때 해병대에게 사살당한 16명 중 한 사람이었음을 알 수 있다. 당시 나이가 마흔 하나였으니 제2국민병의 징집 대상에서도 벗어나 있었을 것이다. 피란하기도 애매한 상태에서 집에 남아 있다가 해병대에게 사살당했던 것이다.

2019년 방문한 백자리는 10여 가구로 구성된 마을 외에 두세 가구가 백자천을 따라 자리잡고 있었다.

인민군 퇴각 후 벌어진 전투

_1951년 2월 10일 인천

1·4후퇴 이후인 1951년 2월 다시 수복 군인들이 인천에 상륙했다. 이번에는 미군이 아니라 국군이었으며 해병대가 아니라 해군이었다. 물론 상륙에 참여한 군인들의 규모는 비교할 수도 없이 미미한 수준이었다.

『한국전쟁사』에 따르면, 이때에도 상륙 뒤 82명을 사살했다.* 이미 미군이 상륙한 뒤였고 인민군 역시 이미 후퇴했다고 하니 사살당한 사람들이 민간인은 아니었는지 의심할 수 있다.

해군이 장악한 인천 해안

전쟁 발발 초기와 달리 1951년 2월 덕적도에는 1개 중대의 해병대가 주둔하면서 주변 도서를 확보하고 있었다. 당시 인천에 주둔하던 인민군 등이 서울로 후퇴 중이었음을 파악한 국군 해병대와 해군 지휘관이 2월 8일 미 순양함 헬레나(Helena)호에서 만나 인천 상륙을 협의하고 2월 10일

---

* 국방부 군사편찬위원회, 『한국전쟁사』 제5권, 446~448쪽.

> 한편 仁川 港外에 있는 德積島에는 駐屯部隊長 金鍾琪 해군 소령이 1개 중대의 海兵隊를 거느리고 주변의 島嶼確保와 陸地의 情報蒐集活動을 遂行하고 있었는데 收集된 情報에 의하면 地上의 敵은 我軍의 攻擊으로 서울로 後退 중이며 仁川 市內의 敵도 크게 動搖를 일으키고 있음이 判明되었다.

『한국전쟁사』 제5권 447쪽. 1950년 8월 이래 덕적도에는 해병이 주둔하고 있었고 인천에 주둔하던 인민군은 1951년 2월 서울로 후퇴하는 중이었다.

상륙을 결정했다.

다시 인천상륙 명령이 내려오다

2월 10일 YMS-310함은 해군본부로부터 아침 7시 상륙예정부대로서 덕적도에 주둔하던 해병대 80명을 수송하라는 명령을 받았다. 10시 10분에 덕적도에 도착했으나 조수 관계도 나빴을 뿐 아니라 덕적도 섬에 흩어져 있는 해병대원들을 소집하는데 많은 시간이 걸렸으므로 예정 시간인 오후 4시까지 명령을 이행할 수 없었다고 한다.

상륙을 위한 일정이 계획대로 진행되지 않자 해군은 701함 등 인근에서 활동하던 해군 함정에서 차출한 37명으로 인천에 상륙해야 했다. 이들은 오후 4시 30분 팔미도를 출발하였다.

인민군 없는 상륙작전

오후 6시 유엔 함정에서 함포 사격이 시작되었다. 엄호 사격을 받으면서 해군 37명을 실은 YMS-302함이 예정지인 인천기계제작소 앞에 접안하자 바로 병사들이 상륙했다. 인민군 측은 모두 퇴각했으므로 상륙군에 대한 공격은 없었다. 만석동 부둣가에 있던 인천기계제작소는 일제강점기 일본 해군의 잠수함 공장이 있었다고 했다.

상륙에 성공했다며 부대장이 대원들에게 다음과 같이 훈시했다고 한다.

이제 우리들은 적지에 있다. 함포는 우리가 행동하는 범위 내에는 떨어지지 않게 되어 있다. 너희들은 돌아가려 해도 보다시피 우리를 싣고 온 함은 이미 이안하고 있다. 나를 믿고 나의 명령에 따라 행동하지 않으면 너희들은 살아남지 못할 것이다. …(중략)… 21:00까지 집합하지 않는 사람은 전사자로 인정한다.

그런데 비장해 보이는 이 연설은 당시 인민군이 인천시내에서 퇴각했다는 정보를 알고 한 말이었으니 지나치게 상황을 과장했다.

상륙한 37명은 밤 9시까지 인천시 기상대 고지로 집결했는데 이 과정에서 82명을 사살했다고 한다. 인천시 기상대는 현재 송월동에 있는 곳을 말하는 것으로 보이는데 해병대가 상륙한 만석동 부두에서 불과 1km 정도 떨어져 있는 곳이다.

82명의 적은?
『6·25전쟁과 한국해군작전』은 이번 제2차 인천상륙작전에 대해 "한국해군이 소규모 상륙부대로 작전을 수행하여 인천시를 탈환하는 큰 전과를 거두었다."고 주장했다(402쪽). 하지만 1951년 2월 10일은 미 25사단이 이미 인천을 수복한 날이었다. 미군은 당시 인민군의 반격은 없었다고 기록했다. 그렇다면 앞에서 마치 국군 해병대만 인천에 상륙한 것처럼 서술했지만 이는 사실이 아니었던 것이다.

해군이 상륙한 날도 미군과 같은 날이었는데 역시 인민군은 이미 후퇴하고 없는 상태였으므로 전투는 없었다. 그럼에도 불과 1km 이동하면서 사살자가 82명에 이른다고 하니 이들 대부분은 민간인이었을 것으로 짐작할 수 있다.

한편, 1·4후퇴 시기에 인민군 측은 월미도와 인천에 주둔했을 뿐 덕적도에는 주둔하지 않았음을 알 수 있다. 덕적도에는 당시 80여 명의 해병대가 주둔하고 있었다고 했다. 1950년 8월 20일 상륙한 이후 계속 주둔하고 있었을 것이다.

민간 치안대 출신 피란민을 전투에 동원하다

_1951년 4월 교동 백령

국방부는 1951년 4월 23일 해병대의 백령도 상륙에 대해 "중대는 20일 간에 걸쳐서 교동도의 방어 태세를 확립한 다음, 이곳을 떠나 다시 백령도에 상륙하여, 이 섬을 방어하고 섬 안에 있는 군사 시설을 방호하는 임무를 맡게 되었다. 이때, 백령도는 서해안 해상작전과 정보활동의 중심지였으며, 이곳에는 육군과 해군정보대 100명, 경찰 8명, 미 육군 항공대 87명이 주둔하고 있었고, 피란민 8,000명이 거주하고 있었으나, 이들은 지상전투원이 아니었으므로 섬의 방어는 작전 중인 해군 함정에 의존하고 있었다."라고 설명했다.*

그런데 교동과 백령도는 이미 미군이 장악하고 있던 곳으로 9·28수복 이래 인민군이 점령한 적이 없었다. 이곳에 상륙한 것을 마치 군사작전인 것처럼 묘사했지만 자신들조차 인정했듯이 이를 적 점령 지역 상륙을 의미하는 "접적(接敵) 상륙은 아니었다."라고 했다.

* 국방부 군사편찬위원회, 『한국전쟁사』 제5권, 879쪽.

> 중대장 李灵湖중위는 이러한 섬의 現況을 把握한 다음, 본부를 沙谷洞에 設置하고 白翎島비행장 부근에 병력을 배치하는 한편, 섬안의 各軍 부대와 協調하여 警戒區域을 設定하고, 避難民 청년 300명을 訓練, 武裝시켜 섬의 防禦態勢를 確立하였다. 또한 이곳에

『한국전쟁사』 제5권 879쪽. 섬 안에는 이미 미군 등 각 부대가 주둔하고 있었다.

피란 유격대의 섬, 교동

1951년 3월 해군본부는 전략도서 확보를 위해 해병대 독립 제41중대를 편성한 뒤 4월 2일 교동도, 4월 23일 백령도, 5월 7일 석도에 상륙했다. 교동에서는 청년 100명으로 유격대를 편성하여 해주를 공격하게 했다.

그런데 교동에는 1950년 12월 이래 황해도 개풍, 개성, 연안과 백천 등에서 활동하던 의용경찰들과 치안대원들이 이 섬에 피란하고 있었다. 이들은 출신지에 따라 연백치안대, 백천치안대, 평산치안대로 조직되어 있었는데 대부분은 연백에서 온 피란민들이었으므로 연백치안대가 가장 컸다고 한다. 원주민들 중 청년들은 국민방위군으로 교동을 떠났으므로 섬에 남겨진 원주민 대부분은 여성과 아이, 노인들이었다.

백령도에 본부를 둔 해군정보대가 교동에 주둔하던 해병특공대에게 피란민들을 훈련시켜 유격대를 조직했으며 이들은 육군 유격부대의 지휘 아래 연백군 일대에서 활동하고 있었다. 교동도에서는 1951년 초 미군 소속 유격대에 의해 주민 183명(또는 212명, 또는 223명)이 학살당한 사실이 확인되었다.

진실화해위원회는 교동의 주민들이 "1·4후퇴 이후 교동도를 근거지로 활동하던 유엔군 유격대(UN Partisan Forces) 소속 강화해병특공대(대장 김○○)와 해병특공대(대장 김○○)에 의해 내응행위자라는 확인되지 않은 이유로 적법한 절차 없이 상룡리 안개산, 고구리·인사리·난정리·양갑

리·무학리·지석리 해안 등지로 끌려가 집단학살되었다."라고 밝혔다.*

이북 지역 민간 치안대 활동과 민간인학살

미 8군이 서해안의 유격대 활동에 구체적인 관심을 갖게 된 계기는 1951년 1월 8일 한국 해군이 황해도 서쪽에서 후퇴한 약 1만 명의 치안대원들이 일제 소총 등으로 무장하는데 그치고 있다며 무기와 탄약 보급을 요청한 것이었다.

이들 치안대원들은 황해도 신천, 해주, 송화 등 지역에서 미군의 지휘를 받아 조직된 무장 치안대로 대부분 지역에서 발생한 민간인학살사건에 가담한 자들이었다. 필자는 2019년 1월 백령도에서 만난 송화치안대 출신 김 씨를 통해서 당시 이북 지역에서 벌어진 참상의 한 모습을 볼 수 있었다.

그는 인민군 징집을 피해 도망다니다 잡혀 심하게 매를 맞아 고막을 다치기도 했다. 결국 입대하여 송화군 읍내에서 차에 실려 북으로 올라갔지만 사리원에서 신체검사를 받으면서 기회를 보아 탈출해 고향 송화로 돌아왔다. 집에서는 숨어서 지낼 수 없어 구월산으로 들어가 굴을 파고 지냈는데 한 달 정도 되었을 때 비행기의 폭격이 심해지면서 인민군이 후퇴하고 평안남도 남포로 상륙한 미군의 북진이 시작되었다. 산에서 내려와 숨어다니던 청년들을 모으니 50명 정도 되었고 김 씨가 회장이 되었다. 이 청년들이 송화치안대의 주축이 되었다고 한다.

송화에도 이남에서 올라온 미군과 국군, 경찰, 그리고 이들의 지휘를 받은 송화치안대에 의해 치안활동이 시작되었다. 특히 송화치안대는 경

---

* 진실화해위원회, 『2009년 상반기 조사보고서』 제3권, 804쪽. 각 마을에서 발생한 학살 사건에 의한 구체적 피해 현황은 759~774쪽에 정리되어 있다.

찰이나 국군이 아니라 미군의 지휘를 받아 이북 정권에서 활동한 인사들을 잡아들였다고 한다. 김 씨는 체포된 인민군 등이 강제로 동원되었다고 판단될 경우 고향으로 돌려보냈다는 미담만을 소개했지만 그렇지 않았던 경우에 임의 처형한 것으로 보인다. 당시 송화에서도 5,545명의 민간인이 미군 점령 기간 동안 학살당한 사실에 대한 구술 증언은 들을 수 없었다.

1·4 후퇴 당시 중국지원군은 송화로 들어오지 않고 바로 남쪽으로 진군했으므로 송화치안대는 초도로 나와야 했다. 김 씨는 초도 옆에 있는 섬(덕도)으로 파견 나와 있을 때 한국의 해병대가 초도에 와서 신병을 모집했고 송화치안대원 50여 명 중 30명이 해병대 7기로 참여했다. 이들은 동부전선에서 대부분 전사했다는 말을 나중에 생존한 친구로부터 들을 수 있었다고 했다. 나머지 20명이 초도에서 계속 활동했는데 이들이 나중에 동키부대가 되었다고 한다.

치안대가 민간인학살에 어떻게 가담했는지 가장 잘 보여주는 사례는 이북 최고재판소의 『신천대중학살사건 공판문헌』에서 나오는 신천학살과 신천치안대라고 할 수 있다. 여기에는 허필순 등 네 명의 치안대원들이 학살에 어떻게 가담하게 되었는지 상세히 기록하고 있는데 이들의 지위는 경찰서 무장 학생대장, 수사계원, 대한청년단 단원, 경찰서 직속 무장대원의 지위를 갖고 있었다.* 여기서 말하는 무장대는 이남의 "치안대" 또는 "의용경찰대"에 해당할 것이고 이들은 당시 미군 점령관인 해리슨 중위와 경찰서장 신상규의 지휘를 받고 있었는데 경찰서장 신상규 역시 미 점령관의 지휘를 받았던 것으로 보아 당시 학살사건을 직접 지휘한 최고 지휘자는 해리슨 중위라고 볼 수 있다. 이는 앞에 송화치안대의 김 씨

* (이북) 최고재판소, 『신천대중학살사건 공판문헌』, 10~11쪽.

가 경찰이나 국군이 아니라 미군의 지휘를 받았다는 증언과도 일치한다. 이와 관련된 내용은 뒤 부분 이북 지역의 민간인학살사건에서 자세히 다룰 것이다.

위 12월 7일 후퇴하는 미군과 함께 원암리에서 910명을 학살한 신천 치안대원들은 12월 8일 해주를 거쳐 장연과 백령도로 도망쳤다고 한다.

피란민을 이용한 미군의 유격대 운영

1951년 1월 중순 미군은 극동군 사령부로부터, 무기와 탄약은 미 8군으로부터, 통신과 운송은 미 해군과 한국 해군으로부터, 식량은 유엔 민간원조위원회로부터 지원받기로 하고 민간인 유격대를 조직했다고 한다.* 그런데 민간 피란민을 군사적 목적으로 이용하려는 것 자체도 심각한 문제였지만 이들 유격부대 전투원의 식량을 공급한다며 피란민 구호를 위해 유엔에서 수집한 곡물을 전용한 것은 심각한 범죄 행위에 해당했다.

백령도에는 1951년 2월 23일 신천무장치안대원 300명을 근간으로 서해지구 해군의용대가 창설되었다. 이들은 서해지구 전투사령관 해군 중령 강기천의 지휘 아래 '진달래 유격대'로 편성되어 도서 방위, 선박 입출항 검열, 첩보 수집의 활동을 했다. 당시 신천에서 피신한 무장치원대원은 700명으로 400명은 미 8240부대 동키 1부대에 참여했고 다른 300명이 해군의용대에 참여한 것이었다. 이들은 동키부대원이 되기를 희망했으나 백령도를 방어하는 병력이 해군 100명에 그쳤으므로 해군의 뜻에 따라 백령도 방어부대로 편성된 것이라고 한다. 이후 백령도 통제권이 해병대로 넘어가자 이들의 명칭도 해군의용대에서 해병의용대로 바뀌게 되었으며 1952년 10월 20일 해체되었다.

* 국방부 군사편찬연구소, 『한국전쟁의 유격전사』, 133~135쪽.

1951년 2월 3일 당시 백령도 해군 주둔부대장은 이희정 중령이었다. 같은 해 2월 미8군 작전국 맥기 대령 주관 하에 버크 소령, 한국 해군의 이희정 중령과 문기섭 소령 등이 기간 요원을 인솔하여 백령도에 상륙하였다. 그리고 출신 지역 단위로 분산 편성되어 있는 유격부대를 통합 지휘하기 위하여 1951년 2월 15일 윌리엄 에이블(William Able)기지가 창설되었으며 3월 표(레오파드, Leopard) 기지로 이름을 바꾸었다. 표 작전기지 사령부(Leopard Command) 초대 사령관 버크 소령은 서해안 20여 개 유격부대에 무전기와 장비, 식량을 보급하면서 3월부터 통합을 본격화했다. 이후 서해안 반공 유격대들이 표 작전기지사령부로 몰려들기 시작했다. 각 주둔 유격부대에 동키-1, 동키-2, 동키-3 등 부대번호를 부여했으므로 표 부대에 편입된 유격부대를 동키부대로 통칭되었다고 한다. 이들은 옹진반도 등산곶을 기점으로 옹진반도의 서부와 서북부 지역을 담당했다. 옹진반도의 동쪽과 남쪽은 강화도에 있는 울팩(Wolfpack)기지가 담당했다.

1950년 3월 25일 월래도에 침투하다 사살당한 해군첩보부대원들을 기리는 "해군 14용사 충혼비"가 백령도에 남아 있다. 이는 백령도가 분단 직후부터 대북 첩보기지로 쓰였음을 잘 보여준다. 여기서 확인되는 사망자들이 이북 출신들이었는데, 이는 이북 피란민을 이용한 동키부대의 사례가 이미 전쟁 전부터 있었다는 사실을 알려 준다. 2019년 1월 25일 조사.

유격대원의 모집과 작전은 미군이 직접 지휘한 것이 아니라 식량과 무기, 통신장비, 의약품 등을 지원하는 것에 그쳤다. 군인도 아니고 민간인도 아닌 불안정한 신분은 물론 물자 지원조차 안정적이지 못했으니 한마디로 유격대의 활동 여건은 대단히 열악했다고 할 수 있다. 이러한 악조건은 각 유격대가 해산할 때까지 유지되었으며 대원 대부분은 과거의 경력을 인정받지 못하고 일반 군인으로 다시 징집당하게 되었다.

당시 가장 큰 작전부대였던 표 작전기지사령부에는 많은 장교와 사병이 근무하고 있었는데 이들은 유격대의 고문관 업무라기보다는 참모나 기타 관리 업무를 담당했다. 미군의 지원 방식은 대원의 수가 기준이었으므로 더 많은 보급을 받기 위해 대원수를 과장되는 경우가 많았다. 기지사령부는 전과가 입증되어야 추가로 지원을 했으니 생존을 위해 전과를 내야만 하는 비열한 구조였던 것이다.

기획된 민간인학살이 토벌작전이라니

_1951년 3월 14일 임실 청웅면 폐금광

1951년 3월 14일부터 임실경찰서 경찰부대가 청웅면 남산리와 강진면 부흥리에 걸쳐있는 금광굴(또는 부흥광산)을 공격하여 217명 사살, 79명 생포, 소련제 경기관총 3정과 소련제 소총 5정, 다발총 4정, M-1소총 11정, 칼빈소총 11정, M-1실탄 180발, 수류탄 10발의 전과를 냈다고 한다.*

하지만 지난 진실화해위원회 조사결과 사살당한 사람들은 모두 인근 마을 주민들이었으며 생포되었다는 사람들 역시 국군 11사단 13연대 군인들에게 끌려가 모두 총살당한 사실이 확인되었다. 소총 등 전과로 남은 무기류는 과장된 것이 분명했다.

죽음으로 유인당한 주민들

남원, 임실, 전주는 미 9군단 2사단에 의해 1950년 9월 28일 수복되었으

---
* 국방부 군사편찬위원회, 『한국전쟁사』 제5권, 934쪽.

토벌작전 지역을 타원으로 표시했다. 토벌작전 학살에서 살아남은 사람들이 폐광굴로 모여들었고 임실경찰서는 이들을 다시 학살하였던 것이다.

며, 수복한 미군과 이에 배속된 한국경찰 선발대에 의해 인민군 패잔병, 부역주민 색출과 처벌이 시작되었다. 이어 10월 1일 전북경찰이 복귀했는데 임실경찰서는 10월 2일 복귀했다고 한다.

미군은 9월 28일부터 10월 4일까지 미 1군단에 속했던 국군 1사단을 지휘하여 속리산 일대에서 토벌작전을 벌였으며 10월 5일 이남 지역 특히 지리산을 주변의 영호남 산악지역에서 토벌작전을 담당시키기 위해 미 9군단 산하에 있던 국군 11사단을 이용했다. 국군 11사단은 이후 10월 16일 창설된 국군 3군단 산하로 소속이 옮겨졌다. 산하 9연대를 영남에, 13연대를 전북, 20연대를 전남에 배치했으니 임실지역에는 주로 13연대가 활동했다.

국군 11사단 13연대의 토벌작전은 빨치산과 접촉할 것 같은 마을에 불을 질러 없애는 방식을 사용했다. 마을에서 쫓겨난 주민들은 토벌 국군과

> 2월 25일 07.00 任實警察署長 宋宇大경감이 指揮하는 경찰부대는 任實郡 靑雄面 南山里 周邊에 집결한 任實郡黨, 德峙, 三溪, 靑雄, 江津, 面黨등 공비 250명을 확인하고 靑雄面에 所在한 金鑛洞窟에 誘導하여 機智로서 敵이 脫出치 못하도록 28개 통로를 폐쇄하고 4개소에서 長期誘引공격하여 3월 14日 17.00에 敵을 完全纖滅하는 大戰果를 올렸다.

『한국전쟁사』 제5권 934쪽. 임실경찰서에게 공격을 당한 사람들은 피란민들이었음이 확인되었다.

미 공군의 공격을 피해 어디론가 피란처를 찾아 떠나야 했다. 이때 인근에서 비교적 안전한 곳은 청웅면 폐광굴뿐이었다.

실제 13연대와 임실경찰서는 1951년 3월 2일부터 6일까지 강진면 옥정리 배소고지 일대에서 토벌작전을 벌이며 200여 명의 주민들을 살해했다. 학살을 피해 살아남은 주민들이 폐금광으로 모여들었을 것이다.

3월 14일부터 시작된 폐금광 공격에 대해 『한국전쟁사』는 "2월 25일 07:00 임실경찰서장 송우대 경감이 지휘하는 경찰부대는 임실군 청웅면 남산리 주변에 집결한 임실군당, 덕치, 삼계, 강진면당 등 공비 250명을 확인하고 청웅면에 소재한 금광동굴에 유인하여 기지로서 적이 탈출치 못하도록 28개 통로를 폐쇄하고 4개소에서 장기 유인 공격하여 3월 14일 17:00에 적을 완전 소탕하는 대전과를 올렸다."고 서술했다.

위 서술은 마치 이 공격이 임실경찰서장 송우대 경감만의 작전이었던 것처럼 보이게 하지만 실제 국군 11사단 13연대 2대대와 함께 20일 전부터 작전처럼 철저하게 준비하고 실행한 민간인 대량 학살이었다. 2월 25일은 국군 11사단 13연대의 회문산 토벌작전이 끝나는 날이었으니 새로운 작전이 기획되었고 그 작전의 대상은 이미 수많은 피란민들이 숨어지내는 청웅면 폐광굴이었던 것이다. 공격 방식은 3일 동안 굴 입구에 마른 고춧대와 솔잎을 태워 굴 안의 사람들을 질식사시키는 비열한 것이었다.

1950년 10월부터 1951년 4월까지 영호남 지역에서 토벌작전을 벌인 11사단의 역사책 『화랑부대 전사』(1986)는 국군의 토벌작전에 의해 공비

2천여 명이 사살당했으며, 2,178명이 포로 및 귀순, 4,576명이 부상했다고 밝혔다.(181쪽) 하지만 실제 국군 11사단에 의한 피해는 경남 거창 신원면과 산청 함양의 희생자 수만 합쳐도 1,500여 명에 이르며 여기에 전남과 전북 지역의 희생자까지 포함한다면 그 수는 수만 명에 이른다.

진실화해위원회 조사결과

지난 진실화해위원회는 희생자들이 굴에서 피란 생활을 하던 인근 지역 주민들이었음을 확인했다. 인근 지역의 마을이 토벌작전에 의해 이미 모두 불에 탄 상태였기 때문에 쫓겨난 주민들이 폐광안에서 마을 단위로 피란 생활을 하고 있었다. 여기서 말하는 생존 79명의 포로 역시 국군 11사단에게 끌려가 총살당했다. 당시 폐광에서 발견된 노획 무기는 소총 1정이었을 뿐이었다.

지난 진실화해위원회 조사에서 당시 16세였던 주민 정진호는 당시 상황에 대해 이렇게 증언했다.*

> 군경이 불을 때자 연기가 굴 안으로 들어오기 시작했는데, 굴 안에 있던 애들이 먼저 죽더랍니다. 엄마 따라 들어온 젖먹이 애들이나 조금 더 큰 애들이 있었대요. 그런 애들이 먼저 죽었고, 또 폐가 안 좋은 사람들이 그 다음으로 죽었고. 그렇게 연기가 들어오니까 숙부는 안 되겠다는 생각을 하고 있었는데. 마침 연기가 굴 속에서 바깥으로 빠져나가는 작은 틈 같은 게 보이더랍니다. 그래서 그 틈 쪽을 향해 힘을 쓰니까 그 굴벽이 깨지면서 사람 하나 빠져나갈 정도의 구멍이 생겼대요. 우리 숙부가 체격이 굉장히 좋고 힘도 좋았거든요. 그래서 그 구멍으로 빠져 나오니까 지키고 있던 군경이 총을 쏘기 시작하더래요. 그때 구멍 밖으로 눈이 쌓여 있어서 구멍

---

* 진실화해위원회, 『2010년 상반기 조사보고서』 제4권, 361쪽.

을 나와서는 그 눈 위를 쭉 미끄러져 백련리 마을까지 내려갔대요. 그렇게 총을 쏘는데도 다행히 맞지 않았다고 하더군요.

진실화해위원회는 이 사건에 대해 "임실경찰서(청웅지서, 강진지서) 경찰과 국군 제11사단 제13연대 제1, 2대대 군인이 1951년 3월 14~16일 3일에 걸쳐 청웅면 남산리(강진면 부흥리)의 폐금광에 모여 있던 일부 빨치산을 포함한 민간인들 300~400명을 살해하고, 생포한 50~70명은 10여 일 후 강진면 회진리 속칭 멧골에서 총살한 사건으로 판단된다."라고 하면서 모두 47명의 신원을 확인했다고 밝혔다.

백 야전사령부의 지리산 토벌작전

_1951년 12월 3일 구례 문수리 등

백 야전전투사령부에 소속된 수도사단 1연대는 1951년 12월 3일 2개 대대를 동원하여 구례군 토지면 문수리 북쪽에서 수색작전을 펼치면서 문수리 불당 동쪽에서 300명의 빨치산을 발견하고 공격하여 4명을 사살하고 소총 1정을 노획했다고 한다.* 한편, 같은 소속인 국군 8사단은 1951년 12월 5일부터 14일까지 지리산 북부 지역에서 토벌작전을 벌여 271명을 사살하고 98명을 포로로 생포했다고 한다. 이들은 소총 51정, 다발총 9정 등을 노획하는 전과를 올린 반면 피해는 사상자 11명에 그쳤다고 했다.**

그런데 이들의 토벌작전이 진행되는 사이에도 학살당한 민간인들이 있었다는 사실이 확인되었다.

---

* 국방부 군사편찬위원회,『한국전쟁사』제7권, 722쪽.
** 국방부 군사편찬위원회, 앞의 책 제7권, 725쪽.

> 또 사단 左翼인 제1연대는 계속 제3대대를 예비로 控置하여 2개대대로 하여금 文殊里(土旨面)北쪽으로 진출하면서 포위망을 압축하였는데, 이들은 俗爾불당 東쪽에서 공비 300명과 접촉하였으나 그들이 신속히 분산 潰退하므로 그중 4명을 사살하고 소총 1정을 노획하였다

『한국전쟁사』 제7권 722쪽. 수도사단 1연대가 구례군 토지면 문수리를 공격했다.

> 기 작전에 돌입한 사단은 7일부터 공격 逆順으로 각대 별로 탐색기지를 점차 이동개설하고 이를 중심으로 중대별 탐색을 續行하여 14일까지 8일간에 사상자 11명의 손실로 敵사살 271명, 포로 98명, 敵거점파괴 50개소, 소총 51정, 다발총 9정, 박격포 1문, 경기 6정을 노획하였다.

『한국전쟁사』 제7권 725쪽. 국군 8사단은 8일간 271명을 사살하고 98명을 생포했다.

백 야전사령부 이전의 토벌작전

1950년 10월 4일 평양을 향해 북진한 국군 1사단의 뒤를 이어 상주 등에는 미 24사단에 배속된 국군 9연대가 후방 토벌작전을 벌였으며 곧 이 연대는 국군 11사단으로 복귀하여 사단 차원의 후방 토벌작전을 본격화했다. 주로 거창, 산청, 함양 등 지리산 남부지역에서 1950년 11월 22일부터 1951년 3월 16일까지 토벌작전을 벌인 것으로 나타난다.

국군 11사단 13연대는 1950년 10월 20일부터 1951년 3월 20일까지 고창, 정읍, 순창, 남원, 임실 등 전북지역에서 주로 활동했으며, 20연대 역시 같은 시기에 화순, 장성, 함평 등 전남지역에서 활동했다.

국군 11사단은 1951년 4월 9일 자신들의 임무를 국군 8사단에게 넘긴 뒤 이동했다. 이후 국군 11사단과 교체된 국군 8사단이 언제까지 후방에서 토벌작전을 벌였는지 분명하지 않지만 국방부 문헌으로 판단할 수 있다. 『한국전쟁사』에 따르면 국군 8사단이 전선 진출이 있은 다음 9월 중순까지 4개월 동안 경찰부대로만 토벌작전을 수행했다고 한다.* 이로보아 국군 8사단 역시 1951년 6월까지 약 2개월 동안 토벌작전을 벌이다

---

* 국방부 군사편찬위원회, 앞의 책 제7권, 715쪽.

이동했음을 알 수 있다. 이들이 이동한 곳은 춘천 부근이었다.*

국군이 전방으로 이동한 뒤 다시 돌아오기 이전 시기에 발생한 것으로 지난 진실화해위원회가 확인한 사례는 11월 14일 구례경찰서 토벌대에 의해 산동면에서 발생한 사건이었으며,** 국군 11사단과 8사단, 그리고 경찰의 토벌작전으로 희생된 것으로 진실규명된 사람의 수는 모두 2,414명에 이르렀다.

백 야전사령부의 구성

백야사(사령관 중장 백선엽)는 수도사단, 8사단, 서남지구 전투사령부와 경찰부대로 구성되어 1951년 12월 2일부터 1952년 2월 8일까지 활동했다고 한다.

국방부는 국군 8사단의 토벌작전이 진행되는 도중인 9월 중순 서남지구 전투사령부(사령관 김용배 준장)를 창설하고 경찰부대와 함께 토벌작전을 벌였는데, 이에 대해 『한국전쟁사』는 국군 8사단이 전방으로 나간 뒤 경찰부대만으로 토벌작전을 벌이다가 전력이 부족하여 서남지구 전투사령부를 창설했지만 이도 부족하다고 판단한 미 8군 사령관 밴 플리트(Van Fleet)가 2개 사단 규모의 특수임무부대를 만들라고 명령하고 이 부대의 지휘를 당시 1군단장이었던 백선엽 소장에게 지휘하게 했다고 한다.***

당시 밴 플리트는 1951년 11월 전선 상황이 소강상태이므로 국군 2개 사단을 후방인 지리산 부근으로 돌려 토벌작전을 벌이면서 국군을 재편, 훈련시켜야겠다는 판단을 했다는 것인데, 이러한 설명은 당시 빨치산의

---

* 백야사가 구성되던 1951년 11월 국군 8사단은 춘천에 있었다고 했다.
** 진실화해위원회, 「전남 동부지역 민간인 희생 사건(1)」, 『2008 상반기 조사보고서』 제2권, 441쪽.
*** 국방부 군사편찬위원회, 앞의 책 제7권, 716쪽.

규모나 무장 상태, 그리고 후방 치안의 정착 정도와 비교한다면 지나치다고 볼 수 있다. 수복 직후조차 국군 1사단에 이은 국군 11사단, 그리고 또 이들과 교대한 국군 8사단 등 1개 사단의 작전으로 이른바 초토화 작전을 벌여 엄청난 피해를 일으켰다. 인원의 수로 보나 활동 지역의 범위로 보나 훨씬 축소되었을 빨치산을 토벌하기 위해 이전보다 두 배 이상의 병력을 투입하는 결정에는 또 다른 배경이 있지 않았는지 의심할 수 있다. 그리고 1군단장 백선엽 소장을 하찮아 보이기도 하는 이 임무로 돌린 이유 역시 석연치 않다. 마치 휴가를 보내는 것처럼 보인다.

선택되었다는 국군 2개 사단은 수도사단과 국군 8사단이었는데 당시 수도사단은 최전방인 속초 부근에, 국군 8사단 역시 춘천 부근에 주둔하고 있었다고 한다. 이렇게 하여 전선을 떠난 수도사단은 여수로, 국군 8사단은 전주로 집결하기 시작했다.

백 야전사령부의 작전 방식

국군은 소속 부대들을 크게 기동타격부대, 저지부대와 거점수비부대 등 두 종류로 구분하였으며, 가장 먼저 작전 지역 안의 민간인 행동과 이동을 통제했다. 기동타격부대는 "주력을 포착 격멸"하며 국군 8사단과 수도사단 6개 연대로, 저지부대 등은 "퇴로를 차단하고 타격부대를 지원"하는 것으로 서남지구전투사령부에 소속된 경찰부대 등으로 구성되었다.*

이것만으로도 마을 부근 산에서 피란하던 주민들은 주로 기동타격부대에 의해 피해를 입었을 것이고, 마을에 잔류하던 주민들은 주로 저지부대나 거점수비부대에 의해 피해를 입었음을 짐작할 수 있다.

12월 2일 수도사단은 지리산 북쪽에서, 국군 8사단은 지리산 남쪽을

---

* 국방부 군사편찬위원회, 앞의 책 제7권, 718쪽.

중심으로 사면에서 포위한 뒤 중심을 향해 공격했고 그 뒤로 서남지구사령부 등 예비부대들이 이어 주둔하기 시작했다.

수도사단과 구례 문수리

기동타격부대 중 하나인 수도사단은 11월 28일과 29일 여수에 상륙하여 지리산 남쪽에 배치되었다. 이들은 "포위권 외곽선인 A선 밖 지역에서 암약이 예상되는 적을 구축하여 목표 지역 내로 몰아넣고 일제 공격으로 격멸"하는 전략을 썼다. 일정 지역의 주민들을 토끼몰이하듯 몰아놓고 마지막에 일제히 공격하는 전형적인 구역 학살(kill zone) 수법이었다.

구례 문수리는 지리산 노고단으로 진입하는 입구에 있는 마을로 1948년 여순사건 당시 진압군에 의해 화엄사 계곡의 통로가 막힌 14연대 군인들이 우회하여 진입하던 통로이기도 했다. 이 때문인지 한국전쟁 중에도 토벌작전에 의해 마을 주민들이 크게 피해를 입었다.

본격적인 토벌작전을 시작하기 전날인 12월 1일 수도사단은 300여 명의 무리를 발견하였다고 했는데, 이들이 "양민으로부터 식량을 약탈하여 그들 잠복지로 운반 중인 것으로 보이는 공비"로 보았다는 사령관 백선엽은 "초일의 공비 발견으로 목표 지역 내에 잠겨 중인 공비들이 아군 작전을 예측하고 사전에 그 종적을 감추어 이로 말미암아 작전 성과를 감소하지나 않을까" 했다고 한다. 과연 이들이 공비였는지 의문이지만 한국전쟁사는 어디에서 이들을 발견했는지 밝히지 않아 더 이상 사실을 확인할 수 없다.

수도사단은 12월 3일 구례 토지면 문수리 불당 동쪽에서 300명의 무리를 만나 공격하여 4명을 사살하고 소총 1정을 노획했다고 한다. 한편 같은 날 수도사단에 배속된 한 부대는 7명을 사살했으며, 12월 4일과 5

일에도 34명을 사살하고 510명을 포로로 사로 잡았다.

　수도사단은 작전 기간인 12월 2일부터 14일까지 505명을 사살하고 969명을 사로잡았다. 국군 측의 피해는 29명이 전사 또는 부상 당했다.

국군 8사단(또는 수도사단)과 산청

지리산 북쪽에 배치되었던 기동타격부대 국군 8사단이 토벌작전을 벌인 산청군에서 주민과 피란민들이 학살당했다. 시천면에서는 중산리 여내골 칼바위에서 피란 생활하던 삼장면 대하리 조주환, 강월선, 조인현 등 일가족 세 명이 토벌 국군에게 잡혀 타살당하거나 총살당했다. 조인현은 당시 한 살이었다. 내대리 주민 여섯 명도 1950년 12월 중순 국군에게 희생되었다.* 박우문, 박원희 형제는 12월 10일경, 동생 박근생은 12월 20일 총살당했다. 같은 마을 정오교 등 세 명도 12월 10일 희생되었다.

　『한국전쟁사』에 따르면 1951년 11월 3일 빨치산 300여 명이 내대리에서 주민들에게 현물세라며 곡식을 거두어 갔으며 같은 달 29일에는 하동군 악양면에서 3일 동안 지낸 뒤 주민 1천여 명과 함께 입산했다고 한다.** 주민들 피해로 보아 이는 토벌작전을 합리화하기 위한 과장된 서술로 보인다. 민간인학살 피해 지역과 관련되어 있으므로 그냥 지나칠 수 없는 부분이 있다.

---

* 진실화해위원회, 『2010년 상반기 조사보고서』 제5권, 785~794쪽.
** 국방부 군사편찬위원회, 앞의 책 제7권, 715쪽.

이북 지역 민간인학살에서 보는 수복과 점령의 차이

_1950년 10~12월 신천 등

『한국전쟁사』에서도 이북 지역의 민간인들이 학살당하는 피해를 입었을 것으로 의심되는 사례를 찾을 수 있다.

첫 번째는 1950년 10월 8일 수도사단이 회양군에 진입하면서 회양군 내무서원들을 모두 포로로 체포했다는 사례이다.

1950년 10월 7일 양구를 공격하면서 수도사단 18연대 1대대가 북한 지역으로 진입하게 되었다. 이들은 회양군에 진입하면서 내무서에 "후퇴하는 인민군이니 내일 환영을 준비하라"고 한 뒤 10월 8일 진입하여 환영대회를 마친 회양 내무서원들을 모두 포로로 체포했다.[*] 수복지역이었던 남쪽에서도 마찬가지였는데 적 진영으로 인식한 이북 지역 민간인을 포로로 취급하는 것을 당연하다는 듯이 서술되고 있다. 기만 행위를 마치 기지를 발휘한 것처럼 자랑스럽게 느끼고 있다는 것도 지나칠 수 없다.

두 번째는 1951년 2월 24일 용호도 청년방위대가 안악리 등을 공격

---

[*] 국방부 군사편찬위원회, 『한국전쟁사』 제4권, 316쪽.

한 사례이다.*

인민군은 1950년 12월 20일 해주를 다시 점령했다. 반면, 해군이 확보한 서해 도서에는 육지로부터 온 많은 피란민이 있었으며 이들 중에는 유엔군 북진 시 조직되었던 치안대나 청년방위대 출신 피란민들의 유격전 근거지가 되고 있었다.

해군의 이북 지역 육지 공격은 1951년 2월 20일부터 시작되었다. 신도 수로를 따라 진입한 해군 JMS-306함은 사곶리와 도동리에 함포 사격을 가했으며 22일에도 다시 신도에 포격을 가했다.

이어 옹진도서를 장악하고 있던 해군이 용호도 앞에 정박하면서 용호도 청년방위대원을 동원하여 흥운면 일대를 공격하기로 결정하고 1차로 2월 24일 새벽 1시 35분 용호도 청년방위대원 67명이 306함을 타고 용호도를 출발하여 아침 7시 17분 육지에 상륙했다. 이어 306함은 되돌아가 2차로 청년방위대원 120명을 다시 추가로 상륙시켰다. 이렇게 상륙한 187명의 청년방위대원들은 옹진군 안악리, 석포리를 거쳐 율목리까지 점령했는데, 이때 이 지역을 순찰 중인 인민군 23여단장 일행 20여 명을 사살했다고 한다.

해군의 지휘를 받은 민간 무장 조직에게 철수 명령이 내려진 때는 2월 25일이었다. 이날 새벽 6시 306함은 1차 상륙부대의 철수를 명령하면서 미 공군에 지원 폭격을 요청했다. 2월 26일에는 2차 상륙부대가 철수하는 도중 안악리 부근에서 교전이 있었지만 부상자 5명에 그치고 모두 철수했다.

『한국전쟁사』는 이 공격으로 모두 59명의 인민군을 사살했다고 주장한다. 날짜로 보아 이 전투는 동키부대가 창설되기 직전 유엔군 소속 유격

---

* 국방부 군사편찬위원회, 앞의 책 제5권, 449~451쪽.

대의 것으로 보인다. 상륙부대원들은 용호도에 피란하고 있던 이북 점령 지역 치안대원들이었는데 『한국전쟁사』는 이를 청년방위대로 서술하고 있었다. 현실적으로 치안대와 청년방위대 두 조직은 구분되지 않는다. 1차 상륙부대는 상륙 하루만인 25일, 2차 상륙부대는 상륙 이틀째인 26일 철수한 것으로 보이며, 이들이 쌀 130가마니와 양민 구출 96명을 전과로 기록하고 있음이 눈에 띈다. 동키부대가 창설된 후 이를 지휘한 미군은 공격의 성과에 따라 식량이나 무기를 공급했으니 이들 유격대의 고향 마을 공격의 최종 목적은 식량, 즉 생존에 있었다고 할 수 있다. 미군 등 유엔군은 피란민들의 절박한 상황을 이용했던 것이다.

알 듯 말 듯한 신천 학살
불과 2~3개월에 불과했던 이남 지역을 수복하면서 마치 오랜 적 진영을 점령하는 듯 적대감을 갖고 대했던 미군과 국군의 행위를 본다면 이북 지역에서 어떤 점령 정책을 폈는지 불을 보듯 뻔해 보인다. 하지만 우리에게 알려진 사례는 황해도 신천의 학살 사건이 유일한 것 같다.

신천 사건을 다룬 황석영 작가의 『손님』은 베스트 셀러니 이 정도면 이남 사회에서 신천 학살은 이미 상식에 해당한다. 그런데 소설만 유명할 뿐 그 소재가 되었던 신천 학살 사건은 그다지 주목받지 못하고 있는 것 같다. 이북에 대한 적대감이나 그 반동으로 형성된 죄의식 때문일까? 이북 지역에서 벌어진 전쟁범죄를 이남 지역에서 벌어진 것과 비교하기 위해 신천부터 살펴볼 수 있다.

신천 학살은 이북 지역 시군 단위 피해 중 가장 희생자 수가 많았다. 그 수에 있어서 이남 지역에서 비교할 만한 피해는 4·3사건이 벌어진 제주도 정도이며, 이승만 정부 발표로 본다면 전남 영광 지역의 피해가 비교된다.*

신천사건이 발생할 당시가 제주도와 달리 토벌작전 등 군사작전이 벌어지던 상황이 아니었음을 염두에 둔다면 그 참혹함은 이른바 "인종청소"였던 나치 독일의 유대인 학살과 견줄 만하다. 이 사건과 관련하여 통일부 북한자료센터에서 확인되는 자료는 박물관을 소개한 팜플렛『신천박물관』(2009)과 당시 이 사건을 조사한 방학세의 회고록, 그리고『신천 대중학살 공판문헌』등이다. 이들을 기초로 신천 학살 사건을 정리할 수 있다.

미 1군단 24사단 19연대의 신천 진입

이 사건은 "한 대의 지프차와 두 대의 트럭을 탄 미 24사단 19연대 점령관 중위 해리슨 등 50명이 신천 지역을 점령한 1950년 10월 17일부터 12월 7일까지 52일간 주민 3만 5,380여 명을 학살했다."는 것이다.** 유엔군 점령 직전인 1950년 10월 10일 당시 신천군의 인구는 14만 2,783명이었다고 하니 주민 네 명 중 한 명이 학살당했던 것이었다.***

신천을 점령했던 미 24사단장은 처치(John H. Church) 소장, 19연대장

---

* 이승만 정부의 발표를 그대로 신뢰하기 어렵긴 하지만 피해가 월등히 많았던 사례만 비교해 본다면 이남 지역에서 전남 영광의 경우가 황해도 신천과 비슷하다. 공보처 통계국이 1952년 3월 31일 발행한『6.25사변 피살자명부』에 따르면, 전체 희생자 명부 5만 9,964명 중 전라남도가 4만 3,511명이었고 그 중 영광만 2만 1,225명이었다. 아직까지 영광이 특별히 피해가 컸던 이유에 대한 어떠한 설명을 찾기 힘들다. 한편, 1951년 6월 23일 이승만 정부 내무부 발표 자료에 따르면 "6.25사변 이후 공산도배에게 학살당한 총인원수" 전체 14만 6,390명이다. 이 중 9만 9,712명이 전남 지역에서 발생했다고 주장한다. 공교롭게도 위 두 자료의 발표 시기는 민간인 피해에 대한 이북 측의 발표와 같은 날이었거나 직후였다.
** 정영남, 김명남 지음, 강철성 사진,『신천박물관』, 조선화보사, 2009, 3쪽. 김희일과 국제민주법률가협회조사단은 희생자가 3만 5,383명이라고 적었지만 허종호와 고상진 등은 3만 5,838명이라고 기록하고 있다.
*** 김희일,『침략의 역사 항전의 역사』, 223쪽; 최고재판소,『신천대중학살사건 공판문헌』, 85쪽.

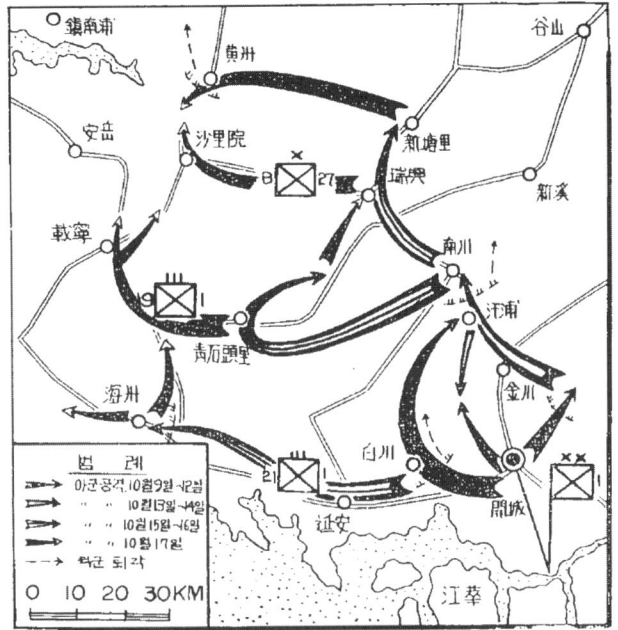

『한국전쟁사』 제4권 418쪽에서 나오는 이 상황도는 미 1군단(미1기병사단, 미 24사단, 국군 1사단)과 영국 27여단 8연대가 1950년 10월 9일부터 17일까지 신천을 비롯해 개성과 백천, 해주 등 황해도 지역에서 어떻게 이동했는지 잘 보여준다. 이 그림의 서쪽과 남쪽의 19연대와 21연대는 미 24사단 소속인데 미1기병사단으로 적혀 있다. 오류로 보이는데 고의였을까?

은 무어(Ned D. Moore) 대령이었다.* 이북 측 관련 자료에 따르면, 신천군의 군정 책임자는 해리슨(Harrison) 중위, 점령기간 신천경찰서장은 신상규로 확인된다.** 『한국전쟁사』 제4권 685쪽에 따르면, 북진하는 미 1군단 24사단 19연대는 1대대와 2대대뿐이었다. 미24사단 중 19연대 3대대가 빠져있었던 것인데, 이 부대 외에도 같은 사단 34연대 2대대도 빠져 있었다. 이들 두 부대가 점령 지역에서 군정을 담당했던 부대로 보이며 해리슨 중위는 이들 부대 소속이었을 것이다.

* 국방부 군사편찬위원회, 앞의 책 제4권, 685쪽.
** 최고재판소, 앞의 책, 13쪽.

팜플렛『신천박물관』,『신천대중학살사건 공판문헌』등 자료를 종합하면, 신천에서 벌어진 대량 학살 사건은 그 시기와 특징으로 보아 크게 세 가지 유형으로 분류할 수 있다. 하나는 미군의 점령 직후인 10월 18일부터 23일까지 벌어진 대량 학살 사건이고 다른 하나는 치안이 확보된 후에 벌어진 체계적 학살이다. 세 번째 유형은 미군의 후퇴 직전인 12월 7일 벌어진 대량 학살 사건이다. 그런데 이는 수복과 치안 확보, 1·4후퇴를 겪었던 이남의 경기 충청 등 지역 민간인학살 유형과 동일하다.

신천 지역에서 잘 알려진 아래 사건들은 모두 신천면에서 일어난 것으로 다른 면에서 벌어진 사건은 아직 제대로 알 수 없다. 신천면 외에 사건 발생일과 장소가 명확히 확인되지 않는 사건들이 많지만 지역만 달리할 뿐 대부분 이 유형으로 설명할 수 있는 사건이다.

신천 학살의 첫째 유형

미군의 점령 직후 10월 18일부터 23일까지 발생한 대량 학살 사건 중 사건 발생일과 학살 장소가 명확히 확인되는 일부 피해 사례를 정리할 수 있다. 이 사례는 대표적인 것들로 규명된 사건의 극히 일부에 불과할 것이다.

① 10월 18일 오후 6시 신천군당 방공호를 중심으로 900명이 희생되었다. 미군이 신천에 진입한 날인 10월 17일 노동당원과 그 가족들을 모두 체포하라는 명령이 내려졌고 불과 하루 지난 뒤부터 학살이 시작된 것이었다.

신천경찰서 치안대원 허필순에 따르면, 신천을 점령한 다음날 아침 미군 점령관 해리슨 중위는 신천경찰서(내무서) 앞마당에 200명의 경찰관과 무장 치안대를 집합시킨 뒤 이북 정권에서 일한 사람들과 그 가족들을 모

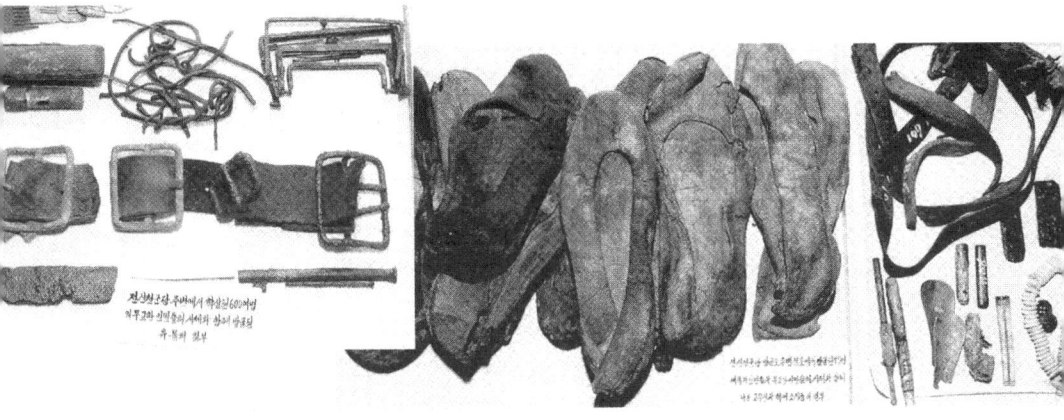

"전 신천군당 주변에서 시체와 함께 발굴된 유물들의 일부"(출처 팜플렛 『신천박물관』 13쪽)

두 잡아들이라는 명령을 내렸다고 한다. 하지만 이 명령이 내려지기 전날, 즉 미군이 신천에 진입한 날부터 이미 주민들이 연행되어 신천군 노동당 청사 2층에 감금되어 있었다. 이 명령은 체포 대상자를 더 확대시키는 결과를 낳은 것이었다. 연행이 본격화되자 같은 장소인 청사 2층에는 전날 잡혀 온 주민들과 함께 새로 잡혀 온 주민들이 감금되었다.

얼마 뒤 이들 모두 청사의 방공호와 그 인근에서 학살당했다. 특히 방공호 학살이 처참했는데 팜플렛은 "(주민들을) 방공호에 가둔 다음 출입문을 밀폐, 공기 구멍에 휘발유를 붓고 인화병(화염병)을 던졌다."고 설명했다. 방공호에서만 900여 명이 학살당했으며 주변에서도 650명이 총살 또는 타살, 생매장당했다고 한다.* 주민들이 학살당한 신천군당 앞 구덩이는 길이가 20미터에 달했다. 학살자는 미군 30여 명과 무장 치안대 10여 명이었다.

최고재판소의 공판문헌에는 당일 학살이 어떻게 진행되었는지 기록되어 있다. 미군의 지휘 아래 신천군민으로 구성된 무장 치안대는 먼저 500명의 희생자들을 사다리로 내려보냈다. 그런데 해리슨이 방공호로 내려가는 시간이 오래 걸린다며 독촉하자 사다리를 치운 채 나머지 400명의

---

* 『신천박물관』, 12쪽.

제9장 제거당하는 잔적은 누구   547

사람들을 총으로 밀고 발로 차서 방공호로 떨어뜨렸다.* 목격자들은 "미군이 주민들을 덮개가 없는 깊은 구덩이에 몰아넣은 뒤 모두 옷을 벗게 하였으며 곧 휘발유를 뿌리고 불을 붙였다. 주민들이 구덩이에서 빠져나오려 하자 총을 쐈고 죽지 않은 사람들은 산 채로 파묻혔다."고 증언했다.

이 날의 사건에 대해 국제민주법률가협회 조사단은 어린이 300명과 임산부가 포함된 900명의 남녀 주민들이 미 점령관 해리슨(harrison, 핼리슨 Halison으로 기억하는 목격자도 있었다고 한다)의 지휘 아래 저질러졌으며 해리슨이 사건 다음날 와서 사진을 찍어갔다는 목격담을 보고서에 담았다. 학살이 끝난 다음날 구덩이를 다시 열어 시체를 꺼낸 뒤 사진 촬영을 했던 것이다.

이에 대해 학살에 가담했던 무장 치안대원 허필순은 해리슨이 "자기가 휴대하고 있던 사진기로 이 방공호에서 애국자들이 참살당하는 잔인하고 비참한 장면들을 일일이 촬영한 다음 '오~케'하고 돌아갔습니다."라고 증언했다.**

방공호 학살에 사용되었던 휘발유 통과 화염병(인화병)이 증거로 수집되어 남아 있으며 사건 후 발굴된 시신과 옷가지를 비롯해 빗, 안경, 허리띠, 도장, 고무신, 구두주걱, 단추 등의 희생자 유품이 확인된다.***

팜플렛의 설명문을 통해 이 사건 희생자들에 대한 발굴이 여러 차례 이루어졌음을 알 수 있는데 발굴 시기는 사건 직후 뿐 아니라 1998년과 2001년 등 세 차례가 확인된다. 제시된 한 사진에는 "1988년에 전 신천 군당방공호 주변 전호에서 발굴된 75명 애국자들의 유해"라는 설명이 달

---

* 최고재판소, 앞의 책, 41쪽.
** 최고재판소, 앞의 책, 27쪽.
*** 『신천박물관』, 12~13쪽.

려 있으며, 또 다른 사진에는 "2001년 11월 신천읍 범바위산에서 총탄과 꺾쇠, 곽지, 대못이 박힌 채로 발굴된 애국자들의 유해"라고 적혀 있다. 최근까지 유해발굴이 부분적으로 이루어진 것으로 보아 진실 규명 작업이 진행 중인 것으로 판단할 수 있는데 이는 피해 규모가 워낙 방대하기 때문일 것이다.

② 두 번째 사건은 10월 19일 새벽 1시에 신천군당 건물 주변 참호에서 발생했다. 900명에 대한 첫 학살이 있은 뒤 불과 몇 시간 만에 다시 320명이 희생되었다. 같은 시간에 비상소집당한 무장 치안대원 20여 명 앞에서 경찰서장 신상규는 "군당 2층에 감금되어 있는 자들을 군당 주위 전호에 몰아넣고 총살하겠다."라고 하면서 치안대원들에게 총살 담당과 경비 담당 등으로 역할을 분담하였다. 2층에서 끌려나온 320명의 주민들이 자동차 전조등 조명 아래 5, 6명 씩 묶인 채 끌려가 참호에서 폭살당했다.*

③ 세 번째 사건은 10월 20일 밤 신천군 내무서 방공호와 그 주변에서 벌어졌다. 520명이 희생되었다.

10월 18일 저녁과 19일 새벽에 천 명이 넘는 주민들을 신천군당 방공호와 참호에서 학살한 미군은 경찰과 무장 치안대에게 다시 사람들을 잡아오라고 명령했고, 치안대원들은 양장리 인민위원회에서 27명을 다시 체포했으며 심지어 옹진군과 송화군에서도 주민들을 잡아왔다고 한다. 이렇게 다시 감금된 사람들은 모두 520명에 이르게 되었다.

무장 치안대원이었던 허필순에 따르면, 해리슨은 20일 오후 5시 경찰서장 신상규 등 경찰 간부 20여 명이 모인 경찰서장실에서 학살 방안을 논의했는데 사람들을 자동차에 태워가지고 가면 시민들이 볼 수 있으므로 시민들이 모르게 하기 위해 방공호에서 죽일 것, 학살당한 사람들의

---

* 최고재판소, 앞의 책, 12쪽.

"1994년 7월에 새로 발굴된 79구 유해의 장의식"(출처 팜플렛 『신천박물관』 17쪽) 이남에서 이런 경우 장례식까지 치른 경우는 없다. 무슨 차이가 있는 것일까?

가족들이 시체를 찾지 못하게 하고 공산주의자들이 후퇴하는 시기에 감행한 것으로 그 책임을 뒤집어씌우기 위해 주민들의 옷을 벗기고 학살할 것을 명령했다.[*]

 회의를 마친 경찰서장 등 20여 명의 무장 치안대원이 학살을 시작했다. 학살 과정에 대해서도 허 씨는 "방공호 출입구를 소나무 널판과 흙으로 묻어버리고 이미 준비되었던 다이나마이트 도화선에 불을 달고 방공호를 폭파시켰다. …(중략)… 이 학살이 끝나자 해리슨은 무장대원들에게 수고하였다고 하면서 담배를 한 대씩 나누어 주었다."라고 증언했다.[**]

 이 세 번째 사건에 대해 팜플렛에는 구체적인 경위가 소개되어 있지 않아 다른 문헌을 통해 사건의 전개과정을 참고할 수 있다. 김희일의 저서에 따르면, 미군은 폭발물이 설치된 방공호에 100여 명의 어린이가 포함된 500여 명의 주민들을 가둔 뒤 입구를 흙으로 봉쇄한 상태에서 폭파했다. 그런데 같은 시기 인근에 있던 군당위원회 방공호에서도 104명이 학

---

[*] 최고재판소, 앞의 책, 17, 27쪽.
[**] 최고재판소, 앞의 책, 12~13쪽.

살되었다고 한다.* 군당청사 방공호와 참호, 군 내무서 방공호에 이어 군당위원회 방공호도 집단학살 장소로 이용했던 것이다.

1952년 국제민주법률가협회 조사단의 조사 보고서에도 이 날의 사건이 포함되어 있다. 해리슨이 다시 등장하는 이 사건은 입구가 2개인 방공호에 폭탄을 설치하고 도폭선을 끌어낸 뒤 주민들을 가두고 바위와 흙주머니로 입구를 봉쇄한 채 해리슨의 명령에 따라 점화가 이루어졌다. 보고서는 희생자들이 모두 이 폭발에 의해 사망했다고 적었다.

팜플렛은 미군이 전 신천군 내무서와 그 주변에서의 520여 명을 학살하는 만행을 저질렀다며 세 번에 걸친 발굴 사진을 소개했다. 사진은 1964년 11월 신천군 내무서 주변에서 학살당한 희생자들의 신발 등과 1988년 8월 군내무서 전호에서 발굴된 239구의 유해, 1994년 7월 내무서 주변에서 새로 발굴된 79구의 희생자 장례식 모습을 담았다.**

④ 네 번째 사건은 10월 23일 신천군당 참호에서 다시 발생했다. 이번에도 330명이 대량 희생되었다. 이때 경찰서장 신상규가 20명의 무장 치안대원을 소집한 뒤 학살을 명령했다고 한다.

⑤ 신천군 내에서는 신천면 외의 지역에서도 미군 점령 직후 시기에 발생한 사건들이 확인된다. 국제민주법률가협회 조사단의 보고서에는 위 사건들 외에도 신천군내에서 벌어진 다른 사건이 담겨 있다.

신천군 용진면 삼송리에서는 400명의 주민들이 방공호에서 산 채로 매장당했는데, 15명의 가족들과 함께 끌려들어갔던 한 소녀가 매장지를 뚫고 살아나와 당시 참상을 증언했다.

부정리에서는 미군이 진입한 직후인 10월 17일 400명의 주민들이 비

---

* 김희일, 앞의 책, 221~222쪽.
** 『신천박물관』, 16~17쪽.

좁은 지하창고에 꼼짝달싹하지 못할 정도로 감금되었다가 다음 날인 18일 저녁 7시 산 채로 불태워 살해당했다. 미군이 물러난 뒤에야 살아남은 가족들에 의해 불탄 유골들이 발굴되었다. 학살 현장에서 생존자가 있었는데 부상을 입은 상태에서 그는 환기구를 열고 탈출했다.

솔마리에서도 2천 명에 이르는 주민들이 임시 감옥에 갇혔다가 학살당했는데 갇혀있는 동안 구타가 그치지 않았으며 많은 수의 사람들이 칼에 찔리거나 곤봉에 맞아 목숨을 잃었다. 80명이 총과 창으로 학살당하는 현장에서 생존자가 있었다. 의식을 되찾고 탈출하던 그는 학살당한 채 구덩이들에 빠져있는 여러 시체더미들을 볼 수 있었다.

신천 학살의 둘째 유형

신천에 대한 유엔군의 점령 이후인 10월 말부터 11월 말까지 신천군 각 면에서도 대량 학살 사건이 발생했다. 이는 점령 초기에 벌어진 적대적 대량 학살이나 후퇴 직전에 벌어진 악마적 대량 학살과 구분해 볼 수 있는데 조사된 내용을 보면 희생 규모 외에 큰 차이가 없어보이기도 한다.

허필순은 용문면과 남부면에 있는 저수지와 산간 참호에서 1,640명 이상이 학살당한 사실에 가담했다고 인정했다. 그는 군용 트럭 한 대에 30명에서 50명을 싣고 40대를 이용해 30여 차례에 걸쳐 학살했다고 했다.[*] 남부면 저수지에서 학살한 이유는 시내에서 계속 학살하면 시민들이 알게 되므로 타 지방으로 호송한다고 기만한 것이었다.[**]

이처럼 사건이 벌어진 구체적인 날짜는 확인되지 않지만 사건이 발생한 장소를 중심으로 나머지 사건들을 정리할 수 있다.

---

[*] 최고재판소, 앞의 책, 13, 28~29쪽.
[**] 최고재판소, 앞의 책, 33쪽.

온천면과 가산면에서는 신천휴양소, 온천 얼음창고 등에서 1만 1,530여 명이 희생되었는데 희생자 중에는 평양과 개성, 해주를 오가던 주민들이 포함되었다고 한다. 아마 피란민들이었을 것이다.

신천휴양소는 "수많은 여성들이 강간, 학살된" 곳이었다. 발견된 여성 시신의 "국부에 말뚝이 박혀 학살"된 경우도 발견되었다. 휴양소 연못에서는 "70여 명의 녀성들이 학살"된 것으로 확인되는데 이 곳에서 벌어진 미군의 만행은 국제민주여성연맹조사단의 보고서에 담겼다. 온천 얼음창고에서도 1,200여 명이 학살되었다.

온천면 고성리에서는 1950년 12월 1,460여 명이 학살되었다. 사건 후 얼마 지나지 않은 것으로 추정되는 시기에 고성리에서 유해 40여 구가 발굴되었으며, 온천리에서도 학살당한 130명 주민들의 유해 중 83구가 발굴되었다. 룡당리에서도 887명이 "돌아서기벌"에서 학살당했다. 온천면 운동리(운봉리)에서는 580명이 학살당했는데 당시 주민 전체 수는 878명이었다.* 온천면 운봉리에서는 약 65%의 주민들이 학살당했으며 양장리에서는 살아남은 남성이 없을 정도였다고 한다.

안악군과 경계에 있는 신천읍 석당교와 서원저수지, 복우저수지 일대에서도 수천 명이 학살당했다. 미군이 석당교를 지나던 주민 2,000여 명을 살해했으며, 석당교 밑 서강 상류지역인 청산리에서도 200여 명을 총살하거나 생매장하였다. 같은 시기에 감금되었던 주민들을 서원저수지 다리에 세워 학살했다.

이 외에도 초리면 인민위원회 앞의 작은 우물에서 27명이 학살되었다. 궁흥면 만궁리에서 770명이 학살되었는데 이 수는 만궁리 전체 주민의 87%에 해당된다. 광산굴에서도 300여 명이 생매장되었다고 한다.

---

* 최고재판소, 앞의 책, 16쪽.

신천학살 사건의 세 번째 유형

세 번째 유형의 사건은 미군이 신천에서 철수하던 12월 7일 신천읍 원암리 밤나무골에 있는 2개의 화약창고에서 발생한 "사백 어머니와 백둘 어린이에 대한 집단적 학살 만행" 사건이다. 신천에서 확인된 이 유형의 사건은 910명이 희생된 원암리 화약창고 사건이 아직까지 유일하다.

이 사건은 중국지원군의 참전 이후 다시 수세에 몰린 미군이 후퇴하던 시기인 11월 말부터 신천군 각 지역에서 연행된 주민들을 학살한 것이었다. 대량 학살을 결정한 회의는 점령관 해리슨 중위에 의해 12월 3일 신천군 경찰서에서 열린 회의였다고 한다. 참석자는 신천경찰서장을 비롯해 경찰서 내 각 계장들과 15개 면을 담당한 각 지서장들이었고 하니 20명은 넘었을 것이다.

허필순은 이 자리에서 해리슨이 "미군은 부득이 일시적으로 후퇴하게 된다. 이미 체포구금한 로동당원과 민주일꾼, 그들의 가족들을 급속히 학살하라. 캡을 쓰고 다니는 사람은 남기지 말고 전부 잡아 죽여라. 미군이 후퇴한 후에는 중공군과 북한공산군을 전멸시키기 위하여 원자탄을 쓴다는 선전을 하여 주민들을 전부 남으로 몰아내라"는 명령을 내렸다고 한다.*

명령을 받은 무장 치안대원들은 각 면 지서에 감금되어 있던 주민들을 트럭에 싣고 원암리로 모였다. 또 다른 피의자 무장 치안대원 최 씨가 북부면에서 37명을 태우고 원암리에 도착했을 때 이미 800여 명이 화약창고에 갇혀 있었다고 했다.** 얼마 뒤 미군과 함께 원암리로 온 또 다른 치

---

* 최고재판소, 앞의 책, 14쪽, 29쪽. 통일부 북한자료센터의 자료 원문 그대로 인용했다. 당시 이북 재판소 판사들이 이 인용문을 작성하면서 중국지원군이 아니라 "중공군", 인민군이 아니라 "북한공산군"이라는 용어를 썼을 지는 의문이다.

** 최고재판소, 앞의 책, 43쪽.

안대원 10여 명이 학살에 가담했다.

팜플렛은 이 사건에 대해 "1주일 동안이나 물 한 모금 주지 않았다. 그리고는 어머니 품이 그립고 굶주림에 시달려 아우성치는 어린이들에게 휘발유를 퍼주었다. 신천 땅에서 쫓겨 가는 12월 7일 미군은 웃 화약창고의 어린이들에게 휘발유를 뿌리고 불태워 학살하였으며 같은 시각 사랑하는 자식들을 애타게 찾는 아래 창고의 어머니들에게도 휘발유를 뿌리고 수류탄까지 던져 불태워 죽이었다. 이렇게 2개의 화약창고와 그 주변 전호들에서 400명의 어머니들과 102명의 어린이들을 포함한 910여 명의 주민들이 무참히 학살되었다."라고 설명했다.*

무장 치안대원의 증언에 따르면 죽일 때까지 희생자들에게 물 한 모금 주지 않았으며 추위에 얼어죽은 사람도 있었다고 했다. 학살이 끝난 뒤에는 그대로 버려두고 도주했다.**

사건 발생일이 12월 7일이면 얼마 지나지 않아 인민군이 진입했기 때문인지 현장의 참혹한 모습이 고스란히 카메라에 담겼다. 여기에는 사건 직후 어린 희생자들 시신이 남아있는 원암리 화약창고의 모습과 "화약 창고에서 학살된 어린이들의 시체", "사백 어머니들이 집단 학살된 화약 창고" 등이 있었다. 화약창고 옆으로 두 개의 큰 봉분이 조성되었는데, 하나는 사백 어머니, 또 하나는 백둘 어린이의 것이다. 사전 직후 "화약창고에서 구사일생으로 살아난 김명금(당시 9살), 정근성(당시 6살), 주상원(당시 5살)" 등 성인이 된 생존자들이 당시 사건의 참상을 증언하고 있다.

국제민주법률가협회 조사단은 이 날 사건 직전에 미군 사병과 이승만 치안대 앞에서 했다는 해리슨의 발언 내용을 기록하고 있다. 그는 미군의

---

* 『신천박물관』, 22쪽.
** 최고재판소, 앞의 책, 45쪽.

제9장 제거당하는 잔적은 누구 555

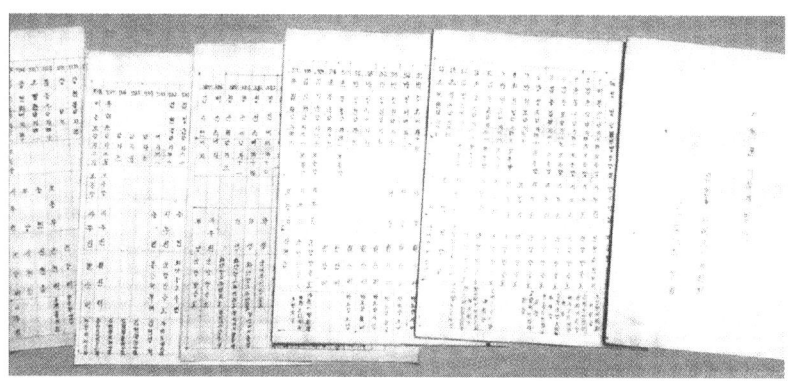
"미군에 의하여 학살된 피살자 명단"(출처, 팜플렛 『신천박물관』 8쪽)

후퇴는 일시적이고 전략적인 것으로 남아 있는 주민들은 미군과 함께 이남으로 가야한다면서 "머물고자 하는 사람들은 적으로 간주될 것이고 그들의 머리 위로 원자탄이 떨어질 것이다."라고 했다. 이어 빨갱이의 가족들, 즉 인민군의 가족이나 이북 정권을 위해 일한 사람들을 모두 절멸되어야 한다고 명령하자 이 명령은 바로 실행되었다. 보고서에는 한 어린이가 살아나게 된 사연도 소개했다. 수류탄이 창고 안으로 던져지는 상황에서 한 어머니가 두 아이를 창 밖으로 밀어냈고 한 아이는 사살되었지만 한 아이는 무사히 달아났다. 그 어머니는 불에 타 목숨을 잃었다.

청소년들의 죽음

신천에서 벌어진 학살 사건의 희생자 중 상당수는 청소년이었다. 사건 발생 직후 현장인 "석당리에서 세 살 난 어린 동생을 업은 채 생매장된 열두 살 소녀", "배촌리에서 생매장당한 소년", "룡당리에서 생매장된 60여 명 청소년학생들"의 시신이 발견되었다.

신천군내에서 사망한 청소년 학생 8,000여 명에 대한 학살 만행을 15

개 면 별로 분류하면, 신천면 1,287명, 남부면 784명, 온천면 1,461명, 가산면 418명, 북부면 587명, 룡문면 252명, 가련면 274명, 궁흥면 328명, 두라면 210명, 문화면 226명, 로월면 694명, 문무면 215명, 산천면 325명, 용진면 390명, 초리면 549명이다. 이들은 모두 전쟁과 무관한 세대로서 어떠한 이유로라도 생명을 위협받지 말아야 했다.

신천 사건에 대한 조사

유엔군이 물러간 뒤인 1950년 말 내무성에서 학살 가담자들을 체포하여 조사했으며 1951년 3월부터 신천군 피해조사위원회가 구성되어 5월까지 활동했다고 한다. 이들의 활동결과로 같은 해 5월 "신천군 피살자 명단"이 작성되었다.* 리 별로 작성되었을 것으로 보이는 이 문서에는 희생자 이름, 성별, 나이, 직업, 희생지, 가족 관계 등이 기록되어 있다. 희생지로 군당방공호, 신천읍 ○○○, 원암리, 석당교 등을 적고 있음이 눈에 띈다.

조사결과, 신천군 내 민간인학살사건은 15개 면에서 모두 벌어졌음이 확인되었다. 발생한 학살 사건의 희생자를 각 면별로 종합하면, 용진면 1,020명, 초리면 2,807명, 문무면 850명, 산천면 2,123명, 로월면 2,045명, 궁흥면 2,055명, 문화면 726명, 북부면 2,813명, 가산면 917명, 룡문면 1,517명, 신천면 3,533명, 온천면 11,530명, 남부면 2,098명, 가련면 821명, 두라면 528명이다.**

이북에서 벌어진 민간인학살사건은 국제 인권단체들에 의해서도 어느 정도 조사가 진행되었다. 1951년에는 국제민주여성연맹조사단이, 1952

---

* 정영남 등, 앞의 책, 9쪽.
** 『신천박물관』, 9~10쪽. 신천대학살만행지역도.

년에는 국제민주법률가협회조사단, 국제과학조사단이 활동했다. 국제민주여성연맹조사단은 전쟁범죄를 확인하고 유엔에 제소하기 위한 목적으로 민간인학살사건을 조사하고 1951년 5월 27일 보고서를 냈다고 한다. 국제민주법률가협회조사단은 1952년 3월 3일부터 3월 19일까지 평양, 원산, 사리원, 신천, 안악 등 평안남북도와 황해도, 강원도의 주요 피해 지역을 조사한 뒤 3월 31일 보고서 『Report on U.S. Crimes in Korea』를 남겼다. 이 보고서는 국제법이 금지하고 있는 생물학 무기와 화학 무기의 사용, 여성과 어린이를 포함한 민간인 집단학살(mass-massacre), 민간인에 대한 폭격, 재산 피해 등을 담고 있는데 특히 민간인 집단학살을 다룬 4장의 내용이 큰 비중을 차지하고 있다. 대량 학살과 살해 그리고 잔학행위를 다룬 제4장은 황해도에서 신천과 사리원, 안악, 평안남도 평양, 순천, 안주, 개천, 남포 등의 피해를 담고 있다.

이북 지역 전체에서 발생한 학살 사건

소련군사고문관 라주바예프의 보고서에 따르면, 1950년 10월 1일 이북 지역 노동당원 수는 87만 5,828명이었다고 한다. 이남의 사례에 비추어 본다면 이들 대부분 무사하지 못했을 것으로 추정할 수 있다.

통일부 북한자료센터에서 공개하고 있는 이북 발간 역사책에서 유엔군 점령기에 발생한 민간인학살사건 피해 규모를 추정할 수 있다. 이북의 역사학자 허종호는 "이러한 야수적 방법으로 학살된 인민의 수는 공화국 북반부의 34개의 시, 군들에서만도 무려 17만 2,000여 명에 달하였다. 이것이 미제가 강점한 북반부의 일부 지역에서 불과 40여 일 동안에 감행한 만행이었다."라고 했다.*

---

* 허종호, 『미제의 극동침략정책과 조선전쟁(2)』, 사회과학출판사, 1993, 148쪽.

34개의 시군에서 17만여 명이 희생된 사실은 또 다른 저서에서도 확인된다. 이북 역사학자 고상진, 전도명의 1989년 저서는 유엔군의 이북지역 점령기 34개 시군에서 약 17만 156명의 민간인이 학살당한 피해를 다음과 같이 정리했다.*

평양 15,000여 명, 신천 35,838명, 안악 19,072명, 은률 13,000여 명, 해주 6,000여 명, 벽성 5,998명, 송화 5,545명, 은천 5,131명, 태탄 3,429명, 사리원 950여 명, 평천 3,040명, 연안 2,450명, 재령 1,400명, 장연 1,199명, 락연 802명, 평산 5,290여 명, 토산 1,385여 명, 봉산 1,293명, 송림 1,000여 명, 희천 850여 명, 안주 5,000여 명, 강서 1,561명, 남포 1,511명, 개천 1,342명, 순천 1,200여 명, 박천 1,400여 명, 정주 800여 명, 양양 25,300여 명, 철원 1,560여 명, 원산 630명, 함주 648명, 단천 532명, 선천 1,400여 명, 초산 900명.

그런데 여기에 포함되지 않은 다른 지역 사례가 확인되기도 한다. 몇 년도에 간행된 책인지 알 수 없으나 김희일의 저서 『미제국주의자는 조선인민의 불구대천의 원수』를 1972년 일본에서 번역·간행한 『침략의 역사 항전의 역사』가 1991년 같은 제목으로 국내에 번역되어 소개되었다. 여기에는 전시 중에 집계된 자료라며 재팽령 등 26개 시군에서 약 14만 6,619명이 희생되었다고 밝혔다.

여기 통계 중 특이하게 연평도에서 2,000여 명이 희생자에 포함되어 있는데 당시 연평도의 인구가 2,400명 정도였다는 증언으로 보아 연평도의 희생자 수에 외부 피란민이 포함되었을 것으로 보인다. 1951년 1

---

* 고상진, 전도명, 『조선전쟁시기 감행한 미제의 만행』, 사회과학출판사, 1989. 112~113쪽.

월 말 국방부가 밝히고 있는 연평도 피란민 수는 1만 5,000명에 이른다.*
이 경우를 제외한다면, 지역 명칭은 다르나 희생자 수가 같은 것으로 보아 같은 지명으로 추정되는 경우를 볼 수 있다. 재팽령 또는 재령 1,400여 명, 남포 또는 남길 1,511명, 병천 또는 개천 1,342명, 혜산 또는 초산 900여 명이다. 해주의 경우는 2,700명으로 위 6,000여 명과 차이가 있다.** 해주 2,700명은 오기일 수도 있겠지만 초기 통계이므로 이후에 보완된 것으로 추정할 수 있다. 1952년 국제민주법률가협회 조사단의 보고서에는 6천 명으로 기록되어 있다.

연평도에서 벌어진 사건은 1952년 국제민주법률가협회 조사단의 보고서 16쪽에 담겨있다. 여기에는 1950년 12월 31일 대부분이 청소년인 2천 명의 사람들이 배에 태워진 뒤 총살당해 바다에 던져지는 모습을 직접 목격했다는 증언이 담겨 있다. 연평도의 주민들이 포함될 수 있겠지만 대부분은 미군이 후퇴하면서 신천, 해주 등 황해도 지역에서 끌고 나온 청년들일 수 있다. 연평도는 1950년 9·28 수복 이후 1·4 후퇴 시기에도 유엔군의 해상 장악력에 힘입어 인민군에게 점령당한 적이 없는 곳이었으므로 이북 정권 측에서 제대로 조사할 수 없는 지역이었을 것이니 이 목격담은 일방적인 주장에 그칠 것 같다. 필자는 2019년 연평도를 조사하면서 미군의 후퇴 시기 황해도 연안 지역의 청년들이 피란을 나오다가 또는 피란 생활을 하다가 큰 피해를 입었다는 사실을 확인한 바 있는데 이 증언이 그러한 피해 중 하나일 가능성이 있다.

자료를 종합하여 비교하면 신천의 학살이 이북 지역 전체 시군 지역 중 가장 큰 피해 지역이었음을 확인할 수 있다. 신천과 비슷한 사정이었던

---

* 국방부 전사편찬위원회, 앞의 책 제5권, 186쪽.
** 김희일, 앞의 책, 220~221쪽.

황해도 각 시군 지역의 피해 역시 크게 나타나는데 안악에서 1만 9,000명, 은률에서 1만 3,000명 등으로 황해도 일대에서만 무려 12만 명이 학살당한 것으로 나타난다. 이북의 남쪽에 해당하는 황해도 지역이 큰 피해를 입었던 것으로 보아 이북 지역의 민간인학살 피해의 규모가 유엔군의 점령 기간과 정비례한다는 것을 짐작할 수 있다.

황해도 지역에서 국제민주법률가협회 조사단은 1950년 12월 5일 후퇴하던 미군 장교의 명령에 의해 미군 사병들이 950명을 기관총을 이용해 사살한 황해도 사리원 미라산의 희생자 무덤을 직접 개장하여 조사했다. 면담한 생존자들을 통해 사리원 대원리에서는 미군의 점령이 이루어진 뒤부터 주민들이 연행되어 구타와 물고문 등 잔혹한 고문을 당해 목숨을 잃는 일이 매일 발생했으며, 연행된 주민들이 보는 앞에서 나무에 머리카락을 묶은 채 사격 표적이 되거나 돌에 짓이겨져 죽어갔다는 사실과 후퇴시기에 미군이 감옥에 아직 살아있는 사람들을 끌고 나가 살해했다는 사실을 확인했다.

황해도 안악군에서는 미군에게 점령당한 기간인 10월 25일 돌무지 근처 강과 11월 초 신창리에서 벌어진 학살이 기록되어 있다. 해주에서는 예술대학교의 학생들과 교원들을 포함해 6천 명이, 동강해안에서는 300명이 12월 말 학살당했다.

평안남도 평양에서는 1950년 12월 4일과 5일 원자탄 투하 위협을 피해 대동강을 건너던 각각 1천 명, 3천 명의 주민들이 공중 폭격에, 순천에서는 10월 20일과 21일, 11월 27일, 12월 2일 강동리 강변에서, 안주에서는 10월 23일, 11월 11일, 11월 19일, 11월 22일 미 24사단 군인들에 의해 동면 련돈리 등에서, 개천에서는 400명이 미군 30명에 의해 11월 29일 을룡리에서, 10월 23일과 24일 군우리에서, 남포에서는 12

월 5일 64명의 노동자가 공장 근처에서 희생되었다.

이북 지역 민간인학살 조사 책임자 방학세의 기억

유엔군이 물러간 뒤 복귀한 내무성이 신천학살에 대한 조사했다. 1951년 3월부터 5월까지 "신천군 피해조사위원회"가 구성되어 활동했는데, 당시 조사를 지휘한 사회안전상 방학세(1914년생)의 회고록에서 이 사건과 관련된 내용을 확인할 수 있다.*

내무성은 신천 민간인학살사건에 대해 "인민들의 사무친 원한을 풀어주며 살인자들에게 준엄한 철추를 내리기 위해 미제의 학살 만행에 가담한 자들을 적발 체포하였다."고 했다. 당시 내무성에서는 신천학살 사건에 가담한 후 이남으로 피신했다가 간첩임무를 받고 다시 들어온 청년들이 체포되어 조사를 받고 있었다고 하는데, 이들은 당시 서해안 백령도에서 미군 소속 으로 활동하던 유격대원들을 말하는 것으로 보인다.** 청년들이 잡힐 당시는 동키부대가 만들어지기 직전이다.

조사가 어느 정도 진행된 1951년 3월 초 방학세는 학살 만행에 가담한 자들을 공개재판하겠다고 보고하자 김일성은 "물론 그런 반역자들을 처리하는 것도 중요하지만 보다 중요한 것은 미제 침략자들을 력사의 심판대에 끌어내여 놈들의 죄행을 폭로하는 것"이라면서 "의식적으로 만행을 감행한 자들은 극소수이고 절대 다수는 미제의 강요에 못 이겨 사건에 말려든 것만큼 의식적으로 만행을 감행한 자들은 엄격히 처벌하지만 피

---

* 방학세, 「미제의 신천대학살만행이 폭로되기까지」, 『조국해방전쟁 참가자들의 회상기』 제2권, 75~87쪽.

** 국방부에서 발간한 『한국전쟁의 유격전사』에 따르면, 당시 신천에서 나온 700여 명의 무장 치안대원은 미 8240부대 동키 1부대 등으로 편입되어 백령도 방위를 담당하면서 이북에서 침투작전을 벌였다.

동으로 반동단체에 끌려들어가서 놈들의 심부름이나 한 자들은 관대하게 용서해주어야 한다."라고 했다고 한다.

이후 방학세는 신천군 피해조사위원회와 함께 30여 개의 리 피해 지역을 답사하며 두 달에 걸쳐 조사를 계속했하면서 "학살 만행 시에 썼던 각종 살인 흉기들과 미국제 결박선, 휘발유 통 등 많은 증거물들을 수집하였으며 적들의 만행을 직접 당했거나 목격한 30여 명의 증인들을 선발하였다. 그리고 대중학살 만행을 현장에서 직접 지휘한 미군장교 해리슨의 몰골을 찍은 사진까지 수집하였다."라고 했다.*

조사를 마친 뒤 1951년 5월 25일부터 29일까지 5일 동안 평양시 모란봉 지하극장에서 특별법정 공개재판이 열렸다. 이 자리에는 국제민주법률가협회조사단, 국제민주여성동맹대표단을 비롯한 국제기구 대표와 일반 시민 2,000여 명이 참가했다.

이 자리에 피의자 허필순(19살, 황해도 신천군 척서리 출생)이 신천사건에 가담한 사실을 인정했다. 방학세가 인용한 공판기록에서 그는 "그 이튿날인 10월 18일 신천군 주둔 미군지휘관인 해리슨은 지난 날의 지주, 자본가들과 과거에 일본놈들에게 붙어살던 사람들, 민족을 배반한 사람들, 그리고 저와 같은 불량청소년들을 긁어모아 경찰대, 치안대, 학생무장대 등 반동단체들을 조직하기 시작하였습니다. 저는 그날 해리슨이 조직한 신천군 경찰서 학생무장대 대장으로 임명받았습니다. 그때 해리슨은 우리들에게 '나의 명령은 곧 법이다. 이를 위반하는 자는 무조건 총살한다. 공산주의의 위험으로부터 북한을 구원하기 위하여서는 로동당원, 국가기관 복무자는 물론 그들의 가족까지 모조리 체포하여 죽여야 한다.'고 하

---

* 필자는 아직까지 해리슨의 모습을 확인하지 못했다.

였습니다."라고 진술했다.*

방학세는 공개재판에서 들은 허 씨의 증언 내용을 다음과 같이 옮겼다. 증언 내용은 신천사건 중 신천군당 방공호에서 벌어진 사건이었다.

> 그러면서 이 자는 미군이 남녀노소 900여 명을 체포하여 옷을 전부 벗기고 4~5명씩 결박하여 신천군당 앞에 있는 방공호안에 몰아넣었고 해리슨의 지휘 하에 그들의 몸에 휘발유를 뿌리고 불을 달아놓았다고 하였다. 그때 방공호 안에 있던 사람들은 무서운 비명과 아우성을 치면서 불길을 헤치고 밖으로 기여나오기 시작하였다. 그러자 밖에서 지키고 있던 미군 병사놈들이 해리슨의 지시에 따라 방공호 밖으로 기여나오는 사람들을 발길로 차서 다시 불길 속에 밀어넣기도 하고 총으로 쏘아 죽이기도 하였다. 방공호 안에서 아우성 소리가 아직도 들려오고 있을 때 해리슨은 그들을 생매장하여버리라고 하였다. 해리슨은 휴대하고 있던 사진기로 방공호에서 애국자들이 참살당하는 장면들을 일일이 찍은 다음 '오케이'하고 돌아갔다는 것이다.

방학세가 인용한 공판기록을 통해 또 다른 사건에 대한 허 씨의 목격담을 소개했다. 허 씨는 "1950년 10월과 11월에 두 차례에 걸쳐 해리슨과 함께 그의 찌프차를 타고 구류장들을 돌아보았습니다. 그때 해리슨은 그 곳에 있는 경찰들과 치안대, 기타 반동단체가담자들에게 자신의 실지 동작으로 살인하는 '시범'을 보여주었습니다."라고 했다. 감금된 주민들에 대한 해리슨의 학살 시범을 본 경찰 일행들이 이후 어떤 행위를 저질렀는지 소개하지 않고 있어 더 이상 구체적인 사실을 알 수 없지만 앞서 소개한 신천군당 방공호 사건과 다를 바 없는 학살 과정이 진행되었음을

---

* 방학세 등, 앞의 책, 83~84쪽. 같은 내용이 최고재판소, 『신천대중학살 공판문헌』, 27쪽에도 기록되어 있다. 이 인용 진술 역시 "북한"이라는 용어를 쓰고 있어 주목할 만하다.

짐작할 수 있다. 이와 같은 사실은 『신천 대중학살 공판문헌』(1951)에서도 자세히 확인된다.

맺음말, 전쟁 범죄를 넘어 평화와 분단 극복으로

지난 진실화해위원회가 한국전쟁 전후 시기 대한민국 정부에 의해 학살당한 민간인 희생자에 대한 조사 내용을 집계한 적이 있었다. 위원회는 1만 8,518명을 조사한 뒤 이중 1만 4,343명의 희생자를 확인하고 진실규명 결정을 내렸다. 개인의 불법 피해사실을 인정한다는 결론에 불과한 것이었지만 이조차 그 동안 저질렀던 국가의 조직적 위협·은폐 행위를 염두에 둔다면 대단한 성과였다. 그럼에도 이남 지역에서만 100만 명이 넘는 피해가 있었다는 사실을 고려한다면 이 수치는 여전히 만족할 수 없는 수준이다.

알려지지 않은 희생자나 희생 사건을 발굴하기 위해 2013년부터 뒤늦게 용기를 낸 피해 유족들을 면담했으며, 그동안 알려지지 않았던 피해를 새롭게 확인했다.

이번에는 『한국전쟁사』가 주장하는 전투를 검토하면서 새롭게 확인할 수 있는 피해가 있는 지 확인하고자 했다. 이미 진실화해위원회 등에서 조사된 사건은 인천 영흥도와 덕적도의 상륙작전의 피해, 인천 월미도 폭격 피해, 영동 노근리 사건의 피해, 마산 진전면 곡안리의 폭격 피해 등이다. 하지만 이들 일부를 제외하면 대부분 조사되지 않은 것들이다. 물론 민간 차원에서도 다루어진 적이 없는 사건들이라고 할 수 있다.

『한국전쟁사』의 전투 기록만으로 의문을 제기하는 것은 쉽지 않았다. 이 기록들은 객관적 사실을 있는 그대로 서술하고자 노력했다기보다는 증언자의 무용담을 기초로 반공주의를 확대하겠다는 목적에 봉사하는 서술이었다. 다른 문헌과 현장 조사를 통해 내용을 검증하지 않으면 그대로 인용할 수조차 없는 허위거나 과장된 것으로 의심되는 증언이 대부분이다.

게다가 진실화해위원회에 의해 억울한 죽음이 확인된 지금도 민주주의와 평화, 인권을 생각하게 하는 시설은 생색내기 수준이다. 거의 제자리 수준이니 중단되었다는 표현이 적당하다. 사회의 민주화가 확대되는 듯했지만 전국 곳곳에는 전쟁을 미화하는 시설이 끊이지 않고 오히려 늘어났고 지역의 시민사회는 이에 아무런 대응도 하지 못했다. 전국 곳곳에서 현충시설이라며 오히려 가해자들을 기념하는 전쟁기념 시설이 새로 지어졌다. 역사의 시계가 거꾸로 돌아가고 있음에도 이를 바로 잡으려는 노력은 여전히 비웃음의 대상이 되고 있다.

민간인을 적으로 보는 전쟁범죄자들

이 책에서 살펴본 전남 곡성, 파주 봉암리, 이천 곤지암리, 충주 동락리, 음성 감우재, 청주 쌍수리 등은 비교적 최근까지 세밀하게 조사를 마친 편이라고 할 수 있다. 지난 진실화해위원회 활동에서는 상주, 영덕, 포항, 월미도, 통영, 강화, 김포, 양평, 가평, 김천, 제주의 사건들을 조사하면서 현장을 방문할 기회가 있었다. 금정굴인권평화재단의 조사활동 중에는 영동 노근리, 서천, 보은, 순창 등을 방문할 수 있었다. 일부는 이때 직접 얻은 경험과 자료에 기초해서 검증할 수 있었고 나머지 지역은 『한국전쟁사』나 국방부 관련 자료들이 스스로 갖고 있는 모순을 분석하여 지적하는 수준에 그칠 수밖에 없었다.

그런데 이것만으로도 민간인학살을 저지르는 가해자들의 의도를 파악할 수 있었다. 민간인들의 피해 사실만으로도 전쟁의 본질과 전투의 진실을 파악할 수 있었으며, 가해자들이 어떻게 피란민 공격을 합리화시켰는지 과정을 살펴볼 수 있었다.

먼저 민간인의 죽음 자체가 당시 전쟁과 전투의 진실을 보여주고 있음을 알 수 있었다. 개전 초기에 벌어진 전투 상당수는 피란민을 공격했거나 국민보도연맹사건을 은폐하기 위한 주장으로 보였다. 적어도 이 시기 전투는 주로 인민군 보급부대를 공격한 것이었고 따라서 민간인이 피해를 입을 수밖에 없었다. 극히 일부 전투에서 민간인이 희생되었음을 확인하는데 그치고 있지만 군은 이조차도 인정하는데 인색했다. 큰 전투의 성과를 과시하느라 민간인들의 희생은 늘 가려지고 있었다.

그런데 실제 더 궁금한 건 전진하는 인민군 부대에게 추월당한 처지에서 어떻게 후방의 보급부대를 공격하는 것이 그렇게 자랑스러울까에 있었다. 이해하기 어려웠다. 낙오된 것이 분명하므로 한편으로는 불안해야 할 텐데 그런 인식은 전혀 찾아볼 수 없었기 때문이다.

사후 합리화에 해당하는 과장된 서술로 보이기도 하지만 정말 이렇게 생각했을 수도 있다. 그렇다면 이 전쟁은 그 동안 우리가 알고 있던 상식, 즉 하나의 전선을 사이에 두고 벌어지는 적대적 공격과 방어가 아니었다는 것을 보여준다. 전선은 국군과 인민군이 섞여 있던 곳곳마다 여러 겹에 걸쳐 있었고, 이곳에 있던 국군 부대들은 자신들이 있는 곳이 곧 전선이었다고 생각했다면 이는 곧 그 위치에 있는 자기 집단 외에는 모두 적으로 인식했을 가능성이 높다. 국군이나 미군이 있던 지역에서 발생한 비무장 민간인들의 죽음은 이렇게 설명이 가능하다.

국민보도연맹사건으로 의심되는 전투가 있었다. 인민군이 아직 진입하지 않은 상태에서 전투가 벌어졌기 때문에 민간인학살사건의 하나로 추정하는 것이다. 국방부는 인민군 선발대나 빨치산부대라고 주장하고 있지만 이들이 술에 취해 있었다든가 칼과 도끼로 무장하고 있었다고 설명했다. 상식적이지 못한 설명이다. 하지만 안타깝게도 한국 사회의 주류 인사 대부분은 이 주장에 의심을 품지 않고 있다.

가장 기가 막힌 사례는 노근리 사건과 관련된 서술이었다. 피란민을 소개시킨 부대는 정작 미군 자신들이었음에도 인민군이 탱크로 위협하며 피란민을 지뢰 지대로 내몰았다고 썼다. 아무리 우방의 전쟁 범죄를 숨기고 싶었다고 하더라도 대한민국 국방부가 이렇게까지 왜곡된 기록을 남겨선 안 될 것이다.

서해안이나 남해안 섬들에 대한 수복 작전에서 벌어진 민간인학살 사실을 왜곡한 행위 역시 비열하다. 국방부의 서술은 인민군 점령 체제 아래 살아야 했던 민간인들을 모두 잠재적인 적이라고 규정하고 있었고 심지어는 인민군이라고 못박고 있었다. 주둔하던 인민군이 없었다는 사실을 가장 잘 알고 있었던 정보 부대들이 전한 잘못된 정보였던 것이다. 많은 전투들이 민간인을 상대로 이루어졌는데 이는 민간인도 예외없이 "적"이라는 범주 안에 포함시켰기 때문으로 보인다. "적"으로 여겨지는 순간 그가 비무장의 민간인, 심지어 어린 아이일지라도, 더 심하게는 출산 중인 임산부와 그 갓난 아기더라도 방아쇠를 당겼다.

속리산 부근 주민들을 토벌한 국군 1사단 3개 연대의 작전 역시 마찬가지였고 이는 수복이 된 다음에 진행된 지리산, 태백산, 월출산 등에서도 다시 반복되었다. 상주에 주둔하던 국군 12연대의 민간인학살 행위는 이미 1960년 4·19 혁명 직후 제4대 국회의 조사 활동에서도 드러났다. 이 보고서를 통해 78명의 희생 사실을 알 수 있었다. 이 시기 국군 1사단의 토벌작전에 의해 5천 명에 가까운 적 패잔병을 사살했다는데 정작 노획한 소총은 1천여 개에 그쳤다. 도대체 얼마나 많은 민간인들이 학살당했는지 짐작키 어렵지만 상주와 보은의 사례만으로도 상당히 많은 민간인들이 학살당했음을 짐작할 수 있다. 이들 국군 1사단의 행위는 베트남 민간인학살, 5·18 광주 학살과 동일한 전쟁 범죄 행위였다.

피란민 공격을 어떻게 볼 것인가?

피란민 공격을 합리화한 사실도 심각하게 드러났다. 이 시기에 치러진 전투 중에는 널리 알려진 전투였음에도 민간인을 공격한 것으로 보이는 경우가 많았다. 국군은 배낭을 멨다거나 우마차를 타고 있어도 인민군으로 여기고 공격했으며 이때 공격을 당한 무리는 경계도 하지 않고 잠에 취했거나 대응사격도 하지 못했다. 이 사례들 대부분은 보급부대와 관련되어 있었다. 민간인들이 동원되었으므로 이들이 이동하는 모습은 피란민과 크게 다르지 않았다.

유엔군이 피란민을 군사 작전의 대상으로 바라보았다는 사실은 오래전부터 확인되었지만 왜 아무런 문제 제기를 하지 않고 있는지 검토해야 한다. 먼저 『한국전쟁사의 새로운 연구』 제1권, 276~280쪽을 통해 한국전쟁 연구자들이 제기한 피란민 또는 민간인 문제를 시기별로 정리하면 다음과 같다.

① 7월 5일 오산 전투 직전이다. 미 24사단 스미스특수임무부대가 7월 4일 죽미령에 배치될 때 지역 주민과 게릴라들로 인해 다소간 차질이 발생했으며 이후 피란민을 가장한 적 오열로 큰 난제에 봉착하게 되었다고 주장했다. 하지만 지역 주민과 갈등이나 게릴라, 피란민을 가장한 "적 오열"이 무슨 차질을 일으켰는지 또는 무슨 난제에 봉착하게 했는지 설명하지 않고 있다. 근거 없는 추상적 주장만 있을 뿐이었다.

② 미 24사단이 7월 7일 천안에 방어선을 편성하고 대전차지뢰를 처음 설치하였으나 인민군이 침투시킨 민간인과 국군복장으로 위장한 게릴라들이 제거했다고 주장했다. 이렇게 판단한 근거는 대전차지뢰가 작동하지 않은 탓이었으니 게릴라의 활동 때문이었다는 것이지만 그 증거는 전혀 없었다. 단지 오산, 평택, 천안, 대전 전투를 겪으면서 주민의 협조를 얻지 못했거나 게릴라전으로 어려움을 겪었다는 정황만으로 판단했던 것에 불과했다.

③ 이러한 판단에 따라 무초 대사는 적 침입자나 민간인 복장의 오열을 색출하기 위해 경찰전투대대의 창설을 제안하고 피란민의 이동을 제한하는 적극적인 조치를 취했다. 이후 미 25사단이 7월 18일 최초로 한국 경찰의 협조를 받아 피란민에 대한 검색을 실시했고 주민들을 소개하거나 전투지역의 이동을 금지시켰다고 한다.

주민들에 대한 적대적 정책에 더 심각한 문제가 있을 수 있었지만 주민의 존재나 피란민의 이동 자체가 미군의 군사작전에는 방해가 되었을 것이고 이들 방해 요소를 제거하기 위해 민간인에 대한 적대 정책은 더욱 강화되었을 것이다. 그 명분은 바로 오열이니 게릴라니 하는 것이었지만 이러한 행위는 "일반 전투" 중 군이 취하는 통상적인 것이 아니라 "주민의 지지를 받지 못한다고 생각하는 전투"를 치르는 군이 취하는 통상적인 것에 불과했다. 미군은 7월 중순에 이르기까지 여전히 오열의 활동 사례를 제시하지 못했다.

④ 킨 미 25사단장은 7월 20일 "민간인 복장"으로 침투한 한 무리가 "군복으로 갈아입은 뒤 아군 2명을 체포했다."라고 하며 "검문소를 설치하고 수색하라"는 명령을 내렸다. 하지만 이들이 갈아입은 군복이 아군의 복장인지 아니면 인민군의 복장인지 밝히지 않았고 이들에게 사로잡힌 2명의 아군이 미군인지 국군인지도 밝히지 않았다.

이렇게 조작된 주장을 근거로 민간인 수색의 빌미로 삼았을 수 있어 보이는데, 아니나 다를까 7월 26일 오전 10시 방어선 내 피란민 이동을 금지시켰으며 밤 10시 전투 지역에서 이동하는 민간인은 모두 사살할 것이라고 해당 지역 경찰서장에서 통보했다. 경찰은 7월 27일 모든 민간인 소개가 완료되었다고 미 사단장에게 보고했다. 이제부터 미군의 눈 앞에 보이는 자들은 모두 적이었다.

⑤ "피란민으로 가장한 적의 오열"로부터 위협을 받았다고 주장하는 미 1기갑사단도 7월 22일 방어선으로 들어오는 민간인을 체포하여 합동심문소로, 7월 23일부터는 황간으로 후송하라고 명령했다. 이들 역시 "적의 오열"로부터 어떤 위협을 받았는지 밝히지 않았다. "적"이면 "적"이라고 할 것이지 "적의 오열"이라고 하면서 미군의 관념 속에만 존재하는 "오열"의 개념을 확대하여 피란민에 대한 적대 정책을 합리화시켰다.

⑥ 7월 23일 미 1기갑사단의 포병사령관 파머(Palmer) 준장은 "피란민 중 많은 사람이 무장을 하고 있다."라고 통보하였으며 7월 24일 사단장은 이들에게 "사격하라"는 명령을 내리기에 이르게 되었다. 하지만 피란민들이 무장을 했다는 증거는 어디에도 찾을 수 없었다.

한편, 국방부 연구자는 "피란민" 또는 "피란민을 가장한 오열"이 미군에게 끼친 영향으로 ① 교통 방해, ② 저격 활동, ③ 지뢰 매설 상황을 인민군에게 알려주기, ④ 지뢰를 제거하기, ⑤ 아군의 통신선을 절단하여 피란 꾸러미에 사용하기, ⑥ 아군의 방어선을 지키지 않는 피란민의 난동 행위, ⑦ 피란민이 인민군과 섞임으로 아군의 사격을 방해하는 행위 등으로 구별할 수 있다고 했다. "교통 방해"나 "통신선 절단"에 대한 주장은 피란민이 전쟁에 방해된다는 인식을 그대로 드러내 주는 주장이다. 그런데 나머지 주장을 보면 방해된다는 수준을 넘어 전투의 책임까지 떠넘기고 있음을 알 수 있다. "저격 활동"이나 "지뢰 제거"와 같은 군사 활동이 실제 어느 정도나 있었는지도 분명하지 않지만 설사 있었다고 하더라고 그 책임을 피란민에게 넘기는 것은 어리석다. 실제로 피란민의 이동을 허용하지 않았을 것인데 마치 허용하여 이러한 문제가 발생한 것처럼 주장하는 것도 타당하지 않다.

이러한 사정을 잘 보여주는 사례가 "피란민의 난동 행위"라고 볼 수 있다. 피란하라고 해놓고 이를 막았다면 목숨이 걸려 있는 당사자들이 이에 항의하는 것은 당연하다. 이를 난동 행위로 몰았던 것이다.

피란민으로 가장한 게릴라들의 수법이라며 소개된 내용은 다음과 같았다.

게릴라들은 2~3명을 한 팀으로 짜고 무기와 탄약을 우마차나 광주리, 이불 속에 숨겨서 검문소를 통과하여 집결 지점에 모인 뒤 공격 목표를 정하고 분해한 무기를 조립, 아군의 군수시설이나 전방지휘소를 습격했다고 한다. 이런 식으로 아군이 피해를 입었다며 세 가지 사례를 들었다.

첫째는 마산 북방의 환자수용소가 전멸당한 사례였으며, 둘째는 습격을 당했는지 분명하지 않지만 창원의 탄약보급소가 이러한 습격을 우려해 항상 수색 중대와 전차로 방어해야만 했던 사례였고, 셋째는 함안에서 미 24연대 1대대 본부가 기습을 당해 부대대장을 포함해 7명이 부상당한 사례였다.

그런데 이상 세 사례는 장소와 상황으로 보아 1950년 7월 말 경남 서남부 지역 후방에서 발생했다. 그리고 여기에는 "피란민을 가장한 게릴라의 습격" 때문이라는 증거는 없었다. 피란민을 통제했던 것으로 보아 인민군이 방어선을 넘어 침투한 것은 아군의 경계 실패 때문이지 피란민을 가장한 인민군 색출에 실패했던 것이 아니었을 것이다.

국군이 피란민을 어떻게 바라보는지 잘 보여주는 사례가 1951년에도 있었다. 1951년 1월 황해도 앞바다 초도에서 있었던 일이다.*

> 이성호 중령은 탑승 우선 순위를 정했는데 첫째는 남자, 둘째는 어린이, 셋째는 여자, 넷째는 노인의 순이었다. 남자에 우선 순위를 둔 것은 남겨졌을 경우 북한군에 의해 살해될 가능성이 가장 많다는 점과 적으로 돌아설 경우 북한군의 전력 증강으로 아군에 위협이 될지 모른다는 예상 때문이었다.

해군은 자신들이 인도적 차원에서 피란민들을 구출했고 군사적 차원은 부차적으로 고려한 것이라고 주장했다. 하지만 구출 순서에 있어서 남자를 먼저하고 노약자를 나중에 두는 것은 피란민 구출 문제를 순전히 군사적 관점에서 접근했다는 것을 의미한다. 실제 당시 서해안에서 벌어진 사건들은 해군의 주장이 완전한 거짓말이었음을 보여줬다. 구출되었다는 청년들 대부분은 동키부대원으로 동원되어 북쪽 어디선가에서 민간인을 학살하고 또 어디선가 자신도 목숨을 잃었다. 같은 책 387쪽에 따르면 동키부대의 본거지였던 백령도의 경우 2,961명의 피란민 중 청년이 2,717

---

* 국방부 군사편찬연구소, 『6·25전쟁과 한국해군작전』, 384쪽

명에 달했다. 국군의 피란민 정책은 인도적 관점이 아니라 군사적 관점이 우선이었던 것이다.

전투인가 전쟁 범죄인가

국제법상 전쟁은 국가 사이의 무력 충돌이다. 충돌의 주체가 국가가 아니면 전쟁이 아니라 "내전" 또는 "분쟁", "난리"인 것이다. 당시 이남이나 이북은 국가가 아니었으니 교전 당사자가 되지 못한다. 따라서 6·25전쟁은 형식상 전쟁이 아니었다. 그럼에도 이 전쟁이 전쟁이 아니었다고 주장하는 학자나 연구자들은 드물다. 내전이면서 국제전이 되어버렸으니 관행상 전쟁으로 치부할 따름일 것이다.

하지만 6·25전쟁 전후 시기 벌어진, 집단 학살로 부르는 민간인들의 억울한 죽음에 이르면 이 전쟁의 본질이 조금 더 명확해진다. 이남 민중에게 있어서 토지 소유 관계를 놓고 보면 반봉건 혁명의 성격이 있고, 이승만 정권의 독재와 민주주의의 관계에서는 반파쇼 민주주의 혁명의 성격도 있다. 일제와 그 연장선의 미군정, 미국의 개입 과정에서는 반제국주의 민족해방혁명의 성격을 갖는다는 것도 부인할 수 없다.

국가로서 침략과 반침략을 주고받았다면 남과 북은 국제법에 있어서 서로 "평화에 대한 범죄"를 범했다고 할 수 있다. 하지만 남과 북을 국가로 인정할 수 없다면 6·25전쟁에 있어서 이 문제는 해당되지 않을 것이다. 그렇다면 미국이나 다른 유엔 국가들은 어떻게 봐야 할 것인가? 침략하는 한 쪽 당사자를 도왔을 뿐이므로 그 당사자가 "평화에 대한 범죄" 요건에 해당하지 않는 한, 도왔던 국가들 역시 국제법망을 피할 수 있을지 논란거리이다.

민간인학살의 경우는 어떨까? 전투와 무관하게 적국의 민간인을 살해했을 경우 "전쟁 범죄"를 구성하며 자기 나라의 민간인을 살해했을 경우 "인류에 반한 범죄"를 구성한다. 이남의 입장에서 인민군에 의한 피해의 경우 명확히 확인되었다고 볼 수 없지만 이승만 정부에 의한 피해의 경우는 명백히 드러났다. 그동안 알려진 바로 이승만 정부는 인민군을 도울 것이라며 국민보도연맹원이나 형무소 정치범들을 학살하고 후퇴했으며 인민군을 도왔을 것이라며 수복 후 민간인을 학살했다. 적어도 희생자들이 자기 나라의 국민이라고 인식했다는 것을 전제했다고 보았던 것이다. 그렇다면 이는 "인류에 반한 범죄"에 해당한다.

한편, 적대 세력 사건이라고 부르는, 인민군 측에 의한 민간인학살사건에 대해 미군은 이를 명확히 전쟁 범죄(war crimes)라고 불렀다. 민간인학살사건을 조사하는 미군의 조사단을 "전쟁 범죄 조사단"이라고 불렀으며 그들이 정리한 문서를 "전쟁 범죄 보고서"라고 했다.

모두 최악의 범죄이지만 "인류에 반한 범죄"와 "전쟁 범죄"의 적용은 가해자가 누구였는지를 보여주는 척도가 된다. 이승만 정부는 희생된 민간인들을 자기 나라의 국민으로 본 것이 아니라 "적"으로, 인민군으로 보았음이 드러났다. 이는 곧 이승만 정부의 행위가 "전쟁 범죄"를 구성한다는 것을 의미하며, 더 나아가 희생자들이 아니라 이들이 곧 대한민국을 부정한 외부인이었음을 의미한다.

국방부의 『한국전쟁사』는 아직까지 개별 전투를 기초로 전쟁과 남북, 그리고 국제 정치를 설명해왔다. 여기에는 국민들의 삶, 민중들의 삶은 없다. 오로지 "적"으로서 민간인의 개념만이 남아 있다. 이승만 정부의 눈에는 사살 대상이었던 이들은 누가 뭐라고 해도 국민이었고 주권자들이었다.

그럼 이런 전쟁 같지 않은 전쟁에 개별 국가 자격으로 참여한 미국 등

국제연합군은 어떻게 봐야 할 것인가? 6·25전쟁이 벌어지기 10여 년 전에 벌어진 "스페인 내전"의 사례를 비교할 수 있다. 독일과 이탈리아가 파시스트인 프랑코에게 직접 병력과 군사물자를 지원한 반면 공화파에게는 "국제여단"이란 이름으로 개인적 차원의 참여가 있었다. 1950년 10월에 개입한 중국 역시 국가 차원의 참전 방식을 피했다. 여기까지만 비교해본다면 초기 6·25전쟁은 "한국내전(Korea Civil War)"으로 불러야 할 것이다.

그런데 남과 북의 내전에서 시작된 충돌은 곧 미국의 주도적 역할로 인해 국가 간의 전쟁으로 성격이 변환되었다. 형식상의 문제 아니냐는 비판이 있을 수 있겠지만 그래도 "한국내전"에서 "한국전쟁"으로 전환되는 시점을 언제로 볼 것인지 판단하는 것은 중요하다.

1945년 해방 후 미군정에서부터 시작되었다거나 미군의 철수 후에도 432명의 미 군사고문단이 있지 않았냐는 주장을 배제하고 본다면, 국제연합 이사회의 참전 결정이 없었음에도 이미 미 공군의 폭격이 승인된 1950년 6월 26일, 또는 맥아더가 영등포 전선을 둘러보고 병력과 장비를 지원하라는 명령을 내린 1950년 6월 29일을 기점으로 볼 수 있다. 이는 국군의 역량만으로 전투를 치를 수 없었다는 것이 드러나고 미군이 실질적으로 참전하기로 결정한 시점이다. 하지만 형식상으로 판단하는 것이라면 이승만 대통령이 작전지휘권을 포기하고 맥아더에게 넘긴 1950년 7월 14일로 볼 수도 있을 것이다.

전쟁 범죄에서 역사 왜곡으로

5년 만에 다시 살펴보는 『한국전쟁사』는 여전히 일방적인 주장으로 뒤덮여 있음이 눈에 띄었다. 1970년대 발간된 10여 권의 책은 구술조사에 대하여 보수적 관점에서 가하는 최고 악의적인 비판인 "기억의 조작"이 그대로 적용되는 사례라고 해도 지나치지 않을 정도다. 가히 무협 액션 판타지 수준이라고 할 수 있었다. 그런데 비교적 최근의 서술 사례도 이를 넘어서지 못했다.

2003년 발행된 『6·25참전자증언록』 제1권 3쪽에는 국군 창설 초기에 있었던 군내 비리 사건에 대해 "북한은 …(중략)… 국군의 내부적인 붕괴를 목적으로 하는 소요사건과 하극상사건을 군 내부에 침투한 세포책으로 하여금 빈발하게 하였다."라고 하면서 군 내부의 비리에서 발생한 범죄에 대한 고발을 이북 측에 의한 교란공작으로 떠넘기고 있다.

승자 무죄의 방식은 전쟁 중에도 계속되고 있었다. 위 책 4쪽에는 인민군의 남침에 대해 "국군은 아무런 대비도 없이 주말의 휴무상태에서"라고 하면서 경계에 실패한 군 지도부의 책임을 회피하고 있다. 언제까지 이런 역사를 기록할 것인지 개탄스럽지만 인민군에 의해 폭침을 당했다는 천안함 관련자들 중 아무도 징계를 받지 않는 모습을 보면 한편 이런 거짓 서술은 앞으로도 당분간 계속될 것이 분명해 보이기도 한다.

진실을 은폐하고 역사를 더 후퇴시킨 사례도 있다. 해군역사기록관리단이 2012년 펴낸 『6·25전쟁과 한국해군작전』 50~51쪽에는 해병대 창설 제안자에 대해 다음과 같이 적었다.

> 이상규 소령 후임으로 임시정대사령으로 임명된 신현준 중령은 작전이 종료되자 처음부터 여순사건에 참전했던 JMS-302 정장 공정식 대위의 초안을 바탕으로 해군본부에 보고할 작전경과보고서를 작성했다. 보고서에는 아래와 같이 함정의 성능과 병기, 보급, 통신, 훈련 등 전반적인 내용이 포함되어 있었다. 그중에서 가장 강조한 내용이 바로 함정의 무장 강화와 육전대의 필요성이었다.

1. 아 함정은 방어 무기의 불충분으로 접근 교전에서 불리를 면치 못했음.
2. 공격 병기가 빈약하여 적을 철저히 제압할 수 없었음.
3. 통신 연락에 있어서 총사령부, 기지, 함정의 주파수가 동일하므로 통신에 지장이 지대함. 주파수를 3종 이상으로 배정할 필요가 있음.
4. 해군은 해상 전투가 주목적이나 육전대의 필요를 절감했음.

이 글로 보면, 육전대 즉 해병대 창설 제안은 공정식 대위가 신현준 중령에게, 신현준 중령은 이를 다시 해군본부에 했다는 것이다. 그런데 1977년 국방부가 간행한 『한국전쟁사』 제1권, 86쪽에는 "이 임시정대(사령관 이상규)의 작전보고에서 함정장비의 강화와 해병대의 필요성을 중점적으로 지적하였던 것이다."라고 했다. 위 보고서를 작성하여 제출한 사람은 공정식 대위나 신현준 중령이 아니라 이상규 소령이었음을 분명하게 밝히고 있는 것이다.

해병대 제안자가 공정식이나 신현준이 아니었다는 내용은 1972년 중앙정보부가 발행한 『북한대남공작사』 263쪽에서도 확인된다. 이 문헌 역시 해병대의 필요성을 주장한 실전보고서를 이상규 소령이 제출했다고 적고 있었다. 이를 2012년에 간행된 국가 공식 문헌과 비교하면, 시간을 두고 서서히 거짓이 진실로 둔갑하고 있을 알 수 있다.

위 『6·25전쟁 참전자 증언록』 736쪽에는 해병대의 공식 출범을 설명하면서 역사적 사실조차 이렇게 왜곡한다. "1948년 10월 19일 여순반란사건이 돌발하자 해군은 해상봉쇄임무를 띠고 신현준 중령이 지휘하는 함정을 여수 전양(앞바다)으로 출전하게 하였던 것"이라고.

당시 지휘 함정, 즉 기함(旗艦)은 충무공정(313호)으로 함장은 이상규 소령이었음은 객관적 사실이다. 역사의 진실을 뒤집은 근거는 아마 공정식,

신현준 두 사람의 증언이었겠지만 이를 역사적 사실인 양 왜곡한 자들은 개인이 아니었다. 해군역사기록관리단은 좌익으로 몰려 숙청당한 한 군인의 업적을 훔쳐 두 군인을 초안자와 제출자로 구분하여 사이좋게 나누어 주었으니 이 역사 날조의 범죄는 두 사람 것만이 아니라 해군 전체의 것이 아닐 수 없다.

이와 같은 허위 주장이 "가짜 뉴스"처럼 『한국전쟁사』 전체에 만연되어 있다. 국방부 전사편찬연구소가 채택한 증언의 상당수는 고위급 지도자뿐 아니라 개별 병사들에 이르기까지 책임 회피와 패전의 합리화, 지나친 자기 과시였다. 이걸 두고 6·25전쟁의 승리 요인이라며 "소부대 지휘관의 책임감과 병사들의 감투 정신"이라고 표현하는 것 역시 지나치다.

분단 없는 시대를 바라며

필자는 2018년 10월 열두 번째 임종국 선생님을 기리는 행사에서 상을 받았다. 더군다나 학술분야였다. 삼 년째 후보로 올랐었다고 하니 그동안 했던 일련의 작업을 지켜보고 있었다는 것이니 영광스런 일이었다. 반면 한국전쟁 시기에 대한 전문적 연구라기에는 부족한 점이 너무 많아 부끄럽기도 했다. 한국전쟁 민간인학살을 전문적으로 연구하던 제노사이드 연구회도 활동을 멈춘 지 오래되었다. 이런 표현이 지나칠 수 있겠지만 보수 정권의 방해에 더해 많은 연구자들도 떠났고 연구 활동에 대한 피해 유족들의 관심 역시 약해지고 있는 상황에 놓여있다.

2010년 『진실·화해를 위한 과거사정리 위원회』의 활동이 멈춘 이후로 전국 유족들의 도움을 받아 진실화해위원회가 조사한 학살 사례를 종합했으며, 각 지역의 조례 제정과 위령사업을 확대하는 활동을 했다. 그리고 이와 함께 2기 진실화해위원회를 출범시키기 위한 기본법 개정을 위해 노력해왔다.

　이제 2기 진실화해위원회의 출범을 눈 앞에 두고 있다. 단일한 분야나 사건만을 위한 과거청산 기구보다는 포괄적인 과거청산기구였던 진실화해위원회가 중단된 활동을 재개하여 일정한 수준까지 조사를 마쳐야 하고 이후 과거사재단 등 후속기구를 통해 지난 아픔의 역사를 후세들에게 교훈으로 남기는 작업을 완성해야 한다고 생각한다.

　이제 한반도는 민주주의 시대를 지나는 중이다. 민주주의는 주권자들이 모든 것을 결정한다. 이는 6·25전쟁의 아픔을 넘어서는 기나긴 투쟁의 결과였지만 여전히 진행 중이다. 70여 년 전 목숨을 빼앗긴 사람들이 아직도 "적"으로 남아 있는 모습은 아직도 우리 사회의 민주주의가 완성되지 못했음을 잘 보여준다. 억울하게 죽음을 당한 사람들의 명예를 회복하는 일과 두 번 다시 이런 죽음이 반복되지 않기를 바라는 노력은 같은 것이다. 평화와 민주주의는 진실을 밝히는 일에서 시작된다. 분단 없는 시대를 위한 진실 말이다.

참고문헌

경북대학교 사회과학연구원 NGO센터, 『한국전쟁 전후 민간인 희생 관련 2008년 피해자현황조사 용역사업 최종결과보고서(경북 영천시)』, 2009.
경북대학교 평화문제연구소, 『한국전쟁 전후 민간인 희생 관련 2009년 피해자현황조사 연구용역사업 최종결과보고서(경상북도 영덕군)』, 2009.
공주대학교 참여문화연구소, 『한국전쟁 전후 민간인 희생 관련 2008년 피해자현황조사 연구용역사업 최종결과보고서(충청북도 영동군)』, 2008.
공주대학교 참여문화연구소, 『한국전쟁 전후 민간인 희생 관련 2009년 피해자현황조사 연구용역사업 최종결과보고서(충청남도 예산군)』, 2009.
전남대학교 사회과학연구소, 『한국전쟁 전후 민간인 희생 관련 2008년 피해자현황조사 연구용역사업 최종결과보고서(호남 임실군)』, 2008.
전남대학교 사회과학연구소, 『한국전쟁 전후 민간인 희생 관련 2008년 피해자현황조사 연구용역사업 최종결과보고서(전남 영광군)』, 2008.
진실화해위원회, 『2006년~2010년 조사보고서』, 2006~2010.
진실화해위원회, 동아대학교 석당학술원, 『한국전쟁 전후 민간인 집단희생 관련 피해자현황조사 용역사업 결과보고서』, 2007.

국방군사연구소, 『한국전쟁』 상 중 하, 국방부, 1995~1997.
국방부 군사편찬연구소, 『한국전쟁사의 새로운 연구』 제1권, 제2권, 국방부, 2001.
국방부 군사편찬연구소, 『6·25전쟁 참전자 증언록』 제1권, 국방부, 2003.
국방부 전사편찬위원회, 『한국전쟁사』 제1권(개정판)~제9권, 국방부, 1970~1979.
라주바예프, 『라주바예프의 6·25전쟁 보고서』 제1~4권, 국방부 군사편찬연구소, 2001.
육군본부 군사감실, 『6·25사변사』, 육군본부, 1959.
육군본부 전사감실, 『6·25사변 육군전사』 제1권, 육군본부, 1952.
육군본부 전사감실, 『6·25사변 육군전사』 제3권, 육군본부, 1954.
이세호, 『한길로 섬겼던 내 조국』, 대양미디어, 2009.
임성채 등, 『6·25전쟁과 한국해군작전』, 해군역사기록관리단, 2012.
조성훈, 『한국전쟁의 유격전사』, 국방부 군사편찬연구소, 2003.

국회(제4대), 『국회양민학살진상조사보고서』, 1960.
전라북도의회, 『6·25양민학살진상실태조사보고서』, 1994. 10.

굴든 원저, 김병조 발췌 번역, 『한국전쟁비화』, 청문각, 2002.
김기진, 『미국 기밀문서의 최초 증언: 한국전쟁과 집단학살』, 푸른역사, 2006.

김삼웅, 『해방후 양민학살사』, 가람기획, 1996.
김희일, 『침략의 역사 항전의 역사』, 한, 1991.
데이비드 콩드, 최지연 옮김, 『한국전쟁, 또 하나의 시각』 제1, 2권, 과학과 사상, 1988.
문연열, 『물에 잠기고 세월에 잠긴 유치사람들』, 답게, 2009.
박건웅 만화, 최용탁 원작, 『어느 물푸레나무의 기억』, 북멘토, 2015.
박만순, 『기억전쟁』, 예당, 2018.
박명림, 『한국 1950 전쟁과 평화』, 나남출판, 2003.
박태균, 『한국전쟁』, 책과함께, 2005.
방선주선생님저작집간행위원회, 『방선주 저작집 3, 한국현대사 쟁점 연구』, 선인, 2018.
신경득, 『조선 종군실화로 본 민간인학살』, 살림터, 2002.
아시아국제법연구회, 『현대국제조약집』, 아사연, 2005.
이민효, 『무력분쟁과 국제법』, 연경문화사, 2009.
최상훈, 찰스 핸리, 마사 멘도자, 남원준 옮김, 『노근리 다리』, 잉걸, 2003.
최태환, 『젊은 혁명가의 초상』, 공동체, 1989.
홍학지 지음, 홍인표 옮김, 『중국이 본 한국전쟁』, 한국학술정보(주), 2008.
후지타 히사카즈, 박배근 옮김, 『전쟁 범죄란 무엇인가』, 산지니, 2017.

(사)남도학연구소, 『곡성 구술채록사업 용역 최종결과보고서』, 2019.
김진수, 유인봉, 『김포 6・전쟁 비사』, 김포문화원, 2008.
단양군, 『단양군지』 상, 2005.
대구시사편찬위원회, 『대구시사』 제1권, 대구광역시, 1995.
보은군지편찬위원회, 『보은군지』 제2권, 2018.
서천군지편찬위원회, 『서천군지』 제2권, 2009.
이용하, 『태안사별곡』, 법정, 1994.
정현수, 『한국전쟁 속의 강경』, 바른디자인, 2018.
창녕문화원, 『창녕이 겪은 6・25전쟁』 제1~2권, 2018.
파주문화원, 『파주시지』 제2권, 2009.
홍천군지편찬위원회, 『홍천군지』 제1권, 홍천군, 2018.

고상진, 전도명, 『조선전쟁시기 감행한 미제의 만행』, 사회과학출판사, 1989.
사회과학원 력사연구소, 『조선전사』 제25권, 1981.
정영남, 김명남 지음, 강철성 사진, 『신천박물관』, 조선화보사, 2009.
조선민주주의인민공화국 최고재판소, 『미제국주의 고용간첩 박헌영 리승엽 도당의 조선민주주의인민공화국 정권 전복 음모와 간첩 사건 공판문헌』, 국립출판사, 1955.
최고재판소, 『신천대중학살사건 공판문헌』, 국립출판사, 1952.

최현 등, 『조국해방전쟁 참가자들의 회상기』 제2권, 조선로동당출판사, 2016.
허종호, 『미제의 극동침략정책과 조선전쟁』 제2권, 사회과학출판사, 1993.
허종호, 『조선인민의 정의의 조국해방전쟁사』 제1~3권, 사회과학출판사, 1983.

언론자료)
「한국 해군 최초의 승전이 보도연맹원 학살이라니?」, 『월간조선』, 2004. 8.
「"25년간 미 문서보관소서 살았죠"」, 『문화일보』, 2004. 7. 6.

영어자료)
Commission of International Association of Democratic Lawyers, 『Report on U.S. Crimes in Korea』, 1952.